EUROPAVERLAGBERLIN

Arnulf Baring
Der Unbequeme

Autobiografische
Notizen

EUROPAVERLAGBERLIN

FSC
www.fsc.org
MIX
Papier aus ver-
antwortungsvollen
Quellen
FSC® C083411

2. Auflage 2013

© 2013 Europa Verlag GmbH, Wien · Berlin · München
Umschlaggestaltung und Motiv: David Hauptmann,
Hauptmann & Kompanie Werbeagentur
Satz: BuchHaus Robert Gigler, München
Druck und Bindung: cpi Clausen & Bosse, Leck
ISBN 978-3-944305-12-7

www.europa-verlag.com

Der Familie

Dieses Buch wäre ohne meinen Verleger nie entstanden, weil er mir Mut machte, in autobiografischen Skizzen politische Ansichten zur Diskussion zu stellen.

Dem Buch lagen ausführliche Gesprächsprotokolle aus dem Spätherbst 2012 zugrunde, als ich mich Ende Juni 2013 an die Arbeit machte. Im Laufe der Zeit kamen sie mir zu holzschnittartig vor. So traten sie immer mehr hinter mein Bedürfnis zurück, mich im Wandel der Zeiten, wenn auch meist nur angetippt, möglichst unbefangen darzustellen. Diese Spannung erklärt die unterschiedlichen Sichtweisen des Buches. In unserer Schlussrunde hier in meiner Küche haben Franziska Mohrfeldt, meine Frau Gabriele und ich unter viel Gelächter zusammengebracht, was die Leser jetzt vor sich haben.

Ich habe völlig falsch eingeschätzt wie psychisch anstrengend und damit ermüdend alle Versuche sind, etwas über sich selbst zu sagen, was Hand und Fuß hat. Die Geduld Christian Strassers die verschiedenen Winkelzüge, Streichungen und Ergänzungen gelassen, ja verständnisvoll hinzunehmen, war großartig. Wenn Leser, trotz meines Abratens, versucht sein sollten, etwas aus ihrem Leben zu Papier zu bringen, kann ich ihnen den Europa Verlag warm ans Herz legen.

Jeder weiß, wie viel Hilfe ein solches Buch braucht, weil sich beim Schreiben immer mehr herausstellt, wie trügerisch das Gedächtnis ist.

Ich denke da vor allem an Simona Paulin, die mich unermüdlich und stilsicher über Monate hinweg beraten hat, an Ulla Mothes und Palma Müller-Scherf.

Nie wieder werde ich etwas über mich schreiben, ohne Franziska zu Rate zu ziehen, da sie inzwischen mein Leben besser kennt als ich selbst. Glücklicherweise hat sie ein untrügliches Gespür für falsche Töne.

Ich versuche immer der zu sein,
für den ich mich selbst halte.

INHALT

Kapitel 6
GLAUBE, LIEBE, HOFFNUNG

EINLEITUNG

»Verein für stilles Glück«

»Jeder erfindet sich früher oder später eine Geschichte, die er für sein Leben hält«, schrieb Max Frisch. Falls das zutrifft, was kann man dann von eigenen Lebensbeschreibungen halten? Immer wieder hat man mich zu Memoiren ermutigen wollen. Ich zögerte lange – eigentlich zögere ich noch immer. Habe ich die Ereignisse und Zusammenhänge meines Lebens wirklich richtig erfasst und originell verarbeitet? Ich weiß es nicht.

Offensichtlich kann man sich auf die eigenen Erinnerungen nicht verlassen. Vor allem bin ich mir der Versuchung bewusst, mit heutigem Wissen Gestriges zu interpretieren. Ist unsereins nicht stets in Gefahr, spätere Einsichten zurückzudatieren? Man darf, zumal nach achtzig Lebensjahren, nicht so tun, als sei man von Kindesbeinen an ein hellsichtiger Chronist aller Ereignisse und Lebensphasen gewesen. Zeitgenossenschaft ist an das Jetzt gebunden. Sie enthält subjektiv gefärbte Summen all dessen, was man bereits erlebt, gelernt und vielleicht durchdacht hat. In diesem Sinne habe ich die neuere Geschichte Deutschlands nach 1945 immer wieder kommentiert, ein Balanceakt zwischen Erinnerung und Interpretation.

Selbst über meine Ehen kann ich nichts Verlässliches behaupten. Meine erste und meine jetzige Frau sind mir auch nach einem halben Jahrhundert rätselhaft geblieben. Habe ich sie je wirklich sehen können? Obwohl ich mich für einen verträglichen, nachgiebigen, zärtlichen und treuen Ehemann halte, waren und sind meine beiden Frauen von dem nach ihrer Meinung um sich selbst drehenden, extrem autoritären Mann so enttäuscht und entnervt, dass eine das Weite suchte, um endlich jemanden zu finden, der wirklich lieb zu ihr sei; die andere sich seit knapp dreißig Jahren immer noch unverdrossen an mir abrackert. Sehe ich mich also viel zu positiv, wirklich falsch? Alles Gute nur geträumt?

Wenn man eigenen Erinnerungen selbst im engsten Familienkreis keinen Glauben schenken kann, wie sollen größere Zusammenhänge verlässlich, begreifbar und glaubhaft vermittelt werden können? Besitze ich hinreichendes Wissen? Schon meiner klarsichtigen, illusionslosen Mutter war mein Vorhaben einer wissenschaftlichen Karriere nicht geheuer. Sie liebte mich, so glaube ich, sehr und hätte mich wohl, wenn das möglich gewesen wäre, meinem Vater als Partner vorgezogen. Bei aller Zuneigung ihren Kindern gegenüber war sie jedoch kritisch, lehnte alles Gerede ab, wollte immer auf den Punkt kommen. Als ich ihr nach meinem Abschied vom Journalismus in der Küche erzählte, ich sei von zwei Seiten aufgefordert worden, mich zu habilitieren, rührte sie, ohne aufzublicken, weiter in einem Topf Marmelade. »Dann willst du also Professor werden?«, fragte sie. »Ja«, bestätigte ich, »wenn alles gut geht.« Sie schüttelte den Kopf. »Aber du weißt doch gar nichts.« Nach kurzem Schweigen sah sie auf, lachte und deutete mit dem Kochlöffel auf mich: »Jetzt hab ich's – wenn schon, dann wirst du Professor für Plauderei.«

In den Augen meiner Mutter blieb ich vermutlich immer ein begabter Dilettant. Damit bewahrte sie mich zeitlebens vor intellektuellem Hochmut. Wem so viel Skepsis entgegenschlägt, der hat keinen Grund zur Hybris und wenig Anlass, sich mit seiner Lebensbilanz ein Denkmal zu setzen. Während meiner Zeit als Hochschullehrer fürchtete ich mich immer davor, man könnte mich nach meinen wissenschaftstheoretischen Prämissen fragen. Um ehrlich zu sein: Es gab und gibt sie nicht. Meine Urteile entstehen aus der Anschauung. Nur Konkretes ist mir wichtig, lebendige Erfahrung, beatmet von dem, was man das pralle Leben nennt. Genauso wollte ich erinnernd schreiben: das Erlebte in knappen Notizen festhalten, Schwerpunkte beleuchten, Schlussfolgerungen verdeutlichen. Das war ein Konzept, mit dem ich mich anfreunden konnte.

Als vor einiger Zeit mein neuer Verleger auf mich zukam und wieder einmal von einer Autobiografie sprach, stimmte ich deshalb nur unter einer Bedingung zu: Es sollte ein Buch entstehen ohne den Zwang, meine Lebensstationen chronologisch abzuarbeiten. Sinnvoller schien es mir, Schlüsselerlebnisse zu schildern, die erklären, aus welchen individuellen Erfahrungen sich meine Überzeugungen herleiten. Erinnern bedeutet letztlich, anderen Geschichten zu erzählen, die man für wesentlich hält. Darin war ich vermutlich – hoffentlich! – immer schon begabter als in der Kunst akademischer Debatten, bei denen ich mich stets fehl am Platze fühlte. Man denke nur an den grässlichen, absurden Historikerstreit der achtziger Jahre, bei dem linkelnde Kollegen Ernst Nolte am Zeug zu flicken versuchten. Wenn man das heute liest, schlägt man angesichts der Ignoranz, mit der die ungeheuren sowjetischen Untaten übersehen oder bagatellisiert wurden, die Hände über dem Kopf zusammen.

Je länger ich mich diesem Buch widmete, desto deutlicher

wurde mir allerdings, warum man von Erinnerungs*arbeit* spricht. Es geht um Selbstprüfung. Das Gedächtnis ist ein unzuverlässiger Gesell, es spielt einem so manchen Streich. Vieles stand mir wieder deutlich vor Augen, anderes ließ sich nur mit Mühe rekonstruieren, manches habe ich vergessen oder verdrängt, im Nachhinein vielleicht auch umgedeutet. Das ist das Risiko jedes längeren Rückblicks. Diesem Risiko wollte und konnte ich nicht ausweichen.

Und warum »Der Unbequeme?« Nach Meinung meines Verlegers hätte das Buch auch »Der Außenseiter«, »Der Streitbare« oder »Der Provokateur« heißen können. Derartige Etikettierungen begleiten mich seit Langem, obwohl ich mich nicht im Mindesten als streitbar oder gar provokativ empfinde. Was andere in mir entdecken, überrascht mich immer wieder. Meine Mutter nannte mich einen »Verein für stilles Glück«, weil ich als Kind stundenlang vergnügt ganz allein spielte. Ich war ausgeglichen, ja, ausgemacht ängstlich, diplomatisch und alles andere als rebellisch. Offen gestanden erstaunt mich, wenn ich als unbequem oder angriffslustig bezeichnet werde. Auch als Außenseiter habe ich mich nie gesehen. Ich empfand mich immer als jemanden, der aus der Mitte der Republik, aus ihrem imaginären Zentrum heraus argumentiert. Vielleicht ist diese Haltung das Erbe einer Familie, die seit der Reformation vor allem eine Pastoren- und Juristendynastie gewesen ist.

Meine Bereitschaft, von der Meinungsfreiheit Gebrauch zu machen, ist auch eine persönliche Reaktion auf das Zeitalter der Diktaturen. Den allgemeinen Hang zum Konformismus habe ich immer als deren schlimmstes Erbe empfunden. Deshalb beunruhigt mich die bei uns grassierende politische Korrektheit. Manchmal gestehen mir Veranstalter nach einem Vortrag, sie stimmten meinen Thesen ja zu, würden sich jedoch niemals trauen, sie öffentlich zu äußern – das werde »oben« nicht gerne gesehen. Subalterner kann man sich wohl nicht ausdrücken.

Das wichtigste Grundrecht der Demokratie ist die Meinungsfreiheit. Nur wenn das Für und Wider eines Vorhabens von allen Seiten ausführlich diskutiert werden darf, kann das Ergebnis am Ende Mehrheiten überzeugen. Je wichtiger ein Problem ist, desto gründlicher muss es in öffentlichen Debatten hin und her gewendet werden. Doch die Bereitschaft zu einer selbstverständlichen Offenheit lässt in den letzten Jahrzehnten mehr und mehr nach. Selbst im Parlament vermisse ich oft substanzielle Debatten. Über den Euro oder die Energiewende wird nicht einmal ansatzweise kontrovers diskutiert, ein Phänomen, das in der jungen Bundesrepublik undenkbar gewesen wäre. Themen wie Westintegration, soziale Marktwirtschaft, Ostpolitik oder Nachrüstung waren zu Recht heftig umkämpft.

Vor Kurzem sprach ich mit einem Historiker, der die Parlamentsdebatten des späten Kaiserreichs ausgewertet hat. Er war verblüfft, auf welch hohem Niveau sich die Redebeiträge damals bewegten, welch beeindruckende Bildung und Artikulationsfähigkeit, Differenziertheit und Meinungsstärke die Politiker aller Parteien seinerzeit an den Tag legten. Verglichen damit sind die heutigen Parlamentsdebatten öde Pflichtveranstaltungen. Leider, denn die Kontroverse gehört elementar zur Demokratie. Wie sonst sollte denn der Prozess der Meinungsbildung angestoßen werden? Solange die politische Korrektheit herrscht, schläft die Vernunft zu unser aller Schaden. Aber Politiker sorgen sich heute mehr darum, wie sie sich medienwirksam profilieren und positionieren können, als beharrlich den Fragen nachzugehen, deren Beantwortung unsere Zukunft entscheidend prägen wird. Sie halten mit ihren Ansichten und Meinungen hinter dem Berg aus Furcht vor der Macht der Demoskopie, die jede These jenseits des allgemeinen Konsenses als Sympathieverlust widerspiegelt. Dieser Mangel an Diskursfähigkeit legt die Axt an die Wurzeln einer Demokratie, die sich gern als freiheitlich verstehen würde.

Zusehen und Schweigen kamen für mich nie in Betracht. Dafür sind die Probleme, vor denen unser Land steht, zu groß, zu alarmierend. Einen Anspruch auf absolute Wahrheiten kann ich selbstverständlich nicht erheben. Doch ich nehme das Recht in Anspruch, meine Wahrnehmungen und Urteile öffentlich zu äußern. Ich war und bin ein neugieriger Mensch. Ich beobachte gern und ziehe eigene Schlüsse, auch wenn das andere als unbequem empfinden mögen. Mittlerweile habe ich mich daran gewöhnt, um den Preis, in eine undankbare Rolle zu geraten. Dann fühle ich mich wie ein Autofahrer, der auf der Autobahn in die richtige Richtung zu fahren glaubt und im Radio hört, ein Geisterfahrer sei unterwegs. Wenn ich aus dem Fenster schaue, stelle ich fest: Mir begegnen nur Geisterfahrer. Aber die anderen denken natürlich, ich sei es, der auf der falschen Spur unterwegs ist.

Besonders liegen mir die Interessen Deutschlands am Herzen. Auch damit ernte ich regelmäßig Erstaunen, ja Empörung. Doch es liegt auf der Hand: Es gibt unterschiedliche und berechtigte Interessen einzelner Nationen, die nicht hinter einem europäischen Schleier verschwinden dürfen. Was heißt das für uns? Was sind unsere, also die deutschen, nationalen Interessen? Sind sie im Verschwinden begriffen, weil es, wie viele bei uns meinen, nur noch gemeinsame europäische Interessen gibt? Letztlich bedeutet die fatale Selbstvergessenheit der Deutschen einen Verzicht auf ihre Zukunft. Wir verlieren unseren inneren Halt, unseren Kompass durch die völlige Fehleinschätzung dessen, was Europa sein kann und was bei diesem Unterfangen unsere Selbstbehauptung gebietet.

Der deutsche Hang, sich zurückzunehmen, hat wesentlich mit der Katastrophe des Zweiten Weltkrieges und des Holocaust zu tun. Noch immer stehen wir im Bann der Vergangenheit, frösteln vor dem Eisblock der Verbrechen jener Zeit. Die unbefangene Neugier, früheres Leben zu entdecken, ist uns seit Jahrzehnten verleidet, weil die deutsche Geschichte weitgehend mit den zwölf Jahren Naziherrschaft gleichgesetzt wird. Diese Zeit war durch ihre Verbrechen monströs. Aber es scheint mir offen, wie man sie später in unsere 1200-jährige Geschichte einordnen wird. Noch immer geht ein mentaler Riss durch unser Land. Auf der einen Seite stehen die Jahrgänge, die vor 1940 geboren wurden. Sie haben, wie ich, den zweiten Teil des Dritten Reiches, vor allem den Krieg, erlebt und in Erinnerung behalten, ob sie 1945 nun fünf, 15 oder 25 Jahre alt waren. Auf der anderen Seite finden wir die Nachkriegsjahrgänge, beschämt durch die historische Schuld der Deutschen. Ihnen fällt es schwer anzuerkennen, wie befreiend eine aufgeschlossene Grundeinstellung zu unserem Land, die Bejahung unseres Volkes und seiner Geschichte durch die Deutschen wirken würde.

Die wichtigste Aufgabe meiner Generation stellt sich mit zunehmender Dringlichkeit: Wir sollten vor unserem Verschwinden dazu beitragen, das Bild Deutschlands und der Deutschen zurechtzurücken. Die meisten Angehörigen meiner Generation haben sich dieser Verpflichtung leider entzogen. Dies war ein entscheidendes Motiv für dieses Buch. Da ich an den Untaten des Dritten Reichs nicht im Geringsten beteiligt war, aber unser Land, wenn auch nur aus Kindersicht, während des Dritten Reichs erlebt habe, möchte ich versuchen, das Bild der Deutschen von sich selbst aufzuhellen. Es hat sich in den letzten Jahrzehnten zusehends verdüstert. Als Folge ist die natürliche Zugehörigkeit zu unserer Kultur, zum eigenen Land und seiner

Geschichte verloren gegangen. Wir laufen Gefahr, unser Deutschsein systematisch zu verleugnen und in Kauf zu nehmen, dass unser Land sich selbst verloren gibt.

Die historische Haftung muss klar unterschieden werden von der Schuld der Täter. Schuld ist immer nur das individuell Zurechenbare. Das wird meist vergessen, wenn wir mit unserer Herkunft hadern und die kollektive Schuldzuweisung bis in unsere Tage hinein bereitwillig akzeptieren. Wir sollten die permanente Denunziation Deutschlands als Land der Täter beenden. Die Vorstellung, für immer ausschließlich an der Schande der Naziverbrechen gemessen und dadurch gebrandmarkt zu sein, führt zu einer gefährlichen Lähmung. Daher plädiere ich für einen aufgeklärten Patriotismus, für mehr Selbstbewusstsein, auch für eine Revision verhängnisvoller Mythen, die unser Selbstbild nachhaltig beschädigen. Ich wünsche mir, dass die Deutschen – gerade auch die Zugewanderten – gern in unserem Land leben, sich seine Kultur zu eigen machen und stolz auf seine im Wesentlichen positive Geschichte blicken. Vielleicht kann dieses Buch ein wenig dazu beitragen.

Kapitel 1

DIE DEUTSCHE WUNDE

3. IX. 14

Was ist deutsch?

Wer sind wir? Was macht uns jenseits zeitgebundener Ideologien zum deutschen Volk? Sind wir eine ethnische Einheit, Rasse, gemeinsam in Blut, Haut und Haar? Nach 1945 und im Zeichen der multikulturellen Gesellschaft wird dies niemand mehr behaupten wollen. Ist Deutschland räumlich und historisch zu fassen als von Deutschen bewohntes Mitteleuropa, als Einheit des geschichtlichen Schicksals? Welche Rolle spielt die Sprache, von der Wilhelm von Humboldt sagte, sie sei Ausdruck der »Geisteseigentümlichkeit« eines Volkes? Oder sind wir Deutschen eine psychologische Gegebenheit – eine Einheit des Fühlens, Empfindens und Erlebens, eine gemeinsame Volksseele?

Diese Fragen beschäftigen mich seit Langem. Im Laufe der jüngeren Geschichte ist die deutsche Identität allerdings häufiger problematisiert als fröhlich bejaht worden. Bis heute tun wir uns schwer mit der Frage, was denn das spezifisch Deutsche ausmache. Man ist vorsichtig geworden. Die Stärken der Deutschen, ihr Organisationstalent, ihr Fleiß, ihre Tüchtigkeit – waren das nicht gerade jene Eigenschaften, die während des Dritten Reichs Gräueltaten im großen Stil ermöglichten? Haben sich sogenannte Sekundärtugenden wie Ordnung, Disziplin und Pünktlichkeit nicht als Symptome einer dressierten, blinden Untertanenmentalität erwiesen?

So jedenfalls sehen es viele, seit die Studentenbewegung mit den vorhergehenden Generationen ins Gericht ging und harte, ja vernichtende Urteile sprach. Zum großen Bruch des deutschen Selbstgefühls und zum generalisierten deutschen Schuldbewusstsein kam es nicht 1945, sondern erst nach 1968. Damals begann die große Abrechnung mit den Älteren. Man muss heute unterscheiden zwischen denen, die meinen, die eigentliche Wende vom Übel zum Positiven habe sich 1945 ereignet, und jenen, die den Bewusstseinswandel auf die Zeit der 68er-Bewegung datieren – was die Unterstellung einschließt, die beiden ersten Nachkriegsjahrzehnte seien braun gefärbt gewesen. Letztere Interpretation ging davon aus, die älteren Generationen seien von einer verheimlichten Schande unterminiert. Ihr Schweigen wurde als verschwiegene Täterschaft verdächtigt. Selbst bei jenen, die unübersehbar unter der Diktatur, dem Krieg und den Vertreibungen gelitten hatten, argwöhnte man eine gezielte Technik des Vergessens und Verdrängens.

Die Studentenrevolte lief auf eine Bewusstseinsrevolution hinaus, die seither ein erstaunliches Durchsetzungsvermögen bewiesen hat. Damals kündigte die junge Generation den gesellschaftlichen Konsens auf, der nach der Katastrophenerfahrung des Krieges entstanden war. Das friedliche, versöhnliche, bürgerliche Gemeinschaftsgefühl, das die Jahre des Aufbaus und Wirtschaftswunders bestimmt hatte, empfanden die Nachgeborenen als unzeitgemäß, ja völlig verlogen. Es war die große Stunde der Selbstgerechtigkeit. Jetzt tat man so, als ob es in diesem Lande auch unter den neuen Umständen keinen Tag länger auszuhalten sei. Viele sprachen gern von baldiger Auswanderung, die sich dann allerdings meist als allzu beschwerlich erwies. Jahrzehnte bevor Thilo Sarrazins Buch über die Selbstabschaffung Deutschlands erschien, fasste die Bundesrepublik ihr Verschwinden ins Auge, schaffte sich Deutschland mental ab, weil es sich weder mit seiner Geschichte identifizieren lassen wollte noch an seine Zukunft glaubte.

Typisch deutsch zu sein wurde ein Synonym für Duckmäuserei, wenn nicht Schlimmeres. Gleichzeitig stürzte der neue Zeitgeist das bisherige Geschichtsbild und verzerrte es bis zur Unkenntlichkeit. Spätestens seit den Zeiten des Heiligen Römischen Reiches schien alles auf den Naziterror hinausgelaufen zu sein. Jahrhunderte einer im Großen und Ganzen positiven Geschichte wurden ignoriert, weggeblendet, ausgestrichen. Seither ist unsere 1200-jährige Geschichte der völligen Vergessenheit anheimgefallen. Wenn ich einen Vortrag über »Die Lehren der deutschen Geschichte« ankündige, erwarten 80 Prozent der Zuhörer Ausführungen über das Dritte Reich. Doch so unauslöschlich die Naziverbrechen auf uns lasten, so falsch wäre es zu glauben, unsere Geschichte müsse und könne nur im Schatten der Vernichtungslager gesehen werden.

Wir sollten uns dazu ermuntern, nach unseren Wurzeln zu suchen, tiefer in der Vergangenheit zu graben. Sonst würden wir uns – von uns selbst unbemerkt – weiterhin die Menschenfeindlichkeit und den Vernichtungswillen, die Täterenergie Hitlers zerstörerisch wie auch selbstzerstörerisch zu eigen machen. Wir dürfen seinen Nihilismus nicht verinnerlichen, nicht auf unsere gesamte Geschichte anwenden.

Blickt man gelassen auf die langen Jahrhunderte unserer Geschichte, ergibt sich ein helleres Bild. Wer unvoreingenommen ist, wird viel Positives finden. Welch kultureller, geistlicher und geistiger Reichtum ist allein im Raum zwischen Wittenberg und

Weimar zu entdecken! Was hat das mitteleuropäische Deutschland allein im 18. und 19. Jahrhundert in Philosophie und Wissenschaft, in Musik, Literatur und bildender Kunst der Welt geschenkt! Ein Ruhmesblatt unserer Historie ist auch die bis heute oft verkannte Ostkolonisation. Abgesehen vom kriegerischen Deutschen Orden war die Besiedlungspolitik überwiegend zivil. Die ungarischen Könige warben im Mittelalter um deutsche Siedler für Siebenbürgen. Maria Theresia besiedelte das Banat, Katharina die Große holte Deutsche ins Wolgagebiet. In diesen Gebieten zog der deutsche Einfluss große zivilisatorische Errungenschaften nach sich. So wurde etwa das Magdeburger Stadtrecht auf viele Städte Osteuropas übertragen. Diese kulturellen Leistungen erwiesen sich als äußerst stabil, anders als die glücklose deutsche Kolonialpolitik des letzten Kaiserreichs.

Im Grunde genommen haben wir Deutschen lediglich drei große Katastrophen erlebt: den Absturz der Staufer, den Dreißigjährigen Krieg und Hitler. Deshalb sollten die Deutschen bei aller Bescheidenheit ein sehr viel größeres, fröhliches Selbstgefühl entwickeln. Typisch deutsch möchte jedoch niemand mehr sein. Das »Nie wieder« spukt noch immer in den Köpfen, die Furcht, deutscher Ungeist könne sich ein weiteres Mal erheben. Man kann so weit gehen zu behaupten, wir seien gar keine richtigen Deutschen mehr, hätten alles traditionell Deutsche abgelegt. Meines Erachtens sind die antikommunistischen Bewohner der früheren DDR die Landsleute mit einem besonders ausgewogenen Urteilsvermögen, weil sie nicht jahrzehntelang durch die Gehirnwäsche der politischen Korrektheit weichgespült worden sind. Seit der Wende zeigt sich, dass das verbliche DDR-Regime in dieser Hinsicht weniger prägend war als vermutet. Daher blieb die Bevölkerung konservativer, konventioneller, manchmal auch spießiger als die Bewohner der alten Bundesrepublik.

Ohne Frage ist das Lebensgefühl in Westdeutschland nach dem Krieg internationaler, weltoffener geworden. Das erste Schlüsselerlebnis unserer jüngeren Mentalitätsgeschichte fand jedoch nicht 1968, sondern unmittelbar nach dem Zweiten Weltkrieg statt: mit dem Projekt einer Umerziehung der Deutschen. In unserem geschlagenen, entmachteten, moralisch völlig diskreditierten Land sollte ein neuer Menschentypus geformt werden. Die Amerikaner, unter ihnen viele namhafte deutsche Emigranten, setzten Entnazifizierung mit Erziehung gleich. Sie verfolgten das Ziel, die Obrigkeitshörigkeit der Bevölkerung und den autoritären Charakter der Deutschen, letztlich also ihre Unmündigkeit, zu beenden. Politische Bildung im weitesten Sinne sollte die deutsche Mentalität demokratisch transformieren. Andernfalls sei zu fürchten, dass die Wurzeln des Nationalsozialismus nie gekappt würden.

Der Glaube an die positive Wirkungskraft gesamtgesellschaftlicher Umerziehungsmaßnahmen war ebenso sympathisch wie naiv. Wie konnte man glauben, ein ganzes Volk im Denken und Handeln allein durch Worte, durch Erziehung, tief greifend zu verändern? Und doch wurde die Transformation mit jeder neuen Generation Nachgeborener sichtbarer. Die Veränderungen unseres Nationalcharakters, die man sich von der Umerziehung versprach, haben spätestens seit 1968 stattgefunden – wenn auch ganz anders, als ursprünglich geplant. Die Umerziehung durch die Studentenbewegung war natürlich auch deshalb erfolgreich, weil Faktoren mitwirkten wie die erstaunliche Erfolgsgeschichte der Wirtschaft, die damit verbundenen neuen Konsumgewohnheiten und nicht zuletzt die Entwicklung einer medialen Öffentlichkeit.

Das mentale Erbe der Reeducation war ein anderes: die Annahme, der Deutsche schlechthin müsse durch Erziehung zivili-

24

siert und entbrutalisiert werden. Als seien wir ein Volk, das sich ohne solche Maßnahmen jederzeit zu neuerlichen Exzessen erheben könnte. Nüchtern betrachtet sind wir weder gewaltbereiter noch expansiver als andere Völker auch. Von einer generellen faschistoiden Neigung zu sprechen, die in der kollektiven Volksseele niste, ist eine angstvolle Unterstellung, die schlimme Folgen hat. Dennoch wird sie bei jeder sich bietenden Gelegenheit als rhetorische Trumpfkarte aus dem Ärmel gezogen. Sobald Deutschland in der Kritik steht, leben alte Feindbilder auf. Erinnert sei in unseren Tagen an die griechischen Demonstranten, die ihrem Unmut über Angela Merkels Finanzpolitik Luft machten, indem sie die Kanzlerin als weiblichen Hitler darstellten. Die Banalität der dahinter stehenden Haltung ist kaum zu überbieten: Eckt Deutschland an, sind wir wieder die Nazis, so simpel, so holzschnittartig.

Auch wenn es viele nicht wahrhaben wollen, liegt eine eindrucksvolle Entwicklung hinter uns, die wenig Raum für Spekulationen über eine drohende Renaissance faschistoider Tendenzen lässt. Die deutsche Gesellschaft hat einen ungeheuren Modernisierungsprozess durchlaufen mit dem Ergebnis, dass sie vielfach moderner wirkt als die Gesellschaften unserer europäischen Nachbarländer. Regionale Differenzen wurden eingeschmolzen, traditionelle Besitzstände eingeebnet, konfessionelle Unterschiede verwischt. Der Adel hat seine politische und ökonomische Bedeutung eingebüßt. Neue Eliten sind entstanden, Arbeiterschaft und Mittelstand emanzipierten sich. Mit dem Grundgesetz verschwand der Obrigkeitsstaat, der selbst noch während der Weimarer Republik einer Ersatzmonarchie ähnelte. Auch der deutsche Militarismus fand ein Ende, nachdem er in die Katastrophe geführt hatte.

Was allerdings geblieben ist, könnte man als Mythos des unberechenbaren, ja dämonischen Deutschen bezeichnen. Seit dem Holocaust stehen wir unter Generalverdacht. Und werden paradoxerweise umso skeptischer beäugt, je entschlossener wir unsere politische Identität mit derjenigen Europas verschmelzen. Seltsam genug wächst der Druck auf Deutschland angesichts der aktuellen Europadebatte. Immer aufs Neue sollen wir unsere Bereitschaft beweisen, die eigenen Interessen denen Europas unterzuordnen.

In der Europäischen Union achtet man peinlichst darauf, wie sich die deutsche Regierung verhält, wie sie eigene und europäische Interessen gewichtet. Nichts ist vergessen. Wir müssen unser Geschichtsbewusstsein daran messen lassen, in welchem Umfang wir andere Länder Europas finanziell unterstützen – mit nicht enden wollenden Ablasszahlungen vor dem Hintergrund jener zwölf Jahre Naziherrschaft. Entsprechend drastisch fallen die verlangten Demutsgesten aus. Seit die Eurokrise sich verschärft hat, wird das zusehends deutlicher. Nicht nur die Griechen malen Angela Merkel ein Hitlerbärtchen, sobald man vermeintliches deutsches Vormachtstreben wittert.

Die Verquickung von Finanzpolitik und historischer Schuld gehört mittlerweile auch zum Tagesgeschäft der deutschen Debattenkultur. Wenn Altkanzler Helmut Schmidt in der Eurodebatte öffentlich behauptet, der Holocaust verpflichte die Deutschen zu Transferleistungen, halte ich das für vorauseilenden Gehorsam, mit dem er unserem Land schweren Schaden zufügt. Damit liefert er den Schlüssel zu unserer Erpressung. Joschka Fischer geht in dieselbe Richtung mit der absurden Behauptung, wir hätten Europa im letzten Jahrhundert zweimal ruiniert und müssten es jetzt retten, koste es, was es wolle.

Mir stockt der Atem, in welchem Maße die Vertretung unserer eigenen Interessen vernachlässigt wird. Schon um unserer

26

Kinder und Enkel willen wäre es eine absolute Selbstverständlichkeit, deutsche Interessen in den Vordergrund zu rücken. Stattdessen gefährden wir im Namen der europäischen Solidarität unsere Existenzgrundlage, indem wir dringliche Aufgaben im eigenen Land zugunsten Europas nicht wahrnehmen. Kinder und Jugend, Erziehung und Bildung, sprich das Fundament jeder Zukunft, werden in schockierender Weise ignoriert und fehlgelenkt.

Der Gedanke, man müsse um jeden Preis den Euro stützen, zeigt eine völlig verquere Grundannahme der deutschen Politik: Deutschland müsse in Europa aufgehen; die Nationalstaaten hingegen seien von gestern, Europa trete an ihre Stelle, wir seien also postnational. Außer uns glaubt kein Europäer daran. Geraten andere Länder in die Krise, verteidigen sie selbstverständlich vehement ihre eigenen Interessen. Dabei weigern sie sich, die Ursachen ihrer Krisen im eigenen Verhalten zu suchen. Zwischen 1999 und 2009 erhöhten die Griechen im privaten wie öffentlichen Bereich die Gehälter und Löhne um 38 Prozent, die Spanier um 34 Prozent, die Italiener um 32 Prozent – die Deutschen jedoch nur um vier Prozent. Nach wie vor üben wir uns in Fleiß und Sparsamkeit, akzeptieren eine längere Lebensarbeitszeit als anderswo und zahlen – bis auf wenige spektakuläre Ausnahmen – brav unsere Steuern. Wir verhalten uns eben typisch deutsch im besten Sinne. Das erklärt zu einem beträchtlichen Teil, warum wir ökonomisch besser dastehen als andere. Kein Wunder, wenn in unserem Land der Unmut über steigende Transferleistungen wächst. Wie soll man in einer Demokratie plausibel machen, dass diejenigen, die gearbeitet und sich eingeschränkt haben, nun jenen Ländern beistehen müssen, die munter über ihre Verhältnisse lebten? Und das ohne jede Aussicht auf eine Kontrolle der jeweiligen nationalen Budgets?

Diese kurzsichtige Abgehobenheit erinnert mich an den blinden Zweckoptimismus, den ich in meiner Jugend erlebte. Als Zehnjähriger hörte ich immer wieder: »Wir werden siegen, denn wir müssen siegen.« Das ließ mich stutzen. Ich dachte: Irgendetwas stimmt doch nicht an dem Satz. Wieso werden wir siegen, weil wir siegen müssen? Seinerzeit gab es eine ähnliche rhetorische Vernebelung wie heute, obwohl bereits offenkundig war, dass ein Krieg gegen den Rest der Welt nicht zu gewinnen sei. Die Durchhalteparole von damals war genauso irreführend wie die heute behauptete Alternativlosigkeit unserer Eurorettungspolitik. Nichts im Leben ist alternativlos. Die Alternativen mögen unerfreulich sein, das will ich gern einräumen, aber die Behauptung, es gebe sie nicht, ist blanker Unsinn.

Anders als in den vierziger Jahren geht es heute nicht um Panzerschlachten und Brückenköpfe, es geht um unsere wirtschaftliche und gesellschaftliche Zukunft. Ein gewisser Wunderglaube scheint sich dennoch erhalten zu haben, ein irrationales Gefühl der Unverwundbarkeit. Was macht uns eigentlich so sicher, dass die da oben es schon richten werden? In Wahrheit ist es verantwortungslos, mit welch trotziger Gebärde unsere Politiker den drohenden Niedergang leugnen. Noch werden wir von anderen Euroländern für unsere Wirtschaftskraft teils beneidet, teils gefürchtet. Können wir sicher sein, dass das in Zeiten der Globalisierung auch so bleibt? Würde man angesichts eines heranrollenden Tsunamis sagen: Kein Grund zur Aufregung, ihr seht doch, das Meer zieht sich zurück?

Ganz sicher hat mich meine Erfahrung als Halbwüchsiger hellhörig für demagogische Untertöne gemacht. Ich wurde 1932 geboren. Die Zeit des Nationalsozialismus erlebte ich als Kind. Kriegsende, Währungsunion, die Blockade Berlins und der Aufstand des 17. Juni fallen in meine Jugend. Der Berufsanfang, die Lehr- und Wanderjahre hatten ihren Hintergrund im westdeut-

28

schen Wirtschaftsaufschwung. Meine Generation stand im dreißigsten Lebensjahr und damit an der Schwelle des Mannesalters, wie man früher sagte, als der Bau der Mauer in Berlin die Spaltung Deutschlands auch äußerlich deutlich machte. Von der Pubertät an prägte mich das Bewusstsein, nicht als Deutscher, sondern als junger Bürger der Bundesrepublik aufzuwachsen. Dennoch reichen meine Erinnerungen weiter zurück.

Was mir im Rückblick am meisten auffällt, ist die Atmosphäre einer noch überwiegend bürgerlichen Gesellschaft im Dritten Reich. Das hat man völlig vergessen in der heutigen Wahrnehmung jener Zeit. Und doch wären der Wiederaufbau nach dem Zweiten Weltkrieg und die enorme Bedeutung der bürgerlichen Parteien nach 1945 überhaupt nicht zu verstehen, wenn die Nazis – so wie die Kommunisten in der DDR – vier Jahrzehnte lang alles weggeräumt hätten, was ihrer Doktrin widersprach. Die Kontinuitäten mögen im Nachhinein nicht offensichtlich sein, doch ich erlebte ein Deutschland, das weit mehr als das Land der Mörder und Henker war.

Meine Kindheit im Nationalsozialismus unterlag lange einem Redeverbot. Kaum jemand möchte wahrhaben, dass der Alltag im Dritten Reich weit bürgerlicher und kultivierter war, als man es heute für möglich hält. Die immer noch verbreitete Vorstellung, damals sei das gesamte deutsche Volk unterschiedslos entmenschlicht und gewaltbereit gewesen, kommt einer unerträglichen Diffamierung gleich. Die Folge ist eine tiefe Wunde im Selbstverständnis der Deutschen bis auf den heutigen Tag. Man hat es sich zur Gewohnheit gemacht, ausschließlich auf die Untaten des Naziregimes zu schauen und jeden Einzelnen, der zu der Zeit lebte, damit zu identifizieren, ohne jemals den Versuch unternommen zu haben, sich in dessen Lage zu versetzen. Unter anderem führte das zum Bruch in vielen Familien.

Der Gedanke, die Generation meiner Eltern sei nichts weiter als eine mordlüsterne Vernichtungsbande gewesen, ist deshalb eine Ungeheuerlichkeit. Dies war die Behauptung der 68er, um ihre Eltern zu diskreditieren und sich selbst auf die moralisch sichere Seite zu stellen. Es ist ein Unding zu meinen, jedes NSDAP-Mitglied sei ein Nazi gewesen, sei es auch nach dem Krieg geblieben. Der überwiegende Teil der Deutschen wachte nach 1945 auf und erkannte ernüchtert das von der Diktatur gewebte Lügengeflecht. Selbst ehemalige Parteimitglieder begriffen, was das Regime angerichtet hatte. Es ließ sich nicht länger verhehlen, dass die Illusion des tausendjährigen Reichs, der brutale Vernichtungskrieg und die Gräueltaten des Holocaust zu den großen Katastrophen unserer Geschichte gehören. Gleichwohl ist es eine inakzeptable Deutung deutscher Identität, sie erschöpfe sich in der Katastrophe des Dritten Reichs. Diese Phase unserer Geschichte legitimiert nicht die fortgesetzte Denunziation der Deutschen, die Unterstellung eines latent aggressiven Nationalcharakters. Noch weniger rechtfertigt sie Selbsthass und Verdrängung eigenen Leids. Jahrzehntelang hat man nicht aussprechen dürfen, wie viele Deutsche durch den Krieg gelitten haben. Ein ganzes Menschenleben lang haben wir nicht gewagt, unsere Toten zu betrauern, die Opfer der Euthanasie, der Vertreibung, die vergewaltigten Frauen, die zerstörten Familien. Wir haben nicht um unsere eigenen Mütter, Schwestern, Kinder getrauert.

Das zu erkennen, wird zunehmend wichtiger. Eines Tages werden wir mit dieser Zeit unseren Frieden machen müssen, auch um innerlich Frieden zu finden. Denn die Traumata wirken nach, Schuld und Scham ebenso wie verschwiegenes Leid. Besonders junge Menschen belastet das Schweigen, die diffusen Schuldgefühle, die kollektive Verurteilung ihrer Vorfahren. Sie leiden, oft ohne zu wissen, woran. Es ist ein spezifisch deutsches

Problem. Dahinter wird ein wesentlich größeres Dilemma sichtbar: Nach wie vor hadern wir Deutschen mit unserer Geschichte, hin und her gerissen zwischen vorsichtiger Identifikation und vehementer Ablehnung.

Als nach dem Zweiten Weltkrieg behauptet wurde, wir Deutschen seien von Luther bis Hitler auf einem Weg des Unheils gewesen, glaubten das wenige. Inzwischen haben sich mehr und mehr Menschen diese These zu eigen gemacht. Sie ist dadurch nicht richtiger geworden. Das Urteil, die Deutschen seien sämtlich, sozusagen genetisch, bei jeder sich bietenden Gelegenheit zu schlimmsten Verbrechen aufgelegt, ist absurd. Dennoch hält sich diese Einschätzung umso hartnäckiger, je größer der zeitliche Abstand wird. Die deutsche Wunde hat sich nie geschlossen. Für viele ist Identität nur als Abgrenzung vom Deutschsein denkbar. Das lähmt uns in destruktiver, selbstzerstörerischer Weise.

Ein lange für mich rätselhafter Satz, den ich vor Jahren hörte, ohne ihn zu verstehen, war die Äußerung eines Katholiken, das deutsche Volk werde erst frei sein, wenn es für Hitler das Totengebet sprechen könne. Dieser Satz hat mich seither oft umgetrieben. Was sollte das heißen: Das Totengebet sprechen? Erst allmählich wurde mir bewusst, dass das christliche Gebot der Aussöhnung nicht nur unser Verhältnis zu ehemaligen Opfern und Kriegsgegnern betrifft, sondern auch das Verhältnis zu uns selbst – die Täter eingeschlossen. Im Totengebet bittet man um göttliche Gnade für die Seele des Verstorbenen. Im Bewusstsein der eigenen Sündhaftigkeit darf man sich nicht über andere Sünder erheben, also auch nicht über Hitler.

Familienbande

Was macht mich zum Deutschen? Wie formte sich meine Identität? Die plausibelste Antwort darauf ist eine biografische. Zweifellos sind es die spezifischen Erfahrungen meiner Generation, die mich prägten, und dazu gehört wesentlich meine Kindheit im Dritten Reich. Geboren am 8. Mai 1932, lag ich ein Jahr später, bei der Machtergreifung Hitlers, noch in den Windeln. Mein 13. Geburtstag wird für immer mit dem Tag der deutschen Kapitulation verknüpft sein, merkwürdige Koinzidenz privater und kollektiver Geschichte. Dazwischen erstreckt sich die Zeitspanne meiner Kindheit – zwölf Jahre, die Deutschlands Schicksalsjahre werden sollten.

Meine bewusste Erinnerung setzt etwa 1938 ein, als ich in die Schule kam. Im selben Jahr wurde mein Vater nach Berlin versetzt, aus der Sächsischen Kommunalverwaltung ins Reichs- und Preußische Ministerium des Innern. Er wird sich vermutlich den Kopf darüber zerbrochen haben, wie seine Familie den Wechsel vom kleinen Dipoldiswalde nahe Dresden in die Großstadt Berlin verkraften sollte. Seine Wahl fiel auf den Vorort Zehlendorf-Süd. Ein beschaulicher Stadtteil bis heute, bürgerlich, fast verschlafen, mit lockerer Bebauung, Grünanlagen, ruhigen Villenvierteln. Dort bezogen wir eine Vierzimmerwohnung mit Garten in der Karolinenstraße 16. Das Umfeld hatte nahezu dörfliches Flair. Nachdem ich ein paar Mal beim Kolonialwarenhändler einkaufen gegangen war, begrüßte er mich wie ein gütiger Onkel, und ich verließ den Laden nie, ohne in das große, gläserne Bonbonglas zu greifen.

Der Moloch Berlin schien weit weg. In nichts spürte man die Nähe der brodelnden Großstadt, die großen Boulevards voller Flaneure, den Potsdamer Platz, damals die verkehrsreichste

Kreuzung Europas. In Zehlendorf sah man so gut wie nie ein Auto. Wir Kinder konnten auf der Straße spielen, was in der belebten Stadtmitte lebensgefährlich gewesen wäre, wo klingelnde Straßenbahnen und hupende Automobile haarscharf an Strömen von Passanten vorbeisausten. Nur wenige Kilometer trennten mich von der urbanen Unübersichtlichkeit der schnell wachsenden Metropole, bewusst wahrgenommen habe ich sie nicht. Auch die Cafés und Kneipen des Berliner Asphaltdschungels, früh von Malern wie Kirchner und Beckmann, Dix und Grosz in grellen Farben beschworen, schienen sich auf einem anderen Planeten zu befinden – wie die Mietskasernen des Berliner Ostens mit ihren lichtlosen Hinterhöfen. Zehlendorf war entschleunigt, wie man heute sagen würde. Eine Idylle, in der ich 1938 Bekanntschaft mit Einmaleins und ABC machte. Ich wurde ein I-Männchen. So nannte man damals die Schulanfänger, weil es der erste Buchstabe war, den wir mit Griffeln auf unsere holzgerahmten Schiefertafeln kratzten.

Was ich so wenig registrierte wie die turbulente Großstadt nebenan, waren die sich überschlagenden politischen Ereignisse. Schon ein kursorischer Überblick verdeutlicht die Dynamik des Jahres 1938. Im Februar übernahm Hitler die Befehlsgewalt über die Wehrmacht, im März kam es zum Anschluss Österreichs. Regimegegner wurden zunehmend härter verfolgt; Carl von Ossietzky starb 1938 an den Folgen der KZ-Haft, Pfarrer Martin Niemöller, Galionsfigur der Bekennenden Kirche, wurde im KZ Sachsenhausen inhaftiert. Die Ausstellung »Entartete Kunst« diffamierte die zeitgenössische Moderne, Leni Riefenstahls Olympiafilm hatte in Anwesenheit des Führers Premiere im Zoopalast, Speers Pläne zur Umgestaltung Berlins in die »Welthauptstadt Germania« wurden bekannt gegeben. Das folgenreichste Ereignis des Jahres aber war die Annexion der deutschsprachigen Gebiete der Tschechoslowakei, des Sudetenlands. Es gelang Hitler auf der Münchner Konferenz im September die Vertreter der beiden Westmächte so charmant einzuwickeln, dass sie die Abtretung akzeptierten, was ihn zu dem Fehlschluss verleitete, sie würden auch weitere territoriale Veränderungen hinnehmen. Ende Oktober begann die Deportation polnischer Juden, die in Berlin lebten. Am 9. November brannten deutschlandweit Synagogen und jüdische Geschäfte, drei Tage später wurde Juden der Besuch von Konzerten, Theater- und Kinoaufführungen verboten. Ab sofort mussten sie ein J in Pässe und Kennkarten eintragen lassen.

All das drang kaum in mein Bewusstsein. Erst viel später sollte ich mir die Frage stellen, was meine Eltern gewusst hatten, wie sie damit umgegangen waren. Mein Vater war Oberregierungsrat, keine hochrangige Position. Mit dem typischen Obrigkeitsdenken des Beamten nahm er den Staat als gegeben hin, auch wenn er kein dezidierter Anhänger Hitlers war. Im Grunde war er unpolitisch, strukturell dachte er vom Staat her, nicht vom Einzelnen. Im Innenministerium war er für die kommunalen Arbeiter und Angestellten im öffentlichen Dienst zuständig. Ihre Angelegenheiten mussten reichseinheitlich geregelt werden und gestalteten sich offenbar so kompliziert, dass man meinen Vater während des Krieges zeitweilig von der Front an den Schreibtisch zurückholte.

Nur in der Adventszeit kam ich mit der beruflichen Sphäre meines Vaters in Berührung. Dann wurden die Kinder der Ministerialbeamten zu einer Weihnachtsfeier eingeladen, an der auch führende Köpfe der Regierung teilnahmen. Bei dieser Gelegenheit erlebte ich einige Male den Reichsminister des Innern, Wilhelm Frick, einen hageren Mann mit entschlossen vorgerecktem Kinn. Der interessierte mich allerdings weit weniger als das Pro-

34

gramm, das man uns Kindern bot. Lebhaft in Erinnerung blieb mir eine Aufführung von *Peterchens Mondfahrt*. Sie fand im Deutschen Nationaltheater am Schiffbauerdamm statt, dem einstigen Neuen Theater, wo 1925 die *Dreigroschenoper* von Brecht uraufgeführt worden war. An der Hand meines Vaters betrat ich den schlossartigen Bau, damals noch mit neubarocker Fassade, und sank in den Samtsitz des goldverzierten Zuschauerraums. Der Innenminister war längst vergessen, als sich der Vorhang öffnete und ein Maikäfer namens Herr Sumsemann Peterchen das Fliegen beibrachte. Ich war hingerissen.

Abgesehen von den Weihnachtsfeiern blieb mir die Arbeit meines Vaters als Kind ein Rätsel. Zu Hause erzählte er kaum etwas darüber, war ohnehin eher wortkarg und verschlossen. Ich achtete ihn wegen seiner fachlichen Fähigkeiten, obwohl ich die noch gar nicht beurteilen konnte. Sein schweigsamer Ernst, so meinte ich, müsse wohl mit der Seriosität seines Amtes zusammenhängen. Gefühlsäußerungen waren ihm fremd, dergleichen erwartete ich auch gar nicht von ihm. Mit kindlicher Intuition respektierte ich die emotionslose Korrektheit des pflichtbewussten Beamten. In der Tat muss mein Vater ein ausgezeichneter Verwaltungsjurist gewesen sein, denn nach dem Krieg wurde er am Bundesverwaltungsgericht Senatspräsident, einer der höchsten Richter der Republik. Zeit seines Lebens lehnte er Orden ab. Für einen Richter, erklärte er, seien solche Ehrungen unvereinbar mit der Unabhängigkeit, die ihm das Amt abverlange. Er war ein achtbarer Mann. In meinem Leben spielte er jedoch eine wesentlich geringere Rolle als meine Mutter, die geistig beweglicher und sprachlich gewandter war.

Mein Vater Martin Otto Friedrich Karl Maximilian entstammte einer alten bürgerlichen Familie, deren Stammbaum sich bis ins 15. Jahrhundert zurückverfolgen lässt. Lange brachten die Barings traditionell vor allem Theologen und Juristen hervor. Das änderte sich erst durch die Verbindung mit zwei künstlerisch ambitionierten Familien, die den nüchternen, von protestantischer Strenge erfüllten Barings andere Welten öffneten. Den Anfang machte meine hochbegabte Urgroßmutter Louise Grisebach. »Was kann ich denn dafür, dass mich der liebe Gott so klug gemacht hat?«, dieser Satz von Louise gehörte zum Sagenschatz meiner Familie. Ihr Bruder errichtete die Villa Grisebach in der Berliner Fasanenstraße, die heute das Kunst-Auktionshaus gleichen Namens beherbergt. Louises engste Freundin war die ältere Amalie Marie Hassenpflug. Beiden Frauen hat meine Cousine Agnes-Marie Grisebach mit ihrem Buch Frauen im Korsett ein anklagendes Denkmal gesetzt. Zum Freundeskreis von Louise und Amalie zählten Annette von Droste-Hülshoff, Clemens von Brentano und die Brüder Grimm, zu deren Märchensammlung Amalie dreißig Geschichten beigesteuert hat, unter anderen Rotkäppchen und Dornröschen. Die Erzählung von Dornröschen deutet die Lebensnöte der beiden Freundinnen an, beschreibt die erzwungene Untätigkeit und ewige Erwartung. Und schildert somit das Dilemma unzähliger junger Frauen, die die bürgerliche Erziehung ihnen über Jahrhunderte auferlegte.

Louise Grisebach heiratete später Carl Leverkühn in Hildesheim, der dort in einem Ehrengrab ruht, wie sie auch. Louises erster Sohn August, Amtsrichter in Lübeck und Autor einiger Gedichtbände, war zeitweilig Vormund Thomas Manns. Mit literarischen Folgen: Der Name stand Pate für die Figur des Adrian Leverkühn im Roman Doktor Faustus. Louises anderer Sohn Paul, Mediziner und Ornithologe, kam vor dem Schaufenster einer Münchener Vogelhandlung in ein freundschaftliches Gespräch mit einem Herrn, der sich am Ende als der neue bulgarische Zar zu erkennen gab und ihn nach Sophia einlud, wo er den botanischen und den zoologischen Garten schuf. Teilnehmer des Ersten Weltkrieges berichteten nach Hause, sie hätten im Zoo die Tiere besucht, die Onkel Paul angeschafft hatte. Louises jüngste Tochter Elisabeth heiratete 1896 meinen Großvater Adolf Baring. Elisabeth starb unmittelbar, nachdem das Letzte ihrer vier Kinder, mein Vater Martin, das Haus verlassen hatte.

Auf die Verbindungen mit den Grisebachs und Leverkühns gründete sich ein Teil des Stolzes meiner Familie, die überhaupt sehr stolz auf sich war. Vor allem die Geschwister meines Vaters vermittelten das Gefühl, eine traditionsreiche, gebildete Familie zu sein, die sich dessen bewusst sein sollte. Mich wunderte das ein bisschen, weil ich dachte: Kinder, so großartig finde ich uns gar nicht, wie ihr immer behauptet.

Das Glanzstück unserer Familie war Georg, der zur Zeit Napoleons in jungen Jahren als Major und Kommandeur in der Deutsch-Englischen Legion die entscheidende Rolle in der Schlacht von Waterloo gespielt hatte. Der französische Kaiser behauptet in seinen Erinnerungen, der Kampf um das Gehöft La Haye Sainte habe die Schlacht zu seinen Ungunsten entschieden. Georg wurde anschließend geadelt und begleitete den englischen König zum Wiener Kongress.

Für das Selbstverständnis meines Vaters und meines Großvaters war die Beziehung zum hannover'schen Welfenhof von großer Bedeutung. In Hannover gehörten die Barings zu den sogenannten »hübschen Familien«, die Zugang zum Hofe hatten und damit gesellschaftlich ausgezeichnet waren. Einige Familienmitglieder waren königliche Leibärzte gewesen, andere hatte man als Geistliche oder juristische Berater an den Hof geholt. Aus dieser honorigen Historie leitete sich eine unverbrüchliche Treue zum Herrscherhaus her, auch eine politische Loyalität.

Daher gingen meine Vorfahren nach der Annexion Hannovers durch Preußen im Jahr 1866 in das antipreußische Königreich Sachsen, wie Hunderte anderer königstreuer Welfen auch.

Heute, in Zeiten eines relativ entspannten Föderalismus, kann man sich kaum noch vorstellen, wie stark die Antipathien waren. Es galt als ausgemacht, die Preußen seien doch eine reichlich unkultivierte Truppe. Mit feinem Spott wurde etwa darauf hingewiesen, der preußische Hof habe es nötig gehabt, sich mit Ehefrauen aus dem Hannover'schen zu veredeln, etwa mit Sophie Charlotte oder anderen bedeutenden Frauen. Indigniert rümpfte man die Nase über die Brandenburger mit ihrer Sandwüste und ihrem komischen Ostpreußen. Nur so ist zu verstehen, warum mein Urgroßvater, ein Medizinalrat aus Celle, derart erbittert über die Annexion war, dass er seinen Sohn Adolf nach Sachsen schickte.

Mein Großvater Adolf Baring ging zunächst nach Leipzig, wo mein Vater geboren wurde, anschließend zog die Familie nach Dresden, wo der Großvater, Jurist, Oberlandesgerichtsrat wurde. Dort blieb die Familie und dort erblickte auch ich das Licht der Welt. Als Verwaltungsbeamter war mein Vater, ebenfalls Jurist, erst vier Jahre in Bautzen, dann in Dipoldiswalde in der Amtshauptmannschaft tätig, einem Ort südlich von Dresden, mit einem Schloss und einem hübschen Marktplatz. Unsere Herkunft blieb ein großes Thema in der Familie. Es wäre übertrieben zu sagen, mein Großvater hätte ein ausgeprägtes Überlegenheitsgefühl den Preußen gegenüber gehabt, doch der Stolz, als Welfe etwas Besonderes zu sein, erfüllte ihn durchaus. Sowohl er als auch mein Vater pflegten noch lange Kontakt mit dem welfischen Königshaus. Gesächselt haben sie nie, das war verpönt. Auch bei den Kindern achtete man auf das akzentfreie Hochdeutsch der Hannoveraner. Wir fühlten uns als Welfen, heimisch waren wir im Dresdner Raum – bis mein Vater 1938 nach Berlin berufen wurde.

Wenn ich mich frage, was zu meiner Identitätsbildung als Deutscher beitrug, verschmelzen die welfische Herkunft, die sächsischen Wurzeln und die Berliner Mentalität. Ich habe mich immer als eine Mischung dieser drei Elemente empfunden. Allerdings war Sachsen nur ein Zwischenspiel. Dort verbrachte ich lediglich meine ersten sechs Lebensjahre; hinzu kommen zwei weitere, als ich von 1943 bis 1945 bei meiner Großmutter Anna Stolze, geborene Jacobs, in Dresden lebte, um dem Bombenhagel der Hauptstadt zu entfliehen. Eine trügerische Hoffnung, wie sich herausstellen sollte. Weit nachhaltiger als die Welt der sächsischen Kurfürsten und Könige prägte mich Berlin mit seinem preußischen Hintergrund – Ironie der Familiengeschichte, die vom antipreußischen Reflex geleitet worden war.

Früh galt mein Interesse den britischen Zweigen der Familie. Im 18. Jahrhundert war ein Großteil unserer Vorfahren mit den hannoverschen Königen nach England übergesiedelt, dort reich und mächtig geworden, auch zu einigem politischen Einfluss gelangt. Berühmter noch wurden die Abkömmlinge eines Bremer Pastors. Im Jahre 1717 wanderte der Bremer Pastorensohn Johann Baring nach Cornwall aus, wo er sich als Wollhändler niederließ. Seine Söhne gründeten 1767 in London die Privatbank John & Francis Baring & Co, 1806 in Baring Brothers & Co umbenannt. Rasch avancierten die deutschstämmigen Barings zu einer erfolgreichen britischen Bankerdynastie, der wichtigsten neben den Rothschilds. Sie wurden zu einem politischen Faktor, gewährten der Regierung Kredite, finanzierten die territoriale Erweiterung der USA wie zeitweilig die englischen Aktivitäten gegen Napoleon. Unter dem Namen Baring Brothers existierte das Bankhaus bis 1995. Dann stürzten die halsbrecherischen Spekulationen des Terminhändlers Nick Leeson das Institut quasi über Nacht in den Bankrott. Nach der Übernahme durch eine niederländische Finanzgruppe werden die Geschäfte seither unter dem Namen ING Barings weitergeführt.

All das lag noch in ferner Zukunft, als ich in Kindertagen erstmals von unseren ruhmreichen englischen Verwandten hörte. Regelmäßig reiste mein Vater nach dem Krieg nach London und besuchte die illustren Verwandten. Nach seiner Rückkehr berichtete er von nahezu märchenhaftem Wohlstand und höchstem Ansehen. Die meisten Angehörigen der britischen Linie gehörten mittlerweile dem Adel an. 1866 erhielt der liberale Politiker Sir Francis Baring den Titel eines Baron Northbrook. Sein Sohn Thomas George Baring wurde zum 1. Earl of Northbrook erhoben. Als Generalgouverneur von Indien war er von 1872 bis 1876 Vertreter des englischen Königs und trug den Titel Vizekönig von Indien. Auch die Barone Revelstoke, Ashburton und Howick of Glendale waren gebürtige Barings. 1899 wurde für Evelyn Baring, der als Generalkonsul in Ägypten dieses Land dem Empire einverleibt hatte, der eindrucksvolle Titel Earl of Cromer geschaffen. Solche Geschichten faszinierten mich verständlicherweise. Innerhalb weniger Generationen war einer zunächst mittellosen, aber äußerst tatkräftigen Auswandererfamilie der Aufstieg in die britische Oberschicht gelungen.

Nach dem Krieg begegnete ich einem unserer englischen Verwandten unter überraschenden Umständen – er war für die Buchproduktion in der britischen Zone zuständig. Als ich ihn in Hamburg traf, empfing er mich ausgesprochen freundlich und schenkte mir einen ganzen Stapel Bücher.

 Das Selbstbewusstsein meiner Familie gründete sich auf Bildung. Dies war das Herzstück unserer familiären Identität. Bezeichnend dafür ist, dass mein Großvater seine vier Kinder studieren ließ. Und das, obwohl die Bereitschaft, in die akademische Ausbildung seiner Kinder zu investieren, ein großes finanzielles Opfer bedeutete. Wie so viele Deutsche hatte mein Großvater sein gesamtes Vermögen während der Inflation verloren. Dennoch hielt er es für seine Pflicht, die bildungsbürgerliche Familientradition fortzusetzen. Bemerkenswerterweise schloss das die beiden Schwestern meines Vaters, Nina und Ursula, ein, was zu Beginn des vergangenen Jahrhunderts einigermaßen ungewöhnlich war. Die Intelligenz der Familie repräsentierte meine Tante Nina, eine gelehrte Frau. Sie wählte das Fach Philosophie und promovierte bei Heidegger, auch dies recht ungewöhnlich für die damalige Zeit. Diese Chance hatte ihre Schwester Ursula nicht. Sie war intelligent, wach und bildschön, und studierte in Paris. Als mein inzwischen verwitweter Großvater Adolf seine jüngste Tochter zurück nach Dresden holte, damit sie ihm den Haushalt führe, brach sie zusammen. Als psychisch labil abgewertet, wurde sie Mitte der dreißiger Jahre zwangssterilisiert, was bis nach ihrem Tode im Jahre 2002 zum nur zufällig entdeckten Familiengeheimnis wurde. Ursula blieb zeitlebens in Dresden, wo sie zu DDR-Zeiten trotz Überwachung durch die Stasi eine bedeutende Kunstsammlerin war. Möglicherweise erklärt sich aus der Solidarität mit ihrer Schwester Ursula auch die Kinderlosigkeit der anderen beiden Geschwister meines Vaters.

Meine Mutter Gertrud stammte aus einer Handwerkerfamilie in Schwarzenbek, einer damals ländlichen Kleinstadt in der Nähe Hamburgs. Mein Großvater mütterlicherseits war 17 Jahre älter als meine Großmutter und ihr Lehrer gewesen. Er starb bereits vor meiner Geburt, meine Großmutter Anna erst 1969, im neunzigsten Lebensjahr. Sie war die Älteste von sechs Geschwistern. Ihre Brüder waren Malermeister, die Schwestern Hausfrauen, in der vorhergehenden Generation waren die meisten Kleinbauern gewesen. Es waren bescheidene Verhältnisse. Hinter vorgehaltener Hand wurde mir erzählt, wie meine Urgroßmutter mit einer Kiepe von Hof zu Hof ging, um Bindfäden, Wolle und Nähgarn zu verkaufen. Offenbar war sie eine bemerkenswerte Frau, selbstbewusst und unerschrocken. Als sie einmal mit ihrer Kiepe unterwegs war, wurde sie von einem jungen Mann überfallen, der sie gewaltsam zum Liebesakt zwingen wollte. Meine Urgroßmutter, die wohl im ersten Moment mit einem Raubüberfall gerechnet hatte, sagte nur ungerührt: »Junge, wenn's weiter nichts ist ...«

Die Herkunft meiner Mutter unterschied sich deutlich von der bürgerlichen Familientradition der Barings, was sich als Glücksfall erweisen sollte. Eine niedersächsische Studie über die Familie betonte, die Barings seien nicht dekadent geworden, weil sie immer wieder »unter Stand« geheiratet hätten. Meine energische, selbstbewusste Mutter zog meinen Vater aus dem Baring-Clan heraus; bezeichnenderweise war er der Einzige unter seinen Geschwistern, der eine eigene Familie gründete. Damit entzog er sich der Pflicht, seinem blinden Vater zu Diensten zu sein, was diesem sehr missfiel. Da er Oberlandesgerichtsrat in Dresden war, mussten Frau und Kinder ihm täglich Berge von Akten vorlesen, ihm rund um die Uhr behilflich sein. Sie litten sehr darunter, denn die Erblindung machte meinen pflegebedürftigen Großvater noch tyrannischer. Wie ein Feldherr kommandierte er seine Familie. Ein heiteres, von Freude erfülltes Familienleben kannten seine Kinder nicht. Die beiden Schwestern heirateten nie. Sein Bruder Georg, Dr. der Theologie und Pastor in Dissen, heiratete eine Frau, von der er wusste, dass sie keine Kinder würde empfangen können. Auch mein Vater wäre möglicherweise kinderlos geblieben, wenn er nicht meine Mutter kennengelernt hätte und mit ihr eine sehr viel frischere und unkonventionellere Lebensart. Sie

42

scherte sich nicht um die stets gedämpfte und verdruckste Stimmung im Umkreis ihres Schwiegervaters und versuchte auch gar nicht, sich anzupassen. Das Aufheben, das um meinen blinden Großvater gemacht wurde, fand sie einfach nur mühselig und schwer erträglich. Sie dachte gar nicht daran, sich an der permanent dienenden Haltung zu beteiligen. Mit ihrem Optimismus und ihrer Heiterkeit erlöste sie meinen Vater aus den Fesseln der Familienbande und vermittelte ihm die nötige Zuversicht, zu heiraten und Kinder zu bekommen.

Obwohl meine Mutter mit der Eheschließung ihr Studium abgebrochen hatte, reichte ihr Wissen aus, uns nach dem Krieg, als mein Vater jahrelang in Gefangenschaft war, als Lehrerin für Englisch und Französisch durchzubringen. Viele Lehrkräfte waren als ehemalige Parteimitglieder nach 1945 aus dem Schuldienst entfernt worden. Man suchte händeringend Lehrer. Im Kollegium war sie von allen akzeptiert, und ich vermute, dass sie ihre Berufstätigkeit als große Chance empfand, nicht nur als bitter notwendige Einnahmequelle.

Im Nachhinein scheint es mir, dass die Stärke und Dominanz meiner Mutter nicht nur ihrem Charakter entsprach, sondern auch mit ihrer zeitweiligen Arbeit als Lehrerin zusammenhing. In der Familie meines Vaters gab man ihr deutlich zu verstehen, sie gehöre nicht recht dazu. Diese Zurückweisung war ihr lange gleichgültig. Erst im Alter legte sie Wert darauf, eine Baring zu sein, und demonstrierte dies durch einen Siegelring mit dem Familienwappen.

Lebenslang blieb meine Mutter bei uns zu Hause die prägende Figur. Ihr unerschütterlicher Pragmatismus, ihre lebenspraktische Tüchtigkeit, ihre schnelle Auffassungsgabe und ihr Sprachwitz machten sie zum Mittelpunkt unserer Familie. Im Nachhinein bedauere ich, wie widerspruchslos sich mein Vater in den schwächeren Part fügte. Häufig sprach er von sich als Prinzgemahl und nannte meine Mutter »Mäuschen«, obwohl sie in Wahrheit eher die Katze war. An Gespräche mit ihm unter vier Augen erinnere ich mich kaum. Erst als er schon hochbetagt war und meine Mutter einmal im Krankenhaus lag, verbrachten wir einen Abend zu zweit beim Wein. Beim Abschied schwärmte ich, es sei doch ganz wunderbar gewesen, mal von Mann zu Mann miteinander zu reden. Doch er winkte ab und sagte, ein Treffen ohne meine Mutter fände er ganz unnatürlich. Er war so stark mit ihr verbunden, dass er sich unvollständig fühlte, wenn sie nicht dabei war. So eindrucksvoll er als Richter gewesen sein muss, so blass blieb er zu Hause. Andererseits war er liebenswert, immer hilfsbereit und las bei allen meinen Arbeiten Korrektur, als ich studierte.

Meine Eltern waren ein ungleiches Paar. Zwei verschiedene Temperamente, zwei verschiedene Charaktere, zwei sehr unterschiedliche Gefühlswelten. Offensichtlich verstanden sie sich auf die Kunst, im Gegensatz eine Ergänzung zu finden. Anlässlich ihrer goldenen Hochzeit fiel mir als ältestem Sohn das zweifelhafte Vergnügen zu, eine Rede zu halten. Natürlich erwartete man eine Jubelrede, eine Eloge auf fünfzig Jahre gelungenen Ehelebens. Das bereitete mir einige Schwierigkeiten. Ich war förmlich besessen von der Frage, ob die innige Nähe meiner Eltern eigentlich ein Glück gewesen sei. Sie waren völlig aufeinander fixiert. In späteren Jahren wirkten sie wie in einen Kokon eingesponnen, in dem sie sich gegen die Außenwelt abschotteten.

Natürlich erwähnte ich all das nicht in meiner Rede, bei diesem Anlass wäre das unpassend gewesen. Und doch beschäftigte mich die Frage sehr. Hatten sie einander beflügelt oder sich gegenseitig die Flügel gestutzt? Was, wenn sie andere Partner kennengelernt hätten? Hätte sich meine Mutter freier entfalten können? Wäre mein Vater extrovertierter gewesen? Für meinen Vater blieb die symbiotische Beziehung zu meiner Mutter bis zu seinem Tod der Dreh- und Angelpunkt seiner Selbstwahrnehmung. Als sie vor ihm starb, erlahmte sein Lebenswille. »Gertrud, ich komme bald!«, rief er verzweifelt, wenn wir das Grab meiner Mutter auf dem Friedhof der Dahlemer Annen-Kirche besuchten. Seine Kinder und Enkel konnten ihm nicht ersetzen, was er verloren hatte, wie ich mit einiger Enttäuschung feststellte.

Sehr deutlich kann ich mich an zahlreiche Gespräche mit meinen Geschwistern in den ganzen Jahren zuvor erinnern, in denen wir beratschlagten, was zu tun sei, wenn einer von unseren Eltern stürbe. Wir waren der einhelligen Meinung, keiner von uns dreien sei imstande, den Überlebenden bei sich aufzunehmen. Meine Eltern waren so eigensinnig, so dominant, dass wir befürchteten, sie könnten unsere Familien zerstören. Es war keine angenehme Einsicht, und wir waren auch nicht stolz darauf. Doch es war bezeichnend, dass wir alle drei, bei unterschiedlichen Ausgangspunkten, solch eine Lösung ausschlossen. Unsere damaligen Überlegungen kommen mir oft in den Sinn, wenn ich darüber nachdenke, wie ich selbst meine letzte Lebensphase verbringen möchte.

Im Grunde blieb mir mein Vater immer seltsam fern. Nie hat er mich umarmt. Nie hatte er das Heft in der Hand, schlug nie mit der Faust auf den Tisch, hielt sich lieber im Hintergrund. Das ersparte mir die Abgrenzung von einem Übervater, die andere Söhne als erbitterten Konkurrenzkampf erleben. Auflehnung, Revolte, symbolischer Vatermord, bei mir nichts von alledem. Andererseits rühren meine eigenen Schwierigkeiten mit der männlichen Rolle sicherlich auch daher, dass ich meinen Vater eigentümlich schwach erlebte. Möglicherweise erschwerte mir dies den Zugang zu meiner eigenen Vaterrolle. Als Patriarch habe ich mich jedenfalls nie wahrgenommen. Selbst als Ehemann, so mein Eindruck, war es mir nicht gegeben, eine gewisse männliche Autorität selbstverständlich zu finden. Allerdings wird diese Sicht von meiner Familie nicht vollständig geteilt.

Schon als Kind war ich schüchtern. Eigentlich bin ich es bis heute geblieben, obwohl mein Umfeld das vermutlich ganz anders sieht. Meine Frau Gabriele attestiert mir jedenfalls des Öfteren einen Hang zur Tyrannei – ich sei der autoritärste Mensch, den sie kenne. Dabei hat mir zeitlebens das Zupackende, selbstverständlich Dominante gefehlt, das ich bei anderen Männern beobachtete. Als meine jüngeren Kinder Anna und Moritz, damals noch klein, von Freunden gefragt wurden, wie denn bei uns die Aufgaben verteilt seien, sagten sie: »Ganz einfach, Mama kann alles und Papa nichts.« Irgendwann sagte mein Vater zu mir, es sei erstaunlich, wie viele Väter ich hätte. Ihm war aufgefallen, dass eine ganze Reihe von Männern für sich in Anspruch nahm, einen starken Einfluss auf mich ausgeübt zu haben.

Der Lebensstil meiner Eltern wirkt im Nachhinein nicht großbürgerlich auf mich, sondern eher schlicht, bescheiden, wenn auch viele Bücherregale von einer bildungsbewussten Familie zeugten. Ganz in der Tradition der Barings wurde großer Wert auf Lektüre gelegt. Oft stöberte ich in der elterlichen Bibliothek, die sich weitgehend auf die Klassiker beschränkte. Immerhin standen einige Bände von Knut Hamsun im Regal, die ich noch heute besitze. Auch die Einrichtung des Hauses, das wir bewohnten, nachdem mein Vater Bundesrichter geworden war, blieb immer bescheiden – anders als die großbürgerliche Wohnung meines Großvaters am Terrassenufer in Dresden mit Elbblick und schönen alten Möbeln. Meine Mutter besaß Klugheit und Temperament, ein sonderliches Stilgefühl zeichnete sie nicht aus. Die

Vierzimmerwohnung in Berlin-Zehlendorf, in der ich meine Kindheit und Jugend verbrachte, hatte sie schlicht und zweckmäßig eingerichtet. Aufwand wurde nicht betrieben, weder mit repräsentativem Mobiliar noch mit einer verfeinerten Esskultur. Dafür fehlten auch die finanziellen Mittel.

Meine Eltern hatten drei Kinder. Meine Schwester Elke wurde vier Jahre nach mir geboren, mein Bruder Eike ist elf Jahre jünger als ich. Unser Familienleben fand ich, offen gestanden, etwas quälend. Besonders die Sonntage mit ihren immer gleichen Ritualen langweilten mich – der Kindergottesdienst, das gemeinsame Mittagessen, die Familienausflüge. Ich fühlte mich unbehaglich, Gott weiß, warum. Vielleicht war es das Zwanghafte, das den Sonntagsritualen anhaftete, vielleicht spürte ich auch, dass sich meine Eltern verpflichtet fühlten, uns Kindern etwas zu bieten. Mein Vater hätte wahrscheinlich lieber über seinen Akten gebrütet oder in Ruhe Zeitung gelesen. Da noch keine Autos üblich waren, unternahmen wir nach dem Mittagessen ausgedehnte Spaziergänge mit einem kleinen Picknick im Rucksack. Meist ging es Richtung Potsdam, zur Pfaueninsel, zur Moorlake oder nach Nikolskoe. Manchmal nahm meine Mutter einen Topf Suppe mit. Ein Mittagessen in einem der Ausflugslokale konnten wir uns offenbar nicht leisten.

Der geografische Radius meiner Kindheit war der damaligen Zeit entsprechend relativ eng. Von der Mobilität heutiger Zeiten mit ausgedehnten Ferienreisen in andere Länder und Städte war man noch weit entfernt. Deshalb war es ein großes Ereignis, als wir im Sommer 1939 unsere Koffer packten und mit dem Zug ins hinterpommersche Kolberg fuhren. Es war damals eines der größten deutschen Ostseebäder mit kilometerlangem, feinem Sandstrand. Die »Perle der Ostsee« galt als Badewanne Berlins, weil die Stadt für die Berliner gut erreichbar war. Auch die Kuren mit Kolberger Moor und Sole hatten einige Berühmtheit erlangt. Man entdeckte die Badeferien, den Kult des Körpers, ganz im Einklang mit dem neuen Ideal von Sport und Bewegung an frischer Luft.

1939 war Kolberg noch völlig intakt, trotz der wechselvollen Geschichte der einstigen preußischen Garnisonsstadt, erkennbar unter anderem an den wuchtigen Festungsanlagen. Wir besuchten den Dom im Stil der Backsteingotik, spazierten durch ausgedehnte Parks und über die Strandpromenade, bewunderten das mondäne Hotel Strandschloss, vor dem eine Seebrücke weit aufs Meer hinausreichte. Der Massentourismus heutiger Tage war noch unbekannt, und so bestaunte ich die vielen Urlauber, die Ausflugsschiffe mit winkenden Menschen, umweht von Blasmusik. Tagsüber tobte ich mit unzähligen anderen Kindern am Strand herum oder sah den Bernsteinsuchern zu, die gebückt am Meer entlangwanderten und Ausschau hielten nach dem »braunen Gold«. Doch ich erinnere mich auch an eine merkwürdig unheilvoll gespannte Stimmung, als habe schon eine Vorahnung des Krieges in der Luft gelegen, der wenig später, im September, ausbrechen sollte.

Nach den Sommerferien ging es wieder nach Berlin, zurück auf die Schulbank. In den ersten Schuljahren war ich, wie gesagt, ein ängstliches Kind. Unter den Schülern ging es manchmal ziemlich ruppig zu. Da ich mit einem sehr zurückhaltenden, fast weichen Vater aufwuchs, fehlte mir die Fähigkeit, ebenso ruppig aufzutreten, zu raufen, mich zu behaupten. Ich erinnere mich, wie ich einmal im Winter sah, dass ein paar Jungen vor der Schule auf mich warteten, um mich mit Schnee einzuseifen. Ein anderer hätte sich vielleicht in den Kampf gestürzt und kräftig ausgeteilt. Doch ich dachte: Nee, nee, das wird nichts Gutes. Flugs machte ich kehrt, verließ die Schule durch den Hinterausgang und sauste nach Hause. Die Jungen müssen noch eine ganze Weile vergeblich auf mich gewartet haben.

Ich war nicht nur schüchtern, sondern auch, was unter Kindern ebenfalls ein Handicap ist, eher unsportlich. In der Familie nannte man mich »Lupe«, weil ich mich so langsam wie in Zeitlupe bewegte. Der Sportunterricht war mir ein Gräuel, vor allem das Bockspringen. So entschlossen ich auch Anlauf nahm, ich kam einfach nicht über den Bock. Dabei sah ich aus, wie das Dritte Reich sich seinen männlichen Nachwuchs vorstellte: groß, blond, blauäugig.

Den Lehrern gegenüber verhielten wir uns natürlich sehr respektvoll, wie das Schulleben überhaupt von Wohlverhalten, Pünktlichkeit und Sauberkeit geprägt war. Verglichen mit den häufig verwahrlosten Schulgebäuden heutiger Tage herrschte eine geradezu penible Ordnung. Graffiti oder umherliegender Müll waren so undenkbar wie Aufmüpfigkeiten oder gar rebellische Flegeleien.

Wir hätten uns das gar nicht getraut, auch weil wir spürten, dass viele unserer Lehrer beeindruckende Koryphäen waren. Manche wechselten nach Kriegsende an die Universität. Mein Griechischlehrer Haenchen und mein Lateinlehrer Genske beispielsweise waren intellektuelle Köpfe, deren Horizont das Vokabelpauken weit überstieg. Beschlagen in Geschichte und Philosophie, zitierten sie Schlüsselstellen großer Texte im lateinischen und griechischen Original. Der weitaus wichtigste meiner Lehrer auf dem humanistischen Gymnasium war der Deutsch- und Geschichtslehrer Bothe, der mich in vielfacher Hinsicht lebenslang geprägt hat, zum Beispiel mit dem Rat: Meiden Sie Leute, die nicht zu Ihnen gehören, wie die Pest.

Nachdem der Krieg ausgebrochen war, zog man die jüngeren Jahrgänge unserer Lehrer ein, sodass wir bald nur noch von alten

Herren unterrichtet wurden. Sie mögen Ende fünfzig, Anfang sechzig gewesen sein, uns Schülern kamen sie uralt vor. Lehrerinnen gab es nur selten. Zum einen, weil immer noch nur wenige Frauen studierten, zum anderen sicherlich auch deshalb, weil damals noch das sogenannte Lehrerinnenzölibat herrschte, das Entweder-Oder von Schuldienst oder Heirat. Das machte den Lehrerberuf zu einer überwiegend männlichen Domäne.

In den letzten Schuljahren nach dem Krieg habe ich mindestens so viel von meinen Klassenkameraden gelernt wie von meinen Lehrern. Sechs Schüler meiner neunköpfigen altsprachlichen Klasse, die 1950 das Abitur machten, wurden später Professoren. Allein schon die Bücher, die wir untereinander tauschten, zeugten von intellektueller Wachheit. Man muss bedenken, dass die Medienwelt unserer Tage nicht einmal ansatzweise existierte. Kein Fernseher, kein Internet holte die Welt ins Wohnzimmer. Auch der Rundfunk war noch nicht so weit entwickelt, den kulturellen Horizont zu erweitern. Erst 1946 sollte der RIAS im amerikanischen Sektor Berlins gegründet werden, mit einem hervorragenden Programm, aus dem mir besonders die sonntägliche Sendung »Stimme der Kritik« von Friedrich Luft in bester Erinnerung geblieben ist. Aber sowohl davor als auch danach bildete das eigentliche Rückgrat unserer Bildung die Lektüre.

Zu meinen frühen Heldengestalten gehörte der Indianerhäuptling Tecumseh, »der Meister der Wildnis«. In sein Leben träumte ich mich hinein, vor allem in den Dresdner Jahren bei meiner Großmutter Anna. Viele Jahre später erfuhr ich, dass als reale Vorlage für meinen Helden der gleichnamige Häuptling der Shawnee gedient hatte, 1768 in Ohio geboren. Mit der historischen Wahrheit nahm es der Autor Fritz Steuben nicht so genau, was mich natürlich nicht daran hinderte, seine spannenden und ausgesprochen populären Bücher zu verschlingen. Karl May interessierte mich weniger. Schon als Kind spürte ich etwas Unechtes und Gekünsteltes in seinen Büchern. Unwillkürlich dachte ich: Nein, bei Tecumseh wäre das jetzt ganz anders gewesen. Erst als Erwachsener, bei einem Besuch im Karl-May-Museum in Radebeul, begriff ich, dass dieser Meister in der Tat ein begabter Hochstapler gewesen war, ein weltreisender, sächsischer Provinzler, der phantasievoll flunkerte. Da war mir mein Tecumseh doch hundertmal lieber.

Nach dem Kriege warf man Steuben vor, er habe in seinen Büchern das Führerprinzip verherrlicht, ganz im Geiste des Nationalsozialismus. Ich halte das für an den Haaren herbeigezogen. Wie viele große Heldenmythen, die bis heute Romane, Hollywoodfilme und Computerspiele attraktiv machen, handelten auch die Tecumseh-Geschichten vom Kampf des Guten gegen das Böse, von Bewährungen im Angesicht des Feindes, vom Mut tapferer Helden. Welcher Junge träumte sich nicht in die Rolle eines solchen Vorbilds hinein? Noch dazu, wenn es in Gestalt des edlen Wilden auftritt?

Im Übrigen glaube ich, dass meine damaligen Tagträume, auch die inneren Reisen abends vor dem Einschlafen, einiges über das spätere Leben verrieten. Wenn ich mich in meinen Phantasien verlor, sah ich mich manchmal als Missionar in fernen Ländern oder als jemanden, der andere auf gefahrvollen Trecks führen musste. Das mag man belächeln. Doch vielleicht rührt aus diesen frühen Tagträumen meine Bereitschaft her, aufzurütteln, selbst wenn das im öffentlichen Meinungskonformismus zuweilen unbequem wirkt. Für mich hatten meine damaligen Vorstellungen mehr mit Verantwortung als mit falschem Heldentum zu tun.

Ich wuchs in dem Bewusstsein auf, der Mensch müsse an sich arbeiten. Der Geist des Humanismus, der meine Schulzeit bestimmte, trug dazu bei. Auch im Dritten Reich war dieser Geist noch präsent als eine kraftvolle mentale Strömung, die von der nationalsozialistischen Bildungspolitik nicht verdrängt werden konnte. Man muss sich vergegenwärtigen, dass die Deutschen seit dem 19. Jahrhundert eine geradezu verrückte Begeisterung für die alten Griechen kultiviert hatten. Wilhelm von Humboldt verfocht den Gedanken, im antiken Griechenland finde man eine Idealform des Menschlichen vor, und je mehr man sich diesem Menschenbild annähere, desto wirkungsvoller könnten sich die Fähigkeiten des Einzelnen entfalten. Als kurzzeitigem Leiter der preußischen Kultus- und Unterrichtsverwaltung gelang es ihm bekanntlich, eine umfassende Reform des Schulwesens in die Wege zu leiten, die das ganze 19. Jahrhundert prägen und unseren Aufstieg zur Industriegesellschaft begleiten sollte. Humboldt war überzeugt, wir müssten innerlich zu Griechen werden, um unsere Fähigkeiten voll zu entwickeln und zur Geltung zu bringen.

Noch bis in unsere Tage hat das seine Richtigkeit behalten, glücklich konnte ich die Bildungskraft des humanistischen Gymnasiums auch in heutiger Zeit bei meinen beiden Jüngsten beobachten. Besonders Anna, die Griechisch als Leistungsfach wählte, führt in dieser Hinsicht die Tradition der Familie fort. Wenn die Deutschen sich mehr als hundert Jahre lang die Humboldt'schen Ideen zu eigen gemacht haben, spricht das zum einen für ihre Naivität, zum anderen für ihren Sinn, etwas aus sich zu machen. Mit beeindruckenden Ergebnissen. Trotz mancher vielleicht falscher Prämissen hat das humanistische Gymnasium über Generationen hinweg eine umfassend gebildete Führungsschicht hervorgebracht. Die Orientierung an der griechischen Antike führte dazu, dass das 19. Jahrhundert historisch zu unseren besten Phasen gehörte. Es legte den Grundstein für einen erstaunlichen Aufschwung. Im Grunde vermittelte die griechische Kultur Ideen, die lebensfern wirkten, ohne jeden Praxisbezug. Dennoch beeinflussten sie das gesellschaftliche Klima erstaunlich nachhaltig, schufen ein neues Selbstbild, ein neues, tatkräftiges Selbstbewusstsein. Nur so ist zu erklären, warum die Qualität der Schulbildung im 19. Jahrhundert langfristig eine eminent positive Auswirkung auf die wirtschaftliche Leistungsfähigkeit des Landes hatte und seine kulturelle Blüte begünstigte.

Winckelmanns geflügeltes Wort von edler Einfalt und stiller Größe ist mehr als eine wohlklingende Formel. Aus diesem Geist heraus können großartige Antriebe entstehen. Schiller und Goethe, mit Humboldt eng befreundet, nahmen die Formel begeistert auf und schufen Werke, die dem Anspruch antikischer Klassizität nahekamen. »Jeder sei ein Grieche auf seine Weise, aber er sei's«, forderte Goethe im Zeichen der Hellas-Begeisterung. Als gesunkenes Kulturgut lebte diese Überzeugung in den gebildeten Schichten Deutschlands weiter, bis über das Dritte Reich hinaus. Das hat mich entscheidend beeinflusst. Im Lichte von Aufklärung und Humanismus, vermischt mit dem protestantischen Ethos meiner Familie, wurde mir der Glanz einer geistigen Morgenröte suggeriert. Sie schien in eine strahlende Zukunft Deutschlands zu führen.

Wie passt das zusammen – das Volk der Dichter und Denker und das Volk der Täter? Der vermeintliche Widerspruch ebnet sich ein, wenn man berücksichtigt, dass Täterschaft kein kollektives Phänomen ist und es auch während der Zeit des Nationalsozialismus nicht war. Heute erscheint unser Volk in großem Maße mitschuldig an den Verbrechen Hitlers, gleichzeitig ist die Zahl der Widerstandskämpfer im Nachhinein stark angewachsen. Ich halte diese Zweiteilung für irreführend. Fanatische Nazis waren wohl ebenso eine Minderheit wie die bewundernswerten wirklichen Widerstandskämpfer. Die überwältigende Mehrheit unserer Landsleute hielt sich zwischen diesen beiden Polen auf, bestand unheroisch aus Mitläufern – wie sicherlich in fast allen Völkern, zu allen Zeiten, wie auch meine Eltern. Die Repressalien der Nazis, die Verhaftungen und Verhöre von Regimegegnern, auch die Existenz von Konzentrationslagern reichten aus, um offenen Widerspruch nachhaltig zu unterdrücken. Umso größer muss unser Respekt vor jenen sein, die den offenen Widerstand wagten oder heimlich jenen halfen, die verfolgt wurden. Mutig nahmen sie in Kauf, ihr Leben und das Leben ihrer Familien zu gefährden.

Recht früh bemerkte ich, dass meine Mutter dem Regime kritisch gegenüberstand. An einen Dissens mit meinem Vater, was ihre politische Gesinnung betraf, kann ich mich nicht erinnern. Allerdings kam mein Vater auch kaum zu Worte, da bei uns zu Hause meine Mutter den Ton angab. Aus einigen ihrer Halbsätze und Kommentare schloss ich auf eine gewisse Reserviertheit Hitler gegenüber, ohne zunächst weiter darauf zu achten. Rein äußerlich unterschied sich meine Kindheit nicht von jener meiner Mitschüler. Es war beispielsweise üblich, im Alter von zehn Jahren dem Deutschen Jungvolk beizutreten. Meine Eltern machten keinerlei Anstalten, etwas dagegen zu unternehmen. Ein großer Sportler war ich nie, vielmehr ein bedächtiger, motorisch nicht sonderlich begabter Junge und alles andere als durchtrainiert. Fast wäre ich deshalb durch die Pimpfenprobe gefallen, die für den Eintritt ins Jungvolk obligatorisch war. Beim Laufen und Springen reichte es. Allerdings musste man außerdem einen Ball 25 Meter weit werfen. Ich kam nur auf 23 Meter, was nun wirklich nicht für meine Wurfkünste spricht. Der Jungvolkführer, der die Prüfung überwachte, musste beide Augen zudrücken, als er schließlich meinte, doch, das seien jetzt 25 Meter gewesen. Meine Erleichterung war groß.

So wurde ich 1942 ein Pimpf. Stolz machte mich schon allein die Uniform, die man mir feierlich überreichte: eine Jacke, ein Hemd samt Halstuch und graue Wollkniestrümpfe – Kleidungsstücke, die 1942 bereits Mangelware waren. Auch mein Koppelschloss aus vernickeltem Messing mit einer erhabenen Rune darauf erfüllte mich mit Stolz. Wesentlich attraktiver noch war die Pfadfinderromantik, die ich erlebte. Ein wenig fühlte ich mich wie mein Held Tecumseh, wenn wir mit unseren Jungvolkführern nach draußen in den Wald zogen, Zelte aufbauten und auf einem Lagerfeuer Erbsensuppe kochten. Für einen Jungen meines Alters ein willkommener Kontrast zur wohlgeordneten, formellen Welt der Familie. Im Jungvolk fand ich eine Atmosphäre aufregenden Abenteurertums, die mich anzog.

Als Instrument politischer Indoktrination empfand ich das Jungvolk selten. Eher nahm ich es als eine Organisation wahr, die man im Nachhinein mit den Wandervögeln vergleichen könnte. Tatsächlich leitete sich das Deutsche Jungvolk von nationalistisch ausgerichteten Gruppen der Jugendbewegung her, deren Konzept die Nationalsozialisten weitgehend übernahmen: frische Luft, Natur, gemeinsames Singen. Was hätte besser zu meinem jugendlichen Freiheitsdrang passen können als die äußerst beliebten Fahrtenlieder? Die Texte verhießen den Aufbruch ins Weite, heraus aus Enge und Beschränktheit. Endlich alles für sich entdecken, diese Sehnsucht bewegte uns. So schmetterten wir: »Aus grauer Städte Mauern / Zieh'n wir durch Wald und Feld. / Wer bleibt, der mag versauern, / Wir fahren in die Welt.« Mittwoch- und samstagnachmittags hatten wir »Dienst«, eine manchmal ungeliebte Pflicht, etwa wenn uns die Minister des Großdeutschen Reiches diktiert wurden. Ich weiß noch, wie ich innerlich seufzend dasaß und dachte: Warum muss ich mir all diese Namen aufschreiben? Ist doch eigentlich völlig egal, wer gerade Postminister ist. Warum gehen wir nicht raus, suchen Holz und machen ein schönes Lagerfeuer? Selbst das Sammeln von Altkleidern und Altmetall oder die Spendenaktionen für die Winterhilfe waren mir lieber als der öde staatskundliche Unterricht. Die Ziele der Machthaber blieben mir jedenfalls in ihrer Tragweite verborgen. Vermutlich registrierte ich mehr unbewusst den paramilitärischen Einschlag, der schon mit der Uniformierung einherging und sich in der Sprache fortsetzte. Wenn man bei heißem Wetter die grauen Kniestrümpfe bis zu den Knöcheln heruntergerollt trug, nannte man das »Marscherleichterung«. Auch die straffe Hierarchie ähnelte soldatischen Organisationsformen. Doch der Gedanke, ich solle zum Parteisoldaten oder gar zu künftigem Kanonenfutter abgerichtet werden, kam mir nie in den Sinn.

Viele Jahre später las ich Hitlers Reichenberger Rede von 1938 und stellte erstaunt fest, wie unverblümt er dabei Ziele erläuterte, von denen ich seinerzeit nicht die geringste Ahnung gehabt hatte. Er sprach von der neuen deutschen Jugend, die von klein auf für den neuen Staat geformt werden solle, um deutsch zu denken und zu handeln, wie er sich ausdrückte: »Wenn diese Knaben und Mädchen mit ihren zehn Jahren in unsere Organisationen hineinkommen und dort nun, wie so oft zum ersten Mal überhaupt, eine frische Luft bekommen und fühlen, dann kommen sie vier Jahre später vom Jungvolk in die Hitlerjugend, und dort behalten wir sie wieder vier Jahre, und dann geben wir sie erst recht nicht zurück in die Hände unserer alten Klassen- und Standes-Erzeuger, sondern dann nehmen wir sie wieder fort in die Partei und die Arbeitsfront, in die SA oder in die SS.« So weit kam es nicht mit mir, denn bald darauf lagen Hitlerjugend, Partei, Arbeitsfront sowie das gesamte Dritte Reich in Trümmern.

Das Jungvolk blieb für mich eine Art Abenteuerspielplatz. Jenseits davon herrschten Verhältnisse, die man heute nur noch ironisch Zucht und Ordnung nennt. Legere Kleidung zum Beispiel war unbekannt. Joachim Fest und Wolf Jobst Siedler sagten Anfang des 21. Jahrhunderts, das Verschwinden der Krawatte sei das Symbol einer Entbürgerlichung der deutschen Gesellschaft. Daran gemessen war das Dritte Reich, in der engen Welt, in der ich es erlebte, in seinen Formen ausgesprochen bürgerlich, auch ausgesprochen konventionell. Es war eben autoritär, nicht totalitär, wenn auch mit gewaltiger krimineller Energie. Hemdsärmeligkeit war verpönt, Formen wurden großgeschrieben. Unsere Lehrer trugen Anzug und Krawatte. Respekt und Höflichkeit waren selbstverständlich und keinesfalls Ausdruck blinden Kadavergehorsams.

Am meisten überrascht mich im Rückblick die Selbstverständlichkeit, mit der christliche Traditionen aufrechterhalten blieben. Während meiner Schulzeit wurde jeden Morgen vor Beginn des Unterrichts ein Gebet gesprochen, in der Volksschule ab 1938, im Gymnasium ab 1942. Das glaubt heute kein Mensch mehr. Und doch gehören diese Gebete zu den Details, die das vielerorts weiterexistierende bürgerliche Binnenklima jener Jahre belegen. So gleichgeschaltet und braun gefärbt, wie es heute scheint, waren die gesellschaftlichen Gepflogenheiten nicht. Die Umgangsformen mögen aus heutiger Sicht steif wirken, das Verhältnis zu Kindern restriktiv. Andererseits lag in dem Bewusstsein für Formen auch ein gewisser Schutz. Heute verwechselt man leicht Freiheit mit Laisser-faire, mit Gleichgültigkeit. Wie wollen wir Demokraten erziehen, wenn Kinder und Jugendliche in einer Gesellschaft heranwachsen, die ihnen täglich nahelegt, Freiheit mit Rücksichtslosigkeit zu verwechseln? Wo ist das Umfeld, in dem Kinder Bürgersinn entwickeln können?

Kriegskind

Zu meinen frühen Berliner Erinnerungen gehören die großen
Siegesparaden auf der Straße Unter den Linden mit Flaggenmee-
ren, Marschmusik und jubelnden Massen. Die erste Parade, die
ich erlebte, fand anlässlich der Rückkehr der Legion Condor
statt. Es war der 6. Juni 1939. Wir bekamen schulfrei, schon
allein das machte diesen Tag zu einem Festtag. Die ganze Innenstadt war mit Hakenkreuzfahnen geschmückt. Zwischen Brandenburger Tor und Lustgarten versammelte sich eine riesige
Menschenmenge, um für die Parade Spalier zu stehen. Auch ich
stand am Straßenrand, in kurzen Hosen, fast erdrückt von der
Menge. Ich weiß noch, wie erstaunt ich über die braun gebrann-
ten Gesichter der Soldaten war, die aus Spanien zurückkehrten.
Sie sahen aus, als hätten sie unter südlicher Sonne einen Urlaub
verbracht. In Wahrheit müssen sie ziemlich erschöpft gewesen
sein. Ganz in der Nähe hatte man eine Art Rot-Kreuz-Station
eingerichtet, und ich beobachtete halb ungläubig, halb amüsiert,
wie man dort Soldaten versorgte, die reihenweise ohnmächtig
geworden waren. Das sind ja komische Kriegshelden, dachte
ich, die sehen aus wie das blühende Leben, aber jetzt ist ihnen
wohl die Luft ausgegangen.

Zweieinhalb Jahre lang war die Existenz der Legion Condor
ein Staatsgeheimnis gewesen. Hitlers militärische Unterstützung
für Franco, die Entsendung von Bodentruppen und die Luftangriffe der deutschen Wehrmacht auf spanische Städte hatten unter größter Geheimhaltung stattgefunden. Ausländische Berichte über den Militäreinsatz, ja die bloße Existenz der Legion
Condor waren hartnäckig dementiert worden. Ende Mai 1939
änderte Hitler seine Taktik. Die Zeitungen brachten Sonderaus-
gaben über die erfolgreichen Einsätze der Legion, in den Wo-

chenschauen liefen Propagandafilme über siegreiche Gefechte gegen kommunistische Kämpfer. Die Propaganda rühmte die Tapferkeit der Deutschen im Kampf gegen den Bolschewismus, und die Bevölkerung war stolz auf die militärischen Leistungen. Damit war das Feld für die allgemeine Begeisterung bereitet, mit der man am 6. Juni die zurückkehrenden Truppen empfing.

Zum Andenken an diesen Tag wurde die Wannseestraße, die von der Potsdamer Chaussee Richtung Nikolassee führt, in Spanische Allee umbenannt – so heißt sie heute noch. Das Leid der Spanier, die verheerenden Zerstörungen, die Auslöschung von Städten wie Guernica im Jahr 1937, war niemandem als Kriegsverbrechen bewusst, so wenig wie die Tatsache, dass die Intervention im Spanischen Bürgerkrieg auch dazu diente, neue Flugzeugtypen für den Luftkrieg zu testen. Erstmals kamen Bomber wie die berüchtigte Ju 87 zum Einsatz, das sogenannte Stuka, eine Abkürzung für Sturzkampfflugzeug. Die Kämpfe der deutschen Wehrmacht in Spanien waren ein Vorspiel. Drei Monate später sollte Hitler Polen überfallen.

Als im September 1939 der Krieg ausbrach, war ich sieben Jahre alt. Wie die meisten anderen Jungen auch verfolgte ich aufgeregt die Wehrmachtsberichte. Täglich saß ich vor dem Volksempfänger und lauschte den pathetisch vibrierenden Stimmen der Sprecher, die immer neue Siege verkündeten. Meine glühende Anteilnahme lässt sich am ehesten mit der Begeisterung jugendlicher Fußballfans vergleichen, die jedes Spielergebnis mit Ungeduld erwarten und darüber Buch führen. Genau das tat ich auch. In meinem Zimmer befestigte ich eine Karte an der Wand, steckte die Frontverläufe mit Nadeln ab und verband sie mit Wollfäden. So war ich immer auf dem Laufenden, beseelt von dem heroischen Gedanken: Jetzt wird Deutschland groß und mächtig! Wenn meine Studenten später wissen wollten, was ich damals empfand, sagte ich: Die Größe des Reiches war uns wichtig. Ich war überzeugt, Deutschland habe Anspruch auf eine herausragende Position in Europa, sei geradezu prädestiniert, eine Führungsrolle einzunehmen. Dieser Eindruck war bei uns Kindern mit keinerlei Überlegenheitsgefühlen oder Verachtung für andere verbunden, eher mit dem patriotischen Stolz, einem großen Volk anzugehören.

Noch größer als bei der Rückkehr der Legion Condor war die öffentliche Begeisterung am 18. Juli 1940 anlässlich der Siegesparade nach dem Frankreichfeldzug. Die Parole »Berlin empfängt seine siegreichen Soldaten« wurde ausgegeben, die ganze Stadt war auf den Beinen. Jubelnd und winkend säumten die Menschen den Straßenrand. Diesmal erlebte ich die Parade vom Innenministerium aus, das damals Unter den Linden lag. Glücklich stand ich am Fenster eines Büros, das zur Straße ging und sah auf die marschierenden Soldaten hinunter. Massen von Menschen quollen aus dem S-Bahnhof Unter den Linden, freudig gestimmt, erhoben und glücklich. Lachende BDM-Mädchen in weißen Blusen steckten den Soldaten Blumen ans Revers ihrer Uniformjacken. Es war das erste Mal, dass ich Hitler sah. Stehend fuhr er im offenen Wagen durch die Menschenmenge, ein ungewöhnliches Bild, das mich sehr beeindruckte. Diese Jubelfeier war der Höhepunkt des Dritten Reichs. Der Sieg über Frankreich wurde als Triumph ohnegleichen gefeiert.

Schon als Paris gefallen war, hatten wir schulfrei bekommen. Ich war nach Hause gestürmt und erstaunt gewesen, dass meine Mutter den allgemeinen Enthusiasmus nicht teilte. Mürrisch wischte sie weiter den Fußboden und murmelte, das interessiere sie nicht. Aus der Kinderperspektive konnte ich ihre Ablehnung überhaupt nicht verstehen. Ich spürte ja, dass der Sieg über Frankreich mit einer großen Erleichterung verbunden war.

Der Versailler Vertrag, der die Alleinschuld Deutschlands am Ausbruch des Ersten Weltkrieges festgeschrieben hatte, war von den Deutschen in der Zwischenkriegszeit als unfaire Demütigung empfunden worden. Sie fühlten sich in ihrem Ehrgefühl tief verletzt. Heute würde man wahrscheinlich sagen: Nun ja, sollen die Siegermächte doch ihre Version der Wahrheit behaupten, wir sehen das anders. Damals wurde der Versailler Vertrag jedoch als große Kränkung erlebt. Insofern begrüßten die meisten Deutschen den Krieg gegen Frankreich als eine willkommene Gelegenheit der Abrechnung.

Letztlich reichten die Gründe für die allgemeine Genugtuung noch weiter zurück. Sebastian Haffner urteilte über die Wirkung der napoleonischen Eroberung Deutschlands im Jahre 1806, die Deutschen seien aus dieser Erfahrung mit zwei Entschlüssen hervorgegangen: Das soll uns nicht noch einmal passieren, und: Das wollen wir auch mal machen. Im Grunde beschreiben diese beiden Aussagen unser Programm der folgenden knapp anderthalb Jahrhunderte.

Der Sieg über Frankreich löste Hochgefühle aus, der Freudentaumel war unbeschreiblich. Viele hielten den Krieg für beendet. Niemand glaubte, nun könne der Krieg erst richtig losgehen. Dafür sprach unter anderem die Entlassung älterer Jahrgänge aus der Wehrmacht. Zur Euphorie trug bei, dass dem Frankreichfeldzug nichts von den Schrecken des späteren Krieges gegen Russland anhaftete. Von den furchtbaren Grausamkeiten, die ab dem Sommer 1941 an der Ostfront begangen wurden, war man ein Jahr zuvor in Frankreich noch weit entfernt.

Als Kind erlebte ich den Krieg als höchst aufregendes Ereignis. Das änderte sich auch nicht, als im Juni 1940 die ersten Bomben auf Berlin fielen. Wir Jungen hatten damals kleine Pappkartons, in denen wir Flaksplitter sammelten, Reste der Granaten, die von der Flakabwehr auf die anfliegenden Bomber abgeschossen wurden.

Erst langsam dämmerte uns, dass der Krieg kein spannendes Abenteuer, sondern äußerst bedrohlich sein würde. Der Stimmungswandel setzte ein, als einer unserer Jungvolkführer, der als Flakhelfer eingeteilt war, während eines Luftangriffs den Tod fand. Das schockierte uns. Plötzlich spürten wir den Krieg hautnah. Als 15-, 16-Jähriger konnte man plötzlich den Tod finden, konnte alles zu Ende sein. Die Beerdigung meines Jungvolkführers, bescherte mir eine denkwürdige Begegnung mit Joseph Goebbels. Ich hatte ihn mehrfach im Volksempfänger reden hören mit diesem eigentümlich rheinischen Tonfall und der sich leicht überschlagenden Stimme. Nun, als wir zum Grabe hin Spalier standen, sah ich einen kleinen, schmächtigen, hinkenden Mann, der so gar nicht dem propagierten Rasseideal des großen, blonden Deutschen entsprach.

Im November 1940 stand ich im Eingangsportal der geschlossenen britischen Botschaft in der Wilhelmstraße – nunmehr anlässlich des Besuchs Molotows, des sowjetischen Außenministers. Mit der einen Hand schwenkte ich ein Hakenkreuzfähnchen, mit der anderen ein rotes, sowjetisches, schließlich war Moskau unser Verbündeter. Dennoch blieb die Stimmung verhalten. Die Anwesenheit des sowjetischen Spitzenfunktionärs am 12. und 13. November in Berlin war kein Grund zum Jubel, eher zur Besorgnis. Erst viele Jahre später begriff ich, warum: Es gab Konfliktstoff. Hitler hatte Rumänien mit sogenannten Lehrtruppen besetzt, ein militärischer Akt, der Deutschlands Anspruch auf dieses Land demonstrieren sollte. Das war eine Provokation, die sich Russland nicht gefallen ließ und mit Forderungen beantwortete, die Hitler und Ribbentrop vor den Kopf stießen. Brüskiert vom deutschen Einmarsch in Rumänien, beanspruchte Molotow die Einbeziehung genau jener Länder in den Moskauer Einflussbereich, die das Deutsche Reich als wichtige Rohstofflieferanten seiner Interessensphäre kontrollieren wollte. Das kam praktisch einer Sowjetisierung von Ländern wie Rumänien, aber auch Bulgarien, der Türkei, Griechenland und Finnland gleich. Letztlich forderte Molotow die Unterordnung Deutschlands, statt sich, wie Ribbentrop vorschlug, in den Drei-Mächte-Pakt Berlin-Rom-Tokio einzugliedern.

Ich hatte meine Fähnchen umsonst geschwenkt. Die freundliche Begrüßung auf Berlins Straßen änderte nichts daran, dass Molotow kein Jota von seinen Verhandlungszielen abwich. Auf Hitlers durchschaubares Ablenkungsmanöver, die Sowjetunion solle ihren Einflussbereich in südlicher statt in westlicher Richtung ausdehnen, etwa nach Indien, ging Molotow gar nicht erst ein. Unversöhnlich, ohne jede Kompromissbereitschaft, trennte man sich nach stundenlangen Gesprächen. Es war ein bemerkenswerter Besuch. Wegen eines englischen Luftangriffs mussten die Besprechungen im Luftschutzkeller unter der Reichskanzlei stattfinden. Ausgerechnet dort wollte Hitler Molotow überzeugen, gemeinsam könne man die Welt unter sich aufteilen. Auf Molotow wird die vorgebliche Weltmacht, die im Keller saß, einen seltsamen Eindruck gemacht haben.

Bald sollten die roten Fahnen der Sowjets in Berlin Geschichte sein. Gut einen Monat später, am 18. Dezember 1940, gab Hitler die Weisung Nr. 21 aus, die als »Unternehmen Barbarossa« bekannt wurde – der von nun an vorbereitete Angriff auf die Sowjetunion. Damit hebelte er das Bündnis aus, das Stalin und Ribbentrop im August 1939 in Moskau ausgehandelt hatten.

Überraschend war das nicht. Schon 1925 hatte Hitler in seinem Buch *Mein Kampf* von einem Vernichtungs- und Eroberungskrieg gegen Russland geschrieben, den die Deutschen als

»Volk ohne Raum« führen müssten. Sein Hass auf den Bolsche-wismus war nie erloschen, stand dieser Begriff doch für die ver-meintliche Verschwörung des Weltjudentums im Namen des Kommunismus. Bereits am 31. Juli 1940, Monate vor Molotows Besuch, hatte Hitler das Oberkommando der Wehrmacht über seine Angriffspläne informiert. Die vermeintlich angestrebte Bündnispolitik mit der UdSSR erwies sich vollends als Farce, als die Wehrmacht am 22. Juni 1941 die Sowjetunion überfiel.

Paraden gab es jetzt nicht mehr. Vermutlich hätten auch keine jubelnden Massen mehr mobilisiert werden können, denn die an-fänglich positive Einschätzung des Krieges veränderte sich mit dem heftiger werdenden Luftkrieg über deutschen Städten. 1942 erlebten die Deutschen dann eine neue Dimension der Kriegsfüh-rung: keine Gefechte auf weit entfernten Schlachtfeldern mehr, auch kein begrenztes Bombardement von Industrieanlagen und Werften, sondern direkte Angriffe auf die Zivilbevölkerung. Area Bombing nannte das britische Luftfahrtministerium diese Taktik. Am 14. Februar 1942 gab es den Befehl, »die Einsätze auf die Moral der feindlichen Zivilbevölkerung zu konzentrieren«. Im Klartext hieß das die systematische Tötung von Frauen, Kindern und Alten, um die Überlebenden und auch die deutschen Front-soldaten zu demoralisieren. Man hatte sogar ausgerechnet, was das in Zahlen bedeuten würde: acht Millionen zerstörte Häuser, 60 Millionen zerstörte Wohnungen, 900 000 Tote, eine Million Schwerverletzte.

Der Begriff Heimatfront war von der Propaganda metapho-risch verwendet worden, um Einsatzbereitschaft und Durchhal-tewillen der Bevölkerung zu stärken. Im Laufe der Kriegsjahre bekam die Heimatfront einen immer grausigeren Sinn. Der Krieg rückte auf bedrohliche Weise näher. Angst wurde zum alles be-stimmenden Lebensgefühl. Die Sirenen ertönten Tag und Nacht.

Alle, auch wir Kinder, hatten ein Notköfferchen mit Papieren und Wäsche neben dem Bett stehen. Wir waren jederzeit bereit, uns in den Keller zu flüchten, ganz gleich, ob wir spielten, beim Mittagessen saßen oder uns die Zähne putzten.

Die amerikanischen Bomber kamen tagsüber, die englischen nachts, und so waren wir beinahe pausenlos Luftangriffen ausgesetzt. In den letzten Kriegstagen kamen die sowjetischen Tieffliegen dazu. Wenn ich vor den Geschäften anstand und das Pfeifen über mir hörte, sauste ich in den nächsten Hauseingang. Nichts wie weg, dachte ich, auf der Straße wirst du am ehesten erschossen. Mehrfach hatte ich erlebt, wie tief fliegende Flugzeuge mit ihren Bordwaffen die Straßen beharkten. Meist begannen die englischen Bombardements um zehn Uhr abends. Meine Mutter weigerte sich rundheraus, in den Keller zu gehen. Sie könne sich doch nicht andauernd die Nacht um die Ohren schlagen, sagte sie resolut – und blieb im Bett. Im Keller dagegen gab es keine Betten, nur ein paar schwere, hölzerne Liegestühle, die wir aus dem Garten herbeigeschleppt hatten. Trotzdem rannten wir Kinder brav die Treppe hinunter, sobald uns die Sirenen aus dem Schlaf rissen. Bis endlich Entwarnung gegeben wurde, konnte es Stunden dauern. Bebend vor Angst, irgendwann nur noch gähnend und schläfrig, hockten wir in dem muffigen, niedrigen Raum und warteten auf den erlösenden Sirenenton, der das Ende des Angriffs ankündigte. Dann stolperten wir fröstelnd und übernächtigt wieder nach oben in die Wohnung und sanken in unsere Betten.

Die Bombardements konzentrierten sich auf das Berliner Zentrum, aber auch Zehlendorf blieb nicht verschont. Auf dem örtlichen Friedhof sieht man bis heute Felder mit gleichförmigen Grabsteinen. Sie erinnern daran, wie viele Opfer es auch in diesem abgelegenen Stadtteil gegeben hat. Sicher war man nirgendwo.

Mich bestürzte der offenkundige Vernichtungswille, mit dem man es auf uns, auf die Zivilbevölkerung, abgesehen hatte. Die Verlagerung des Krieges nach Deutschland, in meine Stadt, mein Viertel, überstieg meine Phantasie. An die Kämpfe irgendwo da draußen, weit außerhalb der Reichsgrenzen, hatte man sich gewöhnt. Soldat gegen Soldat, Mann gegen Mann. Aber warum ich?, fragte ich mich. Warum meine Mutter und meine Geschwister? Was haben wir denn verbrochen?

Das Kalkül der Westmächte ging nicht auf. Sie brachten es zwar zuwege, uns in andauernden Schrecken, permanente Todesangst zu versetzen. Aber die Vorstellung, die Familien würden nun ihre Männer und Söhne an der Front bestürmen, die Waffen niederzulegen, war weltfremd. Von Demoralisierung keine Spur. Vielmehr führten die flächendeckenden Bombardements von Zivilisten zu einem noch stärkeren Gemeinschaftsgefühl und einem noch tieferen Hass auf die Engländer und Amerikaner. Statt die Deutschen psychisch zu brechen, erreichten die Westmächte das Gegenteil: Sie stärkten den Überlebenswillen, gaben ihm zusätzlich Nahrung. Keine Propaganda konnte so wirkmächtig sein wie die Zerstörung und das Leid, das sie mit ihren Bomben anrichteten. Daneben war das Area Bombing auch eine strategische Fehlentscheidung. Bis zum Kriegsende blieben viele Industriegebiete intakt, die Waffenproduktion ging fast unvermindert weiter, der Nachschub blieb gesichert. Die Verbrechen des Luftkrieges zusammen mit den Schreckensnachrichten, die man von der näher kommenden Ostfront hörte, gaben uns allen, auch mir, allerdings das Gefühl, der Krieg werde am Ende zu unser aller Untergang führen.

Die Lage in Berlin verschärfte sich 1943 wegen der mittlerweile pausenlosen Luftangriffe. Als ich elf Jahre alt war, wurden die Schulen geschlossen. An geregelten Unterricht war wegen des dauernden Fliegeralarms nicht zu denken. Es wurde zu gefährlich, und so erging eine Anordnung, die Schüler zu evakuieren. Zusammen mit meinen Klassenkameraden des Zehlendorfer Gymnasiums sollte ich tief ins heutige Polen kinderlandverschickt werden, in die Beskiden, wo man Ausweichquartiere eingerichtet hatte. Nachdem meine Mutter den Atlas konsultiert und festgestellt hatte, wohin wir gebracht werden sollten, meinte sie, das komme überhaupt nicht Betracht, sei viel zu weit weg, viel zu riskant. Ich solle lieber nach Dresden, zu Oma Anna gehen, die ich sehr mochte. Dort könne ich das Staatsgymnasium in der Holzhofstraße besuchen, wo schon mein Vater und mein Onkel in den zwanziger Jahren ihr Abitur gemacht hatten. Niemand ahnte, wie vorausschauend meine Mutter war. Abgesehen davon, dass sie eine Reise ins Ungewisse ablehnte, wäre es lebensgefährlich gewesen, mich in die Nähe der Ostfront fahren zu lassen.

Dresden verhieß Sicherheit. Viele waren der Auffassung, dieses Juwel europäischer Kultur werde auf jeden Fall vom Luftkrieg verschont bleiben. Unsere britischen Verwandten hatten meine Familie vor dem Krieg des Öfteren in Sachsen besucht und waren begeistert von der Ausstrahlung Dresdens gewesen, von seiner Lage, seinen Kunstschätzen – galt es doch als Elbflorenz. Eine Vernichtung dieses grandiosen Kulturerbes lag jenseits des Vorstellbaren.

1943, kurz nachdem meine Mutter entschieden hatte, dass ich nicht mit meinen Klassenkameraden in die Beskiden reisen würde, stand ich auf dem Dresdner Hauptbahnhof, wo mich meine Großmutter Anna erwartete. Überschwänglich fiel ich ihr in die Arme, glücklich, den Bomben auf Berlin entronnen zu sein. Endlich wieder durchschlafen, endlich wieder ein Buch lesen ohne die Ungewissheit, ob man vielleicht im nächsten Moment in den Keller rennen müsse. Witwe Stolze wohnte im ersten Stock eines viergeschossigen Mietshauses in der Johannstadt. Hier würde nun für eine Weile mein provisorisches Zuhause sein, eine Zwischenlösung bis zum Kriegsende, das wir alle herbeisehnten.

Dresden war ruhig, fast idyllisch. Im Vergleich zu Berlin wirkte die Stadt wie eine Enklave des Friedens. Der Verlauf des Krieges schien dieser Einschätzung lange recht zu geben – bis zum Februar 1945. Zu Beginn dieses Jahres war fast schon in Vergessenheit geraten, dass bereits im Herbst zuvor einige Bomben gefallen waren. Der damalige Gauleiter Martin Mutschmann hatte daraufhin am 13. Oktober 1944 in der *Dresdner Zeitung* verlauten lassen, niemand solle sich der Illusion hingeben, gerade seine Stadt würde nicht angegriffen. Mutschmanns Warnung, es gebe keine friedlichen Inseln in Deutschland, blieb ungehört. Auch die Präventivmaßnahmen, die schon vier Jahre zuvor ergriffen worden waren, beunruhigten niemanden. So hatte man zum Beispiel Mauerdurchbrüche in den Kellern benachbarter Häuser angeordnet, um Fluchtwege für eventuell Verschüttete zu schaffen. Außerdem war es Vorschrift, Eimer mit Löschsand bereitzuhalten sowie weitere Eimer für Löschwasser. Eine reine Formalität, meinten die meisten Dresdner, pure Routine in Kriegszeiten.

Nur so ist zu verstehen, warum meine Großmutter und ich ganz ruhig blieben, als am Abend des 13. Februar 1945 Sirenen durch die Stadt heulten. Es war kurz nach zehn Uhr. In den vergangenen Monaten hatte es bereits mehrfach Fliegeralarm gegeben, ohne dass etwas Dramatisches passiert wäre. Wozu sich über einen weiteren falschen Alarm aufregen? Nach wie vor wiegten wir uns in Sicherheit. Doch als wir dann vorsichtshalber in den Keller hinabstiegen, fielen schon die ersten Brandbomben. Gemeinsam mit einigen Frauen aus dem Haus schleppte ich eimerweise Sand auf den Dachboden, um das grässlich zischende Feuer zu ersticken. Währenddessen war meine Großmutter in ihre Wohnung zurückgelaufen und jammerte, weil alle rückwärtigen Fensterscheiben zersprungen waren. Im Hinterhof brannte eine Papierfabrik lichterloh, und die ungeheure Hitzeentwicklung hatte das Glas zerbersten lassen. Wie sollten wir ohne Fenster die Winterkälte überstehen? Woher sollten wir Pappe oder Holz nehmen, um sie zumindest notdürftig abzudichten? Auch die Funken, die ungehindert hereinwehten, machten uns Sorgen. Es gab kein Wasser mehr, mit dem wir hätten löschen können. So rissen wir in allen rückwärtigen Zimmern die Vorhänge herunter, damit sie nicht Feuer fingen. Noch war nicht abzusehen, dass weder Frost noch Flammen unser Hauptproblem sein würden.

Mehrere Angriffswellen rollten am 13. und 14. Februar 1945 über meine Heimatstadt hinweg. Die erste galt dem eigentlichen Zentrum, zu dem die Johannstadt, in der wir lebten, nicht gehörte. Dennoch erfasste mich eine seltsame Unruhe. Zunächst bemerkten wir gar nicht, was sich über unseren Köpfen tat. Die Sirenen waren offenbar ausgefallen, und das Knistern und Knattern der brennenden Papierfabrik übertönte das tiefe Brummen der anfliegenden Bomberflotte. So wurden wir vom Aufjaulen der Bomben und von donnernden Detonationen in der Nähe aufgeschreckt, als es fast schon zu spät war. Plötzlich wurde es taghell. Unzählige Leuchtfeuer in Weiß, Grün und Rot segelten vom Himmel. Aus Berlin wusste ich nur zu gut, was das bedeutete: Die Leuchtfeuer, sarkastisch Christbäume genannt, dienten anfliegenden Bombern zur Orientierung. Es waren Zielmarkierungen.

Von einem Moment auf den anderen war ich hellwach. Diesmal wurde es ernst, und ich bekam es mit der Angst zu tun. Sofort beschwor ich meine Großmutter, unverzüglich mit mir in den tiefen Keller hinunterzueilen. Nicht einmal Straßenkleidung hatten wir angezogen, weil wir nicht im Traum mit einem erneuten Angriff gerechnet hatten. Nun war es zu spät. Eilig warfen wir uns Mäntel über und rannten die Treppen hinab. Wir flüchteten in den Keller, den die meisten anderen Bewohner, zu Tode erschrocken, nicht verlassen hatten. Dutzende Frauen und Kinder starrten uns an, als wir nun zurückkamen. Kaum hatten wir uns hingehockt, als der gesamte Keller zu schwanken begann wie ein Schiff auf schwerer See. Dichter Staub hüllte uns ein. Hustend presste ich mein Gesicht in ein Kissen, um nicht zu ersticken. Ich hob meinen Kopf erst wieder, als der Lärm von Hämmern und Äxten zu hören war. Er stammte von den Bewohnern des rechten Nachbarhauses, die mit aller Kraft den nur leicht zugemauerten Notdurchgang zu unserem Keller durchbrachen. Wie Gespenster, bleich und von Staub bedeckt, krochen sie durch die Lücke. Von links hörten wir Klopfzeichen, dort hatten die Bewohner offenbar kein Werkzeug, um die Wand aufzuschlagen. Später sah ich, dass beide Nachbarhäuser nach Volltreffern eingestürzt waren.

Angstvoll lauschten wir auf die Geräusche, versuchten auch auszumachen, ob weitere Bomben fielen. Als alles ruhig wurde, schlich ich mich nach oben. Die obersten beiden Stockwerke gab es nicht mehr. Brandbomben waren bis ins Parterre gefallen, auf beiden Seiten des Hausflurs standen die Wohnungen in hellen Flammen. Das Treppenhaus war verwüstet und mit Schutt bedeckt. Ich musste über ineinander verkeilte Fahrräder steigen, um vorwärtszukommen. Die Räder hatten in der Parterrewohnung an der Decke gehangen und waren von einer Druckwelle in den Flur geschleudert worden, die auch die schwere Haustür aus Eichenholz aus den Angeln gerissen hatte.

Ein Blick nach draußen genügte, um meine Bestürzung in blanke Panik zu verwandeln. Es war ein Blick in die Hölle. Von der Elisenstraße war so gut wie nichts übrig geblieben. Alles brannte, krachend und polternd fielen die Häuser in sich zusammen. Riesige Steinbrocken flogen durch den fast waagerechten Funkenregen. Es schien mir selbstmörderisch, auch nur einen Schritt nach draußen zu wagen. Deshalb stieg ich wieder in den Keller hinunter, der tief unter der Erde lag. Nur dort würden wir das Inferno überleben können, davon war ich überzeugt. »Es hat keinen Sinn, da raus zu gehen«, sagte ich meiner Großmutter, »lass uns im Keller bleiben, hier ist es schön kühl und feucht. Wir warten ab, bis es sich draußen beruhigt hat.« Sie widersprach mit sicherem weiblichem Instinkt: »Nein, wir müssen raus, sofort, nichts wie raus hier!« Resolut fasste sie mich an der Hand, ließ keine Einwände gelten und zerrte mich die Kellertreppe hinauf.

Noch immer brannte es oben, auch im Hausflur, der durch die dicken Schichten von Schutt und Geröll nahezu unpassierbar war. Prompt stolperte meine Großmutter über die Fahrräder. Getrieben von meiner Angst, strebte ich weiter dem Hauseingang zu, nur weiter, nur weg. Dann schämte ich mich meiner Furcht, kehrte zu ihr zurück, hechelnd, atemlos, und half ihr auf die Beine. »Wo ist mein Mariechen?«, fragte meine Großmutter. Marie Hillig, unsere Wohnungsnachbarin und die beste Freundin meiner Großmutter, war uns aus dem Keller gefolgt. Wir sahen uns um, konnten sie aber nirgends entdecken. Mariechen blieb verschwunden. Nie wieder haben wir etwas von ihr gehört. Vermutlich war sie vor uns hinausgelaufen und von herabfallenden Trümmern erschlagen worden. Bis zu ihrem Lebensende grämte sich meine Großmutter darüber, fragte sich 25 Jahre lang immer wieder, was ihrer Freundin widerfahren, ob sie wirklich umgekommen war. Aber in diesem Moment blieb uns keine Zeit zum Nachdenken. Wir mussten uns beeilen. Ohne Zweifel war es nur eine Frage der Zeit, wann uns das Haus unter sich begraben würde. Mit zitternden Knien schleppten wir uns nach draußen.

Es ist unvorstellbar, welch ein Sturm entsteht, wenn eine große Stadt brennt. Durch die alles verzehrende Hitze, die sich mit kühleren Luftschichten mischte, tobte ein Orkan durch die Straßen. Wir konnten uns kaum auf den Beinen halten. Fest eingehakt, um nicht fortgerissen zu werden, kämpften wir uns Meter für Meter vorwärts, unsere Köfferchen mit Ausweispapieren und dem Notwendigsten an die Brust gepresst. Das Feuer wütete, als sei der Weltenbrand Wirklichkeit geworden. Brennende Balken fielen von den Dächern, Schornsteine kippten auf die Straßen, Mauern zerbarsten. Nur mit größter Mühe hasteten wir weiter, kletterten über Berge von Geröll. Und unablässig durchzuckten mich wieder die immer gleichen Fragen: Warum wir? Was machen die mit uns? Das ist doch unfassbar, absolut unfassbar! Ich will doch gar keinen Krieg! Dies war der Moment, in dem ich nicht mehr an den Führer glaubte, dem ich bis dahin noch kindliches Vertrauen entgegengebracht hatte. Die ganze Sinnlosigkeit des Krieges wurde offenbar, auch der Größenwahn Hitlers, der seinem Volk suggeriert hatte, es sei unverwundbar.

Bald erreichten wir ein Viertel mit Villen und Vorgärten. Hier war es einfacher, voranzukommen, und die Hitze ließ ein wenig nach, obwohl es auch hier brannte. Auf dem Striesener Platz, einem kleinen Park mit einem Springbrunnen in der Mitte, machten wir halt. Jetzt, im Februar, war das Wasserbecken des Neptunbrunnens leer, doch es hatten sich ein paar Pfützen geschmolzenen Schnees darin gesammelt. Zitternd setzten wir uns in das schlammige Becken, wo schon zahllose andere Menschen hockten. Niemand sprach. Allen stand die Angst ins Gesicht geschrie-

ben, viele hatten Brandlöcher in ihren Mänteln. Das Feuer ringsum zischte, ja brüllte. Um uns vor den umherfliegenden Funken
zu schützen, hielten wir mit dem Wasser der schmutzigen Pfützen unsere Mäntel feucht.

So verbrachten wir die Nacht. In Sicherheit fühlten wir uns
nicht. Wenn es schon zwei Angriffswellen gegeben hatte, waren
weitere nicht ausgeschlossen. Was stand uns bevor? Noch mehr
Bomben? Oder Schlimmeres? Würden die Druckwellen des
nächsten Angriffs uns die Lungen zerreißen? Mit diesen bangen
Fragen vergingen die Stunden, bis der Morgen dämmerte. Richtig hell wurde es nicht. Wie Nebel hingen dicke Rauchschwaden
über der Stadt. Ein düsteres, alptraumhaftes Zwielicht hüllte alles ein, ließ die apokalyptische Szenerie noch grausiger, noch un-
wirklicher erscheinen. Übernächtigt und durchgefroren streck-
ten wir die steifen Glieder. Was jetzt? Nach Hause konnten wir
nicht. Unser Zuhause existierte nicht mehr. Wohin sollten wir
gehen? Wohin flüchten, wenn neue Bomben fielen?

In unserer Not fielen mir mein Patenonkel Hellmuth Zim-
mermann und seine Frau Renate ein, die in Strehlen, einem
Dresdner Vorort, wohnten. Dort, so hofften wir, würden wir Un-
terkunft finden. Mit zittrigen Beinen machten wir uns auf den
Weg durch die zerstörte Stadt. Überall schwelten noch Brände.
Tote und Verletzte lagen auf den Straßen, verkohlte, erstickte,
halb verbrannte Menschen. Überlebende, gezeichnet vom Schre-
cken der Nacht, schlichen durch die Trümmerlandschaften, vor-
bei an skelettartigen Hausfassaden mit leeren Fensterhöhlen.
Endlos lange, schweigende Züge Schiffbrüchiger verließen die
Stadt, verdreckt, leer gebrannt, ausgeglüht, in einer einzigen
Nacht steinalt geworden.

Vor einem Lazarett entdeckten wir zahllose tote Soldaten auf
der Straße. Offenbar hatte man noch versucht, die Verwundeten

zu retten, indem man sie aus dem brennenden Haus herausholte. Einmal mehr wurde mir die Hinterhältigkeit der Taktik klar, zunächst Brandbomben und dann Sprengbomben abzuwerfen. Vor dem Feuer hatte man die Soldaten des Lazaretts bewahren können. Äußerlich wirkten sie unversehrt in ihren Uniformen, mit ihren dicken, weißen Verbänden. Doch die Sprengbomben hatten ihnen die Lungen zerrissen. Leblos lagen sie da, übereinander gestürzt, alle tot.

Etwa eineinhalb Stunden waren wir unterwegs, ohne ein Wort zu wechseln. Stumm tappten wir in Richtung Strehlen, die Gesichter schwarz vor Ruß, mit angesengten Haaren und halb blind vom Rauch. Noch tagelang sollten meine Augen entzündet sein und schmerzen. Als wir endlich erschöpft bei meinem Patenonkel ankamen, waren bereits andere Verwandte und Bekannte eingetroffen, die dort Unterschlupf suchten. Wie wir waren sie buchstäblich durch die Hölle gegangen. Seltsamerweise wirkten alle eigentümlich gefasst. In solchen Momenten ist offenbar nicht die Zeit, den Schock zu verarbeiten. Man ist mit dem nackten Überleben beschäftigt. Längst hatte sich auch Fatalismus ausgebreitet. Ich kann mich daran erinnern, dass häufig völlig verrußte Bekannte vor unserer Wohnungstür in Berlin gestanden hatten, mit dem immer gleichen Satz: »Unser Haus ist in der Nacht abgebrannt, können wir bei euch ein paar Tage übernachten?« Das nahm man mittlerweile einfach hin. Zehn Jahre später sollten sich solche überraschenden Gäste erneut einstellen: diesmal die Freunde und Kollegen meiner Eltern aus Dresdner Jugendzeiten, die während der heraufziehenden DDR-Diktatur ihre Heimat Hals über Kopf bei Nacht und Nebel hatten verlassen müssen.

An erster Stelle stand jetzt die Versorgung mit Essen und Kleidung. Ohnehin war das in den Kriegsjahren nicht so einfach, denn alle Nahrungsmittel waren rationiert und nur mit den entsprechenden Lebensmittelmarken zu bekommen. Aber auch die musste man ja erst einmal besorgen, wenn man alles verloren hatte. Also ging es zunächst darum, die verschiedenfarbigen Marken für Brot, Fleisch und Zucker zu ergattern. Schnell machte die Nachricht die Runde, wo man für Lebensmittel und Kleidung anstehen konnte. Erstaunlich war es schon, wie gut die staatliche Versorgung selbst im Februar 1945 noch funktionierte. Ausgebombte bekamen einen Anzug, Unterwäsche, zwei Paar Schuhe und zwei Paar Socken. Es lief wie am Schnürchen. So viel deutsche Tüchtigkeit in schweren Zeiten – im Nachhinein eine fast unwirkliche Normalität angesichts des Chaos ringsum.

Todmüde reihte ich mich neben meiner Großmutter in die Schlangen ein. Mit meinen zwölf Jahren fiel mir auf, dass es auch hier außergewöhnlich ruhig zuging. Stoisch standen alle da, manche verletzt, die meisten mit versteinerten Gesichtszügen. Kein Weinen, kein Lamentieren war zu hören. Niemand sprach über das Erlebte, über die durchlittenen Ängste, über tote Angehörige. Das Tagtägliche schob sich davor. Vielleicht war es vorerst eine heilsame Art, mit dem Unfassbaren umzugehen, um nicht völlig zu verzweifeln.

Noch heute verblüfft mich die Reaktion meiner Großmutter, denn lebenslang bedauerte sie immer nur zweierlei: den frisch gebackenen Kuchen und den fertigen Braten nicht aus der Wohnung mitgenommen zu haben, als wir vor den Bomben flohen; »dann hätten wir doch wenigstens hinterher etwas Gutes zu essen gehabt«. Sie beklagte Kleinigkeiten, obwohl doch ihre ganze Wohnung verbrannt war und sie nichts mehr besaß.

Vermutlich hat meine Großmutter auf diese Weise das wahre Ausmaß ihres Verlusts verdrängen können, sonst wäre sie seelisch überfordert gewesen. Sie konzentrierte sich unbewusst nur auf das, was sie verkraften konnte. Über den bitteren Rest legte sich Schweigen. Selbst ich brauchte Jahrzehnte, bis mein Erinnerungsvermögen die Erlebnisse des Dresdner Feuersturms zuließ. Erst meine dritte Tochter, die 1988 geboren wurde, nannte ich Anna, nach meiner Großmutter, um die Frau zu ehren, der ich mein Leben verdanke. Bis auf vier Bewohner des Hauses wurden alle im Keller verschüttet, lebendig begraben, erstickt unter dem Schutt von vier Stockwerken. Ohne meine Großmutter wäre auch ich elendiglich zugrunde gegangen.

Eine Weile konnten wir bei meinem Patenonkel unterkommen. Immer drängender stellte sich allerdings die Frage, wie es weitergehen sollte. Wo würden wir eine dauerhafte Zuflucht finden? Wenige Tage später kam mein Vater aus Berlin angereist. Sein Zug hielt weit vor den Toren der Stadt, weil die Gleisanlagen zerstört waren. Die letzten Kilometer legte er zu Fuß zurück, dann erreichte er Dresden. Er erkannte es nicht wieder. Schaudernd betrat er eine ausgelöschte Stadt. Das Haus seines Vaters brannte noch, doch von ihm selbst und seiner Schwester Ursula keine Spur. Die Straßen waren mit Leichen übersät.

Wie muss sich sein Herz zusammengekrampft haben, als er in der Elisenstraße nach uns suchte. Dort, wo das Haus gestanden hatte, fand er nichts als Trümmer. Es war üblich, mit Kreide die Zahl der Opfer auf die Mauerreste zu schreiben. Erschüttert las er die Zahl: 52 von 56 Bewohnern waren umgekommen. Als er dann noch den entstellten Körper eines toten Jungen entdeckte, der mir in Größe und Statur glich, ließ er alle Hoffnung sinken, seinen Sohn, seine Mutter, seinen Vater und seine Schwester lebend wiederzusehen. Stundenlang quälte er sich mit dieser Vorstellung. Seine Erleichterung war grenzenlos, als er uns schließlich bei meinem Patenonkel fand. Auch sein Vater und seine Schwester hatten überlebt. Meine Tante Ursula hatte meinen Großvater, der schon bettlägerig war, mithilfe von Nachbarn auf einem Stuhl zum rettenden Elbufer getragen und die Nacht unter der Albertbrücke verbracht mit Tausenden anderen, die sich in die Elbauen geflüchtet hatten.

Nach kurzem Familienrat nahm mein Vater meine Großmutter und mich mit auf den Sonnenstein in Pirna, eine schlossartige Festungsanlage, die den Beamten des Innenministeriums während des Krieges als Ausweichquartier diente. Es gelang ihm, dort ein Zimmerchen für uns zu organisieren. Einige Wochen verbrachten wir auf dem Sonnenstein, hoch über Pirna. Was ich erst später erfuhr: Der Sonnenstein war eine Nervenheilanstalt gewesen. Im Zuge der Euthanasieprogramme hatte man alle früheren Insassen getötet und anschließend die Beamten in dem leeren Gebäude untergebracht. Damals wusste ich noch nichts über die Euthanasie, niemand in meiner Umgebung sprach darüber.

Der Dresdner Feuersturm war ein Urereignis für mich. Mein Jahrgang musste nicht mehr in den Krieg, aber er hat sein Ende mit einer Wucht erfahren, die das gesamte Leben prägte. Im Untergang des alten Dresdens sah ich mich Stunden um Stunden dem Tod gegenüber. Nie wieder habe ich so viele Leichen gesehen wie in dieser Nacht und am nächsten Morgen. Die flächendeckende Vernichtung der Stadt zielte nicht auf die Industriegebiete, sondern auf das kulturell einzigartige Zentrum. Dresden und die Deutschen sollten aus dem Gedächtnis der Menschheit ausgelöscht werden. Von einem Freund Churchills befragt, warum man Dresden bombardiert habe, antwortete Sir Arthur Harris, der Oberbefehlshaber des britischen Bomber Command, lakonisch: »Dresden? Es gibt diese Stadt nicht mehr.«

Der Untergang

Einige Tage später fuhr ich mit meiner obdachlosen Oma nach Berlin, wo meine Mutter mit den jüngeren Geschwistern ausharrte. Die Stadt hatte sich während meiner Abwesenheit auf erschreckende Weise verändert. Vom Abteilfenster aus starrte ich auf Trümmerlandschaften. Überall sah man Schuttberge und Ruinen, durch die übermüdete, ausgebombte Menschen ihre holpernden Handwagen mit ein paar geretteten Habseligkeiten zogen. Manche suchten etwas zu essen, andere einen Schlafplatz, viele, so schien es, irrten ziellos umher, scheinbar orientierungslos. Plünderer wurden erschossen – auch wenn es nur um ein Glas Marmelade gegangen war. Das Leben in Berlin war unerträglich geworden; die Tage vergingen in der immerwährenden Angst vor Bomben, die Nächte, die man in überfüllten Luftschutzkellern verbrachte, waren ohne Aussicht auf Schlaf.

Zwischen September 1942 und April 1945 warfen die britischen und amerikanischen Airforces mehr als 70000 Tonnen Bomben auf die Stadt ab. Die Verwüstungen waren unbeschreiblich. Doch selbst jetzt, in den letzten Wochen des Krieges, gab das Propagandaministerium weiter seine Durchhalteparolen aus. Bis in den April hinein las man in den Zeitungen Schlagzeilen wie: »Der Führer ist unser tapferstes Herz« oder: »Es geht um das Reich – Berlin wird sich selbst und seiner Vergangenheit treu sein«. Lag es an Zeilen wie diesen, dass keine Massenflucht aus der Hauptstadt einsetzte? Die Berliner harrten aus in Kellern und Ruinen, in verlassenen Büros, manche unter freiem Himmel, nur von einem Bretterdach geschützt. Sie waren zäh, und selbst jetzt noch, während Hunderte von Kondensstreifen am blassblauen Himmel die anfliegenden Bomber ankündigten, während rund um die Uhr das hilflose Bellen der Flak zu hören

war, machten sie ihre Witze. Als die Fronten sich auf Berlin zu-
bewegten und Deutschland immer kleiner wurde, erzählte man
sich folgenden knappen Dialog: »Was machst du nach dem
Krieg?«, wird jemand gefragt. »Ich fahre mit dem Fahrrad um
Großdeutschland«, ist die Antwort. »Na, und was machst du
nachmittags?«

Inzwischen hatte man wieder einen sporadischen Schulbe-
trieb eingerichtet. Immer mehr Kinder strömten zurück in die
Stadt, viele kamen auch aus den Ostgebieten, aus denen jetzt
täglich Trecks mit Flüchtlingen Berlin erreichten. Ihren abge-
zehrten, hohlwangigen Gesichtern mit den erloschenen Augen
sah man an, was sie durchgemacht hatten, welche Strapazen und
Todesängste hinter ihnen lagen. Sie hatten alles verloren und
wussten nicht, wo sie unterkommen sollten.

Auch das Zehlendorfer Gymnasium öffnete wieder seine
Pforten. Zu den wenigen alten Mitschülern gesellten sich neue,
Flüchtlingskinder und Kinder, deren Schulen zerbombt waren.
Es war ein seltsames Gefühl, nach zwei Jahren Abwesenheit,
nach dem Inferno der Dresdner Bombennacht, wieder auf meinem alten Platz in der Schulklasse zu sitzen. Überdeutlich nahm
ich die Veränderung wahr, die mit mir vorgegangen war, den
endgültigen Verlust kindlicher Unbekümmertheit. Das Lebensgefühl wurde dominiert vom Eindruck völliger Hoffnungslosig-
keit. Wir waren uns über unsere aussichtslose Lage absolut im
Klaren: Die Alliierten wollten uns mit Bomben umbringen, die
Russen würden uns erschießen oder nach Sibirien verschleppen.
Jetzt erlebten wir den totalen Krieg, den Goebbels im Februar
1943, nach Stalingrad, im Sportpalast herbeigeschrien hatte,
mit tausendfachem positivem Echo. Schon damals war die
Massenhysterie vermutlich weniger ein Zeichen von ruhiger
Entschlossenheit als ein Symptom nervöser Labilität der ver-

sammelten Parteigenossen gewesen. Sie hatten ihre eigenen Zweifel niedergebrüllt, ihren Wankelmut, ihre Entmutigung. Denn schon 1943 war die immer wieder angestachelte Siegesgewissheit tiefem Pessimismus gewichen.

Jetzt, im Frühjahr 1945, wirkte die Stimmung bleiern, auch in der Schule. Wie ein überschweres Gewicht lastete auf uns die eine bange Frage: Was wird aus uns, wenn die Russen kommen?

Ich war der Klassensprecher der bunt zusammengewürfelten Klasse. Im April 1945 schickte sie mich zum Lateinlehrer. Auftragsgemäß teilte ich ihm mit, dass wir uns weigerten, weiter lateinische Vokabeln zu lernen. Er erwiderte, wie man es kaum anders von einem Lateinlehrer erwarten konnte: »Non scholae, sed vitae discimus – Nicht für die Schule, sondern für das Leben lernen wir.« »Aber Herr Dr. Roos«, widersprach ich, »das ist es doch gerade.«

Er sah mich ebenso groß an wie ich ihn. Augenblicklich verstand er, was ich sagen wollte: Der Krieg ist verloren, bald schon werden die Russen kommen, und dann werden wir alle umgebracht. Seit Wochen hörten wir das dumpfe Grollen des Geschützdonners, weil die Rote Armee seit Januar an der Oder stand, nur sechzig Kilometer von Berlin entfernt. In jedem Fall hatte es überhaupt keinen Sinn mehr, lateinische Vokabeln zu lernen. Reine Zeitverschwendung. All das ging uns durch den Kopf, während wir einander gegenüberstanden und schwiegen. Defätismus war gefährlich für den Lehrer wie auch für uns Kinder – oder, genauer gesagt, für unsere Eltern. Wer auch nur die Vermutung äußerte, der Krieg könne verloren sein, musste mit drakonischen Strafen rechnen. Damals kursierte das Bonmot: »Ehe ich mich hängen lasse, glaube ich lieber an den Endsieg.« In den letzten Kriegstagen sah ich viele an Straßenbäumen erhängte Männer, oft waren es Deserteure, denen man ein Schild um den Hals gehängt hatte mit der Aufschrift: »Ich war zu feige, meine Frau und meine Kinder zu verteidigen«.

Vermutlich dachten der Lehrer und ich dasselbe: Wir wissen, was wir wissen, sagen dürfen wir es nicht. Diese Unterhaltung, bei der das Wesentliche nicht ausgesprochen, nur angedeutet wurde, war typisch für das Klima jener Wochen. Was uns nach dem Einmarsch der Roten Armee blühen würde, darüber machten wir uns keine Illusionen. Ganz anders als beim Westfeldzug hatte sich schon zu Beginn des Russlandfeldzugs ein entfesselter Vernichtungskrieg abgezeichnet. Unvorstellbare Grausamkeiten begleiteten ihn, auch gegen die Zivilbevölkerung. Der Fanatismus wütete auf beiden Seiten. Die Volksempfänger verbreiteten zwar vorrangig Berichte über Gewaltexzesse der Russen, doch der Tonfall bei den Schilderungen von Eroberungen und Vergeltungsschlägen der Wehrmacht war zunehmend härter geworden. Die Deutschen seien »unerbittlich«, kämpften »mit eiserner Faust«. Die blutige Schlacht von Rschew, 15 Monate des Gemetzels vom Januar 1942 bis März 1943, wurde »Fleischwolf von Rschew« genannt. Solche martialischen Formulierungen ließen ahnen, was sich an der Ostfront zutrug. Man musste schon sehr beschränkt sein, um sich nicht auszumalen, welche mörderischen Rachegelüste die Deutschen damit weckten.

Inzwischen war das Ausmaß der wütenden Rache zur Gewissheit geworden. Mit dem Vorrücken der Roten Armee bis nach Ostpreußen im Oktober 1944 war der deutsch-sowjetische Krieg in seine letzte, seine blutigste Phase getreten. Der Hass auf die Deutschen, auf alle Deutschen, entlud sich in furchtbaren Gewaltakten. Entsetzt hörten wir von Folter, von Vergewaltigungen, von deutschen Dörfern, die dem Erdboden gleichgemacht wurden. Nicht nur Hitler, auch Stalin zeigte seinen mörderischen Vernichtungswillen.

Unserer Furcht war zusätzlich Nahrung gegeben worden durch das Bild, das man im Dritten Reich von den Russen zeichnete. Die Kriegspropaganda hatte sie immer als »Untermenschen« abqualifiziert. Das entsprach der rassistischen Ideologie Hitlers, neben den territorialen Zielen sein wichtigster Beweggrund für den Krieg gegen die Sowjetunion. Unablässig wiederholte er den Anspruch der vermeintlichen Herrenrasse auf Osteuropa. Jetzt zeigten die Wochenschauen in drastischen Bildern, welche Gräuel die »Untermenschen« verübten. Der Propaganda des Regimes kamen die Verbrechen an unschuldigen Zivilisten sehr gelegen. Doch sie waren real, keine bloße Erfindung.

Im Nachhinein ist mir unverständlich, warum sich die Nazis mit der Frage, was eigentlich die Russen ausmachte, was sie dachten und wollten, gar nicht beschäftigt hatten. Vor Kurzem erfuhr ich von der Existenz einer Forschungsabteilung, die die Sowjets gleich zu Beginn des Zweiten Weltkrieges einrichteten, um sich ihrerseits ein Bild vom Feind zu machen. Durch Verhöre deutscher Kriegsgefangener versuchten sie herauszufinden, was eigentlich in den deutschen Köpfen vorging. Die Nazis dagegen interessierten sich überhaupt nicht für die Gegenseite. Sie begnügten sich mit rassistischen Vorurteilen, mit der pauschalen Deklassierung der Russen. Im Jahr 1942 war ein SS-Propagandaheft mit dem Titel *Der Untermensch* in einer Auflage von vier Millionen Exemplaren erschienen. Darin hieß es: »Jene biologisch scheinbar völlig gleich geartete Naturschöpfung mit Händen, Füßen und einer Art Gehirn, mit Augen und Mund, ist doch eine ganz andere, eine furchtbare Kreatur ... mit menschlichen Gesichtszügen – geistig, seelisch jedoch tiefer stehend als ein Tier.«

Jetzt, in den letzten Kriegstagen, erinnerte ich mich an die Ausstellung Das Sowjet-Paradies, durch die man uns als Schulkinder geführt hatte. Im Berliner Lustgarten waren im Mai und Juni 1942 Pavillons mit Fotos und anderen Ausstellungsstücken errichtet worden, die einen Eindruck von der angeblichen Rückständigkeit und Minderwertigkeit des russischen Volks geben sollten. Unter anderem hatte man ein russisches Dorf nachgebaut, in dem die Menschen in armseligen Hütten und Erdlöchern hausten. Am schlimmsten waren die Fotos. Sie zeigten abgerissene, schäbig gekleidete Gestalten, vermutlich irgendwelche Partisanen, die man aufgegriffen hatte: schmutzige Gesichter, grobe Physiognomien, verzerrte Mienen, die gestört wirkten. Zusammen mit dem zynischen Titel *Das Sowjet-Paradies* entstand das Bild eines verwahrlosten Landes, in dem geistig minderbemittelte Menschen wie Vieh dahinvegetierten. Unser Ausstellungsführer sprach von »Gehirnleichen«. Die Terminologie war so diffamierend wie die gesamte Inszenierung.

Die Ideologie vom Untermenschen zeigte nicht nur eine systematische Menschenverachtung, sie führte dazu, dass Hitler die Russen vollkommen unterschätzte: ihre Intelligenz, ihre Fähigkeit, überhaupt einen Krieg zu führen. Die Herablassung, mit der man sagte, die Russen seien eine primitive, niedere Rasse, gehört zu den großen Fehleinschätzungen, die der deutschen Kriegsführung zum Verhängnis wurden. Umso größer war die Fassungslosigkeit, als sich das Blatt wendete, als die Ostfront zusammenbrach und die Rote Armee ihren Weg nach Westen antrat. Die Welle der Gewalt, die den Ostteil des Landes überrollte, übertraf die schlimmsten Befürchtungen. Es waren jene Tage, als der Satz geprägt wurde: Wir werden siegen, denn wir müssen siegen! Mit den Grausamkeiten der Roten Armee erhielt dieser Satz einen neuen Sinn.

Welche Gedanken mochten die Soldaten an der Front bewegt haben? Das frage ich mich oft. Etliche desertierten, manche wurden beim Fluchtversuch erschossen, wenigen gelang es, sich bis weit hinter die Front durchzuschlagen, wo sie ihre Uniformen verbrannten. Die überwiegende Mehrheit kämpfte weiter auf verlorenem Posten. Was trieb sie an? In der letzten Phase des Krieges muss man zwischen der Begeisterung für Hitler und der Sorge um das Land unterscheiden. Viele Soldaten kämpften noch für Deutschland, als sie längst gegen Hitler waren, getrieben von dem Gedanken: Wir müssen verhindern, dass Deutschland untergeht, dass unsere Familien sterben. Alles oder nichts war keine Parole mehr, es war eine Frage des Überlebens.

Für mich galt der katastrophale Untergang als ausgemacht, seit ich die Erwachsenen von der bedingungslosen Kapitulation hatte reden hören. Damals sagte man halb scherzhaft, halb ängstlich: »Genießt den Krieg, der Frieden wird fürchterlich!« Ich dachte: Du liebe Güte, wenn gar nichts garantiert wird, was werden die Sieger mit uns anstellen? Dann sind wir ja vogelfrei! Heute halte ich es für einen ganz schweren Fehler, einem Land die bedingungslose Kapitulation aufzuerlegen. Die Deutschen hätten sich vermutlich anders verhalten, wenn sie eine Überlebenschance gesehen hätten. Der Gedanke, massakriert zu werden, verleitete noch in den letzten Kriegstagen viele Menschen zu Verzweiflungstaten, unter ihnen von der Propaganda verblendete Kinder, die als Werwölfe mit Küchenmessern in die Wälder zogen, um Deutschland zu verteidigen. Ob es sich um Durchhaltetrotz oder geheime Todessehnsucht handelte, ist schwer zu sagen. Wir warteten, fürchteten das Ende des Krieges und ersehnten es gleichzeitig. Allgegenwärtig das tiefe, lähmende Brummen der Flugzeuge, das den Boden leise beben ließ. Der Himmel rot in den Nächten. Flächenbrände in der Innenstadt, die sich ungehindert ausbreiteten. Man glaubte, die Hitze bis zu uns nach Zehlendorf zu spüren. Qualvoller, sich in die Länge ziehender Untergang einer

Stadt, die vor unseren Augen zu Staub zerfiel, zu Geröllbergen. Wir rückten näher zusammen. Der Krieg, vor allem der unmenschliche Luftkrieg, hatte uns zusammengeschweißt. Auf Wunder hoffte in diesen Tagen wohl nur noch der Führer, verschanzt im Luftschutzkeller, im letzten Moment Ringe mit Eva Braun tauschend.

In seiner Neujahrsansprache am 1. Januar 1945 hatte Hitler mit gewohnt markiger Diktion vom »felsenfesten Glauben« gesprochen, »dass die Stunde kommt, in der sich der Sieg endgültig dem zuneigen wird, der seiner am würdigsten ist; dem Großdeutschen Reiche.« Aber ich musste nur an das untergegangene Dresden denken, um solche Sätze mit bitterem Hohn beiseitezuschieben. Mir blieb nur noch eine Gnadenfrist.

Die schlimmste Todesangst hatte ich unmittelbar vor dem Eindringen der Russen bei uns in Zehlendorf, am Stadtrand, in der Nacht des 24. April. Zitternd saßen wir abends im Luftschutzkeller beisammen, als ein Wehrmachtsoldat den Kopf zur Tür hereinsteckte und uns zurief: »Wir ziehen jetzt ab, in einer halben Stunde sind die Russen da!« Keiner sprach. Größere Angst als in jener unendlichen Wartezeit zwischen den Fronten, den Welten, kann niemand haben vor dem Ungewissen, dem allzu Gewissen. Niemand schützte uns jetzt mehr. Wo sich bloß verstecken? Wohin mit den Schwestern, den Müttern? Vor meinem inneren Auge zogen Bilder unfassbaren Schreckens vorbei. Alle sprachen in diesen Tagen nur noch von Nemmersdorf, einem Dorf in Ostpreußen, das von den Deutschen zurückerobert worden war. Schaudernd hatten die Wehrmachtsoldaten in dem zerstörten Dorf gestanden. Der Anblick war erschütternd. Vergewaltigte, ermordete Frauen mit hochgeschobenen Röcken, deren Körper Spuren grausamster Misshandlungen zeigten. Junge Frauen, nackt an Scheunentore genagelt, zerstückelte Säuglinge. Kameraleute der

Wochenschau hielten fest, mit welcher Brutalität die Russen gewütet hatten. Diese schockierenden Aufnahmen nutzten die Nazis weidlich für ihre Propaganda mit dem Tenor: Hier könnt ihr sehen, was euch droht, wenn wir den Krieg verlieren!

Die Russen. Schon das Wort jagte mir einen kalten Schauer über den Rücken. Mit meiner Schulklasse hatte ich ja die Ausstellung *Das Sowjet-Paradies* gesehen, die Fotos von tierhaften, primitiven Menschen. Und plötzlich waren sie da. Stürmten in unseren Keller, nahmen sich, was ihnen gefiel, und entdeckten schließlich meine Mutter mit meinem damals anderthalbjährigen Bruder auf dem Arm. Von einer Vergewaltigung wurde meine Mutter nur verschont, weil mein kleiner Bruder aus Leibeskräften schrie. Das respektierten die Männer. Doch ich wurde mehrfach Zeuge, wie Mitbewohnerinnen vergewaltigt wurden, auch in meinem Kinderzimmer. Lange konnte ich noch auf der Überdecke meines Bettes den großen Fleck sehen, den die russischen Soldaten hinterlassen hatten.

Haus für Haus wurde geplündert. Möbel, Radios, Stehlampen, Fotoapparate, Koffer voller Kleider und Pelzmäntel verluden die Russen auf schon völlig überfüllte Lastwagen. Manches fiel wieder herunter auf die Straße, doch niemand bückte sich danach. Wozu? Es wurde einem ja doch gleich wieder weggenommen, wenn die nächsten Soldaten kamen und erst »Uhri, Uhri?« fragten, um dann mit einem schlichten »Frau, komm« nach den weiblichen Bewohnern zu greifen. Sogar als einmal dicke Geldbündel von einem sowjetischen Pritschenwagen rutschten, griffen wir nicht zu. Jetzt, nach dem Ende unserer Zeitrechnung, war es nur noch bedrucktes Papier. Niemand ahnte, dass dieses Buntpapier, das noch Wochen draußen herumlag, bis 1948 weitergelten würde, wie meine Mutter wirklich jahrelang beklagte.

Es waren Tage des Schreckens. Mehrmals stand ich mit verbundenen Augen hinter dem Haus im Bewusstsein, erschossen zu werden. Doch die Soldaten zielten in die Luft. Sie wollten mir nur Angst einjagen. Immer noch suchten sie nach versteckten Uhren, auf die sie geradezu versessen waren. Diese Scheinexekutionen waren furchtbar. Einmal sprach mich danach ein Rotarmist sehr freundlich an. Er erzählte, er sei gebürtiger Deutscher und im Ersten Weltkrieg nach Russland verschleppt worden. Da er mich sympathisch finde, wolle er mich mitnehmen. Ich erschrak zu Tode. Am meisten Angst hatte ich jedoch um meine Mutter. Die Übergriffe nahmen kein Ende. Noch Wochen, Monate später wurden Frauen vergewaltigt, zu mehreren, auch ganz junge Mädchen. Im Wartezimmer unseres alten Hausarztes Dr. Erdmann saß ich mit Halsschmerzen zwischen einem Dutzend Frauen, die alle vergewaltigt worden waren und sich darüber austauschten. Waren sie schwanger? Sollten sie abtreiben? Ein Russenkind aufziehen? Einmal war meine Mutter davongekommen, lange würde es nicht gut gehen.

In der sowjetisch besetzten Zone gingen die Vergewaltigungen noch jahrelang weiter. Zwei Millionen Frauen sollen dieses Schicksal erlitten haben, die größte Massenvergewaltigung in der Geschichte. Zwei Millionen misshandelter Frauen, die doppelt erniedrigt wurden, zunächst von den Russen und dann von den eigenen Landsleuten. Denn bis heute werden sie nicht als Kriegsopfer anerkannt, werden die schwerwiegenden körperlichen und psychischen Folgen ignoriert, obwohl sie über Generationen weiterwirken.

Eine befreundete Journalistin berichtete mir dieser Tage völlig verstört von einem Gespräch mit dem Arzt ihrer Mutter, die gerade verstorben war. Woher denn die furchtbaren Verstümmelungen im Genitalbereich herrührten, die offensichtlich niemals behandelt worden seien? Die Mutter meiner Kollegin hatte darüber ihren Kindern gegenüber nie ein Wort verloren.

Eine frühere Studentin hatte mir kurz zuvor erzählt, zum achtzigsten Geburtstag ihres Onkels vor zwei Wochen habe sie ihm ein vergrößertes, gerahmtes Familienfoto aus dem Jahr 1948 geschenkt. Als sie es ihm freudestrahlend überreichte, brach er in hemmungsloses Schluchzen aus. Das sei doch die Zeit gewesen, in der die Russen jede Woche seine Schwester geholt hätten, die jeweils völlig verstört wieder zurückkam.

Bei vielen war die Angst so übermächtig, dass sie sich das Leben nahmen, darunter viele vergewaltigte Frauen, die das Erlebte nicht verkraften konnten. Viele, viele Selbstmorde gab es in unserer Nachbarschaft. Die Leichen wurden im Garten vergraben, bei den sommerlichen Temperaturen setzte die Verwesung schnell ein. Unser Zahnarzt schickte sich und seine gesamte Familie in den Tod. Das Gift reichte nicht für alle, die jüngsten Kinder ertränkte er in der Badewanne, bevor er selbst seinem Leben ein Ende setzte.

Eine Befreiung war die russische Besetzung nicht, sie schien vielmehr der Beginn eines allgemeinen Untergangs zu sein. Wir hatten Angst, Tag und Nacht. Niemand war damals sicher, nie. Jederzeit konnte man uns bedrohen, ausrauben, misshandeln. Jederzeit konnte es passieren, dass meine Mutter doch noch Opfer einer Vergewaltigung wurde. Noch dazu lebten wir in einer Erdgeschosswohnung, nahe einer Ausfallstraße. Das Einzige, was in unserer Wohnung unberührt blieb, waren die Bücherregale. Kleidung, Wäsche, Haushaltsgegenstände, einfach alles, was sich irgendwie gebrauchen ließ, wanderte auf die Lastwagen der Russen – bis auf das Eingemachte, das den russischen Soldaten ohne Zucker zu sauer war, weshalb sie es ärgerlich an die Wand warfen. Meine Tanten Grisebach, die in Charlottenburg in der vierten Etage wohnten, hatten mehr Glück. Sie blieben weitgehend unbehelligt, weil die Russen nur sehr ungern in höhere Stockwerke gingen, die sie von zu Hause nicht gewohnt waren. Zudem konnten wir die Tanten telefonisch warnen, denn erstaunlicherweise funktionierte der Telefonverkehr über die Front hinweg noch mehrere Tage. Fernsprechapparate wie Radios mussten erst später bei den Russen abgeliefert werden.

Die erste Zeit nach der Eroberung wird mein Albtraum sein, solange ich lebe – Hölle, Inferno, völliges Ausgeliefertsein. In Berlin war es nicht mehr auszuhalten. Es zog uns in den Westen, in die amerikanisch besetzte Zone. Jenseits der Elbe, so hofften wir, würde alles besser sein. Es gab zwar keine Zeitungen, man war allein auf Gerüchte angewiesen, doch es hieß, die Amerikaner seien wesentlich moderater im Umgang mit der Zivilbevölkerung. Wir besaßen einen kleinen Handwagen, den wir mit dem Nötigsten bepackten. Mein kleiner Bruder wurde obendrauf gesetzt, dann tippelten wir zu Fuß los, meine Mutter, meine vier Jahre jüngere Schwester und ich, während sich mein anderthalbjähriger Bruder auf dem schaukelnden Gefährt festhielt. Schon nach etwa zwei Kilometern war unsere Flucht Richtung Westen beendet. Ein russisches Militärfahrzeug streifte den Handwagen, zwei Räder zerbrachen.

Verzweifelt standen wir am Straßenrand. Zurück nach Zehlendorf wollten wir auf keinen Fall. Deshalb schlugen wir den Weg nach Kleinmachnow im Süden Berlins ein, wo Bekannte meiner Mutter in einem Siedlungshaus untergekommen waren. Dort bot sich uns ein seltsames Bild: Im Kellergeschoss hatten sich Russen einquartiert. Ihre furchterregende Stalinorgel stand im Garten, aus dem Keller drang der Geruch von Plinsen. Im Erdgeschoss wohnte Rolf Helm, ein Altkommunist, der es später als Generalstaatsanwalt in der DDR zu hohen Würden bringen sollte, mit seiner Frau Maria, einer Schwester Peter von Zahns, der in den Nachkriegsjahrzehnten ein erfolgreicher Fernsehjournalist wurde. Sie nahmen uns freundlich auf, und wir bezogen den ersten Stock.

Unsere Erleichterung, nach der missglückten Flucht wenigstens dieses Quartier gefunden zu haben, war groß. Mein Vater galt als vermisst, wir waren ganz auf uns gestellt, und in diesem Siedlungshaus fühlten wir uns sicher. Allerdings war es ein merkwürdiges Gefühl, mit russischen Soldaten unter einem Dach zu leben. Wir hatten nicht vergessen, wozu sie in ihrer Siegerlaune fähig waren. Doch sie gaben sich freundlich und verwöhnten meinen kleinen Bruder mit Plinsen. Jeden Tag holte der russische Koch große Brocken Fett aus olivgrünen Dosen und brutzelte »Plindischi«, wie die Russen ihre Plinsen nannten. Mit einiger Verwunderung betrachtete ich die englisch beschrifteten, aus Amerika stammenden Dosen, und mir ging auf, dass die Amerikaner nicht nur Waffen und Lkws an die Russen geliefert hatten. Die Soldaten schienen jedenfalls eher zum Feiern aufgelegt zu sein, als irgendetwas gegen uns im Schilde zu führen. »Gitler« und »Gebbels« seien tot, ließen sie uns freudestrahlend wissen. Nur wenn sie sich Alkohol besorgt hatten und im Kellergeschoss lautstarke Gelage abhielten, horchten wir ängstlich darauf, ob sie nicht doch, gefährlich angeheitert, zu uns hinaufsteigen würden mit den gefürchteten Worten: »Frau, komm.«

Es war still geworden am Himmel, der Krieg war offenbar vorbei. Auch der Geschützdonner, den wir monatelang aus der Ferne gehört hatten, war verstummt. Zwei Wochen später, am 8. Mai, hatte ich meinen 13. Geburtstag. Meine Mutter schenkte mir ein Buch, Peter Roseggers *Schriften des Waldschulmeisters*, das sie schon Monate vorher gekauft hatte. Außerdem überreichte sie mir ein weißes Taschentuch. Der Koch hatte damit seine fettige Pfanne ausgewischt und es achtlos weggeworfen, woraufhin meine Mutter es gewaschen und zusammengefaltet hatte. Es war ein besonderes Geschenk in Zeiten, als man gar nichts hatte. Diesen 13. Geburtstag werde ich nie vergessen, auch deshalb, weil es an diesem Tag im Kellergeschoss besonders ausgelassen zuging. Die Russen sangen lauthals, begleitet von einer Harmonika, einige von ihnen saßen im Garten neben der Stalinorgel, die nur noch eine malerische Attrappe war. Wir wussten nicht, warum sie besonders fröhlich waren, wussten nichts von Keitels Unterschrift an diesem Tag in Karlshorst, wussten nicht, dass dieser 8. Mai 1945 der Tag der deutschen Kapitulation war.

Meine Generation musste nicht mehr in den Krieg ziehen, doch sie hat ihn, sofern man im Ostteil des Landes lebte, mit aller Wucht erfahren. Die Katastrophen gegen Ende des Krieges belasten mich bis heute. Die Angst, Folge völliger Schutzlosigkeit, hielt über Monate an, auch noch Wochen nach der Eroberung Berlins. Die Plünderungen und Vergewaltigungen, die dauernde Sorge um meine Mutter belasteten mich, so wie die Notzeiten danach, der Hunger, die elenden Hamsterfahrten. Meine Frau ist der Meinung, die Angst stecke noch immer in mir. Auch wenn ich es so nicht formulieren würde, ist mir doch bewusst, dass ich bis heute seltsame Eigenheiten bei mir feststelle, zum Beispiel den Tick, alle kleinen Seifen und Shampooflaschen aus Hotels mitzunehmen und zu sammeln, dazu Bleistifte, Papier, Umschläge und manches mehr, obwohl ich all das zu Lebzeiten nie aufbrauchen werde. Und bis vor zehn Jahren konnte ich nur dunkle Krawatten tragen. Wie ich höre, nicht gerade seltene Verhaltensweisen von Kriegskindern.

Mehr als alte Ängste empfinde ich eine tiefe Dankbarkeit für all das, was in den Jahrzehnten nach dem Krieg unser rasch wachsender westdeutscher Lebensstandard möglich machte. Selbstverständlich ist das alles auch heute nicht für mich: nie Hunger zu haben, ein richtiges Dach über dem Kopf, etwas Warmes anzuziehen, Heizung im Winter, ruhiger Nachtschlaf, Frieden, Sicherheit – gar nicht zu reden von dem, verglichen mit damals, märchenhaften Wohlstand, der über uns gekommen ist. Niemand hätte 1945 für denkbar gehalten, was wir seither erreicht haben.

Doch der gegenwärtige Wohlstand erscheint mir als Leihgabe, nicht als Dauergeschenk. Er kann wieder wegfallen und sollte daher mit einer gewissen Gelassenheit betrachtet werden. Man kann, wenn es sein muss, auch ohne ihn zurechtkommen. Das ist die Lehre, die meine Generation aus den Zeiten des Schreckens und des Mangels gezogen hat.

Im Nachhinein erscheint mir das Kriegsende wie der Anbeginn der Welt, als die Erde wüst und leer gewesen war, Gott aber das Licht von der Finsternis geschieden, Pflanzen und Tiere und zuletzt den Menschen geschaffen hatte. Wir alle waren wie neu geboren. Wer es nicht miterlebt hat, kann es kaum nachfühlen, wer es miterlebt hat, kann es nicht vergessen.

Kapitel 2
MANGELJAHRE, GEISTIG ANREGEND

Fragen der Schuld

Das Dritte Reich und den Krieg habe ich als Kind und Heranwachsender erlebt, gehörte also nicht zu den Handelnden, den Tätern. Aus meiner Perspektive war es eine Zeit, in der die meisten Menschen einfach nur versuchten, heil durchzukommen. Man sorgte sich um die Männer im Feld, die Söhne, die Brüder, man fürchtete Bomben, Fluchten, Auslagerungen. Darüber hinaus wurde in den meisten Familien kaum politisch diskutiert. Der Führer wird's schon richten, meinte man, auch wenn sich die Hoffnung, der Krieg sei zu gewinnen, immer mehr verflüchtigte.

Nach 1945 war die Frage unserer kollektiven Schuld jahrelang kein Thema. Vorerst musste das Überleben gesichert werden. Erst zu Beginn der sechziger Jahre, mit dem Auschwitz-Prozess in Frankfurt, änderte sich dies. Allmählich wuchs eine neue Generation heran, die sich für unbefangen genug hielt, um unbequeme Fragen zu stellen. Auch ich fragte erst jetzt wiederholt meinen Vater, was er »davon« gewusst habe. Nach meiner Überzeugung sagte er die Wahrheit, die Verbrechen in den Konzentrationslagern seien ihm nicht bekannt gewesen. Nachfragen bei

Kollegen, die von Dienstreisen aus Polen zurückkamen, seien beruhigend gewesen: Für die Deportierten werde gesorgt.

Noch weniger waren sich jene des Massenmordes bewusst, die, fern von Verwaltung und Militär, anderen beruflichen Tätigkeiten nachgingen. Die Tatsache, dass der Holocaust heute mit Recht als das eigentliche Kennzeichen des Regimes betrachtet wird, verschließt den Blick dafür, dass die Bevölkerung mit dieser Seite damals keine Berührung hatte, sie auch gar nicht für möglich hielt. Was in Osteuropa geschah, lag außerhalb des Vorstellbaren. Wer meint, alle Deutschen hätten die Mordtaten nicht nur gekannt, sondern auch gebilligt, irrt gewaltig.

Um zu verstehen, warum der Holocaust überhaupt geheim gehalten werden konnte, muss man differenzieren zwischen Konzentrationslagern und Vernichtungslagern. Die Existenz von Konzentrationslagern im Reich war allgemein bekannt. Unmissverständlich wies das Regime darauf hin, dass Staatsfeinden die Haft im KZ drohe. Ganz anders verhält es sich mit den Vernichtungslagern, die sämtlich in Polen oder weiter ostwärts lagen. Hitler ließ sie bewusst außerhalb der alten Reichsgrenzen errichten, damit nichts darüber durchsickerte. Die Geheimhaltung war so perfekt, dass auch der überwiegende Teil der Juden offensichtlich keine Kenntnis vom systematischen Massenmord hatte. Niemals hätten sie die Deportationszüge bestiegen, wenn sie gewusst hätten, dass sie in den Tod führten. Wie auch die Bevölkerung, gingen die Juden davon aus, man werde sie in polnische Ghettos bringen.

Selbstverständlich war schon die Zwangsumsiedlung ein ungeheuerlicher, krimineller Akt, auch wenn man den Juden bei der Deportation vorgaukelte, es werde ihnen im Osten besser gehen als zu Hause. Jene unerträglichen Schikanen, die damit begonnen hatten, dass Juden nicht mehr auf Parkbänken sitzen oder ins Kino gehen durften, würden ihnen in den neuen Ghettos erspart bleiben, so hofften sie. Niemand konnte sich vorstellen, worauf Hitlers antisemitische Politik wirklich hinauslaufen würde.

Vielleicht sollte ich an dieser Stelle berichten, wie ich in den Jahren vor 1945 Juden wahrgenommen habe. Sie waren kein Thema, in meiner Familie nicht und auch nicht bei meinen Freunden, Schulkameraden, Nachbarn. 1938 hatte ich als Sechsjähriger zufällig mitbekommen, dass in unserer Nachbarschaft eine Villa im Bauhausstil zum Verkauf stand. Man konnte sie besichtigen. Erstaunt stellte ich fest, dass das ganze Haus möbliert war. Die ehemaligen Bewohner hatten alles dagelassen. Als ich meine Eltern darauf ansprach, wie das zu erklären sei, bekam ich keine klare Antwort, gab mich aber damit zufrieden.

Und die Erwachsenen? Die meisten glaubten den offiziellen Verlautbarungen, die Juden würden lediglich umgesiedelt. Die Propaganda streute gezielt Fehlinformationen. Sie verwies vor allem auf das böhmische KZ Theresienstadt, das man ab 1942 fälschlich als »Alters-Ghetto« für betagte Juden bezeichnete und ausländischen Besuchern vorführte, um die vermeintlich judenfreundliche Politik des Regimes zu demonstrieren. Man behauptete, Theresienstadt stehe unter jüdischer Selbstverwaltung. Für wohlhabende Juden gebe es die Möglichkeit, sich dort einzukaufen, um in den Genuss einer ansprechenden Unterbringung und Verpflegung zu kommen. Unter dem Motto »Der Führer schenkt den Juden eine Stadt« erweckte man den Eindruck einer jüdischen Mustersiedlung. Solche Propagandaparolen blieben nicht ohne Wirkung. Trotz des offenen Antisemitismus schien immerhin dafür gesorgt, den Juden in angemessener Weise eine neue Heimat zu geben.

Die meisten Deportationen in Berlin gingen vom Bahnhof

Grunewald aus, der mitten in einem vornehmen Wohngebiet liegt. Wie konnte das unbemerkt bleiben? Ein einfacher taktischer Schachzug der Nazis beantwortet diese Frage: Die Züge fuhren morgens zwischen fünf und sechs Uhr ab, wenn niemand auf der Straße war. Selbst als die Existenz von Konzentrationslagern bekannter wurde, waren sie kein Synonym für Massenmord. Paradoxerweise ist Auschwitz zur Chiffre der Vernichtung geworden, obwohl es lange auch ein Arbeitslager war und daher viele Insassen überlebt haben. In Sobibòr oder Belzec gab es kaum Überlebende. Niemand konnte also von der Vernichtung berichten, deshalb sind diese Lager im öffentlichen Bewusstsein längst vergessen.

Die berühmte Durchfahrt von Auschwitz-Birkenau entstand erst 1944, als der dritte Bauabschnitt für die ungarischen Juden errichtet wurde. Zwischen Ende April und Mitte Oktober 1944 wurden 438000 Juden aus Ungarn nach Auschwitz deportiert. Für sie erbaute man die Bahnlinie, die zum sogenannten Selektionsgleis führte. So steht es auch in dem Zeitzeugenbericht von Walter Rosenberg, der eigentlich Rudolf Vrba hieß. Im April 1944 gelang ihm die Flucht aus Auschwitz-Birkenau, als er hörte, demnächst kämen die »Paprikas«. Daraufhin beschloss er, über Kontaktleute in der katholischen Kirche der Slowakei die Ungarn zu warnen. Zwei Jahre lang, von 1942 bis 1944, hatte er an der Rampe in Auschwitz gestanden. Später sagte er, er habe damals nicht einen einzigen eintreffenden Juden gesprochen, der gewusst habe, was ihn erwartet.

Diese Details relativieren in nichts die Gräueltaten. Doch sie machen plausibel, warum von einer generellen Mitwisserschaft des deutschen Volkes meiner Meinung nach nicht gesprochen werden kann. Heute, im medialen Zeitalter, in dem Informationen ungehindert zirkulieren und selbst sensibelste Regierungsgeheimnisse von Wikileaks und Whistleblowern veröffentlicht werden, ist nur noch schwer vorstellbar, dass eine derartig lückenlose Mauer des Schweigens errichtet werden konnte. Wer glaubt denn schon, es sei dem Regime tatsächlich gelungen, das Öffentlichwerden seiner Verbrechen zu verhindern? Offenkundig waren jedoch selbst die meisten Familien der Täter nicht eingeweiht. So existieren beispielsweise nur ganz wenige Feldpostbriefe, in denen von Unrechtsaktionen an der Front und in Lagern die Rede ist. Die Täter schwiegen, jedenfalls weitgehend.

Das galt auch für die meisten Wehrmachtsoldaten. Ich kann mich an den Bruder meiner Mutter erinnern, der in Jugoslawien stationiert war. Als er uns einmal während eines Heimaturlaubs besuchte, fragte ich ihn neugierig: »Sag mal, wie ist das denn da eigentlich auf dem Balkan?« Er zögerte. Erst als ich insistierte, erfuhr ich zum ersten Mal von Partisanen, von nächtlichen Überfällen, von dem Gefühl permanenten Bedrohtseins und von einer unerhörten Brutalisierung. Davon stand naturgemäß nichts in der Zeitung, auch in der Schule wurde nicht darüber geredet. Was an der Front und in den Lagern geschah, war gewissermaßen nicht Teil der Welt, in der man tagtäglich lebte und die man als Normalität empfand.

In meiner Erinnerung habe ich keine wirklich überzeugten Nationalsozialisten in meinem Umfeld erlebt. Der Einzige, an den ich mich entsinne, war der Rektor meines Gymnasiums in Dresden, Dr. Fraustadt. Nach der Befreiung Mussolinis auf dem Gran Sasso mussten wir Schüler zum Appell auf dem Schulhof antreten. Ich erinnere mich noch wörtlich an die Rede des Rektors: »In den Jubel der Welt, dass der Duce befreit ist, stimmen auch wir ein mit einem dreifachen Sieg heil, Sieg heil, Sieg heil!« Eine vergleichbare Ergebenheitsadresse an das Regime habe ich in der Schule nicht noch einmal erlebt, weder davor noch danach. Die Lehrer, die mich in Berlin unterrichteten, blieben auch nach dem Krieg im Dienst, was dafür spricht, dass sie weder in der Partei gewesen waren noch sich durch besondere politische Aktivitäten kompromittiert hatten. Anders verhielt es sich in der Mädchenschule, an der meine Mutter nach dem Krieg unterrichtete. Dort hatte man viele Lehrer entlassen. Sicherlich gab es also große Unterschiede. Ich entsinne mich jedenfalls nicht an ein Klima aufdringlicher Indoktrination oder an fanatische Nazis. Umso mehr beschäftigte mich später die Schuldfrage.

Im Jahr 1963 reiste ich nach Auschwitz. Es war eine erschütternde Erfahrung. Schon auf dem Weg dorthin hatte ich das Gefühl, ich näherte mich einem verwünschten Ort. Man fuhr durch trostlose Industriegebiete, wo dichter, schwarzer Qualm aus den Schornsteinen quoll. Dann kam Auschwitz in Sicht, ein kleines Städtchen mit spitzen Giebeln, überragt von einem alten Kirchturm. Auffällig war eine große Villa aus der Vorkriegszeit, in der die Auschwitzer Kommandanten gewohnt hatten. Dahinter erstreckte sich eine Siedlung, wie man sie aus deutschen Vorstädten kennt, mit Wohnblocks im Stil der vierziger Jahre. Hier waren die Wachmannschaften des Konzentrationslagers und ihre Familien untergebracht gewesen.

Schließlich betrat ich das Lager. Es bestand aus etwa zwei Dutzend zweistöckiger Steinhäuser, die einst polnische Kasernen gewesen waren, dann als Stammlager gedient hatten und nun das Auschwitz-Museum beherbergen: riesige Räume mit Frauenhaaren, mit Krücken und Prothesen, mit Kinderwagen, Koffern, Schuhen, Bergen von Brillen. Ein grausiger Anblick. Man führte mich in den Erschießungshof und in den Bunker von Block 11, wo man die Vergasungen an russischen Kriegsgefangenen erprobt hatte. Und dann stand ich vor dem Eingang der einzigen in Auschwitz erhaltenen Vergasungs- und Verbrennungsanlage, alle anderen waren vor dem Abzug der Deutschen gesprengt worden. Meine Beklemmung wuchs, als ich in den unterirdischen Entkleidungsraum hinabstieg und durch eine verschraubbare Tür in den Duschraum gelangte, die Gaskammer. Nebenan lagen die Verbrennungsöfen. Ich spürte die Angst. Sie war mit Händen zu greifen.

Es ist schwer, in Auschwitz ein Deutscher zu sein. Und es war mir damals unmöglich, unter dem Eindruck dieser Spuren unfassbarer Gewalt beruhigt an die Deutschen zu denken. Meine Fassungslosigkeit hielt an, als ich Birkenau sah, das sich im Laufe der Zeit von einem Nebenlager zum eigentlichen Auschwitz entwickelt hatte. Von dem riesigen Barackenlager, in dem die arbeitsfähigen Gefangenen lebten, waren nur noch ein paar niedrige Hütten übrig geblieben. Zu Hunderten hatten hier Menschen eingepfercht leben müssen, ohne Wasser, ohne Licht, ohne Heizung, ohne sanitäre Anlagen, und das in einem Gebiet, das sich durch häufigen Regen regelmäßig in ein Schlammloch verwandelte. Allein Kälte und Feuchtigkeit müssen eine Qual gewesen sein. In der Ferne sah man Zäune und Wachtürme. Unwillkürlich kamen mir die Täter in den Sinn, jene, die hier in eintöniger Grausamkeit und mörderischer Monotonie am Werke gewesen waren, aber auch jene, die als Hintermänner und als Organisatoren am Schreibtisch sich schuldig machten.

Wie weit geht die strafrechtlich fassbare Verantwortung, wo beginnt die moralische Schuld? Nicht nur der Schütze an der Grube und der Türschließer der Gaskammer sind Täter. Wie steht es mit den Landräten, Bürgermeistern und Ortspolizeibeamten, die die Deportationen vorbereiteten? Welche Mitschuld trugen die Bahnbeamten und Lokomotivführer, die die Bahntransporte in Bewegung setzten, die Wachmannschaften, die die Elendszüge bewachten? Welche Rolle spielten die Parteifunktionäre und Verwaltungsbeamten, die in der einen oder anderen Weise für einen reibungslosen Ablauf der Aktionen sorgten? Wie muss man die Schuld der Geschäftsleute einschätzen, die Gaskammern und Verbrennungsöfen projektierten und errichteten, Giftgas lieferten und Arbeitskräfte aus den Lagern ausbeuteten? Was haben wir von den Verfassern und Kommentatoren von vielen Hunderten Gesetzen, Verordnungen und Anordnungen zu halten, die durch Sonderregelungen die Juden allmählich aus der deutschen Volksgemeinschaft verdrängten, Hassparolen in Recht übersetzten oder es zumindest unterließen, gegen Diffamierungen vorzugehen?

Solche Fragen zeigen mir, wie die Arbeitsteilung des Verbrechens es vielen Beteiligten ermöglichte, die Augen vor der eigenen Verantwortung zu verschließen.

Der Gedanke, die knapp 44 Prozent der Deutschen, die im März 1933 die NSDAP wählten, seien nationalsozialistisch geworden, weil sie rassistisch und potenziell mordbereit waren, ist eine völlige Verkennung der historischen Tatsachen. Die Attraktion des Regimes war das Versprechen sozialer Gerechtigkeit. So ist es auch kein Wunder, dass einzelne Maßnahmen der Nazizeit nach dem Zweiten Weltkrieg fortgeführt wurden. Es war eine braune Revolution, die auf vielen Gebieten für Chancengleichheit sorgen wollte. Dazu gehörten Stipendien, mit denen Menschen, die nicht der bildungsbürgerlichen Schicht entstammten, eine qualifizierende Ausbildung erhielten oder studierten, und Konzertagenturen, die dafür sorgten, dass auch Leute mit wenig Geld in einer Opernaufführung saßen.

Wenn wir heute über Mitwissen und Mitschuld diskutieren, dürfen wir allerdings nicht aus dem Auge verlieren, dass Schuld nur das individuell Zurechenbare ist. Natürlich haften die Untaten des Dritten Reiches an allen Deutschen, auch an kommenden

Generationen. Aber diese historische Haftung muss klar unterschieden werden von der Schuld der tatsächlich Beteiligten.

Die Aufgabe der Nachgeborenen bleibt es, die Erinnerung an den Holocaust auch für die künftigen Generationen wachzuhalten. Die Schöpfer unserer Erinnerungs- und Denkmalkultur haben in dieser Hinsicht nicht immer eine glückliche Hand bewiesen. Abgesehen von der Antike, war die große Zeit der Denkmäler das 19. Jahrhundert. Die Vorstellung, man müsse historische Ereignisse auch heute noch in Denkmalsbauten fassen, wie am Kyffhäuser, im Niederwalddenkmal oder im Völkerschlachtdenkmal bei Leipzig, ist eine anachronistische Idee. Die pseudoreligiöse Ehrfurcht vor dem Denkmal als Bewusstseinsträger von Erinnerung funktioniert nicht mehr. Der Religionswissenschaftler Rudolf Otto hat das Heilige als »mysterium tremendum et fascinans« definiert, als etwas, was uns zittern und fasziniert sein lässt. Der Schauer innerer Bewegtheit sollte auch als Kriterium jener Gedenkstätten entscheidend sein, die der Massenvernichtung der Juden gewidmet sind. So eindrucksvoll die Stelenlandschaft des Berliner Holocaustdenkmals sein mag, sie bleibt doch ein künstlicher Ort mit der nüchternen Atmosphäre einer Baustoffhandlung. Symbolpolitisch war der Bau dieses Denkmals sicherlich ein wichtiges Signal, weil es an prominenter städtebaulicher Stelle, in der Nähe des Brandenburger Tors, an die Verbrechen der Nazizeit erinnert. Betroffenheit löst es bei mir nicht aus.

Ganz anders die Gedenkstätte am Gleis 17 des Bahnhofs Grunewald. Beklemmend und erschütternd macht sie bewusst, dass von hier aus die Deportationszüge in die Vernichtungslager fuhren. Wenn man auf dem Gleis steht, spürt man mit Kummer und Gram, was sich dort zugetragen hat. Das hat eine andere Kraft als jedes noch so ambitionierte Denkmal. Spektakulär ist die Gedenkstätte im Bahnhof Grunewald nicht. Aber sie macht das Unfassbare greifbar, das Unvorstellbare konkret. Dies ist die wirkmächtigste Art und Weise, das Vergessen zu verhindern.

Unsichere Zeiten

Nur im milden Rückblick bedeutete der 8. Mai 1945 eine Erlösung. Die Stille, die über dem Land lag, war eine Atempause in völliger Ungewissheit, wie es weitergehen würde. Auf die Nachricht hin, der Krieg sei vorbei, hatte mich zunächst eine ungeheure Erleichterung gepackt. Ich war befreit von der Todesangst, ein weiteres Mal an die Wand gestellt zu werden, in den letzten Kriegstagen doch noch zu sterben, wie so viele andere. Die plötzliche Stille war ungewohnt, auch unheimlich. Der Kanonendonner von der Oder her hatte ebenso aufgehört wie das dumpfe Brummen der amerikanischen Bombergeschwader, die Tag für Tag bedrohlich über uns hinweg stadteinwärts geflogen waren.

Es herrschte absolute Stille, und ich empfand sie als Geschenk, diese Lautlosigkeit unter einem immer blauen Frühsommerhimmel. Kein Auto fuhr, es gab keinen Strom. Doch innere Ruhe mochte sich nicht einstellen. Lange noch existierten Chaos und Anzeichen einer beginnenden Normalisierung nebeneinander.

Unser Arzt wurde als Bezirksbürgermeister eingesetzt, wobei wir überrascht erfuhren, dass er als Kommunist galt, wovon wir in den Jahren zuvor keine Ahnung gehabt hatten. Der S-Bahnverkehr kam nach und nach wieder in Gang. Zuvor hatte ich noch einen ganzen Tag gebraucht, um nach Pankow, zu Freunden meiner Eltern zu laufen, von denen wir uns etwas zu essen versprachen. Aber das Glücksgefühl, alles überlebt zu haben, kam erst sehr viel später auf. Der Schock über das Erlebte war abgelöst worden von der Unsicherheit, wie die Siegermächte mit uns Deutschen, mit diesem geschundenen, zerstörten, demoralisierten Land umgehen würden.

Auch nach Kriegsende erhielten wir keine Nachricht von meinem Vater. Er war verschollen. In der Familie sprachen wir darüber nicht miteinander. So gut es ging, versuchten wir, uns über Wasser zu halten. Eine Weile wohnten wir noch in Kleinmachnow bei den Helms. Eines Spätnachmittags stand ich vor einem Bäckerladen an, als Rotarmisten auftauchten und alle Männer aus der Schlange holten, auch mich. Ich war ein hoch aufgeschossener Junge und sah mit meinen gerade mal 13 Jahren nicht mehr ausgesprochen kindlich aus. Tausend Gedanken schossen mir durch den Kopf. Was hatte man mit uns vor? Würde man uns nach Russland verschleppen?

In diesen Tagen verschwanden immer wieder Menschen, und es hieß, dass man sie als Zwangsarbeiter nach Sibirien oder sonst wohin brachte. Mein Entsetzen war unbeschreiblich. Wie sollte ich meiner Mutter Nachricht geben? Was, wenn sie auch noch mich verlor, den einzigen halbwegs Erwachsenen ihrer Kinder? An Flucht war nicht zu denken, denn die sowjetischen Soldaten waren bewaffnet. Ohne weitere Erklärungen trieben sie uns vor sich her, bis wir nach einem längeren Fußmarsch den Teltowkanal erreichten. Dort lagerte Bauholz – offenbar sollten wir eine hölzerne Brücke über den Kanal bauen. Es dämmerte schon, als wir ankamen, und man bedeutete uns, auf dem freien Feld zu kampieren. Also legten wir uns auf den Boden, während die Rotarmisten etwas entfernt lagerten, uns aber nicht aus den Augen ließen.

Es wurde Nacht. Schlafen konnte ich nicht. Unablässig bewegte mich die Frage, wie ich aus dieser Geschichte wieder rauskommen sollte. Rings um mich konnte ich im Dunkeln die Silhouetten der anderen Gefangenen erkennen, die miteinander flüsterten. Es waren allesamt alte Männer, denn die jüngeren Jahrgänge waren noch nicht wieder zurückgekehrt. Ich zuckte zusammen, als ein Mann mich anstupste und mir zuraunte: »Junge, du musst hier unbedingt verschwinden, die werden uns verschleppen.« Also doch. Es war offenbar so, wie ich es befürchtet hatte. Die Aussicht, jahrelang, vielleicht für immer in der UdSSR gefangen gehalten zu werden, gab mir den Mut, die Flucht zu riskieren. Ich warf einen Blick zu unseren Bewachern, die inzwischen ein Feuer entzündet hatten. Langsam, ganz langsam, während mir das Herz bis zum Halse klopfte, fing ich an, in die entgegengesetzte Richtung zu robben. Als ich ein Gebüsch fand, rappelte ich mich auf und fing an zu rennen. Ich lief und lief, bis ich völlig außer Atem unsere provisorische Unterkunft erreichte und meine Mutter mich erleichtert in die Arme schloss.

Der Schreck saß mir noch lange in den Gliedern. Was aus der Gruppe alter Männer geworden ist, habe ich nie erfahren. Es gab ja keine Nachrichten, keine Zeitung, keinen Rundfunk, nichts. Was blieb, war das elementare Gefühl der Unsicherheit und Schutzlosigkeit. Institutionen, die für Ordnung hätten sorgen sollen wie Behörden, Polizei existierten nicht mehr. Die Lage war unübersichtlich, auch wenn allmählich wieder der Alltag einkehrte.

Wir zogen zurück in die Zehlendorfer Wohnung, wo wir feststellen mussten, dass es ein schwerer Fehler gewesen war, sie fluchtartig zu verlassen. Unsere bescheidenen, kostbaren Vorräte hatten wir nicht mitgenommen – zwei Säcke Kartoffeln und zehn Pfund Zucker. Jetzt war alles weg. Vermutlich hatten Nachbarn die Vorräte an sich genommen, »organisiert«, wie man damals beschönigend sagte, denn »stehlen«, das taten nur die Russen. Aber wer auch immer in unserer Abwesenheit geräubert hatte, es änderte nichts daran, dass wir nun buchstäblich nichts mehr zu essen hatten. In den Läden gab es nur ab und an etwas zu kaufen, die gesamte Versorgung war zusammengebrochen. Wir hungerten. Damals habe ich nicht geglaubt, jemals wieder satt zu werden. Das ging so jahrelang bis zur Blockade, denn auch die Rationen auf den Lebensmittelkarten reichten für einen heranwachsenden Jungen nicht aus.

Bald sollte die Schule wieder anfangen, was wir Kinder allerdings ziemlich voreilig fanden. Als der Unterricht wieder begann, muss es ein eigentümlicher, beängstigender Eindruck gewesen sein, uns Kinder auf dem Pausenhof zu beobachten. Wir waren so schwach vor Hunger, dass wir nur apathisch herumhockten, auf den langen Mäuerchen saßen, uns unterhielten. Wir hatten einfach keine Kraft zum Rennen, Spielen, Toben.

Bis in den Juli hinein blieben die Russen einzige Besatzungsmacht. Es war die Zeit der wild wuchernden Gerüchte, als man alles für möglich hielt, weil es in der Tat weiterhin Übergriffe und Verhaftungen gab. Eines Tages verbreitete jemand in der Schule die Neuigkeit, die Mongolen ständen vor Berlin. Panisch stürzte ich nach Hause mit dem atemlosen Schreckensruf:»Die Mongolen kommen!« Sofort rissen wir die letzte Wäsche, die wir noch besaßen, aus den Schränken, und meine Mutter setzte sie in der Badewanne unter Wasser. Nasse Sachen, meinte sie, werde man uns doch nicht wegnehmen. Dann warteten wir angstvoll auf den Mongolensturm. Aber auch die Mongolen waren nichts als ein Gerücht gewesen.

Der Hunger blieb unser größtes Problem. Meine Mutter schickte mich los mit dem Auftrag, etwas zu essen aufzutreiben. Also musste ich aufs Land fahren, in die Umgebung Berlins, und dort mein Glück versuchen. Solche Fernexpeditionen wagte man natürlich erst, nachdem sich die Verhältnisse einigermaßen beruhigt hatten. Die schüchterne Hoffnung breitete sich aus, wir würden nicht getötet, verstümmelt, verschleppt. Dennoch denke ich mit Schrecken an die Hamsterfahrten. Im Morgengrauen musste ich losziehen, die erste S-Bahn nehmen und dann in den völlig überfüllten Regionalzügen einen Platz ergattern. Oft war es ein Ding der Unmöglichkeit, sich in die überfüllten Züge zu quetschen. Dann saß ich auf dem Dach oder klammerte mich, auf einem Trittbrett stehend, am Türgriff fest. Besonders fürchtete ich Strecken, auf denen wenige Züge fuhren, sodass man am selben Tag nicht mehr zurückkam. Dann übernachtete ich in irgendeinem zugigen Provinzbahnhof auf einer Bank oder auf dem Boden der Eingangshalle und fühlte mich sehr verloren.

Das Schlimmste aber war, dass ich nichts zum Tauschen hatte. Ich war darauf angewiesen, dass irgendwelche mitleidigen Frauen dem abgemagerten Jungen etwas zusteckten, ein paar Kartoffeln oder etwas Gemüse. Mit meinem Rucksack zog ich über die Bauernhöfe und bettelte. Das war unendlich demütigend. Ich graulte mich vor diesen Hamsterfahrten, denn selbst wenn ich etwas ergattert hatte, musste ich Angst haben, in eine Polizeikontrolle zu geraten, wo man die kostbaren Schätze beschlagnahmte. Wenn ich dann mit leerem Rucksack wieder zu Hause ankam, konnte ich meiner Mutter vor lauter Enttäuschung und Schuldbewusstsein kaum in die Augen schauen. Die Verantwortung, die auf mir lastete, bedrückte mich. Oft dachte ich: Du kannst doch gar nicht für eine Familie sorgen.

Rückblickend nimmt man möglicherweise an, die Versorgungslage habe sich erst 1948 verschlimmert, als die Blockade Berlins einsetzte. Doch es war genau umgekehrt: Die Blockade war der Beginn der Rettung, denn fortan achteten die Westalliierten darauf, dass wir genug zu essen bekamen. Bis zum Sommer 1948 lebten wir ausgesprochen kümmerlich. In den ersten Tagen nach Kriegsende hatte ich mit Rolf Helm aus den bren-

nenden Speichern am Teltowkanal angesengtes Getreide herbeigeschleppt. Wir mahlten es in der Kaffeemühle, eine Geduldsar-
beit, die Stunden dauerte. Daraus kochten die Frauen dann auf
einem provisorischen Herd geduldig etwas halbwegs Essbares.
Dazu gab es einen halb verbrannten Sirup, den wir ebenfalls in
Teltow gefunden hatten. Er bestand aus einer dicklichen Flüssig-
keit mit einer Rußschicht, die wir in einer Waschwanne trans-
portiert hatten. Später lebten wir ein halbes Jahr lang von einem
Sack roter Rüben, die ohne Essig und Öl natürlich scheußlich
schmeckten. Noch heute schäme ich mich dafür, dass ich nachts
manchmal heimlich von der Suppe naschte, die meine Mutter
immer gleich für mehrere Tage kochte. Aber der Hunger war zu
groß.

Was empfand ich damals, im Frühsommer 1945? War ich
zornig, hasserfüllt? Oder gleichmütig, abgestumpft, apathisch?
Ich glaube, ich war zu sehr mit dem Überleben beschäftigt, um
über mein Verhältnis zu den Siegern nachzudenken. Solange die
Russen bei uns das Sagen hatten, blieb ein Gefühl tiefer Unsicherheit. Immerhin schienen die Amerikaner, anders als die Russen, wesentlich menschlicher mit den besiegten Deutschen umzugehen.

Und dann waren sie Anfang Juli plötzlich da. Sofort machte
die Nachricht die Runde, und wir Kinder rannten, ohne die Lehrer um Erlaubnis zu fragen, aus der Schule zum Zehlendorfer
Rathaus. Dort war ein Jeep mit einigen amerikanischen
Soldaten vorgefahren. Abwartend beäugten wir die rosigen,
wohlgenährten Männer, mit prallen Hintern in knappen Uni-
formhosen. So sahen also die Amis aus. Lässig standen sie da,
wirkten fast geistesabwesend, weil sie Kaugummi kauten, das
wir nicht kannten. Was machen die denn da, fragten wir uns.
Kauen die ihre eigene Zunge?

Das Auftauchen der Amerikaner in Westberlin im Sommer 1945 war der Beginn einer neuen Zeitrechnung. Zunächst fragten sich die Deutschen noch, ob man diesen wenigen Leuten zutrauen könne, sich in den Westsektoren durchzusetzen. Im ersten Moment schien das fraglich. Unsere Angst saß tief. Noch jahrelang war man vor sowjetischen Entführungen nicht sicher. Bis zum Mauerbau sollte Westberlin ein Bereich bleiben, den die Sowjets völlig selbstverständlich als ihr Terrain betrachteten. Besonders in den ersten Jahren nach Kriegsende, aber auch noch bis in die fünfziger Jahre hinein wurden zahllose Menschen in den Westsektoren von Russen gekidnappt. Man verschleppte auch den Vater eines meiner Klassenkameraden, der im Magistrat gearbeitet hatte. Er tauchte nie wieder auf. Für besonders viel Empörung sorgte die Verhaftung des bekannten Rechtsanwalts Walter Linse, den die Stasi im Juli 1952 auf offener Straße entführte. Er hatte für den Westberliner »Untersuchungsausschuss Freiheitlicher Juristen« Fälle von Menschenrechtsverletzungen in der DDR recherchiert. Die Stasi verschleppte ihn nach Ostberlin, von dort aus brachte man ihn nach Moskau, wo er im Dezember desselben Jahres hingerichtet wurde. Es gab Hunderte, Tausende solcher Fälle.

Immerhin hörten die russischen Demontagen in den Westsektoren sofort auf, nachdem die Amerikaner in Berlin angekommen waren. Dennoch zweifelten wir lange daran, sie könnten sich wirklich in Berlin behaupten. Erst als drei Jahre später die große Krise um Berlin begann, die Blockade, zeigte sich, dass sie den Russen, die sie bis dahin als ihre Alliierten respektiert hatten, Widerstand entgegensetzten und nicht bereit waren, sich aus den Westsektoren vertreiben zu lassen.

Die Normalisierung des Alltags in der Zeit nach dem Sommer 1945 bedeutete eine große Erleichterung, wurde jedoch überschattet vom Fehlen der Väter. Viele waren gefallen oder vermisst, andere wurden in Kriegsgefangenenlagern festgehalten. In meiner Generation wuchsen viele in der frühen Pubertät vaterlos auf. Ich vermisste meinen Vater schon deshalb, weil ich als Ältester der Familie in eine Art Beschützerrolle geraten war. Meine Mutter war eine starke Frau und meine wichtigste Bezugsperson wegen ihrer Durchsetzungsfähigkeit, ihrer rhetorischen Stärke; aber nie verließ mich das bange Gefühl, dass ich allzu früh Verantwortung für sie und meine beiden jüngeren Geschwister übernehmen musste. Für meine Mutter waren die Belastungen natürlich ungleich höher. Sie musste ihre drei Kinder allein durchbringen, und dass es ihr gelang, stärkte ihr Selbstwertgefühl. Im Grunde war sie so unkonventionell, dass sie sich der schwierigen Situation mit verblüffender Souveränität gewachsen zeigte. Außerdem besaß sie einen umwerfenden Humor, der sie auch in diesen schweren Zeiten nicht verließ. Trotz der kargen Verhältnisse wurde bei uns viel gelacht, denn meine Mutter besaß sehr viel Sinn für Situationskomik und hatte großen Spaß an Wortspielen. Das verband uns.

Hinzu kam, wie ich heute glaube, dass ich mehr mütterliche Zuwendung genoss als meine Geschwister. Meine Schwester war 1936, also vier Jahre später als ich auf die Welt gekommen und von Anfang an ein Sorgenkind gewesen. Sie war zart und anfällig, »kiefrig«, wie meine Mutter sagte. Mein Bruder wiederum, im Herbst 1943 geboren, war elf Jahre jünger als ich, praktisch schon eine andere Generation, und spielte als Kleinkind in dieser Zeit keine wichtige Rolle in der Familie. So war ich derjenige, auf den der mütterliche Sonnenstrahl fiel.

Auch später war ich meiner Mutter ähnlicher als meine Geschwister. Ihre unpathetische Art hat mich sehr geprägt, von ihr stammt ohne Frage mein Widerspruchsgeist. Obwohl sie es niemals auch nur andeutete, hätte sich meine Mutter offensichtlich gewünscht, ihr Mann wäre so gewesen wie ich, unternehmungslustig und kontaktfreudig. Dennoch wäre es unzutreffend, mich als ihren damaligen Ersatzpartner zu bezeichnen. Sie hatte gelernt, ihren Mann zu stehen, und machte vieles mit sich selbst aus. Nie verlor sie ein Wort über ihr Gefühlsleben und blieb in emotionaler Hinsicht distanziert. Körperliche Zärtlichkeiten waren ihr fremd. Lapidar sagte sie: »Ich küsse euch drei Mal im Jahr – einmal am Geburtstag, einmal zu Weihnachten und einmal ohne jeden Anlass.«

Ein typisches Beispiel für die Haltung meiner Mutter ist eine Szene im Dezember 1945, an die ich mich lebhaft erinnere. Wie immer kam ich mittags aus der Schule nach Hause, und wir redeten über alles Mögliche. Erst nach einer Weile zeigte sie auf einen Zettel, der auf dem Küchentisch lag. Sofort erkannte ich die ungewöhnlich großen, präzisen Buchstaben. Es war die Handschrift meines Vaters. Oft hatte ich meine Mutter zu ihm sagen hören: »Du hättest Steinmetz in Rom werden sollen, deine Schrift wirkt wie gemeißelt.« Ich griff nach dem Vordruck.

Seit Kriegsende hatten wir angenommen, er sei umgekommen, obwohl nie darüber gesprochen wurde. Seine letzte Nachricht lag Monate zurück und war aus der Tschechoslowakei abgeschickt worden, wo er, Anfang 1945 eingezogen, in einem Ausbildungslager steckte. Nach allem, was man von dort hörte, hatten die Tschechen nach Kriegsende teilweise brutale Rache an den Deutschen genommen. Langsam und bedächtig, wie mein Vater war, trauten wir ihm nicht zu, er könnte sich im richtigen Augenblick auf eigene Faust aus dem Staub gemacht haben. Deshalb fürchteten wir, er sei ein Opfer der Tschechen geworden. Und nun lag plötzlich ein Lebenszeichen von ihm in meiner Hand und gab Auskunft, er sei in amerikanischer Gefangenschaft. Warum hatte meine Mutter mich nicht sofort mit dieser Neuigkeit bestürmt, sondern erst einmal über Belangloses mit mir gesprochen? Diese Zurückhaltung war zwar typisch für sie, aber ich war doch einigermaßen fassungslos, mit welchem Gleichmut sie mir diese wichtige Neuigkeit überbrachte.

Später habe ich oft über diesen Moment nachgedacht, über die merkwürdige Emotionslosigkeit, die meine Mutter zumindest nach außen hin zeigte. Vermutlich hatte sie so nachhaltig verinnerlicht, ihr Mann sei tot und sie müsse ihre drei Kinder allein durchbringen, dass die Nachricht vom Überleben meines Vaters nicht sofort in ihr Bewusstsein drang. Bis heute ist meine Schwester überzeugt, die beste Phase unserer Mutter sei jene Zeitspanne gewesen, als unser Vater abwesend war, weil sie die Verantwortung für ihre drei Kinder nicht nur übernehmen musste, sondern auch konnte. Das habe sie als heranwachsendes Mädchen sehr deutlich gespürt.

Gesprochen hat meine Mutter nie darüber, und sie hätte diese Einschätzung sicherlich bestritten. Heute sind wir geneigt, weibliche Biografien im Lichte der Frauenbewegung zu beurteilen, und verkennen leicht, dass Selbstwahrnehmungen immer auch zeitgeistabhängig sind. Zumindest lässt sich mit Sicherheit sagen, dass meine Mutter ein erfüllteres Leben mit einer Berufstätigkeit gehabt hätte und dass ihr das auch bewusst war.

Als mein Vater 1948 aus Großbritannien – nach seiner Entlassung durch die Amerikaner war er auf dem Weg zu seinem Bruder von den Briten erneut verhaftet worden, weil man auf der Insel Bergarbeiter brauchte – zurückkehrte und an der Wohnungstür klingelte, erkannte ich ihn nicht. »Was möchten Sie bitte?«, fragte ich, als ich ihm die Tür öffnete. Vor drei Jahren hatte ich ihn das letzte Mal gesehen. Er hatte sich sehr verändert. Während wir Daheimgebliebenen hohlwangig und abgemagert waren, sah er gesund und wohlgenährt aus, da man ihn in der Gefangenschaft gut verpflegt hatte.

Rückblickend fällt mir auf, dass ich keinerlei Generationskonflikte erlebte, wie sie für die Pubertät typisch sind. Wenn ich mich richtig erinnere, hatte ich in den Jahren zwischen 1945 und 1948 keinerlei Auseinandersetzungen mit meiner Mutter. Worüber hätte ich mit ihr streiten sollen? Ich war ja froh, dass sie ein bisschen Geld verdiente und wir irgendwie durchkamen. Gegen die Pflichten, die sie mir auftrug, lehnte ich mich nicht auf. Klaglos holte ich meinen kleinen Bruder vom Kindergarten ab, passte nachmittags auf meine jüngeren Geschwister auf, hielt die Wohnung in Ordnung, unternahm die gefürchteten Hamsterfahrten. Mein damaliger Horizont war auf das Überleben reduziert, über mögliche Generationskonflikte machte ich mir keine Gedanken. Auch später sind sie mir immer ein Rätsel geblieben. Schon deshalb blieb mir die inquisitorische Unerbittlichkeit, mit der die 68er später ihre Eltern und Großeltern an den Pranger stellten, völlig fremd.

Unser aller Kriegserlebnisse führten dazu, dass ich mich meiner Mutter wie auch meinem Vater eng verbunden fühlte. Für die Empörung den Eltern gegenüber hatten wir einfach keine Gelegenheit. Entweder waren unsere Väter gefallen oder lange im Krieg gewesen, dann in Gefangenschaft. Als sie zurückkehrten – ,deprimiert, häufig körperlich versehrt, waren sie ganz offensichtlich Opfer dieses fürchterlichen Krieges und nicht etwa Autoritäten, gegen die man hätte aufbegehren wollen.

Man konnte froh sein, wenn der Vater überhaupt zurückkam. Viele Gleichaltrige warteten vergebens. Als die Väter dann da waren, mussten sie sich beruflich neu orientieren, in einer völlig veränderten Umgebung Fuß fassen, auch eine neue Rolle innerhalb der Familie finden. Es wäre uns gar nicht in den Sinn gekommen, mit diesen desorientierten, gedemütigten Gestalten zu ringen oder sie anzuzweifeln. Sie waren gestraft genug. Man war gemeinsam elend dran. Mein Vater fand zwar relativ rasch wieder Arbeit in der Gerichtsbarkeit, doch auch er war von den Kriegserlebnissen gezeichnet und ohnehin kein Übervater, den ich hätte infrage stellen wollen.

Eine unbeschwerte Jugend erlebte ich nicht. Ich hatte viele Leichen gesehen, Todesangst ausgestanden. Ich wurde schnell erwachsen, ohne kindliche Verspieltheiten. Die einzige Abwechslung nach dem Krieg waren die Pfadfinder, zu denen ich, wie viele meiner Mitschüler, ein- bis zweimal in der Woche ging. Uns zog die Kameradschaftsatmosphäre an, die Gesellschaft von Gleichaltrigen. Letztlich waren die Pfadfinder eine entnazifizierte Form des Jungvolks, jedenfalls wirkte die Organisation auf mich sehr ähnlich. Wieder bekam ich einen Ranzen, auf den eine Wolldecke geschnallt war. An den Heimabenden mussten wir zwar nicht mehr die Minister des Dritten Reichs auswendig lernen, aber die Lieder, die wir sangen, waren im Großen und Ganzen noch die gleichen wie im Krieg.

Im Nachhinein fiel mir allerdings auf, dass ich als Pimpf auch Lieder hatte singen müssen, die auf hanebüchene Weise antisemitisches Gedankengut verbreiteten, ohne dass ich das wirklich begriffen hätte. Etwa die Liedzeilen: »Juden zieh'n dahin, daher, sie zieh'n durchs Rote Meer. Die Wellen schlagen zu – die Welt hat Ruh!« Heute stockt mir der Atem, wenn ich mir diese Verse vergegenwärtige. Als Kind habe ich mir nichts dabei gedacht. Insofern waren die Pfadfinder nur im Hinblick auf die Abenteuerromantik eine Fortsetzung des Jungvolks, und man muss natürlich betonen, dass sie gänzlich unpolitisch waren, eben ein später Ausläufer der Wandervögel, jener Jugendbewegung, die am Anfang des vergangenen Jahrhunderts und vor allem nach dem Ersten Weltkrieg viele Anhänger fand.

Wie schon beim Jungvolk, zogen mich und meine Freunde vor allem die Wanderungen und Zeltlager im Grunewald an. Viel Zeit verging bei der Suche nach Brennbarem, um wie früher ein Lagerfeuer zu entzünden. Oft blieb es bei dem Versuch. In Scharen hatten Holzsammler die Wälder durchstreift und alles mitgenommen, was auf dem Waldboden zu finden war, um die Öfen zu heizen. Gelang es uns, mühsam ein Feuer zu entfachen, mussten wir es stundenlang am Brennen halten, um getrocknete Erbsen zu kochen, die nie richtig weich wurden.

In der Schule kehrte man nach dem Krieg rasch zu einer Art Normalität zurück. Besonderen Ehrgeiz entwickelte ich nicht. Überhaupt findet man in meiner Generation große Wissenslücken. Zu oft war der Unterricht ausgefallen, zunächst wegen des Bombenkrieges, dann während der Russeninvasion. Später blieben die Schulen häufig geschlossen, weil es keine Kohlen gab. Manche Schultage verpasste ich auch, weil ich auf Hamsterfahrt unterwegs war. Nicht von ungefähr nannte mich mein Griechischlehrer »Kartoffellinski«.

Wie schon während des Krieges, waren meine Lieblingsfächer Deutsch und Geschichte. Den Schulunterricht ergänzte weithin die eigene Lektüre, die auch bei meinen Klassenkameraden eine große Rolle spielte. Besonders interessierte mich Friedrich der Große, über den ich einige Bücher in der Bibliothek meiner Eltern fand, manchmal tauschte ich auch historische Werke mit meinen Schulkameraden. Letztlich habe ich mein ganzes Leben lang von diesen frühen Lesefrüchten profitiert. So konnte ich später zumindest teilweise wettmachen, nie Geschichte studiert zu haben.

Daneben widmete ich mich weiterhin der schönen Literatur. Stefan Zweig las ich schon wegen der großen historischen Sujets, die er etwa in seinem Buch über Marie Antoinette verarbei-

tet hatte. Auch seine literarischen Porträts von Casanova, Sten-
dhal und Tolstoi in *Drei Dichter ihres Lebens* faszinierten mich.
Heute empfinde ich Zweigs Stil ein wenig manieriert. Neben
Goethe, der mich mein ganzes Leben lang beschäftigt, wurden
die Helden meiner Jugend zwei sehr unterschiedliche Literaten:
Thomas Mann und Gottfried Benn. Beide lernte ich noch persönlich kennen. Besonders mochte ich die Schnoddrigkeit des
Benn'schen Tons. Bis zum heutigen Tag habe ich seine Zeilen im
Ohr, auch den wunderbaren Satz: »Bitte kommen Sie pünktlich,
aber bleiben Sie nicht zu lange.« oder »Sie kennen meine Definition vom Menschen: ganz nett, aber sie bleiben alle zu lange, sie
sagen einen Moment, und dann nisten sie sich ein.« Er war ein
Spötter vor dem Herrn, dieser Pastorensohn, der seine Menschenkenntnis unter anderem als Arzt in der Pathologie schulte.
Seine Nüchternheit empfand ich als vorbildlich und versuchte,
sie mir anzueignen und in Briefen nachzuahmen. Die Lakonie
seiner poetischen Sprache und die Abwesenheit jeden Pathos'
kam mir sehr entgegen. Nach einer Lesung Benns in der Pädagogischen Hochschule, die damals in Lankwitz ansässig war, kam
ich an der Bushaltestelle mit ihm ins Gespräch. Er zeigte sich
verwundert über meinen Plan, eventuell Jura zu studieren, weil
er meinte, einen Sinn für Literatur bei mir zu entdecken.

Im Vergleich zu Benn wirkt Thomas Manns Prosa heute für
meinen Geschmack ein wenig zu bemüht, zu gestelzt. Damals
bewunderte ich ihn glühend und lernte ganze Passagen seines *Dr.
Faustus* und der *Bekenntnisse des Hochstaplers Felix Krull* auswendig, berauscht von der Feierlichkeit des hohen Tons, die sich
mit feiner Ironie mischte. Ich konnte nicht ahnen, dass ich viele
Jahre später Golo Mann kennenlernen sollte, mit dem mich eine
eigentümlich distanzierte Freundschaft verband. Seine Wesens-
art zeigte deutlich, wie belastend der Einfluss des berühmten Va-

ters gewesen sein muss. Die angestrengte, unfrohe Atmosphäre des Elternhauses führte wohl nicht zufällig zu den unglücklichen Schicksalen der Mann-Kinder. Sie sind ein Indiz dafür, dass es eben nicht ein heiteres, wohlgeordnetes, bürgerliches Familienleben war, wie es Thomas Mann gern nach außen hin vermittelte, sondern ein schwieriges, bedrückendes Klima. Heute scheint mir, als sei das Bemühte und Verstiegene in Thomas Manns Werk ein Ausdruck jener psychischen Angespanntheit. Umso mehr müssen die Kinder unter den Widersprüchen des Elternhauses gelitten haben.

Golo Mann war ein hochgebildeter, aber schwer beschädigter Mensch. Schon allein die Korrespondenz war kompliziert. Wenn ich schrieb: »Sehr verehrter Professor Mann …«, schrieb er zurück: »Können Sie es nicht ein bisschen einfacher ausdrücken? Schreiben Sie einfach: Lieber Golo Mann oder lieber Herr Mann.« Also begann ich den nächsten Brief mit der Anrede: »Lieber Golo Mann…« Postwendend kam seine betont formelle Antwort: »Werter Herr …« Er konnte Sympathien nicht als das nehmen, was sie waren, hatte große Schwierigkeiten mit der Balance zwischen Distanz und Nähe. Als ich einmal mit einer Gruppe von Studenten nach Kilchberg fuhr, wo Golo Mann im Haus seiner Eltern lebte, waren seine Ambivalenzen greifbar. Noch immer hing draußen ein Türschild, auf dem der Name des Vaters eingeprägt war. Im Haus jedoch hatte der Sohn das gesamte großbürgerliche Mobiliar seiner Eltern entsorgt und sich betont karg eingerichtet. Es wirkte wie ein nachträglicher Protest gegen das vereinnahmende Über-Ich Thomas Manns, gegen die Zwänge umständlicher Verfeinerung und übersteigerter Ansprüche.

Mit großer Begeisterung las ich als junger Mann den *Monat*, eine Zeitschrift für Politik und Kultur, die mir ein Fenster zur Welt öffnete. 1948 mit amerikanischer Unterstützung von Melvin Lasky gegründet, schrieben die führenden westlichen Intellektuellen für das Magazin. Erstmals lernte ich Texte von George Orwell, T.S. Eliott und Saul Bellow kennen, von Hermann Kesten, Arthur Koestler und Max Frisch. Hinzu kamen philosophische und soziologische Beiträge, unter anderem von Hannah Arendt und Theodor W. Adorno.

Der *Monat* war damals eine außerordentlich wichtige Zeitschrift, die die deutsche Westwendung und den Aufbau der Bundesrepublik intellektuell begleitete und förderte. Politisch fundiert, verkörperte sie wie kein anderes Presseerzeugnis jener Zeit das Lebensgefühl des geistigen Neuanfangs. Noch heute blättere ich mit großer Bewunderung für den Gedankenreichtum und analytischen Scharfsinn in den alten Heften. Durch den *Monat* kam ich mit einem ganz neuen weltoffenen Denken in Berührung. Es trug dazu bei, mich auch geistig wie neugeboren zu fühlen, in einer Welt des äußeren wie inneren Aufbruchs.

Mein intellektueller Hunger war enorm. In jener Zeit ging ich viel ins Theater, manchmal drei Abende in der Woche. In Zehlendorf hatte der Regisseur Jürgen Fehling schon kurz nach Kriegsende ein Kino zum Theater umfunktioniert. Auch das Schlossparktheater unter der Leitung von Boleslaw Barlog in Berlin-Steglitz lag in der Nähe. Dort sah ich die Klassiker von Shakespeare bis Gogol in großartigen Inszenierungen, daneben Zeitgenössisches wie *Des Teufels General* von Zuckmayer, mit Martin Held in der Titelrolle. Oft fuhr ich auch in den Ostsektor der Stadt, zum Deutschen Theater oder zum Berliner Ensemble. Die Sensation der Theatersaison 1946 war Thornton Wilders *Wir sind noch einmal davongekommen* im Hebbel-Theater. Das Drama über die apokalyptische Wucht von Krieg und Gewalt und den unbeirrbaren Überlebenswillen des Menschen traf den Nerv des deutschen Publikums. Das Stück wirkte wie für die Stunde null geschrieben. Kein Wunder, dass es im deutschsprachigen Raum erfolgreicher wurde als in der Heimat des Autors.

Im Januar 1948 hatten *Die Fliegen* am Hebbel-Theater Premiere. Sartres Stück besaß einige Brisanz, musste es doch als Parabel auf die französische Widerstandsbewegung gelesen werden. Der Philosoph hatte *Die Fliegen* 1943 für das besetzte Frankreich geschrieben. Die titelgebenden Insekten standen, wenig charmant und bewusst provozierend, für die deutschen Besatzer. Schon im Vorfeld wurde heftig über die Aufführung diskutiert, nicht zuletzt deshalb, weil ausgerechnet Jürgen Fehling die Regie übernommen hatte. Im Dritten Reich wurde er auf der sogenannten »Gottbegnadeten-Liste« des Regimes geführt zusammen mit anderen Kulturschaffenden, die als unverzichtbar galten und deshalb vom Wehrdienst befreit waren. Die Berliner verfolgten das Stück mit ungebrochener Neugier, es erfreute sich großer Nachfrage – Premierenkarten für *Die Fliegen* sollen auf dem Schwarzmarkt mit Preisen bis zu astronomischen 700 Reichsmark gehandelt worden sein.

Das Theater war damals ein Leitmedium mit intellektueller Sprengkraft, buchstäblich eine Bühne der gesellschaftlichen Auseinandersetzung. Man nahm es sehr ernst, und auch die Intendanten und Regisseure empfanden ihre Aufgabe als unerhört wichtig. Effekthascherische Regieeinfälle und billige, abgeschmackte Obszönitäten waren noch vollkommen undenkbar. So ungern und selten ich heute ins Theater gehe, so unvorstellbar war es damals, nicht ins Theater zu gehen. In Scharen strömten die Berliner in ihre wieder eröffneten Häuser. Während ringsum alles in Schutt lag, erwachte die Stadt zu neuem intellektuellem Leben, erhob sich geistig aus dem Elend der Trümmer.

Einen bleibenden Eindruck hinterließ eine Kunstausstellung im Stadtschloss im Jahr 1947. Meine Schulklasse wurde von unserer sehr interessierten und anregenden Kunstlehrerin Frau Thon dorthin geführt, die regelmäßig Exkursionen in Museen und Galerien mit uns unternahm. Doch nicht die Ausstellung ist mir in Erinnerung geblieben, sondern der Schlossbau selbst. Ich sehe mich noch durch das prächtige Eosanderportal gehen, das unzerstört war. Während die Bombenangriffe und die anschließenden Brände den Nord- und Südflügel des Baus stark mitgenommen hatten, war der Westflügel fast vollständig erhalten. Andächtig stiegen wir die majestätisch breiten Haupttreppen hoch. Nicht eine einzige Stufe fehlte. Auch zahlreiche Säle waren vollkommen intakt und konnten daher als Ausstellungsräume genutzt werden.

Das Schloss war beschädigt, aber keineswegs abrissreif. Umso mehr entsetzte es mich, als Ulbricht im Juli 1950 bekannt geben ließ, es werde gesprengt. Das war unbegreiflich, ein barbarischer Akt. Seit 1945 gab es die Neigung, die Zerstörungen des Krieges, die wir den Westalliierten verdanken, durch die eigene Abrisswut zu komplettieren. Der Theaterkritiker Friedrich Luft stellte später resigniert fest: »Die Zerstörungen der Nachkriegszeit in Berlin sind umfangreicher als die des Krieges gewesen.« Erst 63 Jahre später, im Juni 2013, legte Bundespräsident Joachim Gauck, mein Freund Jochen, den Grundstein für den Wiederaufbau – ein sehr verspätetes Signal des Erinnerns.

Kalter Krieg um Berlin

In der Frühphase unseres Wiederaufbaus war der amerikanische Rückhalt psychologisch entscheidend, auch wenn Amerikaner und Briten anfangs keinen Zweifel daran gelassen hatten, was sie von ihren ehemaligen Kriegsgegnern und deren gescheiterten Absichten hielten. Bei ihrem Einmarsch und auch danach befolgten sie jedoch Regeln und Gesetze, die von den Besiegten selbst häufig genug außer Kraft gesetzt worden waren. Im Gegensatz zu der abwägenden, abwartenden Haltung der Amerikaner waren die Sowjets von Anfang an entschlossen, ihren Sieg zum Ausgangspunkt einer dauerhaften Beherrschung aller Deutschen, wenn nicht sogar aller Westeuropäer zu machen. Daher waren sie wenig zimperlich gewesen und hatten bereits kurz nach Kriegsende ihre Vorstellungen für ganz Deutschland in ihrer Zone vorweggenommen. Wenige Wochen nach der Kapitulation schufen sie dort die Voraussetzungen für einen völligen Umbau der politischen Strukturen, was sie aber so vorsichtig formulierten, dass sie ihre Maßnahmen zugleich als Modell für ganz Deutschland präsentieren konnten. Ulbricht fasste die Strategie intern in die Worte: »Es muss alles demokratisch aussehen, aber wir müssen das Heft in der Hand behalten.«

In den Jahren nach Kriegsende zeigte sich immer stärker die Diskrepanz zwischen der strategischen Zielstrebigkeit der Sowjets und der westlichen, gerade auch der amerikanischen Unentschiedenheit und Kurzsichtigkeit. Die Sowjetunion hielt die Westmächte für kriegsmüde, mürbe und nachgiebig. Hatten sie nicht nach dem Ende der Kämpfe so gut wie völlig abgerüstet? Sobald man sie dazu gebracht hatte, in Berlin klein beizugeben, so die Überlegung, würde dem sowjetischen Expansionsstreben bis zum Atlantik nichts mehr im Wege stehen.

Viele Jahre später hatte ich Gelegenheit, die wichtigsten Protagonisten der damaligen amerikanischen Außenpolitik kennenzulernen. Nachträglich kann man die Intelligenz und Tatkraft dieser Männer nur bewundern. In erster Linie gilt dies für Lucius D. Clay, der von 1947 bis 1949 Militärgouverneur der amerikanisch besetzten Zone war. Lange hatte er das Bündnis mit den Sowjets hochgehalten, war aber zunehmend ernüchtert zu dem

Schluss gekommen, diese Allianz werde nicht zu retten sein. Als der amerikanische Außenminister George C. Marshall im April 1947 resigniert von der letzten Konferenz mit den Sowjets aus Moskau zurückkehrte und in Berlin Station machte, traf er sich mit Clay auf dem Tempelhofer Flughafen. Marshall teilte ihm mit, mit den Sowjets sei nichts beiderseitig Akzeptables zu verabreden, Clay gab ihm zu verstehen: Deutschland sei bankrott. Von da an lag ein Programm in der Luft, das dem wirtschaftlich darniederliegenden Westdeutschland auf die Beine helfen sollte – der Marshallplan.

Marshall und Clay konnten Präsident Harry S. Truman überzeugen, dass ein Hilfsprogramm für das notleidende Westeuropa nötig sei, wenn man es vor den Sowjets bewahren wolle. Das würde allerdings nicht nur Millionen, sondern Milliarden kosten. Im friedenssüchtigen amerikanischen Kongress wollte das niemand hören, Truman jedoch verstand sofort die Tragweite und Notwendigkeit dieses Unterfangens. Dass sich dieser unscheinbare Vizepräsident, der wider Erwarten nach Roosevelts Tod im Frühjahr 1945 an die Macht gekommen war, zu einem der größten und weitsichtigsten amerikanischen Präsidenten des letzten Jahrhunderts entwickeln sollte, hätte bei seinem Amtsantritt kaum jemand für möglich gehalten.

Marshalls wichtigster Mitarbeiter bei der Ausarbeitung des Plans, der seinen Namen trägt, war George F. Kennan. Bei Kriegsende war er Botschafter in Moskau gewesen und mittlerweile zum ersten Planungschef des State Departements aufgestiegen, eine Position, die es vor ihm nirgendwo gegeben hatte. Als Kennan Marshall um Weisungen bat, was bei der Konzeption des Hilfsprogramms unbedingt zu beachten sei, fiel dessen Antwort denkbar knapp aus: »Avoid trivia« – halten Sie sich nicht mit Kleinigkeiten auf.

Ich lernte Kennan später in Princeton kennen, und er erläuterte mir, welche Grundprinzipien ihm wichtig gewesen waren. Erstens musste es eine Initiative sein, die von den Europäern ausging, damit niemand den Amerikanern vorwerfen konnte, sie hätten die Europäer bevormundet. Zweitens hatte man keine politische Loyalitätserklärung erwartet. Jeder europäische Staat durfte sich beteiligen, auch die im östlichen Mitteleuropa. Drittens mussten die Europäer einen gemeinsamen Antrag stellen und sich verpflichten, künftig wirtschaftlich zusammenzuarbeiten. Diese Forderung hatte Methode: Von Anfang an wollten die Amerikaner die europäische Zusammenarbeit erzwingen, überzeugt, nur auf diese Weise seien neue kriegerische Auseinandersetzungen und eine neuerliche militärische Intervention der Amerikaner in Europa zu verhindern. Die politische und wirtschaftliche Kooperation der westeuropäischen Staaten, die die Franzosen seit Langem für ihre Erfindung und ihr Verdienst halten, ging also in Wahrheit auf die Amerikaner zurück, was man in Paris natürlich mit Missvergnügen betrachtet und seither leugnet.

Mehr als ein halbes Jahrhundert hielt Washington an der Auffassung fest, nicht ein zerstrittenes, sondern ein geeintes Europa liege im amerikanischen Interesse, da es Stabilität und Friedfertigkeit garantiere. Diese Sicht der Dinge war nicht selbstverständlich und in den USA durchaus umstritten. Mancher fürchtete, am Ende der Entwicklung einem starken Block gegenüberzustehen, einer neuen Weltmacht, die zur Konkurrenz werden könnte. Und auch auf der diplomatischen Ebene sei es leichter, mit einzelnen Staaten fertig zu werden als mit einem starken Staatenverbund.

Trotz aller Vorbehalte setzten sich Truman, Marshall und Kennan durch. Diese dramatische Kehrtwende der amerikanischen Außenpolitik war nicht nur von finanzieller, sondern mehr noch von großer psychologischer Bedeutung. Sie zeigte der Bevölkerung in den westlichen Besatzungszonen, dass man auf Dauer mit dem Rückhalt der Vereinigten Staaten rechnen könne. Offenkundig hätte es keinen Sinn gehabt, Milliarden Dollar nach Westeuropa zu schicken, wenn man den Kontinent den Sowjets überlassen wollte.

Nach heutigen Begriffen sind 12,4 Milliarden Dollar, die Gesamtsumme des Marshallplans, vergleichsweise wenig. Damals war die Wirkung in ökonomischer wie auch in mentaler Hinsicht gewaltig. George F. Kennan hatte völlig recht, als er mir in Princeton sagte, allein schon mit der Verkündung des Marshallplans im Juni 1947 hätten die Vereinigten Staaten die Hälfte dessen erreicht, was sie erreichen wollten. Abgesehen von den Geldern und Gütern, die später flossen, bedeutete die bloße Zusicherung der Unterstützung die beruhigende Gewissheit für die Deutschen, dass die Amerikaner bleiben würden. Aufbruchsstimmung breitete sich aus. Die knapp gewordene Ressource Hoffnung wuchs, plötzlich glaubte man wieder an eine Zukunft.

Mit dem Rückhalt der USA werden wir es schaffen, das war auch die Meinung unserer Lehrer, die uns mit den neuen Begriffen Truman-Doktrin und Marshallplan vertraut machten. Das alles wirkte auf mich wie ein unverdientes Glück, war es doch das Gegenteil der amerikanischen Gleichgültigkeit, die wir befürchtet hatten.

Dean G. Acheson, der Marshall als Außenminister nachfolgte und eine der prägenden Figuren der amerikanischen Außenpolitik wurde, veröffentlichte später seine Memoiren unter dem Titel *Present at the Creation*. Er habe, so fand er im Rückblick, an einem großartigen Schöpfungsakt mitgewirkt. Das war keine pathetische Übertreibung. Auch ich hatte diesen Eindruck als junger Deutscher, der den Krieg überlebt hatte und spürte, wie sich das Schicksal zum Guten wendete. In jenen Jahren wurde etwas geschaffen, was es vorher nicht gegeben hatte: eine friedliche westliche Welt, eine feste Allianz freier Völker, von der zu hoffen war, dass sie weitere Jahrzehnte gemeinsam meistern würde.

Das Entsetzen war groß, als die Sowjets im Juni 1948 ihre Muskeln spielen ließen: mit der Blockade Berlins. Angesichts der amerikanischen Neuorientierung hatten sie sich von der Vorstellung verabschiedet, mit den Westmächten in Deutschland zu einem Übereinkommen zu gelangen, das ihren Interessen entsprach. Nachdem sie schon im Frühjahr 1948 den Alliierten Kontrollrat der vier Mächte demonstrativ verlassen hatten, nutzten sie die westliche Währungsreform zu einer Machtprobe in Berlin. Die Amerikaner waren inzwischen zu der Einsicht gelangt, der wirtschaftliche Aufbau in den Westzonen könne nur mit der Einführung einer neuen Währung gelingen. Deshalb wurde am 20. Juni eine Währungsreform verkündet. Um die wirtschaftlichen Bindungen zum Westen zu sichern, musste die neue D-Mark auch in Berlin gelten, wenn auch das neue Geld in den Westsektoren mit dem Stempel »B« eingeführt wurde.

Nicht nur die Deutschen, auch die Sowjets wurden von der Währungsreform überrascht. Daraufhin beschloss Stalin, Nägel mit Köpfen zu machen. Wie zuvor den Alliierten Kontrollrat, legte er jetzt auch die Alliierte Kommandantur Berlins durch den Rückzug des sowjetischen Vertreters lahm. Am Morgen des 23. Juni ließ Stalin in der sowjetisch besetzten Zone und in »Groß-Berlin« ebenfalls eine Währungsreform ausrufen. Noch in der Nacht desselben Tages gingen auf den Straßen und in den Wohnungen Berlins die Lichter aus. Auch tags darauf funktionierte weder Strom noch Gas. Plötzlich waren die Zugangswege nach Berlin unpassierbar. Alle Eisenbahnen standen still, die Binnenschifffahrt ruhte – angeblich wegen »technischer Schwierigkeiten«. Stalin hatte sämtliche Land- und Wasserverbindungen in die ehemalige Reichshauptstadt gekappt.

Gebannt verfolgten wir die Einkesselung Berlins. Wie sollte diese Metropole jetzt an Versorgungsgüter kommen? Wovon sollte sich die Berliner Bevölkerung ernähren, die durch die Flüchtlingsströme aus dem Osten sprunghaft angestiegen war? Es mangelte ohnehin an allem, nun ging bei uns die Angst um, von den Sowjets ausgehungert und schließlich politisch vereinnahmt zu werden.

Nicht nur für uns Berliner war die Blockade ein Schock. Jetzt rächte sich die erstaunliche Naivität Großbritanniens und der USA, die im Herbst 1944 Vereinbarungen mit den Sowjets über das Besatzungssystem in Deutschland getroffen hatten. Es waren lediglich freie Luftkorridore schriftlich fixiert worden. Offenbar nahmen die Westalliierten an, der Zugang zu Berlin, das mitten in der sowjetisch besetzten Zone lag, sei zu Lande und zu Wasser selbstverständlich. Man glaubte allen Ernstes, sich auf das gute Herz der östlichen Alliierten verlassen zu können.

Die Ereignisse des 23. Juni 1948 waren der Anfang einer fast einjährigen Blockade Berlins und zugleich der Auftakt zu einer der ungewöhnlichsten und spektakulärsten Aktionen der Luftfahrt. Damals war ich 16 Jahre alt, und ich verfolgte mit Spannung, aber auch Bewunderung, wie die westlichen Alliierten auf Stalins Provokation reagierten: Flugzeuge, die noch wenige Jahre zuvor Zerstörung und Tod über die Stadt gebracht hatten, kehrten jetzt, geflogen von ihren amerikanischen und britischen Besatzungen, als »Rosinenbomber« zurück. Unaufhörlich brachten sie Lebensmittel, Kohle und Versorgungsgüter aller Art in die eingeschlossene Stadt. Bis zu 900 Maschinen landeten täglich in Berlin, mit einer durchschnittlichen Ladung von

13000 Tonnen. Eine unglaubliche Leistung. »Schaut auf diese Stadt!«, beschwor der Westberliner Oberbürgermeister Ernst Reuter am 9. September 1948 die »Völker der Welt«.

Für meine Familie bedeutete der beispiellose Einsatz der Amerikaner und Briten das Ende allen Hungerns, denn nun bekamen wir regelmäßig Nahrungsmittel, die gewissermaßen vom Himmel fielen. Üppig ging es nach wie vor nicht zu, aber erstmals war die Grundversorgung gesichert. Wir atmeten auf, auch wenn das Ausmaß des Konflikts neue Befürchtungen, neue Ängste schürte. Gerüchte aller Art kochten hoch, selbst über einen neuerlichen Krieg wurde spekuliert. Nachdem die Anti-Hitler-Koalition der Siegermächte ihr Ziel erreicht hatte, den Gegner zu zerschlagen, war ein Machtkampf zwischen Ost und West entbrannt, und es schien klar, dass er auf dem Rücken der deutschen Bevölkerung ausgetragen werden würde.

Die Verhandlungen, unter anderem am Rande der Vereinten Nationen, zogen sich in die Länge. Eine friedliche Einigung rückte immer weiter in die Ferne. War die Währungsreform ein verhängnisvoller Fehler gewesen?

Mit einigem historischen Abstand betrachtet, war die Berliner Blockade keineswegs eine direkte Folge der Einführung der westlichen Währung in Berlin. Die Schlinge um die Stadt wurde bereits zugezogen, als die Sowjets im März 1948 den Alliierten Kontrollrat verließen. Alles, was daraufhin geschah, war eine kontrollierte Eskalation, ein Grundmuster damaliger sowjetischer Außenpolitik. In erster Linie ging es Stalin darum, den Zusammenschluss der drei Westzonen zur Bundesrepublik zu verhindern. Der Putsch vor Ort sollte die Stellung der Westmächte nachhaltig erschüttern. Falls dieses entfernt liegende Ziel nicht erreicht werden könnte, blieb als Option immer noch die Vertreibung der Westmächte aus der ehemaligen Hauptstadt und damit die Einverleibung Berlins, um eine Konsolidierung der sowjetischen Besatzungszone sicherzustellen.

Der Denkfehler der Sowjets lag darin, dass man nicht zugleich die Westmächte in Berlin besiegen und in Westdeutschland zu einem Kurswechsel veranlassen konnte. Stattdessen passierte etwas ganz anderes: Durch den sowjetischen Druck festigte sich die lange schwankende, zögerliche und gespaltene Haltung des Westens. Die USA übernahmen dank der beherzten Männer an ihrer Spitze, vor allem Clays und Trumans, eine Führungsrolle. Als Stalin die Aussichtslosigkeit seiner Blockadepolitik erkannte, lenkte er ein: Am 12. Mai 1949 gab er auf. So wurde das Schlimmste verhindert – wenn auch nicht die weitgehende Spaltung der Stadt, die 1961 mit dem Mauerbau ihren Schlusspunkt fand.

Die Teilung Berlins im Sommer und Herbst 1948 symbolisierte eindringlich den endgültigen Bruch der Kriegskoalition. Die Westmächte hatten sich nicht nur aus schlichter Gutmütigkeit vieles von den Sowjets bieten lassen, sondern versucht, alle Risse zu kitten, um den Besetzten gegenüber den Schein der Einigkeit zu wahren. Damit war es nun vorbei. Deutlich war erkennbar, welche Ziele die Sowjets verfolgten: In der Moskauer Interpretation der Potsdamer Beschlüsse stand eine Sowjetisierung Deutschlands außer Frage. Man musste sich darauf einstellen, dass deshalb auch die Auseinandersetzungen um Berlin noch lange nicht zu Ende sein würden. Das sowjetische Trachten blieb unverändert auf die Beseitigung der »lebensunfähigen Anomalie« Westberlin gerichtet.

Daneben hatte die Blockade eine weitere, unerwartete Auswirkung, und zwar auf das Verhältnis von Deutschen und Alliierten: Sie machten die Erfahrung, aufeinander angewiesen zu sein. Die Rosinenbomber waren für uns Deutsche das sichtbare

Zeichen, dass die zunächst als feindlich empfundenen westlichen Siegermächte uns nicht im Stich ließen. Gleichzeitig wurde offenbar, dass der Kampf um die Freiheit der Berliner Westsektoren nicht ohne die dortige Bevölkerung zu gewinnen gewesen wäre. Stalin hatte gehofft, die Menschen würden wegen der Versorgungsengpässe in die Ostsektoren strömen, um dort Hamsterkäufe zu tätigen oder gleich ganz dorthin zu ziehen. Nichts dergleichen geschah. So bestanden Westalliierte und Bevölkerung gemeinsam die Bewährungsprobe. Dies hatte einen tief greifenden Mentalitätswandel zur Folge. Er schuf eine Bindung zwischen den Gegnern von gestern, zwischen Siegern und Besiegten. Diese Erfahrung einer Notwendigkeit gemeinsamen Handelns nahm bereits das Westbündnis der späteren Bundesrepublik vorweg.

Die Entschlossenheit der USA, über Jahrzehnte hinweg die Freiheit der Westberliner zu verteidigen, hat mein Leben bis heute geprägt. Für die damalige Zeit war die Luftbrücke eine tollkühne Idee; viele in Washington hatten ein solch gigantisches Projekt gar nicht für machbar gehalten. Die Konsequenz, mit der die Amerikaner unser Überleben sicherten, verankerte in mir ein Gefühl tiefer Dankbarkeit und Verbundenheit, das bis heute anhält. Es ging ja nicht nur um Lebensmittel, es ging um unsere Freiheit, um die Zugehörigkeit zur westlichen Welt. Wir alle waren auf einmal neue Menschen, endlich wirklich frei.

Die Währungsreform wurde auch deshalb zu einem großen Erfolg, weil Ludwig Erhard, damals Direktor der Verwaltung für Wirtschaft in der Bizone, auf eigene Faust, also ohne Zustimmung der Alliierten, das Ende der Zwangsbewirtschaftung und die Aufhebung der Preisbindungen anordnete. Obwohl viele der Meinung waren, nur durch die bürokratische Kontrolle von Lebensmittel- und Warenflüssen könne eine gerechte Verteilung gewährleistet werden, setzte Erhard sich durch. Auf diese Weise wurde die Währungsreform an eine Wirtschaftsreform gekoppelt – und damit war der Weg zur Marktwirtschaft geebnet. Hierin muss man die eigentliche Leistung Erhards sehen, auf der bis heute sein Ruhm beruht. Gegen die allgemeine Meinung hatte er erkannt, dass eine Währungsreform kaum hilfreich sein würde, wenn man nicht gleichzeitig die staatliche Zuteilung und Rationierung abschaffte. Nur so konnte das neue Geld überhaupt seine Wirkung entfalten.

Der Erfolg sollte ihm recht geben. Für die Stimmung in der Bevölkerung war weniger die neue Währung als die Abschaffung des staatlichen Zuteilungssystems das entscheidende Signal. Es bedeutete ganz konkret das Ende der Lebensmittelmarken, mit denen man Fleisch, Brot und Butter rationiert hatte. Da die Preise nicht mehr diktiert wurden, sondern sich durch Angebot und Nachfrage regelten, blühte der Handel binnen kürzester Zeit auf. Auf einmal konnten wir alles kaufen, was wir lange entbehrt hatten, die Regale der Läden waren gut gefüllt. Nach heutigen Begriffen war das Angebot noch sehr armselig, aber damals erschien es uns geradezu märchenhaft. Wir fühlten uns wie im Schlaraffenland. Von den 40 Mark, die jeder Deutsche als »Kopfgeld« erhielt und den 20 Mark, die kurz darauf ausgezahlt wurden, lebten wir wochenlang. Da auch die Löhne nicht mehr von oben festgelegt wurden, konnten immer mehr Menschen von ihrer Arbeit leben. Als ich gemeinsam mit zwei Schulkameraden in den Sommerferien eine Tramp-Reise an den Rhein unternahm, spendierten uns unsere Eltern diesen Umtauschbetrag, jeweils 120 Mark. Damit kamen wir sechs Wochen aus.

Die fünfziger Jahre, die bald darauf begannen, sollten das nach meiner Meinung beste und erfolgreichste Jahrzehnt der Bundesrepublik werden. Der ungeheure Optimismus, der sich damals unter den Menschen der Westzonen ausbreitete, ist mir bis heute unvergesslich.

Niemand sprach über die jüngste Vergangenheit, auch in meiner Familie war das Dritte Reich in jenen Jahren kein Thema. Weder in der Schule noch in der öffentlichen Debatte spielte die Auseinandersetzung mit zwölf Jahren Hitler-Staat eine Rolle. Lag es am unterdrückten Schuldbewusstsein? Handelte es sich um systematische Verdrängung? Wohl eher um eine Art stillschweigender Übereinkunft: Wir reden nicht über das Dritte Reich, weil die Debatte um Schuld und Verantwortung uns gegeneinander aufbringen würde. Dazu lähmte das Erlebte unsere Zungen. Bewusst oder unbewusst wollte man die gefährliche, destruktive Tendenz gegenseitiger Zerfleischung verhindern. In einem Klima der Verdächtigung und Aufrechnung wäre ein Neuanfang unmöglich gewesen. Dies sollten spätere Generationen ihren Eltern und Großeltern zum Vorwurf machen.

Was sich 1949 angekündigt hatte, wurde schon wenige Jahre darauf sichtbar. War 1950 noch jeder Zehnte ohne Arbeit, war es 1960 nur noch jeder Hundertste. Zwischen 1950 und 1973 verdreifachte sich das Bruttosozialprodukt. Alle Welt bestaunte das deutsche »Wirtschaftswunder«. War es ein Wunder? Ausgerechnet im besiegten, weitgehend zerstörten und immer noch besetzten Land? Den meisten Menschen kam es tatsächlich so vor. Und doch war das Wirtschaftswunder die Folge der kollektiven Entschlossenheit, so rasch wie möglich die fürchterlichen Zerstörungen und Vertreibungsfolgen zu beheben, das Resultat einer ungeheuren Leistungsbereitschaft der Westdeutschen.

In gewisser Hinsicht war Deutschland damals ein Entwicklungsland mit erheblichem Nachholbedarf. Fotos vom Berliner Kurfürstendamm jener Tage zeigen irgendwo in der Ferne einzelne Autos. Wir waren zwar bald wieder wohlgenährt, aber nach wie vor ohne Kühlschrank, Waschmaschine, Fernseher, Auto. Diese Symbole steigenden Wohlstands verbreiteten sich erst in den sechziger Jahren. Neue Energiequellen wie das damals billige Erdöl kamen hinzu, beschleunigten den Aufbau- und Modernisierungsprozess und mit ihm das enorme Wachstum der ersten Nachkriegsjahrzehnte.

Blick nach vorn

Man könnte meinen, als junger Erwachsener sei ich von der Welle der allgemeinen Aufbruchsstimmung erfasst worden, vom Rückenwind des großen Optimismus. Doch die fünfziger Jahre, das goldene Jahrzehnt der jungen Bundesrepublik, erlebte ich persönlich völlig anders. Ich fühlte mich den Herausforderungen des Lebens nicht gewachsen, mir schien es unmöglich Beziehungen und Studium unter einen Hut zu bringen. Ich kämpfte mit elterlichen Erwartungen, mit ewigem Geldmangel und mit meinem geringen Selbstwertgefühl.

Ich war äußerst ungern jung. Kein Übermut, keine Flegeljahre. Die Idee der Selbstverwirklichung, heute selbstbewusst von der jungen Generation für sich reklamiert, blieb mir völlig verschlossen. Viele Jahre später fragte mich ein gleichaltriger Freund, was denn früher, zu unserer Zeit, an der Stelle gestanden habe, wo man jetzt von Selbstverwirklichung spreche. Er stimmte mir zu, als ich antwortete, diese Vorstellung habe es gar nicht gegeben. Man habe sich verpflichtet gefühlt, sich zwischen festen Berufsbildern zu entscheiden, also jenen vorgegebenen Rahmen zu füllen, in den man am ehesten passe. Und diesen Rahmen gaben damals wesentlich die Eltern vor.

Der innere Druck war enorm. Es mangelte mir nicht an Motivation und gutem Willen. Aber die Zwänge, in denen ich mich befand, und das Arbeitspensum, das ich mir auferlegte, brachten mich oft an meine Grenzen. Die viel beschworene Leichtigkeit und Sorglosigkeit junger Erwachsener lernte ich nie kennen. Dabei war ich von übertriebenem Geltungsdrang weit entfernt. Thomas Mann schrieb einmal: »Man muss es nur nötiger haben als andere, dann macht man sich bei der Menschheit einen Namen.«

Lange hielt mich das ungeliebte Fach Jura in Atem. Im Laufe der fünfziger Jahre legte ich die beiden Staatsexamen ab, machte meinen Master in Amerika – in englischer Sprache, was mir als Altsprachler viel abverlangte –, promovierte in Jura und arbeitete als Hilfskraft an der Freien Universität. Nein, die Leichtigkeit der Jugend erlebte ich nicht. Die Jahre zwischen 1950 und 1960, als ich in den Zwanzigern war, sollten die unglücklichsten meines Lebens werden.

Im Jahr 1949 zogen meine Eltern nach Lüneburg, wo mein Vater Richter am Oberverwaltungsgericht wurde. Da ein Schulwechsel kurz vor dem Abitur nicht ratsam schien, blieb ich in Berlin, ein Umstand, der mich nicht betrübte. Als Großstadtkind fand ich das kleinstädtische Lüneburg langweilig. Sicherlich war es ein hübscher Ort, aber alles andere als attraktiv für junge Leute. So bezog ich ein Zimmer bei einer Freundin der Familie, die mit einem alten Pfarrer und dessen Tochter in der Dallwitzstraße in Zehlendorf lebte. Der Pfarrer war ausgesprochen freundlich und zugewandt. Er interessierte sich für meine schulischen Themen, diskutierte mit mir und gab mir das Gefühl, ein gleichwertiger Gesprächspartner zu sein.

Ich genoss die harmonische, wohlwollende Atmosphäre. 1950 bestand ich das Abitur. Ich war nie Klassenprimus. Einige Mitschüler wundern sich bis heute, dass ich im Abitur die Gesamtnote »gut« bekam. Vermutlich hatte ich dies dem Oberschulrat zu verdanken, der als Vorsitzender der Prüfungskommission für mich Partei ergriff mit den Worten, ich wirke wie jemand, auf den man hoffen könne.

Nach dem Abitur hatte ich mich bei den Internationalen Jugendgemeinschaftsdiensten engagiert, die sich für Völkerverständigung einsetzten. In sogenannten Workcamps konnten sich junge Leute als Freiwillige melden, um mit Gleichaltrigen aus anderen europäischen Ländern an Projekten zu arbeiten. Eines der Workcamps fand in Nürnberg statt, wo wir mit Spaten und Schaufeln das Gelände vor einer Jugendherberge bearbeiteten. Bei dieser Gelegenheit lernte ich Patrice Rambert kennen, einen jungen Franzosen, mit dem ich mich befreundete. Ich war sprachlos, als er mich zu sich nach Paris einlud – was für eine großzügige Geste, was für eine Chance.

Frankreich schien damals unerreichbar. Man reiste ja noch nicht ins Ausland, der Tourismus für alle war noch nicht erfunden. Nun eröffnete sich plötzlich eine Möglichkeit. Meine Eltern gaben ihr Einverständnis. Mein bester Schulfreund, Günther Budian und ich bepackten im Sommer 1951 die Fahrräder und machten uns auf den Weg. Gut tausend Kilometer lagen vor uns. Die Aussicht, die Hauptstadt Frankreichs zu erleben begeisterte mich. Etappe um Etappe radelten wir Richtung Paris, übernachteten in Jugendherbergen, picknickten am Straßenrand mit Wein und Käse, bis wir tatsächlich Paris erreichten.

Mein französischer Freund wohnte in der Innenstadt, in einer großbürgerlichen Wohnung. Der Vater war Professor, gravitätisch und eindrucksvoll, die Mutter empfing uns mit überwältigender Herzlichkeit.

Frankreich berührte mich sehr. Von morgens bis abends streiften wir durch die Stadt, ergriffen von so viel Schönheit, so viel Eleganz und Lebenslust. Wir radelten über die Champs Elysées, besichtigten gewissenhaft Museen und Kirchen, bestaunten die luxuriösen Auslagen der Läden. Am meisten wunderten wir uns über die Franzosen, die ihre Tage in Cafés und Restaurants zu verbringen schienen. So viel Heiterkeit, so viel Gelassenheit! Das waren ganz neue Welten, anders als das miesepetrige Deutschland. Die Menschen in Paris lebten leichter, unbeschwerter, so schien es mir, als die schwermütigen Deutschen. Die Begegnung mit Paris war der Beginn einer Liebesbeziehung, die mich ein Leben lang nicht mehr loslassen sollte. Damals nahm ich mir fest vor, später einmal eine Weile in Paris zu leben, weil ich dachte: Ohne einen längeren Frankreichaufenthalt wirst du ein Barbar bleiben. Nur ungern radelte ich ins graue Berlin zurück. Als letzten Satz schrieb ich in mein Reisetagebuch: »Nun streben wir durch die regennasse, erinnerungsschwere Champagne heimatlichen Winterquartieren zu.«

Schon vor der Reise hatten meine Eltern mit mir erörtert, wie es weitergehen solle. Wäre ich meinen Neigungen gefolgt, hätte ich Geschichte studiert. Ich wollte aber nicht Lehrer werden, und eine spätere Existenz als Professor an der Universität traute ich mir nicht zu.

Mein beruflicher Weg schien durch die Familientradition vorgezeichnet: Seit dem Mittelalter waren hauptsächlich Juristen und Pastoren aus meiner Familie hervorgegangen. Deshalb entschloss ich mich, in die Fußstapfen meines Vaters zu treten und ein Jurastudium zu beginnen. Allerdings bedeutete das eine große finanzielle Belastung für meinen Vater. Er verdiente damals um die tausend Mark im Monat, recht wenig für eine Familie mit drei Kindern. Ein älterer Student unseres Nürnberger Workcamps erzählte mir vom Studienwerk in Villigst. Damals bestand die Möglichkeit, ein Werksemester beim Evangelischen Studienwerk zu absolvieren. Die Bedingungen sahen vor, dass Studenten

134

ein halbes Jahr lang in der Industrie arbeiteten, der Lohn einbehalten wurde und das Ersparte den Start ins Studium erleichtern sollte. Die Aussicht, irgendwie rauszukommen, begeisterte mich, und meine Mutter stärkte mir den Rücken, überzeugt, dass dies eine große Chance sei.

Im Winter 1950 zog ich ins Ruhrgebiet. Das Studienwerk war in einem alten Gutshaus am Ufer der Ruhr untergebracht, wo ich die beiden Leiter kennenlernte, den ostpreußischen Schriftsteller Willy Kramp und Hellmut Keusen, einen ehemaligen Krankenhausdirektor. Es war eine bunt zusammengewürfelte Notgemeinschaft im Gutshaus. Neben der Baronin lebten dort die Leiter, die Küchenleute und die Putzfrauen, die für das Studienwerk arbeiteten. Sehr viele stammten aus Ostpreußen. Es war eine Gutsgemeinschaft ganz neuen Stils, ein zusammengewehtes deutsches Völkchen aus den Vertreibungsgebieten. Es rührte mich sehr, wie heiter und gelassen diese Menschen mit ihrem schweren Schicksal umgingen.

Beim weihnachtlichen Krippenspiel in Villigst lernte ich auch Klaus von Bismarck mit seiner Frau und vielen Kindern kennen. Er leitete damals das Sozialamt der Evangelischen Kirche Westfalens. Es war ein höchst denkwürdiges Zusammentreffen, denn er gab einen der Heiligen Drei Könige und ich einen Hirten. An dieser Rollenverteilung sollte sich lebenslang zwischen uns nichts ändern. Er hatte immer wieder Einfluss auf mein Leben, zunächst als WDR-Intendant, später als Präsident des Goethe-Instituts.

Die Zeit beim Evangelischen Studienwerk verhalf mir zu neuen Freundschaften, zu neuen Denkweisen und Ideen. Viele Anregungen erhielt ich vom damaligen Leiter Hellmut Keusen, einem sehr originellen pädagogischen Naturtalent. Bis heute hege ich eine tiefe Dankbarkeit für ihn, weil er mich entscheidend förderte und meinen Horizont gewaltig erweiterte. Keusens Umgang mit uns war unkonventionell. Beherzt griff er ein, zupackend forderte er heraus. Seine Ermutigung wie auch seine Kritik kamen sehr direkt daher, akademisches Gehabe war ihm fremd. Regelmäßig besuchte er die Studentengruppen, die auf ganz Deutschland verteilt waren, ermunterte die Teilnehmer und besprach die Semesterberichte, die wir schreiben mussten. Er reihte sich ein in den Kreis meiner Ersatzväter.

Frühmorgens standen wir im Dunkeln auf und liefen zu einer Stahlfabrik, die etwa zwei Kilometer entfernt lag. Dort schmiedeten wir bis zum späten Nachmittag Glieder für Eisenketten im Lärm und in der Hitze der riesigen Werkshallen. Es war eine ziemliche Drecksarbeit. Ein schmieriger Film aus Öl und Metallstaub legte sich auf meine Haut und drang in jede Pore ein. Abends erkannte ich kaum mein geschwärztes Gesicht im Spiegel. So sehr ich mich auch abschrubbte, richtig sauber wurde ich nie. Schon bald litt ich an Furunkulose, mit der mein Körper auf die giftigen Stoffe reagierte. Die Hautkrankheit entstellte mich nicht nur, sie war auch ausgesprochen schmerzhaft. Nach Beendigung dieses halben Jahres war meine Kleidung regelrecht zerfallen, ölgetränkt und von Eisenspänen zersetzt. Wir arbeiteten zwar bis zur Erschöpfung, hatten jedoch viel Spaß miteinander. Wir waren eine geistvolle Gemeinschaft.

Die Wahl des Studienorts fiel auf Hamburg, weil es in der Nähe von Lüneburg lag und mir erlaubte, zu Hause wohnen zu bleiben. Im Jahr 1951 immatrikulierte ich mich an der juristischen Fakultät. Sie lag neben dem Bahnhof Dammtor in der Innenstadt, die zu meiner Verblüffung kaum zerstört war. Welch ein Kontrast zu den Trümmerlandschaften Berlins. Rund um die Binnenalster erstreckten sich die Fassaden mächtiger Gründerzeithäuser, an der Außenalster standen prächtige Villen. Dennoch konnte mich Hamburg nicht fesseln. Ich fand die Kaufmannsstadt zu förmlich, zu korrekt. Als Berliner bleibt einem das leicht steife Hanseatentum wohl immer fremd.

So wenig ich mit der Stadt anfangen konnte, so wenig erlebte ich ein lockeres Studentenleben. Während meine Kommilitonen abends ein Bier trinken gingen und sich des Öfteren die Nächte um die Ohren schlugen, musste ich jeden Abend mit dem Zug nach Lüneburg zurückfahren.

Anfangs machte mir das Studium Spaß. Anders als befürchtet, musste ich keine Paragrafen auswendig lernen, sondern konkrete Fälle bearbeiten. Die Herangehensweise ähnelte einer Denksportaufgabe, bei der es darum ging, Gesetzestexte zu interpretieren und auf den jeweiligen Fall anzuwenden. Juristen denken lösungsorientiert. Während sich Geisteswissenschaftler in ihre Materie vertiefen, Fakten recherchieren und Details sammeln, sind die Rechtswissenschaften von Lösungsbewusstsein bestimmt. Dies sollte mich nachhaltig prägen. Meine gesamte spätere publizistische Arbeit war im Grunde vom Geist des juristischen Handwerks erfüllt, ein Problem aus der Perspektive seiner möglichen Lösung zu betrachten. Ich lernte, Konflikte zu analysieren, Widersprüche zu erkennen. Bundespräsident Carstens brachte diese Vorgehensweise später einmal in einem persönlichen Gespräch auf den Punkt mit dem Satz: »Wenn ein Jurist den Raum betritt, wird es schlagartig kälter.«

Ich bemühte mich über die Pfadfinder jemanden in Hamburg ausfindig zu machen, bei dem ich gelegentlich übernachten könnte. Auf diese Weise lernte ich einen Hamburger Industriellen kennen. Wir kamen ins Gespräch, ich gefiel ihm, und er bot mir an, wenn ich wolle in seiner Villa in Othmarschen zu übernachten. Zwar ahnte ich, dass möglicherweise homoerotische Neigungen im Spiel waren, doch er verhielt sich sehr korrekt. Endlich musste ich nicht mehr jeden Abend in den Zug nach Lüneburg steigen.

Der gastfreundliche Industrielle war geschieden und lebte mit seinen beiden Kindern zusammen, einem Jungen und einem Mädchen. In seiner Jugendzeit war er mit Walter Rathenau befreundet gewesen, über dessen Homosexualität offen spekuliert wurde. Einmal zeigte mir mein neuer Bekannter einen kostbaren Ring, ein Geschenk Rathenaus, woraus ich schloss, dass er als junger Kadett eine Beziehung zu dem Unternehmer und späteren Politiker gehabt haben musste. Dies blieb selbstverständlich in der Schwebe. Man sprach nicht explizit über solche Dinge. Aber ich blieb auf der Hut.

Als mich der Industrielle zu einer Urlaubsreise nach Italien einlud, bestand ich darauf, einen Freund mitzunehmen, um mich abgrenzen zu können. Auch mein Gastgeber ließ sich von einem Freund begleiten.

Im Jahr darauf fuhren wir zu viert, zwei Ältere und zwei Junge, im Mercedes Richtung Süden. Das war eine kleine Sensation, denn meine Eltern besaßen wie die meisten Deutschen zu dieser Zeit noch kein Auto, schon gar nicht ein solch nobles Gefährt. Anfang der fünfziger Jahre lag eine Reise nach Italien ohnehin jenseits dessen, was ich mir überhaupt vorstellen konnte.

Italien beeindruckte mich ungeheuer, vor allem Amalfi, Ravello und Paestum. Ich war überwältigt von der Schönheit der Architektur, auch von der Schönheit der Menschen. Bezeichnend für meine innere Anspannung und mein übersteigertes Pflichtbewusstsein war, dass ich all dies auch als Bedrohung empfand. Das italienische Lebensgefühl faszinierte und ängstigte mich gleichermaßen. Ich war hingerissen von der Pracht der Kulissen, von der ungewohnt heiteren Leichtigkeit unter südlicher Sonne, vom guten Essen und vom Wein, den wir jeden Abend genossen, spürte aber auch den gefährlichen, verführerischen Sog des Dolcefarniente. So seltsam es klingen mag – ich war überzeugt, wie die

Germanen zu verweichlichen und beruflich nichts zustande zu bringen, wenn ich in Italien leben würde.

Völlig überraschend für mich erhielt ich im Sommer 1953 in Freiburg, wo ich inzwischen studierte, die Anfrage Helmut Keussens, ob ich im Herbst für ein Jahr an die Columbia University in New York gehen wolle. Ich war glücklich. Natürlich stimmte ich zu.

Im gelobten Land

Im Herbst 1953 packte ich die Koffer. Voller Erwartungen ging ich an Bord eines Passagierdampfers der Holland-Amerika-Linie, die die günstigsten Tickets anbot. Zehn Tage sollte die Überfahrt dauern. Ich war verblüfft, dass man auch als einfacher Passagier fast rund um die Uhr königlich bewirtet wurde. Bisher war ich Hausmannskost gewöhnt. Man aß noch bescheiden in jenen Jahren. Meine Mutter hatte ohnehin keinerlei kulinarische Ambitionen, und Restaurantbesuche konnten wir uns nicht leisten. Auf dem holländischen Schiff aß man eigentlich alle naselang: erstes Frühstück, zweites Frühstück, Mittagessen, Kuchenbüfett, Abendessen, Mitternachtsimbiss. Es nahm gar kein Ende.

Nie werde ich die Ankunft im New Yorker Hafen vergessen. Aus den Bordlautsprechern ertönte Dvořáks Symphonie »Aus der neuen Welt«, während ich bewegt an der Reling stand. Kurz vor der Ankunft in Hoboken passierten wir die Freiheitsstatue, und die Türme Manhattans wuchsen aus dem Meer.

Reinhold Schenk, dessen Studienplatz ich übernehmen sollte, holte mich ab. Das Studentenwohnheim lag auf dem Campusgelände am Broadway, im Norden der Stadt. Ich war ein Großstadtjunge, doch Berlin wirkte wie eine platt gewalzte Trümmerwüste verglichen mit dieser pulsierenden Metropole. Als mein Vater im gleichen Jahr von Lüneburg nach Berlin zurückkehrte, als Richter am Bundesverwaltungsgericht, konnte man vom Flughafen Tempelhof den Bahnhof Zoo sehen. Hier dagegen Schlangen von Autos, die sich hupend in den Straßen stauten, und über allem ragten die Wolkenkratzer auf, ein grandioser Anblick.

Die Columbia, eine der ältesten und renommiertesten Universitäten der USA, imponierte mir ungeheuer. Bereits das Motto klang wie eine Verheißung: »In lumine tuo videbimus lumen« – In deinem Licht werden wir das Licht sehen. Im Gegensatz zu anderen Universitäten der Ivy Leage, wie Harvard oder Princeton, die auf dem Land angesiedelt sind, liegt die Columbia mitten in Manhattan, auf den Morningside Heights. Die Architektur, der weitläufige Campus, die großen Namen des Vorlesungsverzeichnisses beeindruckten mich. Hier würde ich nun ein Jahr verbringen, ein Gedanke, der mich mit Stolz erfüllte.

Der Völkerrechtler Wilhelm Grewe, dem ich offenbar aufgefallen war, hatte mir noch in Freiburg eine Liste mitgegeben. Grewe war Ordinarius für öffentliches Recht und Völkerrecht, 1958 wurde er als Botschafter nach Washington berufen. In der Regierung Adenauer hatte er als Leiter der deutschen Delegation maßgeblich an den Verhandlungen über die Aufhebung des Besatzungsstatus mitgewirkt.

Auf Grewes Liste waren Namen verzeichnet, die ich kontaktieren sollte – »interessante Gesprächspartner«, wie er mir versicherte. Ich meldete mich nur beim Ersten, denn durch ihn hatte ich bald so viele Freunde und Bekannte, dass ich die anderen Empfehlungen gar nicht mehr wahrnehmen konnte. Auf diese Weise lernte ich Heinz Pächter kennen, der sich seit seiner Emigration Henry Pachter nannte und einige sehr aufschlussreiche Bücher über die Weimarer Republik geschrieben hatte. Aus der Verbindung mit ihm entwickelte sich eine lebenslange

140

Freundschaft, die sich nach seinem Tode mit seiner Frau Hedwig fortsetzte. Die Pachters brachten mich in Kontakt mit emigrierten Sozialdemokraten und Linken. Auch sie hatten die amerikanische Aufgeschlossenheit und Lockerheit übernommen und nahmen mich völlig unkompliziert in ihren Kreis auf.

Zu den eindrücklichsten Erlebnissen meiner New-York-Aufenthalte gehörte die Begegnung mit dieser Emigrantenszene. In New Jersey, eine knappe Autostunde von Manhattan entfernt, hatte die Gruppe ein Landgasthaus erworben, das auf einem großen, bewaldeten Grundstück lag. Wie einst in der deutschen Jugendbewegung kochten und aßen die Teilnehmer gemeinsam und übernachteten alle in einem großen Schlafsaal. Schon die Begrüßung verblüffte mich. Auf Deutsch fragte mich einer aus der Gruppe: »Können Se kochen, tanzen, dusselig quatschen? Dann sind Se hier richtig.« Unverkennbar stammte er aus Berlin. Alle sprachen ein altertümlich wirkendes Deutsch, was nicht verwunderlich war. Sie hatten Deutschland Anfang der dreißiger Jahre verlassen und das typische Idiom jener Jahre beibehalten.

Besonders amüsierten mich die Diskussionen, die wie die Sprache ganz im Bann der Vergangenheit standen. Da hieß es dann, im Herbst 1932 habe es eine Versammlung gegeben, die der andere leider versäumt habe, daher sei alles schiefgelaufen und die Republik zugrunde gegangen. Mental befanden sich diese Männer immer noch im Endstadium der Weimarer Republik und stritten halb erbittert, halb belustigt darüber, wer denn nun Schuld an der Katastrophe trage. Was sie einte, war die einstige Opposition zum aufkommenden Nationalsozialismus. Viele waren Kommunisten gewesen, doch mittlerweile herrschten in dem Kreis, in dem sich viele brillante Köpfe fanden, politisch eher liberale Tendenzen.

sic!

Siehe zu den vermeintlich liberale Vladimir Palko!!

Das Studium begeisterte mich. Allerdings trübte meine Stimmung, dass ich quasi mittellos war. Das Stipendium reichte nur für die hohen Studiengebühren und für ein Zimmer im *dormitory* der Universität. Zum Leben hatte ich keinen Penny, sodass ich mir das Essen selbst verdienen musste. Die Aussicht, rasch einen Job zu suchen, bedrückte mich jedoch weniger als die Entdeckung, dass ich mit meinem kümmerlichen Gymnasialenglisch schlecht auf den amerikanischen Lehrbetrieb vorbereitet war. So saß ich, wenig mehr als ein paar Worte aufschnappend, in der Vorlesung des berühmten Soziologen und Parteienforschers Seymour Martin Lipset, der, wie mir schien, Unverständliches vor sich hinmurmelte.

Meine Beklemmung wuchs, als man mir eröffnete, ich müsse pro Semester fünf »term papers« von je etwa zwanzig Seiten schreiben. Unmöglich, dachte ich entgeistert, wie soll ich hundert Seiten auf Englisch verfassen? In meiner Verzweiflung schickte ich meinem Vater einen Brief und bat ihn, in Deutschland einen Übersetzer ausfindig zu machen, der meine Texte ins Englische übertragen könnte. Ungerührt schrieb mein Vater zurück, er denke gar nicht daran, ich solle selber zusehen, wie ich das hinbekomme. Irgendwie gelang es mir auch, aber es bedeutete eine wahre Plackerei. Stunde um Stunde saß ich in meinem Zimmer, blätterte in Wörterbüchern und suchte nach passenden Formulierungen. Mein amerikanischer Zimmernachbar, mit dem ich mich befreundete, sah meine Arbeiten vor der Abgabe durch, konnte aber natürlich nur die gröbsten Fehler korrigieren.

Die Themen waren ohne Frage anspruchsvoll. Ein »term paper« schrieb ich etwa über »Die Wirkung Luthers auf die deutsche Mentalität«, ein anderes über »Die Rolle Friedrichs des Großen bei der Unabhängigkeitserklärung der USA«.

Bald machte ich Bekanntschaft mit einigen jungen Dozenten,

nur wenige Jahre älter als ich und allesamt Kinder deutscher Emigranten, die später eindrucksvolle Gelehrte wurden. Zu ihnen gehörte der aus Breslau stammende Historiker Fritz Stern. Ich besuchte seine erste Vorlesung, die der Geschichte Deutschlands zwischen Bismarck und Adenauer gewidmet war. Im selben Jahr hatte er mit einer Arbeit über »Kulturpessimismus als politische Gefahr« promoviert, einer hochinteressanten Untersuchung über den Einfluss, den die kulturell verfeinerte Untergangsstimmung beim Aufkommen des Nationalsozialismus ausgeübt hatte.

Ein anderer junger Gelehrter, der mich beeindruckte, war Peter Gay. Seinen früheren Namen, Fröhlich, hatte er bei seiner Emigration 1939 geändert und bei der Namensänderung nicht bedacht, dass »gay« in Amerika nicht die nur die Übersetzung von »fröhlich« war. Gay war ein exzellenter Kenner der französischen Aufklärung und der Kulturgeschichte der Moderne.

Der große alte Mann unter den deutschen Emigranten an der Columbia war Franz L. Neumann. In den dreißiger Jahren hatte er mit Adorno, Horkheimer und Marcuse zusammengearbeitet und während des Krieges die wissenschaftliche Leitung der Deutschlandabteilung im State Department übernommen. In dieser Funktion hatte er die Politik der Militärregierung in Deutschland maßgeblich mitgestaltet und später an den Nürnberger Prozessen teilgenommen. *Behemoth*, sein Buch über Deutschland im Nationalsozialismus, ist bis heute ein Standardwerk. Neumann schlug mir als Thema meiner Masterarbeit den 17. Juni 1953 vor, den Tag jener Volkserhebung, die in der DDR ein Vierteljahr vorher stattgefunden hatte. Relativ rasch stellte sich heraus, dass mir in den USA die notwendigen Unterlagen und Interviews fehlten, um eine genaue Analyse vorzunehmen. Erst drei Jahre später konnte ich in Berlin die Masterstudie beenden auf der Basis von Hunderten von Zeitzeugenberichten, die man beim RIAS und beim Untersuchungssauschuss Freiheitlicher Juristen gesammelt hatte. Inzwischen war Neumann im Sommer 1954 in der Schweiz tödlich verunglückt, woraufhin Peter Gay und Fritz Stern die Betreuung übernommen hatten. Diese Arbeit führte zu meiner ersten Veröffentlichung in Deutschland und den USA.

Im Grunde spiegelte dieser erste Amerikaaufenthalt das Hochgefühl wider, das in den fünfziger Jahren die Deutschen ergriffen hatte: die entlastende Erfahrung, dass die Amerikaner uns den Krieg nicht nachtrugen und nun sogar unsere Bundesgenossen waren. Regelmäßig wurde ich von amerikanischen Gasteltern eingeladen, mit deren Kindern ich bis heute befreundet bin. Weder bei Studenten noch Dozenten habe ich antideutsche Ressentiments erlebt.

Schon kurz nach meiner Ankunft in Amerika fand ich einen Studentenjob in der opulenten Kantine einer der großen, berühmten Kirchen New Yorks, der Riverside Church. Auch hier war man nett zu mir. Die Kirche organisierte für die prominente Nachbarschaft einen Mittagstisch, bei dem ich zusammen mit anderen Studenten in einem weißen Jackett die Gäste bediente. Anschließend bekam ich ein kostenloses Mittagessen. Außerdem veranstaltete die Riverside Church viele Feste und Bälle, bei denen wir ebenfalls als Kellner auftraten. Damals erlebte ich zum ersten Mal John Foster Dulles, der soeben Außenminister der Vereinigten Staaten geworden war. Ich staunte über die Zwanglosigkeit, mit der man sich traf und austauschte, über die Lässigkeit und die ausgeprägte Geselligkeit dieses Einwandererlands.

Anders als in Deutschland, wo die Kirche oft wie eine Behörde wirkt, waren die amerikanischen Kirchen wichtige soziale Treffpunkte. Sie hatten fast Klubcharakter – wobei man anmerken muss, dass der Begriff des Sozialen im Englischen eben viele Bedeutungen hat, auch im geselligen und gesellschaftlichen Sinne. Immer stärker wurde mir der grundlegende Mentalitätsunterschied zwischen Europa und den USA bewusst. Während wir über Jahrhunderte durch Kleinstaaten geprägt wurden, spürte man in Amerika noch den Geist der Siedlergemeinschaften. Der Begriff Staat existiert im Amerikanischen nicht. Wenn man dort von »State« spricht, meint man den einzelnen Bundesstaat, nicht die gesamte Nation. Je länger ich dort lebte, desto deutlicher wurde mir die genossenschaftliche Ausrichtung des Landes, das ein großes Gemeinschaftsgefühl eint. Auch die Kirchen waren entsprechend ausgerichtet, weniger institutionell, sondern sehr offen und Wirkungsfeld der gesellschaftlichen Eliten.

Mein Verdienst in der Riverside Church war bescheiden. 1,25 Dollar zahlte man mir pro Stunde. Das reichte aus, um mir etwas zu essen und ein wenig Kleidung zu kaufen, große Sprünge konnte ich nicht damit machen. Konzerte, Opernbesuche oder Broadwayshows waren zu teuer für mein begrenztes Budget. Dennoch übertrug sich der Puls der Metropole auch auf mich. Man atmete die quirlige, betriebsame Atmosphäre, das Kosmopolitische und die Einheit der Gegensätze förmlich ein.

Durch meinen Job lernte ich einen schwarzen Pfarrer kennen, der mich regelmäßig nach Harlem in seine Kirche einlud. Wir befreundeten uns, und er schenkte mir sein Buch mit Jugenderinnerungen. Ihm verdanke ich den Besuch in einem Jazzclub, wo der wunderbare Trompeter Louis Armstrong auftrat. Seine Musik hatte ich schon seit Jahren in Deutschland auf Schallplatten gehört und verehrte ihn sehr. Harlem war ein ganz anderes New York, eine ganz neue Kultur für mich, eine vitale, energiegeladene afroamerikanische Community, die noch weit davon entfernt war, gesellschaftliche Anerkennung zu genießen.

In den Südstaaten der USA herrschte zu dieser Zeit noch Rassentrennung. Das wurde mir erst deutlich bewusst, als ich meinem ersten amerikanischen Freund, einem Schwarzen, eine gemeinsame Busreise durch die USA vorschlug. Ich plante eine Tour durch den Süden bis zur Westküste. Er lachte mich aus. Solche Ideen solle ich mir gleich aus dem Kopf schlagen, sagte er, wir könnten niemals zusammen reisen, niemand würde uns ein Quartier geben. Damit hatte ich nicht gerechnet. Ich war wie vor den Kopf geschlagen, dass dieses freiheitliche Land sich noch lange nicht von den Spuren der Sklaverei gelöst hatte und stattdessen starke Vorbehalte gegenüber Farbigen hegte. Selbst bei Ausflügen in die New Yorker Umgebung spürte ich ein leichtes Befremden bei den Veranstaltern, wenn ich fragte, ob ich meinen schwarzen Freund mitbringen dürfe. Dass dergleichen nicht selbstverständlich war, lernte ich rasch. Erst im Sommer darauf entschied das Oberste Gericht der USA, die Rassentrennung sei auch bei gleicher Ausstattung der Lehrstätten (an der es oft fehlte) verfassungsrechtlich unzulässig, die These »separate but equal« sei falsch. Das war nach knapp hundert Jahren der Durchbruch.

Merkwürdig fand ich die Form, wie man in den USA mit Mädchen umging. Hatte man ein »Date«, folgte man ungeschriebenen Regeln, die wie eine Choreografie jeden einzelnen Schritt vorgaben. Als Erstes holte man ein Mädchen in seinem *dormitory* ab und durfte ihm einen Kuss geben – einen, nicht mehr. Dann ging man ins Kino, hinterher aß man irgendwo eine Kleinigkeit. Wenn man das Mädchen wieder nach Hause brachte, bekam sie einen zweiten Kuss – auch nicht mehr. Diese seltsam ritualisierte Form der Geselligkeit unter Gleichaltrigen war mir aus Deutschland völlig unbekannt. Ich empfand sie als außerordentlich unnatürlich und gekünstelt. Genauso irritierend wirkte auf mich, dass für die Mädchen die Zahl ihrer jeweiligen

Verehrer und der entsprechenden Dates wichtig war. Etwas unangenehm Sportliches haftete dem an. Ich wollte nicht einer von zehn Aspiranten sein, der um ein Mädchen warb. Doch meine Auffassung, man verliebe sich eben und bleibe als Paar zusammen, teilte keiner meiner Kommilitonen.

Irgendwann begriff ich, dass das genau abgezirkelte Dating zu den sozialen Konstruktionen gehört, die das harmonische Zusammenleben der sehr heterogenen Bevölkerung Amerikas überhaupt möglich machen. Gäbe es nicht den arrangierten Sozialkontakt, der ja die Grenzen von Rassen, Glaubensgemeinschaften und anderen Unterschieden überschreitet, würde das Land wahrscheinlich zerfallen.

Es war faszinierend. Mit dem Interesse eines Ethnologen beobachtete und erlernte ich die Verhaltensregeln, die zu beachten waren. Damals – und übrigens bis zum heutigen Tage – las ich ausgesprochen gern eine Zeitungskolumne mit der launigen Überschrift »Miss Manners«, was wörtlich übersetzt »Fräulein Umgangsformen« bedeutet. Eingehend erörterte die Kolumne die Do's und Don'ts des gesellschaftlichen Miteinanders. Ein Leser fragte beispielsweise, wie er sich verhalten solle, wenn er häufig eingeladen werde, aber nicht über die finanziellen Mittel oder eine geeignete Wohnung verfüge, um sich seinerseits mit einer Einladung zu revanchieren. Ob es akzeptabel sei, es bei einem Gastgeschenk zu belassen. Nein, antwortete Miss Manners streng, das sei überhaupt nicht akzeptabel. Ein Strauß Blumen oder eine Schachtel Pralinen reiche nicht aus. Dann folgte eine kleine Lektion: Geselligkeit beruhe darauf, dass alle sich aktiv daran beteiligten. Falls die Mittel des Lesers nicht ausreichten, um eine Dinnerparty zu veranstalten, schrieb Miss Manners, müsse er eben ein Picknick organisieren, bei dem er die Gäste mit Wein und Käse bewirte.

Nach und nach ließ ich mich in die gesellschaftlichen Rituale einführen. Bei allen Einladungen sei unbedingt zu beachten, nicht den vorgeschriebenen Zeitrahmen zu überschreiten, mahnte Miss Manners. Bei einem Cocktail um 17 Uhr habe man nach anderthalb, spätestens zwei Stunden zu gehen, beim Dinner spätestens um elf Uhr. Die Tatsache, dass ich mich so genau an diese Kolumnen erinnere, zeigt, wie intensiv mich diese Dinge beschäftigten. Es war nicht nur eine neue Sprache, die ich kennenlernen musste, sondern auch Mentalitäten und Gepflogenheiten, die den sozialen Konsens der Einwanderergesellschaft sicherten.

Ähnlich überraschende Erfahrungen mit einer anderen Kultur sollte ich in den siebziger Jahren erleben, als ich eine vergleichende Studie über Japan und Deutschland herausgab. Wenn ich in Japan zum Abendessen eingeladen wurde, war ich schlecht dran, weil man in der Regel zwischen zwei Japanerinnen platziert wurde, die den Mund nicht aufmachten, so sehr ich mir auch Mühe gab. Zunehmend von Hunger gepeinigt, saßen wir zwei Stunden wortlos nebeneinander. Anfangs wusste ich nicht, dass Unterhaltungen in Japan ausschließlich vor dem Essen stattzufinden hatten. Sobald der Hausherr die Tür zum Esszimmer öffnete, wo ein üppiges Büfett aufgebaut war, pflegte er in vermeintlicher Bescheidenheit zu sagen: »Bitte treten Sie näher, obwohl es eigentlich gar nichts zu essen gibt!« Nach dem Essen, sobald der Kaffee gereicht war, hatte man unverzüglich zu verschwinden.

Nachdem ich meine zwei Trimester in New York beendet hatte, unternahm ich eine Busreise quer durch die Vereinigten Staaten. Als hilfreich erwies sich eine New Yorker Initiative, die eine Liste mit sehenswerten Orten und potenziellen Gastgebern für ausländische Studenten zusammengestellt hatte. Überall gab es amerikanische Familien, die sich bereit erklärten, Studenten wie mich aufzunehmen. Hotels wären für mich unbezahlbar gewesen, ich konnte mir mit Ach und Krach gerade mal das Busticket leisten. Von New York aus fuhr ich durch den Süden, über New Orleans und Santa Fé bis nach San Francisco. Diese Fahrten über Land waren unvergesslich, weil ich eine Vorstellung von der Größe des Landes und der Schönheit der Landschaft bekam. Hinter den Scheiben des Busses zogen die Plantagen der Südstaaten an mir vorbei, die Dschungel des Mississippi-Deltas, die bizarren Wüsten Arizonas, die mexikanisch geprägten Küsten Kaliforniens. Am meisten aber beeindruckten mich die Gastgeber, immer freundlich, immer hilfsbereit.

Für die Sommermonate hatte ich mir einen Job in einem Familienhotel besorgt, das einsam in den Bergen von Kalifornien lag. Im weiten Kreis um das Haupthaus, in dem die Mittags- und Abendmahlzeiten stattfanden, wohnten die Gäste in hölzernen Bungalows. Unverdrossen trug ich Tag für Tag die Frühstücktabletts hinauf und hinab. Manchmal musste ich mehrfach laufen, weil ich die Bestellung nicht richtig verstanden hatte. Dafür entschädigten mich bei der Abreise der Gäste reichliche Trinkgelder, von denen ich nach der Rückkehr nach Deutschland einen riesigen Kühlschrank für meine Mutter kaufte.

Das Jahr in Amerika war die Entdeckung eines Landes, dem ich mich seit dem Auftauchen der ersten Amerikaner am Zehlendorfer Rathaus im Juli 1945 mehr und mehr zugehörig fühlte. Andererseits spürte ich, dass ich niemals Amerikaner werden wollte und konnte. Das wurde mir bewusst, als ein Verleger aus San Francisco mit einer hinreißenden Tochter mir anbot, in seinem Betrieb anzufangen – wobei die Sympathien der Tochter sicherlich eine entscheidende Rolle spielten. Aber schon als 22-Jähriger hatte ich das Gefühl, ich sei zu alt, um mich ganz in diesem Land niederzulassen. Dafür war ich in dieser Kultur nicht

heimisch genug. Mir fehlten die Wurzeln, die Erfahrungen der Jugendjahre, die Kinderlieder und Märchen, die man früh verinnerlicht haben muss, um völlig mit einer Kultur zu verschmelzen. Dennoch blieb meine Bindung an die USA lebenslang wach. Immer wieder freue ich mich darüber, dass meine jüngste Tochter Anna, deren zweiter Name Takoma ist, im gleichnamigen Vorort Washingtons entstand. Zugleich wirkt der Name wie eine Verheißung, denn Takoma ist ein indianisches Wort, das »nahe am Himmel« bedeutet.

La douce France

Die Rückkehr nach Deutschland war ernüchternd. Ich war nach dem fünften Semester nach Amerika gegangen, und meine deutschen Studienkollegen standen mittlerweile im Examen. Manche hatten es sogar schon hinter sich gebracht. Ich fühlte mich wie sitzen geblieben, fand außerdem Deutschland im Vergleich zu den USA unerträglich kleinkariert. In meinem Fach hatte ich vieles vergessen, Amerika hatte alles überlagert. Nun fing ich gewissermaßen von vorn an. Um das Versäumte möglichst rasch aufzuholen, ging ich wie alle anderen auch zu einem Repetitor. Da es, zumindest damals, eine Diskrepanz zwischen dem akademischen Unterricht der Universität und den Anforderungen der Rechtspraktiker im Staatsexamen gab, brauchte man jemanden, der diese Lücke füllte.

Nach dem gut bestandenen ersten Staatsexamen begann die Referendarzeit. Während dieser Jahre wurde mir immer klarer, dass die juristische Praxis nicht das Terrain meines Lebens sein würde. Oft langweilte ich mich, vieles im Gerichtsalltag ödete mich an. Dennoch brach ich nicht ab, pflichtbewusst, wie ich war, promovierte ich 1958 in Jura und absolvierte 1960 das

Assessorexamen. Einen starken Einfluss auf mich hatte in dieser Zeit mein Doktorvater Karl August Bettermann. Er war eine beeindruckende Persönlichkeit, ein ganz eigenständiger Kopf, dem es nichts ausmachte, wenn alle anderer Ansicht als er waren. Unbeirrbar vertrat er seine eigene Auffassung. Als wir Fußnoten für seine Abhandlungen vorformulieren sollten, fanden wir an einer Stelle seinen Kommentar an den Rand geschrieben: »Ist niemand meiner Meinung?« Wir fanden diesen Satz so charakteristisch, dass wir ihn ausschnitten, vergrößerten, rahmen ließen und ihm schenkten. Solange ich denken kann, hing er in seinem Arbeitszimmer an der Wand.

Da Bettermann offenbar viel von mir hielt, hatte er sich so nachdrücklich bei der Ford-Foundation für ein Jahresstipendium in Paris eingesetzt, dass ich sofort aufbrechen konnte. Bettermann, über den Jahre später die aufsässigen Studenten höhnen sollten: »Better no man than Bettermann«, ging gewiss davon aus, ich würde mich juristisch habilitieren. Ich sei zwar kein theoretisch begabter Kopf, befand er, das habe er anhand der Doktorarbeit gemerkt. Aber ich würde bestimmt ein guter Dozent werden und anschauliche Vorlesungen halten, weil ich offenkundig Jüngere interessant fände und mich gern mit ihnen austauschte. Das hatte er ganz richtig beobachtet, wie ich Jahre später einsah. Aber zunächst ging ich andere Wege. Mehr und mehr spürte ich, dass es mich zu neuen Ufern zog.

Vermutlich hegte mein Vater dieselbe Ahnung, denn er begegnete meinen Parisplänen mit Skepsis. Meine Mutter dagegen bestärkte mich. Es schien ihr Freude zu bereiten, wie erfolgreich ich mich in vermeintlich unsicheren Gewässern behauptete und mir den Wind um die Nase wehen ließ. Lächelnd nannte sie mich »August Weltumsegler«, nach der Figur von Knut Hamsun. Später las ich das Buch und fand keinerlei Ähnlichkeit zwischen dem

Titelhelden und mir. Was meine Mutter ausdrücken wollte, war offenbar der wohlwollende und etwas wehmütige Stolz darauf, dass ich auslebte, was ihr, die so gern reiste und sich für andere Länder, andere Sprachen interessierte, verwehrt blieb: in die Welt hinauszuziehen.

Warum ausgerechnet Frankreich? Warum zog es mich nach Paris? Aus heutiger Sicht, aus der Perspektive eines zunehmend verwechselbaren, uniformierten und globalisierten Lebensgefühls, mag es möglicherweise verwunderlich klingen: Damals empfand ich Frankreich als die führende Zivilisation. Für meine Menschwerdung, so schien es mir, sei es unerlässlich das französische Lebensgefühl, die Sprache, die Stadt in mir aufzunehmen – andernfalls bliebe ich ewig ein Provinzler.

Das Frankreichbild meiner Generation war von zwei Autoren geprägt, die ein faszinierendes, auch widersprüchliches Porträt der Grande Nation gezeichnet hatten: Friedrich Sieburg und Herbert Lüthy. Der Schweizer Lüthy, der unter anderem im *Monat* publizierte, schildert in *Frankreichs Uhren gehen anders* das Nebeneinander von Strahlkraft und Stagnation. Sein 1954 erschienenes Buch zeichnete ein ambivalentes Bild. Frankreich besitze zwar alles, »um ein Land der unbegrenzten Möglichkeiten, ein Kalifornien Europas« zu werden, sei jedoch wirtschaftlich in veralteten Strukturen erstarrt. Dieser Widerspruch beherrsche auch die politische Rhetorik. Sie beschwöre unermüdlich die große revolutionäre Vergangenheit Frankreichs, während sie über den real existierenden autoritären Staatsapparat und seine verkrustete Bürokratie hinwegtäusche.

Eine melancholische Liebeserklärung, fast ein Abgesang war Sieburgs *Gott in Frankreich?*, 1929 veröffentlicht. Sieburg, der drei Jahre zuvor als Korrespondent der *Frankfurter Zeitung* nach Paris gekommen war und bis 1939 blieb, feierte die Sprache, die Eleganz, die Raffinesse unseres westlichen Nachbarlandes. Unerreicht sei Frankreich, was urbanen Esprit und ästhetisches Formbewusstsein betreffe, hierin dem wirtschaftlich erfolgreicheren Deutschland eindeutig überlegen. Den Vergleich der Nationen stellte Sieburg keineswegs naiv schwärmerisch an, sondern wies auch auf die strukturellen Defizite des bewunderten Landes hin. Warum er Frankreich den Vorzug gebe, kleidete er in die schalkhafte Formulierung, er sei schwach genug, sich lieber in einem »altmodischen und unordentlichen Paradies« aufzuhalten als in einer »blitzblanken und trostlosen Musterwelt«. Solche amüsante Seitenhiebe auf die brave, deutsche Korrektheit ließen Frankreich umso sympathischer wirken wie auch Sieburgs Einlassung, es falle ihm schwer, »in der Entwicklung von der Schlamperei zur Hygiene das menschliche Glück zu erblicken«. Das Buch *Gott in Frankreich?* wirkte wie ein Versprechen. Trotz unübersehbarer Verfallserscheinungen erfreue sich Frankreich »im internationalen Leben einer Ausnahmestellung, an der die gefällige Besonderheit seiner Daseinsform, die Schönheit seiner Hauptstadt, der Geschmack seiner Künste und der Reiz seiner Beredsamkeit entscheidend mitwirken.«

Mit diesen Bildern im Kopf und im Herzen war ich ungeheuer gespannt auf Paris. Im Frühjahr 1960 bezog ich ein Zimmer im vier Jahre zuvor eröffneten, inzwischen nach Heinrich Heine benannten Deutschen Haus, dessen Verwaltungsrat ich zu meiner Freude seit einem Vierteljahrhundert angehören darf. Als Erstes kaufte ich mir einen Michelin-Führer, um mir Paris systematisch zu erwandern. Tagelang war ich zu Fuß auf den empfohlenen Routen unterwegs, besuchte Kirchen und Museen, stieg auf den Eiffelturm, pilgerte zum Grab Napoleons in der Krypta des Invalidendoms. Allenthalben konnte man großartige Ausstellungen mit den Malern der klassischen Moderne sehen, Picasso, Braque, Chagall.

Wie schon bei meinem ersten Besuch war ich tief berührt von der Schönheit der Stadt, was ich von Berlin bei aller Liebe nicht sagen würde. Zum einen war Berlin um 1960 noch gezeichnet von den Narben des Krieges, mit zerschossenen Fassaden und Trümmergrundstücken, zum anderen hatte es auch vor dem Krieg keine wirklich alte Bebauung gegeben. Umso eindrücklicher war die Begegnung mit dem architektonisch geschlossenen Haussmann'schen Paris – klassizistische Fassaden, breite Alleen, grandiose Sichtachsen. Unter Napoleon III. war die Hauptstadt des 19. Jahrhunderts entstanden, das Paris der Avenuen und Plätze, Insel der Bourgeoisie, Bühne der Flaneure.

Zunächst musste ich mir eine neue Sprache erobern, was sich als recht schwierig herausstellte. Anders als in den USA, konnte ich nicht einmal auf rudimentäre schulische Kenntnisse zurückgreifen, denn Französisch war in meinem altsprachlichen Gymnasium nicht unterrichtet worden. So sah ich mich kaum in der Lage, auch nur einen einzigen der in rasantem Tempo gesprochenen Sätze zu verstehen. Im ersten halben Jahr ging ich jeden Morgen in eine Sprachschule und paukte nachmittags Grammatik und Vokabeln. Erst im Herbst begann ich mit dem Studium der Politikwissenschaft an der Sciences Po unter der väterlichen Förderung des nur sieben Jahre älteren Alfred Grosser. Daneben beeindruckte mich besonders der elegante, brillante Politikwissenschaftler Maurice Duverger, der beredt die Eigentümlichkeiten der verschiedenen französischen Republiken herausarbeitete.

Es dauerte ein ganzes Jahr, bis mir das Französische wirklich geläufig war. In den Zeiten, als ich es gut sprach, empfand ich dies als große Bereicherung. Mich faszinierte das Aristokratische der französischen Sprache, die als Sprache des europäischen

154

Adels jahrhundertelang den Kontinent geprägt hatte. Friedrich der Große wäre ohne diesen französischen Hintergrund undenkbar, was dazu führte, dass man ihn im antifranzösischen Deutschland des 19. Jahrhunderts nur noch mit Geringschätzung betrachtete. Bis in unsere Tage hinein bleibt meist unerwähnt, dass Friedrich 50 000 Gedichte in französischer Sprache verfasste. Im nationalistisch eingestellten 19. Jahrhundert nahm man ihm besonders übel, dass er das Deutsche als Sprache der Pferdeknechte verachtet hatte. Seine ganz selbstverständliche Neigung für das Französische schien unentschuldbar, seit Napoleon am Anfang jenes Jahrhunderts Deutschland überrannt und beinahe vernichtet hatte.

Mit großem Interesse las ich damals Mario Wandruszkas *Der Geist der französischen Sprache*, ein Buch, das anhand typischer Begriffe die französische Denkungsart erläuterte. Viele dieser Begriffe sind ins Deutsche eingewandert, wie »la manière«, »le gout«, »le plaisir« oder »la conversation«. In vielen Bereichen, sei es Politik, Diplomatie oder Militär, Vergnügen, Mode oder Küche, kommen wir bis heute nicht ohne Gallizismen aus, vom Citoyen bis zur Sauce béarnaise. Als gesunkenes Kulturgut spiegeln sie das Denken und den Lebensstil ganzer Epochen wider, machen sie zugänglich und erfahrbar. Bis heute hat die gleichsam höfische Stilsicherheit, die wir an den Franzosen bewundern, ihren wesentlichen Grund in ihrem hohen Sprachbewusstsein. In welchem Land gäbe es eine vergleichbare Institution wie die Académie française, die eigens der Sprachpflege gewidmet ist?

Eine sehr wichtige Erfahrung war das zeitgenössische französische Kino, die Nouvelle Vague. In Deutschland hatte ich mich nicht sonderlich für Filme interessiert. Nach den sogenannten Trümmerfilmen, unter ihnen immerhin herausragende Werke wie Staudtes *Die Mörder sind unter uns* oder Liebeneiners *Liebe 47*,

DER FRANZÖSISCHE FILM

eine filmische Adaption von Borcherts *Draußen vor der Tür*, erschöpfte sich das deutsche Kino der fünfziger Jahre bis auf wenige Ausnahmen in seichter Unterhaltung. Heimatfilme wie *Sissi* machten Furore, anspruchslose Schlagerfilme und Komödien. Ganz anders in Frankreich. Unmittelbar nach dem Krieg waren Marcel Carnés *Kinder des Olymp* und Jean Cocteaus *Die Schöne und das Biest* entstanden, Max Ophüls hatte unter anderem Schnitzler und Maupassant verfilmt. Jetzt kündigte sich ein Generationswechsel an, der 1959 mit François Truffauts *Sie küssten und sie schlugen ihn* einen ersten Triumph gefeiert hatte. Mit Begeisterung sah ich Filme wie *Außer Atem*, *Letztes Jahr in Marienbad* oder *Jules und Jim*.

Wie wohl jeder männliche Kinobesucher schwärmte ich damals für Jean Seberg, die grazile, großäugige Heldin aus *Außer Atem*. Mit ihrem avantgardistischen, raspelkurzen Bubikopf und ihrer kecken Ausstrahlung verkörperte sie einen neuen weiblichen Typus, jungenhaft und selbstbewusst. Über zwanzig Jahre später sollte ich übrigens eine Frau heiraten, die diesem Bild entsprach – meine zweite Frau Gabriele.

Mit *Außer Atem* schuf Regisseur Jean-Luc Godard eine neue Filmästhetik jenseits der Perfektion, mit natürlichem Licht und springenden Schnitten. Besonders verblüffte mich, wie beiläufig Motive der existenzialistischen Philosophie in dieser Parodie eines Gangsterfilms anklangen. Unüberhörbar hatte Sartres *Das Sein und das Nichts* Pate für das Drehbuch gestanden. Einmal wird der Held gefragt, wofür er sich entscheiden würde, wenn er die Wahl zwischen dem Nichts und dem Leiden hätte. Er bevorzuge das Nichts, antwortet er, und nicht zufällig endet er mit einer Kugel im Rücken. So viel Tiefe in einem Film, der vordergründig von der Flucht eines Gangsters handelte, entzückte mich.

Bis heute empfinde ich französische Filme als wesentlich subtiler im Vergleich zu deutschen oder amerikanischen, da sie von einer Finesse und psychologischen Einfühlung sind, die man andernorts vergeblich sucht. Sind nicht allein schon diese Filme ein Grund zu sagen, man wäre gern als Franzose auf die Welt gekommen?

Da meine Begeisterung von anderen Kommilitonen der Cité, dieser Pariser Studentenstadt geteilt wurde, lud ich Autoren und Regisseure der Nouvelle Vague zu Debatten ins Deutsche Haus ein. Auch für politische Gespräche fanden sich genug Interessenten. Es war für uns alle ein großes Erlebnis, einem älteren Herrn zuzuhören, der Hitler und Adenauer aus der Nähe beobachtet hatte und aus eigener Kenntnis anschaulich beschrieb: dem Berlin-Botschafter zur Zeit Hitlers und späteren Hochkommissar nach dem Krieg, André François-Poncet. In seinem hochherrschaftlichen Palais lobte er Hitlers Umgangsformen, gerade auch gegenüber Ausländern. Hitler sei, was heute keiner mehr erwähne, charmant gewesen, wenn ihm danach zumute gewesen sei. Besucher habe er einfühlsam für sich zu gewinnen gewusst, selbst wenn sie zu ihm gekommen seien, um unerfreuliche Themen vorzubringen oder Missstände anzuprangern. Immer wieder hätten solche Leute den Führer beglückt verlassen, beeindruckt, obwohl sie sachlich nichts ausgerichtet hätten.

Bei Adenauer war François-Poncet die würdevolle Unnahbarkeit des Bäckerenkels aufgefallen. Gar nichts hielt er von dessen Kontrahenten Kurt Schumacher, dem ersten Nachkriegsvorsitzenden der SPD. François-Poncet nannte ihn einen Wüterich. Mich freute das, denn zu Schumachers Lebzeiten hatte ich mich nicht entschließen können, der SPD beizutreten, weil mir seine permanente Aufgeregtheit massiv missfiel.

Entscheidend war mein Aufenthalt in Paris insofern, als dass er mich endgültig von der Juristerei zur Politikwissenschaft brachte. Ich erlebte in Frankreich die Geburt einer neuen, ganz anderen Verfassung, die unter dem Druck der algerischen Revolution ins Werk gesetzt wurde. Charles des Gaulle nutzte die Krise der Republik, um eine neue Verfassungsordnung ins Leben zu rufen, von der er hoffte, dass sie eine größere Stabilität als die Parlamentsherrschaft der III. und IV. Republik gewährleisten könne. Die Verfassung der V. Republik folgte dem Vorbild der Weimarer Verfassung. De Gaulle wurde das, was man sich in der Weimarer Republik vom Reichspräsidenten als »Ersatzkaiser« erhofft hatte.

Paris sollte noch in ganz anderer Hinsicht für mich unvergesslich werden, denn hier trat eine Frau wieder in mein Leben, die ich schon in Hamburg kennengelernt hatte. Heidi Dietrich. Ihre Familie wohnte im Haus gegenüber meines gelegentlichen Gastgebers in Othmarschen. Sie war neugierig auf die Stadt und offensichtlich auch auf mich gewesen. Bald darauf wurden wir ein Paar. Unsere Seligkeit war so groß, dass uns die Komplikationen unserer Liebe nicht im Mindesten störten. Das Zusammenleben gestaltete sich ziemlich kompliziert, da sie keine Studentin war und deshalb nicht im Deutschen Haus wohnen durfte. Unsere Nächte fanden in großer Heimlichkeit statt, was den Reiz natürlich erhöhte. Wenn Heidi am Abend zu mir kam, musste sie bis zum späten Vormittag des nächsten Tages bleiben. Erst dann konnte sie, ohne dass es auffiel, das Haus verlassen, ungeduscht und ohne gemeinsames Frühstück in der Cafeteria. Dieses Versteckspiel machte uns nichts aus. Wir waren verliebt, wir waren in Paris.

Kapitel 3

09. IX. 2014

KURSWECHSEL UNTER VOLLEN SEGELN

Journalist im WDR

Wenn ich auf mein Leben zurückblicke, wundere ich mich oft, welche Zufälle und Persönlichkeiten mich prägten und Kurswechsel bewirkten. Es war die Begegnung mit außergewöhnlichen Menschen, die mich meine Leidenschaft entdecken ließ – als Zeithistoriker aktuelle politische Geschehnisse zu begleiten und zu kommentieren. Franz L. Neumann war der Erste, der mich in New York an der Columbia University anregte, wenige Monate nach den Unruhen in der DDR meine Studie über den 17. Juni 1953 zu schreiben. Es war der Beginn meiner Versuche, kurz nach den Ereignissen, lange vor Freigabe der einschlägigen Akten, wichtige Abschnitte der Nachkriegszeit festzuhalten.

Schon vor meinem Parisaufenthalt ahnte ich, dass es dort zu keiner juristischen Habilitation kommen würde, obwohl die Ford-Foundation das Stipendium eigentlich dafür vorgesehen hatte. Ich wollte mein Leben nicht am Schreibtisch verbringen, wollte hinaus in die Welt. So verfiel ich kurz vor meiner Rückkehr nach Deutschland auf eine gänzlich neue Idee: Da ich mich seit den Studienjahren in den USA in der englischen Sprache zu Hause fühlte und inzwischen auch ganz passabel Französisch

159

sprach, erschien es mir so naheliegend wie verlockend sich für den diplomatischen Dienst zu bewerben.

Ende 1961 durchlief ich erfolgreich das Auswahlverfahren beim Auswärtigen Amt – und schlug dann doch einen ganz anderen Weg ein. Zwischen meiner Aufnahmeprüfung in den diplomatischen Dienst und dem Beginn der Ausbildung lag ein Vierteljahr. Meine langjährige Freundin Carola Stern verschaffte mir gemeinsam mit Gerd Ruge und Peter Bender ein Praktikum beim Westdeutschen Rundfunk in Köln. Als man mir dort schon nach einigen Wochen das Angebot machte, Redakteur zu werden, stimmte ich begeistert zu. Mein Vater war überrascht. Sein Ältester – ein Journalist? Das hatte er sich ganz anders vorgestellt. Bekümmert sagte er zu Bettermann, einem befreundeten Kollegen: »Mein Sohn ist unter die Gaukler gegangen.«

Mir jedoch erschien der Journalismus, besonders in einem solchen Sender, weitaus attraktiver als die Aussicht auf eine zweijährige diplomatische Ausbildungszeit. Ich hätte dort in einem reinen Männerheim leben müssen: Im Frühjahr 1962 heirateten Heidi und ich in der Kapelle in Villigst, im Juli des folgenden Jahres wurde Susanne, unsere erste Tochter, geboren. Es war eine wunderbare Zeit. Wir wohnten in einem Bauernhaus im Bergischen Land, einem Fachwerkbau, hoch am Hang gelegen. Es gab kein Badezimmer, alles war sehr einfach, aber überaus romantisch. Im Winter kamen die Rehe bis ans Haus. Wenn ich zum WDR fuhr, tauchte ich oft in die Nebel des Rheintals ein.

Vor allem machte ich Bekanntschaft mit der Mentalität des Rheinlandes, das auf mich weit kultivierter als Berlin wirkte. Allein schon die größere Zahl der Feinkostläden und Weinlokale nahmen mich für den Kölner Raum ein. Ein Slogan jener Zeit lautete, nur die rheinischen Weintrinker könnten die Biertrinker des Südens und Schnapstrinker des Nordens in Schach halten, eine recht gewagte These, die mir dennoch einleuchtete.

Beruflich fühlte ich mich ausgesprochen wohl. Ich war der Jüngste in der politischen Redaktion und wurde von meinen älteren Kollegen väterlich gefördert. Wenn ich mein damaliges Lebensgefühl beschreiben sollte, würde ich die Worte wiederholen, die ich damals meinem Programmdirektor Fritz Brühl sagte. Gerade aus Paris zurückgekehrt und mit einem kleinen Buch über de Gaulle beschäftigt, zitierte ich den französischen Staatspräsidenten, als Brühl mich fragte, wie es mir denn beim WDR ergehe. In seinen Erinnerungen hatte de Gaulle geschrieben, als er in die französische Armee eintrat, sei sie die großartigste Sache der Welt gewesen. Mit ähnlich euphorischen Gefühlen erlebte ich jetzt den Westdeutschen Rundfunk.

Ich hatte nicht übertrieben. Damals war der WDR noch ein überschaubarer Sender. Das kleine Funkhaus lag schräg gegenüber vom Dom, die Atmosphäre war familiär und von großer Liberalität geprägt. Es war eine sehr harmonische Zeit. Abends saß eine Runde junger Kollegen bei Carola Stern zusammen und debattierte lebhaft. Auch Klaus von Bismarck traf ich jetzt wieder, der inzwischen Intendant des WDR geworden war.

Man übertrug mir zwei Sendeformate für DDR-Bewohner, die bei den angestammten Redakteuren eindeutig zu den ungeliebten Aufgaben zählten: »Wir sprechen zur Zone«, täglich ausgestrahlt, und die samstägliche Sendung »Unteilbares Deutschland«. Mein Vorgänger Peter Bender war froh, diese Pflichtübung loszuwerden. Ich übernahm sie bereitwillig, weil ich sie für einen akzeptablen Einstieg hielt. In Wahrheit erwartete mich ein hartes Brot. Recherchen vor Ort waren so gut wie ausgeschlossen, da man damals als Journalist nicht in die DDR einreisen konnte, es sei denn, zur Leipziger Messe oder zur Evangelischen Akademie in Ostberlin. Es gab nur das amtliche DDR-Material, und so war ich auf die Interpretation der Informationen durch einen Insider angewiesen.

Meine wichtigste Quelle wurde Heinz Zöger, der mir geduldig, Tag für Tag, die Realität der politischen DDR, die Usancen und Strategien des Politbüros erklärte. Der spätere Ehemann von Carola Stern war zu meiner Zeit freier Mitarbeiter. Als Kommunist war er von den Nazis zweimal zu längeren Haftstrafen verurteilt worden, nach dem Krieg hatte er eine leitende Position beim Rundfunk der DDR innegehabt und war ein exzellenter Kenner der DDR-Strukturen. Da er dem regimekritischen »Kreis der Gleichgesinnten« um Walter Janka angehörte, wurde er 1957 zu zwei Jahren Haft verurteilt und reiste daraufhin 1959 in den Westen aus. Er beriet mich auch bei meinem Buch über den 17. Juni, an dem ich inzwischen saß.

Einblicke in die literarische Szene der DDR verdanke ich dem ostpreußischen Schriftsteller Johannes Bobrowski, mit dem ich mich befreundete. Ich lernte Bobrowski wie Erich Arendt, Hans Mayer in der Evangelischen Akadedemie in Berlin Weißensee kennen. Ich mochte die Atmosphäre dort sehr. Bobrowskis Gedichte und Romane wurden in der DDR und auch im Westen veröffentlicht. Ohnehin lehnte er die Einteilung in ostdeutsche und westdeutsche Literatur ab. 1962 erhielt er den Preis der Gruppe 47, was ihn international bekannt machte. Oft lud er mich zu seiner Familie ein, mit der er in Friedrichshagen am Müggelsee lebt. Die Gastlichkeit dieser ostpreußischen Familie wird mir immer unvergesslich bleiben, die Kaffeetafeln mit Blechkuchenbergen im Garten unter Obstbäumen.

Als ich Jahrzehnte später meine Erwähnungen in den Stasi-Akten sichtete, fand ich darin viele Kommentare zu meinen Sendungen. Offenbar hatte man »Wir sprechen zur Zone« und »Ungeteiltes Deutschland« sehr genau wahrgenommen und als imperialistische Bedrohung eingestuft, obwohl mir meine Beiträge aus heutiger Sicht ausgesprochen harmlos erscheinen. Umso mehr verwunderte mich, dass in den Stasiunterlagen nichts über meine spätere Professorenzeit vermerkt war – mehrere Studenten hatten mir gestanden, sie seien auf mich angesetzt worden.

Aufschlussreicher als meine Ostsendungen erwiesen sich die vielfältigen Begegnungen und Kontakte, die mich mit der Bonner Sphäre vertraut machten. Als ich mich für die journalistische Arbeit entschieden hatte, war mir gar nicht bewusst gewesen, welch ein unschätzbares Netzwerk ich als Redakteur würde aufbauen können. Kein Dreißigjähriger in der Wissenschaft hatte damals wie ich ein großes Büro mit mehreren Sekretärinnen oder konnte jeden anrufen, der ihm wichtig erschien.

Während meiner Zeit beim WDR richtete man unter anderem die neue Sendereihe »Umstrittene Sachen« ein, öffentliche Streitgespräche über aktuelle Themen im Sendehaus am Wallraffplatz. Zu einer dieser Debatten lud ich Marcel Reich-Ranicki ein, der kurz zuvor aus Warschau in die Bundesrepublik übergesiedelt war. Seine temperamentvolle, entschiedene Art, sich zu äußern, gefiel mir. Sehr farbig schilderte er seine Erlebnisse mit deutschen Besuchern, die er in Polen vor seinem Umzug nach Deutschland getroffen hatte. Besonders verblüfft war er vom jungen Günter Grass gewesen, hatte nicht glauben können, dass er wirklich ein Autor sei. Ein deutscher Schriftsteller?, habe er damals gedacht. Nein, ein bulgarischer Agent!

Zu meinem väterlichen Freund beim Westdeutschen Rundfunk wurde Peter Bender. Geduldig weihte er mich, den Novizen von der Universität, in die Kunst des klaren Wortes ein. Nach jeder Sendung übte er Manöverkritik, ohne ein Blatt vor den Mund zu nehmen. Zunächst war ich ihm zu trocken, zu umständlich, dann im Gegenteil zu blumig. Ich musste ganz neu lernen, natürlich zu sprechen, nicht so hölzern abstrakt wie Juristen, nicht in akademischen Bandwurmsätzen. Rasch gewöhnte ich mich daran, klar und allgemeinverständlich zu schreiben, Texte, die jedem Hörer einleuchten konnten.

Unvergesslich sind die Ratschläge, die mir Walter Dirks gab, die bedeutendste Figur, die ich im Westdeutschen Rundfunk erlebte. Unter anderem hatte er zusammen mit Eugen Kogon die *Frankfurter Hefte* herausgeben, zu meiner Zeit leitete er das Kulturressort des WDR. Ich mochte ihn sehr, suchte seine Nähe, hörte auch gern auf seine Ratschläge. Er riet mir, man solle sich Texte immer leise vorlesen, um zu prüfen, ob sie flüssig formuliert und sprechbar seien. Hörer und Leser könne man nur fesseln, wenn man immer anschaulich sei. Zweitens fand er, man gewinne sein Publikum am leichtesten mit einem verblüffenden Anfang, den man nie langatmig oder weitschweifig gestalten dürfe. Wichtig scheint mir auch ein dritter Rat von Dirks, den ich später vielen Studenten weitergegeben habe: »Werfen Sie immer Anfang und Ende weg. Die Mitte ist meistens ordentlich.« Man solle also keine umständliche Einleitung versuchen, sich nicht mit langen Vorreden aufhalten, sondern gleich in medias res gehen. Danach solle man der Versuchung widerstehen, einen fulminanten Schluss aufzutürmen.

Mein erster größerer journalistischer Aufsatz erschien im August 1962, ein Jahr nach dem Mauerbau, im sogenannten Kinderheft des *Monat*. So hieß es intern, weil diese Nummer den Obertitel »Alle unter dreißig« hatte. Das stimmte nicht ganz, was mich betraf, denn ich war kurz vor der Veröffentlichung des Textes dreißig geworden. Der Aufmacher des Heftes stammte von mir und trug die Überschrift »Patriotische Fragezeichen«. Darin beschrieb ich in Form vieler Fragen die Lage und Geschichte Deutschlands. Außerdem trat ich für die Anerkennung der DDR ein, was ich damals für unvermeidlich hielt, obwohl dies äußerst umstritten war. Marcel Reich-Ranicki sagte mir seinerzeit, er finde meinen Text sehr anregend, ich hätte jedoch mit meinen Fragesätzen ein Stilmittel überanstrengt. Zumindest überforderte ich die politische Nachsicht wichtiger Zeitgenossen. Mit meinem Plädoyer für eine Anerkennung der DDR hatte ich ein Tabu verletzt und fand mich plötzlich im Kreuzfeuer der Kritik wieder. Allen Ernstes wurde die Frage aufgeworfen, ob ein Mann, der solche Ansichten äußere, in einer öffentlich-rechtlichen Anstalt tragbar sei.

Meine anfängliche Euphorie, was meine Arbeit als Redakteur betraf, war zunehmender Ernüchterung gewichen. Immer deutlicher beschlich mich das Gefühl, ich würde in der Nische meiner Ost-Sendungen hängenbleiben. Sie erschienen mir wie der Stevenson'sche Flaschenkobold, der sich, einmal gerufen, nicht mehr vertreiben lässt. Kein anderer Redakteur war willens, mich abzulösen und die Sendungen zu übernehmen. Hinzu kam der redaktionelle Alltag, den ich als unbefriedigend empfand. Oft telefonierte ich den ganzen Tag lang und gestand mir abends ermattet ein, es wäre sinnvoller gewesen, alle Kommentare selbst zu schreiben, statt sie umständlich zu organisieren.

Ich befand mich in einer beruflichen Sackgasse und überlegte, wie ich mich daraus befreien könne. Es zog mich in die Ferne. Ich wollte Spanisch lernen, um für den Sender nach Südamerika zu gehen. Anfang der sechziger Jahre meinte man, vor allem unter dem Eindruck der exponierten Rolle, die Castro in Kuba spielte, Südamerika würde gewaltige Umwälzungen erleben und international größere Bedeutung erhalten. Eine kapitale Fehleinschätzung, wie sich herausstellen sollte, doch sie veranlasste mich, beim WDR um eine einjährige Beurlaubung zu bitten. Zunächst sagte man sie mir zu, ließ mich aber später wissen, eine solche Regelung müsse auf ein halbes Jahr beschränkt bleiben. Das ärgerte mich. Ein halbes Jahr, so viel Erfahrung hatte ich mittlerweile, war zu wenig Zeit, um mit einer neuen Sprache vertraut zu werden.

Als sich mein Plan mit Südamerika verflüchtigte, kam es mir sehr zupass, dass mich zwei Berliner Professoren, Kurt Sontheimer und Gilbert Ziebura unabhängig voneinander anriefen und fragten, ob ich mich habilitieren wolle. Meine Frau Heidi war ohnehin der Meinung, der Journalismus lauge mich zu sehr aus. So gehe es nicht weiter.

Nach einigem Hin und Her entschloss ich mich, meine berufliche Sicherheit aufzugeben. Ungeachtet der Risiken reichte ich 1964 meine Kündigung ein, und zwar, was ich damals für ortsangemessen hielt, am Aschermittwoch. Im Rheinland schien es mir der richtige Tag für einen solchen Schritt zu sein. Glücklich und erleichtert präsentierte ich dem Chefredakteur Ulrich Gembardt meine heroische Entscheidung, zugunsten der Freiheit auf einen festen Posten zu verzichten. Er war verblüfft und sagte: »Ihr Glücksgefühl wird nicht lange anhalten – schon morgen werden Sie sich fragen müssen, wie es beruflich weitergeht.«

Es spricht für Gembardts Großzügigkeit und Souveränität, dass er mir meine Kündigung nicht nachtrug, sondern ganz im Gegenteil eine große Hilfe war: Bald darauf vermittelte er mir ein Stipendium der Deutschen Gesellschaft für Auswärtige Politik in Bonn. Wenige Wochen zuvor war ein von ihr verpflichteter Autor gestorben, der eine Kulturgeschichte des französischen Käses schreiben sollte. Meinen verdutzten Ansprechpartnern eröffnete ich, von Käse verstünde ich leider nichts, würde das Stipendium aber gern annehmen, wenn man mir gestatte, das Thema abzuwandeln – in eine vergleichende Studie über die Anfänge der deutsch-französischen Zusammenarbeit in der Ära Adenauer. Glücklicherweise willigte man ein und finanzierte in den kommenden zwei Jahren den Grundstock meiner Habilitation.

Zunächst führte ich unzählige Gespräche. Mosaikstein für Mosaikstein setzte ich zusammen, fragte nach, erfuhr teilweise Widersprüchliches, dann wieder Übereinstimmendes, sodass das Bild immer komplexer, immer reicher an Details wurde. Rasch stellte ich fest, dass eine zwischen Frankreich und der Bundesrepublik vergleichende Studie doppelte Arbeit bedeutete. Das war zeitlich unmöglich zu schaffen. Also musste ich mich auf die Bundesrepublik beschränken, auf Adenauer, der gemeinsam mit den westeuropäischen Partnern unter Pariser Führung die Europäische Verteidigungsgemeinschaft ins Leben gerufen hatte.

Als Politikredakteur eines renommierten Senders hatte ich in Bonn einen großen Teil der damaligen politischen Protagonisten kennengelernt, bei Pressekonferenzen, Hintergrundgesprächen und Interviews. Diese Nähe zur politischen Sphäre und das daraus gewonnene Verständnis für politische Mechanismen brachten es mit sich, dass ich ein anschauliches Bild der Machtverhältnisse und der politischen Schlüsselfiguren zeichnen konnte. Das hatte es bis dahin nicht gegeben, und vergleichbare Studien sind bis heute eine Seltenheit. Die Besonderheit waren meine vielen Informationen aus erster Hand. Meine Kontakte erwiesen sich als unerlässlich, um die spezifische Form von Zeitgeschichtsschreibung zu entwickeln, der ich auch in späteren Büchern treu geblieben bin: wesentlich nicht auf die Akten zu warten, sondern mit vielen Zeitzeugeninterviews, auch mit dem, was vertiefte Zeitungsanalysen ergeben, ein lebendiges Bild zeitgenössischer Politik zu vermitteln.

Zwischen APO und Adenauer

Mehr und mehr rückte Konrad Adenauer in den Mittelpunkt meiner Studie. Mich interessierte die Frage, wie ein alter Mann es bewerkstelligt hatte, 1949 ohne allgemeine Unterstützung erster Bundeskanzler zu werden. Solange ich in Berlin lebte, und das hatte ich während der fünfziger Jahre, zumal in der Referendarzeit, weitgehend getan, betrachtete ich den rheinischen Kanzler mit kritischer Distanz. Außerdem war ich SPD-Mitglied. Nun ging mir mit einigem Staunen auf, dass ich nicht nur ausgerechnet über Adenauer schrieb, sondern aufs Ganze gesehen, zu einem positiven Urteil kam.

In der Anfangszeit beim WDR war ich noch ein erklärter Gegner Adenauers gewesen. Doch während meiner Kölner Jahre hatte ich das Rheinland und seine spezifische Mentalität verstehen gelernt, was sukzessive auch mein Adenauerbild veränderte. Hinzu kam, dass ich im Laufe meiner Recherchen das untrügliche politische Gespür Adenauers entdeckte, seinen beeindruckenden Machtinstinkt und seine taktischen Fähigkeiten. Meine anfängliche Reserve gegenüber dem »Alten von Rhöndorf« verwandelte sich widerstrebend in Respekt, ja Achtung. Trotzdem verfiel ich nicht in nachträgliche Hofberichterstattung. Wenn ich die Studie heute lese, fällt mir auf, dass sie eine gesunde Balance zwischen meiner ursprünglichen Ablehnung und der Neubewertung des Gründungskanzlers hält.

Adenauers Selbstgefühl Selbstbewusstsein hatte sich im Kaiserreich gebildet. Lebenslang blieb er eine Mischung aus rheinischen und wilhelminischen Elementen, ein rheinischer Preuße. Als Dreißigjähriger war er der katholischen Zentrumspartei beigetreten und 1917 zum Oberbürgermeister Kölns gewählt worden, damals der jüngste Chef einer deutschen Großstadt. Von

1920 bis 1933 war er Präsident des Preußischen Staatsrats und mehrfach als Kandidat für das Amt des Reichkanzlers im Gespräch gewesen, ehe er im Dritten Reich seine Ämter verlor und mehrfach inhaftiert wurde. Das Dritte Reich durchlebte Adenauer in seinen sechziger Jahren, in einer Zeit, als seine Prägung längst abgeschlossen war. Bei aller Distanz zum Nationalsozialismus kam es für ihn allerdings nicht infrage, sich dem Widerstand anzuschließen, da er ihn für chancenlos hielt.

Als der große, schlanke, kerzengerade Katholik nach dem Krieg erneut die politische Arena betrat, lag seine politische Zukunft nach menschlichem Ermessen hinter ihm. Doch er kehrte ungebrochen und verantwortungsbereit zurück. Anders als viele seiner Zeitgenossen, hatte ihn die Erfahrung des Nationalsozialismus keineswegs zum Menschenverächter werden lassen. Zumindest konnte er, weil er humorvoll, schlagfertig und witzig war, seinen Zynismus erfolgreich tarnen. Es war faszinierend, wie zielstrebig Adenauer seine Nachkriegskarriere vorbereitet hatte. Immer wieder wusste er sein Alter, an sich doch ein Nachteil, zu seinen Gunsten ins Spiel zu bringen. Bei mehreren Gelegenheiten erklärte er, da er der Älteste in der Runde sei, habe doch wohl niemand etwas dagegen, wenn er den Vorsitz übernähme. Man ließ ihn immer gewähren. Niemand kam auf den Gedanken, dass man ihm damit unfreiwillig den Weg an die Spitze bahnte. Wer nahm denn schon allen Ernstes an, dass jemand, der fünf Jahre nach der Reichsgründung geboren war, auf seine alten Tage noch den neuen Staat prägen wolle?

Die Beschäftigung mit Adenauer sollte eines meiner Lebensthemen werden.

Lebenslang blieb Adenauer ein selbstbewusster Deutscher, gleichermaßen zielstrebig und gelassen. Solche Eigenschaften waren gefordert, als es darum ging, dem fragilen Kunstprodukt

Bundesrepublik solide, dauerhafte Fundamente zu verschaffen: Wirtschaftswunder, Westintegration, Wiederbewaffnung, vor allem eine stabile, führungsstarke Demokratie.

Dies war mein Resümee, als ich im Frühjahr 1966 wie ein verlorener Sohn an die Freie Universität nach Berlin zurückkehrte. Ich hatte einige Umwege genommen – die Jahre in Paris, meine zeitweiligen Pläne, Diplomat zu werden, meinen Ausflug in den Journalismus. Nun wurde ich wissenschaftlicher Assistent und Lehrbeauftragter am Otto-Suhr-Institut der Freien Universität, um meine Habilitation abzuschließen. Mit Frau und Kind zog ich in die Dahlemer Drakestraße, im August wurde meine zweite Tochter Juliane geboren. Ich war wieder in Berlin, in der Stadt, die ich als meine Heimat empfand, obwohl ich in Dresden geboren war. Der Umzug aus dem Rheinland in die Großstadt bedeutete eine nicht ganz einfache Umstellung. Statt in der Idylle des Bergischen Lands wohnten wir nun an einer lauten, staubigen Straße, und auch in beruflicher Hinsicht entpuppte sich der Wechsel als problematisch.

Seit meinem Weggang hatte sich das Klima an der Universität stark verändert. Zunehmend gab es Spannungen zwischen Studenten und Professoren. Die Konflikte hatten bereits 1965 mit der Frage begonnen, wie man mit dem zwanzigsten Jahrestag des Kriegsendes umgehen solle. Die Universitätsleitung wollte das Ereignis ignorieren, während man dies in der Studentenschaft ganz anders sah. Sie reklamierte umfassende Mitspracherechte und vertrat generell die Meinung, eine moderne Universität müsse den Auffassungen der Studenten und Assistenten sehr viel mehr Raum geben als bisher. Bei den Professoren ernteten die Studenten eher zurückhaltende Reaktionen. Doch es gab eine neue politische Kraft, die ihnen Rückenwind verlieh: die Sozialdemokraten, die im Dezember 1966 in die Große Koalition eingetreten waren. Sie verstanden sich als das dynamische Element in der Regierung unter Führung des CDU-Kanzlers Kurt Georg Kiesinger. Erstmals seit 1949 war die SPD an der Regierung im Bund beteiligt. Der Partei lag sehr daran, den Westdeutschen zu beweisen, dass sie die Union als maßgebliche Regierungsmacht beerben und eine sozialdemokratische Ära einleiten könne.

In Berlin wurde mir zunehmend bewusst, dass ich mit meiner Arbeit über den Aufstieg Adenauers überhaupt nicht in den Zeitgeist passte. Wer in jener Phase über den ersten Nachkriegskanzler habilitieren wollte, entlarvte sich als Vertreter des Ancien Régime. Adenauer wurde damals ähnlich abgelehnt wie Kohl gegen Ende seiner Kanzlerschaft: Er galt als Figur längst vergangener Zeiten, überlebt und abgetan. Hatte er nicht 1963 sein Amt verloren? War er nicht 1966 neunzig Jahre alt geworden? Mir wurde bänglich zumute. Ich fürchtete das Scheitern meiner Habilitation.

Währenddessen steigerte sich der Unmut der Studenten. Erste Demonstrationen erschütterten die Universität, Sit-ins und Kundgebungen bestimmten das Bild. Der große Aufbruch hatte begonnen, auch die große Aggression, mit der man die Generation der Eltern und Großeltern infrage stellte und zunehmend diskreditierte. Tiefes Misstrauen gegenüber dem »Establishment« bewegte die Studenten, wie sie überhaupt die Bundesrepublik als verkrustet und verlogen wahrnahmen.

Innerhalb weniger Jahre hatte sich die Atmosphäre an der Freien Universität mehr und mehr aufgeladen. Während meines Jurastudiums in den fünfziger Jahren schien mir die FU von allgemeiner, fröhlicher Zuversicht erfüllt gewesen. Ich hatte das Gefühl, hier entstehe eine Universität, die modernen, westlichen Vorstellungen genüge, auch eine nach damaligen Maßstäben großzügige studentische Mitbestimmung möglich mache. Wir waren dankbar, dass uns die Amerikaner halfen, eine liberale Institution zu errichten, waren stolz auf die FU – alle, Lehrende wie Lernende. Heute kann man sich kaum noch vorstellen, wie reibungslos und kollegial zurückgekehrte Emigranten mit früheren NSDAP-Mitgliedern zusammenarbeiteten. Aus meinen Jahren als Fakultätsassistent erinnere ich mich an keine Kontroverse an der Juristischen Fakultät, bei der Gegensätze zwischen Remigranten und früheren Nationalsozialisten eine Rolle gespielt hätten. Diese harmonische Zusammenarbeit aller war eine wichtige Voraussetzung für den Erfolg der neuen Universität gewesen.

Meiner Meinung nach war man anfangs sehr viel verständnisvoller füreinander, gemeinsam glücklich über das Ende der Schreckenszeiten. Zugleich war man sich auf beiden Seiten stärker als heute bewusst, von welchen Zufällen es oft abgehangen hatte, ob man nach 1933 in das eine oder andere Lager geraten war. Der Ton an der Universität wurde schärfer. Es zeichnete sich bereits ab, dass wenig später die inquisitorische, oft hasserfüllte Abrechnung mit der Eltern- und Großelterngeneration einsetzen würde, um sie in Bausch und Bogen als Mittäter des Naziregimes zu entlarven. Immer lautstarker beanspruchten die Studenten umfassende Mitspracherechte und kritisierten die vermeintlich reaktionäre Professorenschaft. Der bevorstehende Eklat war mit Händen zu greifen. So setzte ich alles daran, meine Habilitation rasch abzuschließen, bevor sie möglicherweise im Strudel der Studentenunruhen untergehen würde.

Buchstäblich im letzten Moment brachte ich 1968 die letzten Hürden hinter mich. Die Professoren der Fakultät für Wirtschafts- und Sozialwissenschaften mussten sich für meinen Habilitationsvortrag im Gebäude einschließen, um das Verfahren ungestört von demonstrierenden Studenten zu Ende bringen zu können. Während das Gremium beriet, versuchte ich meiner

Frau, die draußen stand, meine Eindrücke von der Besprechung mitzuteilen – wie Pyramus und Thisbe, das berühmte babylonische Liebespaar, mal den Mund, mal das Ohr am Türspalt. Glücklicherweise war in unseren Breiten keine Löwin in der Nähe, und so ging die Sache gut aus, obwohl ich lange auf das Ergebnis warten musste. Die Professoren hatten mich inzwischen fast vergessen, weil sie sich über sachliche Fragen in die Haare geraten waren.

Meine Erleichterung über den erfolgreichen Abschluss meiner Habilitation war groß. Doch ebenso groß war mein Unbehagen angesichts des zunehmend vergifteten Klimas. Schon unter Ludwig Erhard hatten Jüngere seine Idee einer formierten Gesellschaft abgelehnt, unter seiner Ägide eine neue Version des Faschismus zu entdecken geglaubt. Dergleichen konnte natürlich nur sagen, wer nicht mehr im NS-Regime hatte leben müssen, wem die Erfahrung der Realitäten jener Periode erspart geblieben war.

Die neue Jugendbewegung hatte verängstigt, fast kleinlaut begonnen. Anfangs hielt man in ihren Reihen nichts Neues für möglich, nichts Besseres für machbar, hielt die Verhältnisse für unveränderbar starr. Langsam erst, dann mit sich potenzierender Wucht entstand ein zunehmend aggressiver Veränderungswille, fand in der APO seine Gestalt, charakterisiert durch eine bedrohlich wirkende Sprache und die Ablehnung jeglicher Kompromisse. Diese Bewegung, die sich als »Fundamentalopposition« sah, wurde immer atemloser, immer ungeduldiger, wollte schließlich alles, ultimativ, sofort. Beide Male, bei der ängstlichen wie jetzt bei der auftrumpfenden Pauschalverurteilung der westdeutschen Wirklichkeit, nahm man es mit den Tatsachen nicht so genau. Die demonstrierenden Studenten hielten auch uns, die jungen, sozialliberalen Professoren und Assistenten für

Nazis, so wie wir sie als autoritär, ja totalitär empfanden. Ungeduldig warf die neue Jugendbewegung alles und alle unterschiedslos in einen Topf. Sie maß das Bestehende an ihren weit gesteckten, abstrakt-utopischen Zielen, vor denen jede bestehende Gesellschaft versagen musste.

In ihrer fundamentalen Kritik fühlten sich die studentischen Aktivisten durch berühmte Gelehrte angeregt, die sie in ihrer Enttäuschung und ihrem Groll bestätigten. 1967, in der Anfangsphase der Studentenbewegung, erschien *Der eindimensionale Mensch,* Herbert Marcuses Theorie der spätkapitalistischen Gesellschaft, auf Deutsch. Das Buch fand sofort weite Verbreitung. Folgte man Marcuses *Studien zur Ideologie der fortgeschrittenen Industriegesellschaft*, ließen sich die Menschen widerstandslos, der eigenen Unfreiheit unbewusst, in eine riesige Maschinerie von Politik, Ökonomie, Verwaltung und Kulturindustrie integrieren, die in diesem Sinne totalitär genannt werden müsse. Marcuse stellte die These auf, wesentliche Bedürfnisse der Menschen blieben unbefriedigt, ein entspanntes, erfülltes, entfaltetes Leben sei unter diesen Verhältnissen unmöglich.

Aus dieser Diagnose folgte ein tiefes Misstrauen gegen alles rechnende Denken, gegen die Rationalität der Dingwelt überhaupt mit ihrer Superstruktur aus Politik, Wirtschaft, Wissenschaft und Technologie. Die außerparlamentarische Opposition griff diese Gedanken auf, anfangs differenziert, zunehmend jedoch mit holzschnittartigen Vereinfachungen. Hatte man zunächst den Eindruck gehabt und vermittelt, als trampele die Große Koalition wie ein Elefant rücksichtslos über Mäuse hinweg, so war die revolutionäre studentische Bewegung inzwischen überzeugt, sie könne eine völlige Umgestaltung der Verhältnisse erzwingen.

Mit dem 2. Juni 1967, dem Tod Benno Ohnesorgs, begann

174

HEUTE :
MARCUSE MIT ANDEREN VORZEICHEN !!

eine Phase der Radikalisierung und gleichzeitig der räumlichen Expansion der studentischen Sammlungsbewegung. Die Berliner Inkubationszeit war zu Ende. Von nun an breiteten sich die bisher auf die frühere Reichshauptstadt beschränkten und als lokales Sonderphänomen missverstandenen Studentenunruhen spontan und überraschend schnell auf die gesamte Bundesrepublik aus. Demonstrativ stellte sich die Bewegung gegen den als repressiv empfundenen Staat und entwickelte sich von der außerparlamentarischen zur antiparlamentarischen Opposition. Exemplarisch formulierte dies Wolfgang Lefèvre, Führungsmitglied des Sozialistischen Deutschen Studentenbunds, SDS, und Vorsitzender des Konvents, der verfassten Studentenvertretung an der Freien Universität. In einem Interview mit dem *Tagesspiegel* im Oktober 1967 äußerte er, nach dem 2. Juni habe die Studentenschaft begriffen, dass die Legislative mit der Exekutive unter einer Decke stecke.

Dies war der Freibrief für ein neues Aktionsmuster: Offener Widerstand war jetzt das Gebot der Stunde. Rudi Dutschke hatte unter dem Eindruck des 2. Juni zwar noch zurückhaltend für die neue Form einer »Demokratie von unten« plädiert, doch vielen Angehörigen der Bewegung reichte das nicht mehr. Sie waren überzeugt, der Widerstand müsse radikalere, auch gewalttätige Mittel einschließen.

Für mich als überzeugtem Anhänger der parlamentarischen Demokratie klangen die markigen Formeln bedrohlich, wenn nicht beängstigend. Gemessen an den anarchistischen Tendenzen der Bewegung gehörte ich zum System, zum Establishment. Als SPD-Mitglied war ich allerdings alles andere als reaktionär oder gar rechts einzustufen. Wo stand ich also politisch?

1952 hatte ich mich den Berliner Sozialdemokraten angeschlossen, kurz nach dem Tod Kurt Schumachers. Carlo Schmid,

Sozialdemokrat der ersten Stunde, sagte einmal verständnisvoll, man blicke bei Schumacher in das Schmerzensantlitz des Dritten Reiches. Im Ersten Weltkrieg, als junger Kriegsfreiwilliger, hatte Schumacher seinen rechten Arm verloren, infolge jahrelanger KZ-Haft unter den Nationalsozialisten musste ihm später ein Bein amputiert werden. Sein Gesicht wurde von einem nervösen Zucken geplagt, seine Reden waren durchtränkt von höhnischem Sarkasmus und bitterer Ironie. Schumacher verkörperte gleichsam die Erinnerung an das Unheil, das Deutschland über sich selbst gebracht hatte. Sein geschundener Körper erweckte Mitleid, seine überlegene geistige Schärfe Respekt, bei nicht wenigen aber auch Furcht. Sympathien rief er nicht hervor.

Als ich der SPD beitrat, bewegte mich der Gedanke, eine lebensfähige Demokratie brauche mindestens zwei große Parteien. Mir schien es daher grundsätzlich wichtig, in die zahlenmäßig schwächere Partei einzutreten, die SPD. Hinzu kam, dass Ernst Reuter frühzeitig für eine moderne sozialdemokratische Politik eintrat und nicht proletarisch, sondern bürgerlich geprägt war. Die Entwicklung sollte mir recht geben. Während der fünfziger Jahre wurde die CDU von Wahl zu Wahl stärker und gewann 1957 sogar die absolute Mehrheit im Bundestag. Außerdem zeichnete sich ab, dass die bundesdeutsche SPD eine Transformation erlebte, die in Berlin unter Ernst Reuter erfolgreich eingeleitet worden war und später von Willy Brandt fortgeführt wurde. Von der Tradition klassenkämpferischer Parolen befreit, wandelte sich die SPD Ende der fünfziger Jahre zu einer modernen Großstadtpartei, eine Tendenz, die 1959 mit dem Godesberger Programm bekräftigt wurde. Im Laufe der sechziger Jahre dann lösten die Sozialdemokraten die Union als bestimmende Kraft der Bundesrepublik ab und konnten nach 1969 länger als ein Jahrzehnt den Kanzler stellen.

Ausschlaggebend für meinen Beitritt zur SPD war die Rolle, die sie in Berlin spielte. Abgesehen davon, dass es in Berlin als einstiger Industriestadt schon vor 1933 eine starke linke Tradition gegeben hatte, lag der große Erfolg der SPD in Berlin auch am Mentalitätsunterschied zur rheinisch-westdeutschen CDU. Sichtbar wurde dieser Kontrast, als Herbert Wehner 1966 die Sozialdemokraten an den Bonner Kabinettstisch und die Genossen erstmals seit der Gründung der Republik an die Macht brachte. Die Große Koalition, von Günter Grass in einem Brief an den frisch gekürten Außenminister und Vizekanzler Willy Brandt als »miese Ehe« abgetan, war unter fachlichen Kriterien eine herausragende, wenn auch in politischer Hinsicht eine widersprüchliche Partnerschaft. Da saßen ehemalige Frontoffiziere wie Helmut Schmidt und Franz Josef Strauß neben Emigranten wie Willy Brandt und Herbert Wehner, Mitläufer wie Kurt Georg Kiesinger neben Außenseitern wie Gerhard Schröder.

Für die APO und die Studentenbewegung hingegen schien die Große Koalition ein Komplott der Mächtigen zu sein, mit dem Ziel einer Marginalisierung jeglicher parlamentarischen Opposition. Die Bereitschaft, über parteipolitische Grenzen hinweg Kompromisse zu schließen, wurde als unzulässige Machtkonzentration interpretiert. Vollends, als 1968 die Notstandsgesetze beschlossen wurden, wähnten sich die Jungen in einem präfaschistischen Staat, den es aufzusprengen gelte.

Ich war inzwischen Mitte dreißig, hatte den Nationalsozialismus als Kind erlebt und gehörte einer Zwischengeneration an, die keine Schuld auf sich geladen, aber noch sehr genau die demagogischen Tonfälle des Dritten Reichs im Ohr hatte. Die kämpferische Rhetorik der APO erschien mir befremdlich. Die Dynamik wurde verstärkt durch das schlechte Gewissen der älteren Generation, der ich mich so wenig zugehörig fühlte wie der jün-

geren. Viele Ältere beugten sich den undifferenzierten Schuldzu-
weisungen und bekannten, versagt zu haben. Andere schwiegen
schamvoll, anstatt den Konflikt ihrerseits auszutragen, oder sig-
nalisierten sogar Verständnis. Schon damals empfand ich dieses Verhalten als Selbstverleug-
nung. So verstand ich weder die unbändige Wut der Jungen noch
das Schweigen und die zuweilen übertriebene Rücksichtnahme
der Älteren.

Schmerzlich fiel mir auf, dass sich auch Walter Dirks, dieser
feinsinnige, sensible Publizist, außerordentlich verständnisvoll
über die rebellischen jungen Leute äußerte. Ich fand das enttäuschend, weil ich Dirks während meiner Zeit im WDR oft getroffen, verehrt und viele seiner Einsichten verinnerlicht hatte. Seine
Begeisterung für die Jungen, von denen einige inzwischen ziemlich widerborstig, rhetorisch gewaltbereit herum-liefen, fand ich
falsch. Ich schrieb Dirks, wenn er solches Verständnis für die
aufsässigen Enkel habe, würde ich mir doch wünschen, dass er
gelegentlich auch wohlmeinende Blicke auf die Vätergeneration,
auch auf Menschen wie mich, würfe. Er kenne mich ja, und
wisse vielleicht nicht, dass ich durch meine Professur ohne mein
Zutun in eine Art Vaterrolle gerückt werde. Ich habe keine Antwort erhalten.

Im Visier der Studentenbewegung

Das Jahr 1968 bescherte mir eine unverhoffte Atempause von der
schwierigen Situation an der Universität. Die Auszeit verdanke
ich Henry Kissinger, der gerade im Begriff war, ein Deutschland-
programm für die Harvard University aufzubauen, das German
Research Program. Zu diesem Zweck versammelte er in Bonn
eine Reihe junger Wissenschaftler, zu denen auch ich gehörte. Wir

diskutierten in der abendlichen Gesprächsrunde die aktuelle politische Lage, die Entwicklung Europas nach dem Zweiten Weltkrieg, auch die Rolle, die Napoleon für das Machtgefüge der europäischen Länder gespielt hatte. – Von Kissinger stammte eine brillante Studie über die Neuordnung Europas nach dem Scheitern der Napoleonischen Eroberungen und dem Wiener Kongress, mit der er 1954 promoviert hatte. – Er lud mich ein, ihn am nächsten Morgen im Hotel Königshof aufzusuchen.

Kissinger war und ist ein höchst bemerkenswerter Kopf. Nicht von ungefähr sollte er eine glänzende politische Karriere machen. Wann ist schon mal ein Deutscher Außenminister der USA geworden? Was uns alle beeindruckte, war seine Unvoreingenommenheit Deutschland gegenüber. Das erstaunte uns, hatte Kissinger doch als Jugendlicher das Land verlassen müssen. Außerdem hatte er nach dem Krieg als Angehöriger des Counter Intelligence Corps dazu beigetragen, Kriegsverbrechen aufzuklären, war also über die Details vieler Gräueltaten im Bilde. Ressentiments hatte er daraufhin nicht entwickelt, er gab uns sogar das Gefühl, er schätze unser Land. Besonders interessierte er sich übrigens für deutschen Fußball. Stets war er auf dem Laufenden über Vereine und Spielergebnisse. Mit derartigen Kenntnissen konnte ich nicht aufwarten, da Fußball nicht zu meinen Interessen gehörte, doch es gab genug andere Themen, über die wir uns austauschten.

Was an Henry Kissinger sofort auffiel, war sein eigenwilliger deutscher Akzent. Geboren und aufgewachsen als Heinz Alfred Kissinger in Fürth, sprach er ein überaus fränkisch klingendes Englisch und sehr, sehr langsam. Er wirkte dadurch überlegt und nachdenklich, strahlte eine ungezwungene Autorität aus.

Als ich ihn – wie verabredet – im Hotel besuchte, versuchte er vergebens seinen Koffer zu packen, während er sich mit mir unterhielt. Kissinger konnte offensichtlich nicht gleichzeitig reden und seine Sachen in einem Koffer unterbringen. Daher schlug ich ihm vor, das Packen mir zu überlassen, was er erleichtert annahm. Offenbar hatte er Gefallen an meiner Art gefunden. Er lud mich nach Harvard ein.

Eine große Auszeichnung! Die Einladung nach Harvard war der Traum jedes Wissenschaftlers.

Im September 1968 fuhr ich mit der Familie in die USA. Wir genossen die neue Freiheit: alle waren froh, Papas Habilitation hinter sich zu haben. Während wir in Berlin an einer lauten Durchgangsstraße gewohnt hatten, lebten wir hier am Rande des Wellesley-Campus, der rundum von Wiesen und Wäldern umgeben war. In unserem weiß gestrichenen Holzhaus im Neuenglandstil fühlten wir uns sofort heimisch. Bis heute bin ich Guido Goldman dankbar, dass er diese entzückende Unterkunft für uns gefunden hatte. Wir wurden von unseren neuen Nachbarn sehr herzlich aufgenommen. Oft zogen meine Töchter Susanne und Juliane abends mit den Kopfkissen unterm Arm zu unseren Nachbarn Jérôme Regnier und seiner Frau Nita, die gleichaltrige Kinder hatten.

In Harvard erlebte ich Corpsgeist und Klubatmosphäre. Ohnehin ist die angelsächsische Kultur sehr viel geselliger, und entsprechend pflegte man in Harvard auf allen Ebenen einen bemerkenswerten Gemeinschaftssinn. Das begann damit, dass es ein Gästehaus und eine Cafeteria gab, in der die Professoren mittags zusammen aßen und diskutierten, und setzte sich fort in den vielen Studentenverbindungen und Sportklubs, die von der Universität gefördert wurden. Allenthalben fanden Feste und sportliche Ereignisse wie die berühmten Ruderwettbewerbe statt. Es war eine große, eng verbundene Community.

Der Kontrast zum nüchternen und leidenschaftslosen Lehrbetrieb in Deutschland war groß. Bei uns wird eine Universität, ähnlich einem Finanz- oder Gesundheitsamt, von den Studenten wie auch von den Lehrenden als Behörde empfunden. Zu meiner Zeit arbeiteten die deutschen Professoren bevorzugt zu Hause, kamen an zwei Tagen für ihre Lehrveranstaltungen in die Universität und einen weiteren Tag zur Erledigung ihrer Korrespondenz, kommunizierten aber kaum untereinander. Der typisch deutsche Professor ist meiner Erfahrung nach ein Einzelgänger und an Austausch oder gar freundschaftlichen Kontakten innerhalb seines Kollegiums nicht sonderlich interessiert. Wenn er Ordinarius ist, hält er meist große Stücke auf sich und behandelt jüngere Kollegen und Mitarbeiter oft wie Untergebene. Noch immer vererbt sich in Deutschland ein hierarchisches Denken trotz aller Einebnungs- und Annäherungsversuche, die durch die Studentenbewegung und die Bildungsreformen der siebziger Jahre eingeleitet wurden.

Solch ein Umgang wäre in Harvard – wie auch in Cambridge und Princeton – undenkbar, wo die Universität als eine äußerst kultivierte und zugewandte Form des Zusammenlebens aufgefasst wird. Ein Symbol dieser Mentalität ist die stets geöffnete Tür der Professoren. Jeder Student, der den Flur entlangschlendert, darf hereinschauen und seine Belange ansprechen. Die offene Tür steht für den offenen Raum des Austauschs. Das hat natürlich auch strukturelle Gründe. Da die privaten Eliteuniversitäten enorm hohe Studiengebühren verlangen, ist man sich als Professor sehr wohl im Klaren darüber, dass man gewissermaßen bei den Studenten angestellt ist und für sie da sein sollte – während es sich in Deutschland genau umgekehrt verhält. Die amerikanischen Professoren haben verinnerlicht, nicht nur hoch kompetente Spezialisten ihres Fachs, sondern auch aufmerksame Dienstleister zu sein.

Als Fellow am Harvard Center for International Affairs besuchte ich die Seminare Kissingers regelmäßig. Im November wurde in den USA gewählt. Der Demokrat McGovern unterlag seinem republikanischem Gegenkandidaten Nixon. Kissinger wurde zum Sicherheitsberater ernannt und entschwand nach Washington. Das habe ich persönlich sehr bedauert. In Deutschland erwies sich die Bekanntschaft mit Kissinger als großer Vorteil. In Berlin war ich ein wissenschaftlicher Assistent unter vielen gewesen, den kaum jemand beachtet hatte oder der gar als aussichtsreicher Kandidat für eine Professur gehandelt wurde. Durch die gewachsene Berühmtheit Kissingers fuhr ich gewissermaßen im Fahrstuhl mit ihm nach oben. Offenbar meinte man, an diesem Baring müsse wohl mehr dran sein, als man bisher geglaubt hatte.

Als ich im Dezember 1968 für meine Probevorlesung Berlin besuchte, lud mich der Regierende Bürgermeister Klaus Schütz zu einem vertraulichen Gespräch ein, bei dem er mich über Kissinger ausfragte. Im Jahr darauf wurde ich als Nachfolger von Ernst Fraenkel zum Ordinarius für Politikwissenschaft an die Freie Universität berufen – für die Theorie und vergleichende Geschichte der Herrschaftssysteme am Otto-Suhr-Institut sowie für amerikanische Politik am John-F.-Kennedy-Institut. Das war ungewöhnlich, denn in der Regel wird man nicht an die Universität berufen, wo man sich habilitiert hat. Aber ich war von Haus aus Jurist, hatte mich bei den Wirtschafts- und Sozialwissenschaftlern habilitiert und konnte das Angebot eines renommierten Colleges in den USA vorweisen. Damit hatte ich alle Voraussetzungen, in die Philosophische Fakultät berufen zu werden, die damals ungewöhnlich reich an bemerkenswerten Persönlichkeiten war.

In mein Glück, ohne langwierige Berufungsverfahren die Professur antreten zu dürfen, mischte sich Sprachlosigkeit über die Verhältnisse, die sich während meiner Abwesenheit entwickelt hatten. Die Universität, ja die ganze Stadt stand im Bann von Aufruhr und Rebellion. Ich erinnere mich noch an mein Entsetzen, als ich das Universitätsgelände betrat. Als Erstes sprang mir eine Parole am Osteuropa-Institut der FU, ein Nachbargebäude des Otto-Suhr-Instituts, ins Auge, dessen Direktor damals der Historiker Werner Philipp war. Mit großen Buchstaben hatte jemand den Satz »Stellt den Philipp an die Wand, denn er ist ein Denunziant« auf die Mauer geschmiert.

Sofort begriff ich die Drohung, die in diesem Graffito lag. Harmlos war es nicht. Selbst wenn von hundert Studenten neunundneunzig den Satz als rhetorische Übertreibung betrachteten und achselzuckend wieder vergaßen, war es möglich, dass einer ihn ernst nahm und in die Tat umsetzte. Was aber hatte diese ungeheuerliche Drohung ausgelöst? Auf mein Nachfragen hin erfuhr ich, der Rektor habe die Professoren aufgefordert, Störer der Lehrveranstaltungen zu melden. Offensichtlich war Philipp dieser Aufforderung nachgekommen. Und genauso offensichtlich war das für einige Studenten Grund genug gewesen, zu seiner Liquidierung aufzurufen.

Ich erkannte meine Universität nicht wieder. Ein Jahr hatte genügt, um aus den ersten Vorboten studentischer Unruhen eine handfeste Revolte werden zu lassen. Die Übergangsphase hatte ich verpasst, die großen Demonstrationen und Institutsbesetzungen.

Als mich meine Frau Heidi eines Tages aus dem Institut abholte, fiel ihr erschrocken auf, dass niemand mit mir gesehen werden wollte. Jeder verschwand rasch hinter irgendwelchen Türen, sobald wir vorbeikamen. Das alles machte mich einerseits wütend, andererseits ratlos. Als junger, sozialliberal gesonnener Professor und SPD-Mitglied fühlte ich mich auf der Seite der Reformer. Umso entsetzter war ich, dass mich die Studenten-

revolte ab 1969 als frisch berufenen Ordinarius mit voller Wucht traf – ich gehörte zu den »Schweinen«, von denen man sich fernzuhalten hatte, wie ich später bei Götz Aly lesen konnte.

Auch mein großartiger Vorgänger Ernst Fraenkel, der nach dem Krieg aus den USA zurückgekehrt war und dessen Doppellehrstuhl ich übernommen hatte, wurde von der Studentenrebellion völlig überrascht. Als ich ihn fragte, ob er all das, was uns widerfuhr, vorausgeahnt habe, antwortete er aufbrausend, nie hätte er für möglich gehalten, was jetzt passiere, er begreife nicht, was da eigentlich vor sich gehe.

Nicht zuletzt der Umgang der politisierten Studenten mit dem Dritten Reich düpierte Fraenkel. Von einer detaillierten Analyse konnte keine Rede sein. Es war ein Zerrbild, das einzig und allein dazu diente, die Elterngeneration moralisch zu erledigen. Die Studenten verabsolutierten den Konflikt mit den Eltern und verurteilten die gesamte deutsche Geschichte gleich mit. Fraenkel dagegen hatte nach seiner Auswanderung in den USA das aufsehenerregende Buch *The Dual State*, der Doppelstaat, veröffentlicht, das ein sehr differenziertes Bild lieferte. Ihm lag die These zugrunde, das Dritte Reich sei keineswegs von Anfang an durchgängig ein Terrorregime gewesen. Da er selbst bis 1938 im Lande geblieben war, schilderte Fraenkel aus eigener Anschauung, wie sich der totalitäre Maßnahmenstaat mehr und mehr neben den fortbestehenden Rechtsstaat geschoben und ihn allmählich überlagert hatte. Gesetze und Gerichtsbarkeiten aus der Weimarer Republik konnten sich nach Fraenkels Beobachtung noch relativ lange, teilweise bis in den Krieg hinein behaupten. Polnische Kollegen sagten mir später, sie hätten unter der deutschen Herrschaft im Generalgouvernement nur noch den Maßnahmenstaat erlebt, während im Reich weiterhin Mischformen existierten.

184

Mit seiner Darstellung lieferte Fraenkel ein Bild des Dritten Reiches, in dem ich meine eigenen kindlichen Erfahrungen bestätigt fand. Das Deutschland, in dem ich gelebt hatte, war weithin in einer bürgerlichen Kontinuität verblieben. Der Führerstaat wurde akzeptiert, beseitigte aber zunächst nur sehr partiell die überkommenen Lebensformen, die sich aus der Weimarer Republik und zum Teil sogar noch aus dem Kaiserreich herleiteten. Fraenkels Vertrauen in mich war ein großes Geschenk. Ich erinnere mich an viele Gespräche mit ihm in den gemeinsamen Jahren am Otto-Suhr-Institut. Noch heute steht mir lebhaft vor Augen, wie anschaulich Fraenkel beispielsweise über den Reichstagsbrand-Prozess 1933 in Leipzig berichtete, an dem er als Beobachter teilgenommen hatte. Andererseits tat ich mich als sein Nachfolger am Doppellehrstuhl schwer, da ich sein Interesse an vergleichenden Betrachtungen demokratischer Systeme nicht teilte. Vielmehr wollte ich meine Studien über die deutsche Nachkriegsgeschichte fortsetzen, die ich mit meiner Arbeit über die Anfänge der Adenauer-Ära begonnen hatte. Solange Fraenkel lebte, zögerte ich, das Forschungs- und Lehrgebiet zu wechseln und betrieb erst nach seinem Tode meinen Umzug zu den Historikern.

An einen geordneten Lehrbetrieb bei den Politikwissenschaftlern war nach 1969 kaum noch zu denken. Mich bestürzte die rüde Art, mit der sich die Anführer der Revolte Gehör und Geltung verschafften. Dass die politische mit einer sexuellen Revolution einherging, nahmen meine Kollegen und ich nicht wahr. In den Besprechungen kam der Zusammenhang zwischen beiden Umwälzungen demzufolge nie zur Sprache. Den Slogan »Wer zweimal mit derselben pennt, gehört schon zum Establishment« habe ich erst sehr viel später gehört.

Mir wurde klar, dass es unmöglich war, mit den aufgebrach-

185

ten Studenten sachlich in einen Dialog zu kommen. Schon nach wenigen Wochen in Berlin teilte ich dem FU-Präsidenten sowie dem zuständigen Senator mit, ich sähe mich außerstande, weiter an Diplomprüfungen mitzuwirken. Ich hatte bemerkt, dass ein Teil der Studenten offensichtlich vorzeitig die Klausurthemen kannte und glänzende Noten erhielt, während die anderen schlecht abschnitten. Zu meiner grenzenlosen Überraschung passierte daraufhin sieben Jahre lang gar nichts. Natürlich hatte ich angenommen, die Obrigkeit werde umgehend für Abhilfe sorgen, da die Teilnahme an Prüfungen zu meinen Dienstpflichten gehörte. In meinem naiven Vertrauen auf Recht und Gesetz hatte ich ein neues Procedere angeregt: Wenn Kollegen, offenbar unter Druck gesetzt, die Prüfungsthemen verrieten, müssten wir Professoren eben erst am Tage der Klausuren morgens zusammenkommen, um sie festzulegen. Nichts dergleichen wurde umgesetzt.

Die jahrelange Tatenlosigkeit von FU-Präsident und Senator brachte mich in große Verlegenheit. Wer nicht prüft, hat keine Studenten in höheren Semestern und gerät mehr und mehr in akademische Isolation. Doch das war nicht mein einziges Problem. Das neue Lebensgefühl der Jüngeren zeigte sich auch in der damals populären Parole »Trau keinem über dreißig«. Damit spielte man das biologische Argument als ein politisches und moralisches aus. Über dreißig, das bedeutete in den Augen der Studenten, per se diskreditiert zu sein.

Als ich eines Tages zu meiner Vorlesung in den Hörsaal des Otto-Suhr-Instituts eilte, stand in großen roten Buchstaben an der Wand: »Baring ist ein CIA-Agent und muss aus der Universität verschwinden.« Wie kam es zu dieser Behauptung, die in der damaligen antiamerikanischen Stimmung gefährlich schien?

Die Denunziation hatte einen harmlosen Hintergrund. Als die Verhältnisse an der Universität immer chaotischer wurden und wir Professoren viel zu viel Zeit in ergebnislosen politischen Sitzungen verloren, hatte ich gemeinsam mit gleichgesinnten Kollegen darüber nachgedacht, wie wir wissenschaftlich wach bleiben könnten. Wir waren es leid, permanent in studentischen Vollversammlungen zu sitzen und uns marxistische Propagandaparolen anzuhören. So entstand die Idee, man müsse eine Insel schaffen, wo keiner über Politik reden dürfe – in Form regelmäßiger Zusammenkünfte für fachliche Diskussionen.

In der unruhigen Situation jener Jahre war es nicht einfach, einen Raum zu finden, in dem wir ungestört reden konnten. Infrage kam das Harnack-Haus, ehemals Treffpunkt der Kaiser-Wilhelm-Gesellschaft, jetzt der amerikanischen Besatzungsmacht. Vor der Tür stand ein bewaffneter amerikanischer Wachmann, weshalb wir uns dort sicher fühlten. Das Restaurant im Harnack-Haus bot uns für unsere mittäglichen Mahlzeiten einen fairen Preis an, sodass wir die amerikanische Gastfreundschaft jahrelang gern in Anspruch nahmen. Aus diesen Treffen ist übrigens später die Wissenschaftliche Gesellschaft hervorgegangen, die bis heute besteht.

Irgendwelche konspirativen Pläne lagen uns allen völlig fern. Leider sahen es die studentischen Aktivisten anders. Offenbar konnten sie sich überhaupt nicht vorstellen, unsere Zusammenkünfte seien völlig unpolitisch. Vollends die Tatsache, dass wir im Harnack-Haus und damit gleichsam unter amerikanischem Schutz tagten, schien Grund genug, uns verdächtig zu machen. Seit dem Vietnamkrieg galten die USA bei den Studenten als Inbegriff imperialistischer Anmaßung.

Wie falsch uns unsere Widersacher einschätzten, bemerkte ich in einem Gespräch mit dem späteren Politikwissenschaftler Tilman Fichter, der dem SDS angehörte und zeitweilig dessen Landesvorsitzender war. Als ich ihm den Sinn unserer Treffen erläuterte, sagte er abfällig:»Entweder sind Sie ein Schurke oder ein Dummkopf«, woraufhin ich erwiderte, er liege nicht falsch, wenn er mich für einen Dummkopf halte. Das war keine Koketterie. Ich hatte nicht geahnt, dass unser wissenschaftlicher Gesprächskreis dermaßen missverstanden werden könnte. Nun begann eine wahre Hetzjagd. Täglich musste ich in meinem Büro und auch zu Hause studentische Drohanrufe über mich ergehen lassen. Seit Beginn der Revolte gingen mir auch viele Kollegen auf die Nerven, die weiterhin in Ruhe an ihrem Schreibtisch sitzen wollten, unbehelligt von den aufmüpfigen Studenten. Deshalb machten sie Konzessionen an den rebellischen Zeitgeist mit der Folge, dass sie immer häufiger aufgeregt bei mir anriefen, um mich zur Rede zu stellen. Ich hatte das Gefühl, die ganze FU habe sich in einen aufgeschreckten Hühnerhaufen verwandelt, völlig irre. Meine Familie und ich fanden die Dauerspannung so unerträglich, dass wir uns aus dem Telefonbuch streichen ließen. Damals bedauerte ich oft, den Journalismus aufgegeben zu haben.

Immer wieder fühlte ich mich bedroht. Meinen gepolsterten Lehnstuhl, in dem ich bis zum heutigen Tage gerne lese, drehte ich so, dass er mit dem Rücken zum Wohnzimmerfenster stand. Ich hielt es durchaus für möglich, man werde auf mich schießen oder zumindest die Fenster mit Steinen einwerfen. Irgendwann sagte meine Frau zu mir:»Du gehst davon aus, in zwölf Jahren sei das vorbei? Das wird nie vorbeigehen.«

Leider sollte sie recht behalten. Obwohl sich in den achtziger Jahren die Lage beruhigte, weil neue Studentengenerationen heranwuchsen, hörten die Anfeindungen nicht auf. Immer wieder erschienen Schmähartikel in studentischen Veröffentlichungen, in denen beispielsweise bedauert wurde, dass ich nicht in Stalingrad mit einem Bauchschuss geendet sei. Diffamierungen erlebte ich, solange ich lehrte, bis 1998. Mitte der neunziger Jahre äußerte mein damals fünfjähriger Sohn den Wunsch, er wolle mich in die Universität begleiten, um zu erfahren, was sein Vater denn dort treibe. Ich sagte ihm, er dürfe mit ins Seminar, solle sich aber Spielsachen mitnehmen, da er still sein müsse. Anderntags zogen wir gemeinsam los. Moritz saß mit seinen kleinen Autos neben mir am Tischende, als wenige Minuten nach Seminarbeginn einige Störer den Raum betraten. Lautstark forderten sie die Anwesenden auf, an einer Protestdemonstration teilzunehmen. Meine Studenten weigerten sich jedoch und blieben sitzen. Schließlich trollten sich die Störer. Wenige Minuten später wiederholte sich das Spiel. Nun war es eine ganze Gruppe, die den Seminarraum stürmte. Ihr Anführer sprang auf den Tisch, an dem mein Sohn und ich nebeneinander saßen, und hielt eine flammende Rede, während Moritz sich schützend über sein Spielzeug beugte. Erneut lehnten meine Studenten die Aktion ab, und ich beendete das Seminar ohne weitere Zwischenfälle. Als wir wieder nach Hause fuhren, sagte Moritz: »Papa, das sind aber schlimme Räuber in deiner Uni.« Im Rückblick finde ich es ebenso erstaunlich wie verwirrend, dass meine Kollegen und ich es in den Jahrzehnten nach der Studentenrevolte klaglos in der »Rostlaube« der FU aushielten, obwohl sie mehr und mehr verwahrloste. Die Wände auf den Gängen waren derartig beschmiert, dass ich Hemmungen hatte, auswärtige Gelehrte oder Politiker in unsere Räume einzuladen. Ich schämte mich für die erbärmlichen Zustände. Als Höhepunkt der Drangsalierungen empfand ich – und sicher nicht ich allein –, als eines Nachts die Heizungsrohre im ersten Stock durchgesägt wurden. Mein Büro lag im Parterre, die Nässe überall war unbeschreiblich. Heiter hingegen stimmten mich immer wieder die Sprüche, die Studenten an den Toilettenwänden hinterließen. Hübsch fand ich »Ödipus, du sollst deine Mutter anrufen.« Rätselhaft blieb mir bis heute: »Frauen sind wie brennende Papierkörbe im Winter.«

In den frühen siebziger Jahren hatte ich mich an das John-F.-Kennedy-Institut zurückgezogen, wo es trotz des verbreiteten Antiamerikanismus seltsamerweise ruhig geblieben war. Hier hätte sachliche Arbeit geleistet werden können, die jedoch von den neuen Mitbestimmungsregelungen torpediert wurden. Wir Professoren, allesamt junge Sozialliberale, hatten nur vier Sitze im Institutsrat, während den Studenten und Assistenten jeweils zwei Sitze zustanden und auch die Dienstkraft über ein Stimmrecht verfügte. Jahrelang konnten wir uns bei wichtigen Fragen nicht durchsetzen.

1976 wechselte ich zu den Historikern. Das gelang nur, indem ich diese Übersiedlung als Bedingung meines Bleibens ins Spiel brachte. Da ich nicht als Anhänger der »neuen« Universität galt, hätte das leicht schiefgehen können.

Ich schüttelte den Kopf, als im Zuge der 68er-Bewegung die Repetitorien abgeschafft wurden. Diese Paukkurse für das Grundwissen hatten große Bedeutung, um angehenden Historikern die geschichtlichen Zusammenhänge einzuprägen. In jedem Jahrhundert sollten die Studenten zumindest ein, zwei Daten kennen, um den historischen Überblick zu behalten. Es ist nun einmal wichtig zu wissen, ob die Goldene Bulle zeitlich vor oder nach Friedrich Barbarossa einzuordnen ist. Wenn ich später manche Studenten fragte, in welchem Jahrhundert Luther gelebt habe, wurde mir von Karl dem Großen bis Bismarck jedes Jahrhundert angeboten. Als Historiker hat man es mit einem soliden Fach zu tun. Man kann keine Traumschlösser bauen, wie es immer wieder bei Politikwissenschaftlern der Fall ist, die gewagte Hypothesen aufstellen, obwohl ihnen das Basiswissen fehlt. Historiker laufen zwar Gefahr, sich in Details zu verlieren, Politikwissenschaftler aber versteigen sich leicht in bloße Konstruktionen.

Westberliner Geselligkeit

Die dreißig Jahre, die ich an der Freien Universität verbrachte, waren oft schwierig. Da ich aber sehr an der Stadt hing und außerdem überzeugt war, wir dürfen die Universität nicht unseren Widersachern überlassen, habe ich Rufe an westdeutsche Universitäten abgelehnt. Während die Arbeitsbedingungen oft frustrierend waren, bereiteten mir die Vorlesungen große Freude. Sie fanden immer montags um 14 Uhr statt, keine günstige Zeit, weil die Studenten normalerweise vorher gegessen hatten, also schläfrig waren. Deshalb gab ich mir Mühe, sie zwischendurch mit Munterkeit zu unterhalten.

Oft ließ ich die Hörer über bestimmte Themen abstimmen, denn am Ergebnis ließ sich feststellen, wer aufmerksam gewesen war und wer nicht. Außerdem erinnere ich mich, wie sie verstohlen ihre Nachbarn musterten, wenn ich sagte: »In dreißig Jahren, wenn ihr das Land regiert, müsst ihr Folgendes bedenken …« In ihren Gesichtern konnte man die Frage lesen: Sollte ich hier neben einem künftigen Parlamentarier oder Minister sitzen? Um die Studenten für Fragen der internationalen Politik zu erwärmen, die ihnen an sich eher fernlagen, suggerierte ich ihnen, was in diesem Bereich wichtig sei, gelte auch im Privatleben. »Kalter Krieg« und »Entspannung« herrschten hier wie dort. Bei »Wandel durch Annäherung« war ich mir allerdings nicht so sicher. Da ich nie Geschichte studiert hatte, sondern die Zeit zwischen 18 und 28 vor allem mit Jura und nur ein wenig mit Politikwissenschaft verbracht hatte, verkündete ich in Vorlesungen oft Dinge, die ich selbst erst in den Tagen der Vorbereitung begriffen hatte. Das empfand ich als Mangel. Doch die Studenten versicherten mir immer wieder, diese Spontaneität gefalle ihnen besser als die Routine von Professoren, die seit Jahrzehnten den gleichen Stoff zum Besten gäben.

Mir lag sehr an einem ungezwungenen, aufgeschlossenen Umgang mit den Studenten, obwohl sich ein enger Kontakt nur mit eins, zwei Dutzend halten ließ, die häufig Mitarbeiter wurden. Zeitweilig ließ ich Gunda Ernst, meine Sekretärin, bei denen, die ich für besonders begabt hielt, ihre Fähigkeiten aber nicht zu nutzen schienen, morgens zu Hause anrufen, um sie zur Arbeit zu locken. Gunda warf wiederholt ein, übrigens völlig zu Recht, wer sich nicht freiwillig an die Universität bequeme, sei einfach nicht genügend motiviert für ein Studium. Anfang der achtziger Jahre, nach der Trennung von meiner Frau Heidi, wurde die »FUmilie«, wie wir sie nannten, eine Art Familienersatz für mich. Dienstagabends saßen wir nach dem Seminar mit den engsten Mitarbeitern bei Wein und Käse zusammen, zeitweilig wohnten Studenten bei mir zu Hause.

Bei den Historikern störte mich der Eindruck eine Randexistenz zu bleiben. Das Verhältnis unter den Kollegen war zwar angenehm, und mein Überwechseln von der Politikwissenschaft habe ich nie bedauert; aber sie empfanden mich wohl als Fremdkörper, weil ich als Jurist anders dachte als sie. Es kam ihnen gar nicht in den Sinn, dass man als Wissenschaftler politisch Stellung nehmen könne, ja müsse. Ohnehin geriet dies zu einem Problem, da ich von keiner Seite als zugehörig betrachtet wurde. Vielen damaligen Berliner Studenten erschien ich als reaktionär, während meine Kollegen im Beirat der Stiftung Bundeskanzler-Adenauer-Haus in Rhöndorf mich wegen meiner früheren SPD-Mitgliedschaft offenbar zu links fanden. Jedenfalls bezogen sie mich nie in ihre Editionsarbeit ein, was mich schmerzte.

Zu meinem Kummer haben sich an der Universität nur wenige Freundschaften ergeben. Zunehmend wichtiger wurden mir deshalb Kontakte außerhalb des akademischen Milieus. Zu meinen engen Freunden gehörten damals Hans Werner Richter und seine Frau Toni. Ich hatte sie in der zweiten Hälfte der sechziger Jahre kennengelernt, als ich Assistent am Otto-Suhr-Institut gewesen war. Wie einige andere Schriftsteller hatte Richter nach dem Mauerbau aus Solidarität mit den Westberlinern beschlossen, in unsere Stadt umzuziehen, und eine herrschaftliche Wohnung im Hause des früheren Verlegers Samuel Fischer in der Erdener Straße bezogen. Dort veranstaltete er literarisch-politische Streitgespräche für den Rundfunk. Im Anschluss lud Toni im Esszimmer nebenan zu opulenten Abendessen am großen Tisch. Beide waren hervorragende Gastgeber. Richters menschenfreundliche, wohlwollende Ausstrahlung und die Herzlichkeit seiner Frau ergänzten sich harmonisch.

Günter Grass, mit dem ich damals in der ersten sozialdemokratischen Wählerinitiative eng zusammenarbeitete, verehrte Richter. Einmal sagte er über ihn: »Er ist ein Herbergsvater, man möchte nach Punsch rufen.« Auch wenn das etwas herablassend klang, war es doch gleichzeitig eine Würdigung der gutmütigen Ausstrahlung Richters und der Großzügigkeit, mit der man bei ihm zu Hause empfangen und bewirtet wurde. Es war Tonis Begabung, den Tisch dekorativ reich zu decken und Tafelrunden zu inszenieren, bei denen immer ein guter Wein ausgeschenkt wurde. Richter vermittelte den Eindruck, Geld interessiere ihn nicht, obwohl es insgeheim von ihm hieß, er besitze nichts – was stimmte, aber Toni entnervte. Von Figur eher klein, etwas gedrungen und mit einer Cäsarensträhne, die er sich ins markante

Gesicht kämmte, war Richter eine ebenso eindrucksvolle wie liebenswürdige Erscheinung und ein wunderbarer Zeitgenosse, der viel Humor besaß.

Warum mich Hans Werner Richter schätzte, blieb mir rätselhaft. Wir waren uns, so glaube ich, einfach sehr sympathisch. Nach meiner Rückkehr aus Harvard vertiefte sich der Kontakt. Als ich im Herbst 1969 an der Freien Universität zunächst bei den Politikwissenschaftlern, später bei den Historikern lehrte, entwickelte sich eine intensive Freundschaft. In den siebziger Jahren fuhren wir oft gemeinsam zum Skifahren ins schweizerische Sedrun in Graubünden: Hans Werner Richter und Toni, meine Frau und ich, sowie, als drittes Paar im Bunde, die Schriftstellerin Barbara König mit ihrem Lebensgefährten Hansl Mayer, einem Kohlenhändler aus Dießen, dem besten Skiläufer von uns. Viele Jahre lang verbrachten wir zusammen die Winterferien. Tagsüber wurde Ski gelaufen, abends saß man in der gemeinsamen Hütte zusammen, aß, trank, schwatzte. Barbara König, die ich sehr mochte und mit der ich befreundet war, sagte mir an einem dieser Abende, ich hätte bisher wenig vom Leben begriffen und müsse noch viel lernen. Damit spielte sie wohl auf meine Unfähigkeit an, mich zu verstellen. Stattdessen trug ich immer mein Herz auf der Zunge und sagte geradeaus, was mich bewegte. Wie schon meine Kommilitonen zu Studienzeiten, muss sie mich für weltfremd gehalten haben.

Richter wurde für mich ein väterlicher Freund, denn er war Jahrgang 1908, also 24 Jahre älter als ich. Auch unsere Lebensläufe waren sehr unterschiedlich. Der Sohn eines Fischers aus Bansin auf Usedom war als junger Mann Kommunist gewesen, dann nach Paris emigriert, hatte sich jedoch wegen seines mangelnden Französisch und seiner finanziell aussichtslosen Situation dort nicht zurechtgefunden. Zurück in Deutschland, hatte er sich als Buchhändler und Lektor über Wasser gehalten, bis er 1940 zum Kriegsdienst eingezogen wurde. 1943 geriet er am Monte Cassino in amerikanische Gefangenschaft. Nach dem Krieg kam es immer wieder zu Auseinandersetzungen mit der amerikanischen Militärregierung in Deutschland. Ihr missfiel Richters literarische Zeitschrift *Ruf*, die er zusammen mit Alfred Andersch herausgab, und auch sein literarisch-satirisches Magazin *Skorpion*, das die Nullnummer nicht überlebte. Die Kritik an der Politik der Besatzungsmächte und Richters ablehnende Haltung gegenüber einer Kollektivschuld der Deutschen führten zum Publikationsverbot beider Zeitschriften. Aus dieser Not machte Richter eine Tugend. Kurzerhand lud er 1947 das gesamte Herausgebergremium des *Skorpion* zu einem gemeinsamen Treffen ins Allgäu ein. Gastgeberin war die Schriftstellerin Ilse Schneider-Lengyel, die ihr winziges Haus am Bannwaldsee nahe Füssen den 17 Gästen zur Verfügung stellte.

Es wurde die Geburtsstunde der Gruppe 47, die zwei Jahrzehnte lang das literarische Leben Nachkriegsdeutschlands entscheidend prägen sollte. Sie war keine Institution, hatte keine Satzung, kein Organisationsbüro. Als Gründer und Moderator der Gruppe lud Richter nach eigenem Gutdünken ein. Jenen, die er dabeihaben wollte, schrieb er mit der Hand eine Postkarte. Natürlich waren alle, die keine Einladung erhielten, gekränkt und fühlten sich ausgeschlossen, was sie auch waren. Doch es konnte auch anders kommen – immer wieder wurden Autoren nach längerem Ausschluss erneut eingeladen. Richters Vorgehen war im Grunde eine sanfte Diktatur, was Hermann Kesten zu der Bemerkung veranlasste, es handele sich um einen »autoritären Autorenverband auf postalischer Grundlage«.

Den Ablauf der Tagungen hatte Richter von Anfang an klar geregelt. Jeder las etwas aus seinem Schaffen vor, musste jedoch in der anschließenden, oft heftigen, manchmal sogar verletzenden Diskussion die Kritik wortlos hinnehmen. Nicht von ungefähr hieß der Stuhl, auf dem der Delinquent neben Richter saß, Richtstuhl. In vielen Fällen ging es tatsächlich um Kopf und Kragen, denn wer hier durchfiel, hatte es anschließend auch in der öffentlichen Wahrnehmung schwer. Richter rechtfertigte seine Rigorosität mit den Worten: »Wer das besaß, was in der Gruppe 47 oft mit dem an die preußische Tradition erinnernden, hier aber anders gemeinten Wort Haltung bezeichnet wird, wer also auch die schärfste und vernichtendste Kritik hinnehmen konnte, ohne emotionale Reaktionen zu zeigen, der konnte gewiss sein, auch dann wieder eingeladen zu werden, wenn er literarisch nicht gleich zum Zuge kam.«

So viel verordnetes Schweigen sorgte natürlich auch für Widerspruch. Scharfzüngig sprach Walser von der Gruppe 47 als einer »herrschsüchtigen Clique« und einem »literarischen Jahrmarkt«. Die zunehmend polemisch aufgeladene Kritik der eingeladenen Schriftsteller erreichte ihren Höhepunkt, als Peter Handke 1966 erstmals an einer Tagung der Gruppe in Princeton teilnahm. Hochmütig ereiferte er sich über die »Beschreibungsimpotenz« der Kollegen und deren »ganz dumme und läppische Prosa«. Auch Richter selbst musste oft herbe Kritik an seinen Romanen einstecken. Als Chef erging es ihm nicht besser als vielen berühmten Schriftstellern wie Paul Celan, die bei den Treffen ihr Waterloo erlebten. Es war üblich, bei Missfallen den Daumen zu senken, manche Lesung wurde zum Entsetzen des Vortragenden abgebrochen. Höhnisch schrieb *Der Spiegel* von »Richters Richtfest«.

Doch selbst strapaziöse Wortgefechte über literarische Qualitäten hatten der Gruppe nichts anhaben können, weil sie im Kern von einer gemeinsamen politischen Sympathie zusammengehalten wurde. In gewisser Hinsicht verwirklichte die Gruppe 47 eine Utopie: die Möglichkeit eines freundschaftlichen Meinungsaustauschs von Schriftstellern, obwohl sie untereinander konkurrieren und das, was sie schreiben, natürlich für viel wichtiger halten als die literarischen Erzeugnisse der anderen. Man meinte, es müsse doch zu schaffen sein, trotz allen Wettstreits harmonisch miteinander umzugehen. Tatsächlich haben in der Geschichte der Gruppe ganz unterschiedliche literarische Strömungen nebeneinander existiert. Doch die zunehmende Politisierung seit Beginn der sechziger Jahre polarisierte die Gruppe mehr und mehr. Anfangs hatte ein diffus linkes Lebensgefühl ihren Zusammenhalt garantiert. Man war gegen die Adenauer-Republik, das reichte. Weder die unterschiedlichen literarischen Stile noch die unterschiedlichen Generationen führten schließlich zur Spaltung, sondern die wachsenden politischen Spannungen.

Als ich Richter nach meiner Rückkehr aus Harvard im Herbst 1969 wiedertraf, war die Gruppe 47 zwei Jahre zuvor in der »Pulvermühle« in Franken in die Luft geflogen. Trotz seines ausgleichenden Temperaments war es ihm nicht gelungen, die auseinanderstrebenden politischen Tendenzen der Gruppe länger durch ein vages linkes Gemeinschaftsgefühl zusammenzuhalten. Gern wäre Günter Grass sein Nachfolger als Chef der Gruppe 47 geworden. Nachdem er jedoch als Autor der *Blechtrommel* internationalen Erfolg genoss, war er zu prominent geworden, um von seinen Kollegen akzeptiert zu werden. Ohnehin verhinderte der politische Dissens ein Wiederaufleben der Gruppe. Während sich Grass seit dem Mauerbau mehr und mehr Willy Brandt und seiner SPD verbunden fühlte und sich schon 1965 im Wahlkampf für die Sozialdemokraten engagiert hatte, war Martin Walser, wie andere auch, damals Kommunist.

Da Richter als Schriftsteller nicht wirklich ernst genommen

wurde, konnte er sich, wie schon zuvor in der Gruppe 47, auch bei den Abenden in der Grunewaldvilla auf die Rolle des Gastgebers und Moderators zurückziehen. Grass dagegen beanspruchte Meinungsführerschaft. Solch eine Dominanz konnte bei Richter nicht aufkommen, der auch in der Gruppe 47 nie einen Konsens erzwungen oder sich als Wortführer einer bestimmten politischen Richtung hervorgetan hatte. Was ihn auszeichnete, war das völlige Fehlen penetranter Überzeugungsarbeit. Nie rang er um Zustimmung, blieb immer offen und neugierig auf andere Meinungen.

Trotz verschiedener Anläufe erlebte die Gruppe 47 keine Fortsetzung. Bei den Zusammenkünften in der Erdener Straße fand sich jedoch ein Großteil derer ein, die früher zu den Gruppentreffen gekommen waren. Die lebhaften Debatten über literarische und politische Themen waren faszinierend, weil führende literarische Köpfe aufeinandertrafen: Günter Grass und Heinrich Böll, Peter Weiß und Hans Magnus Enzensberger, Walter Jens, Peter Wapnewski und Marcel Reich-Ranicki.

Nach und nach lernte ich die literarische Elite jener Zeit kennen, was hochinteressant, aber zuweilen auch ernüchternd war. Marie Luise Kaschnitz, eine hinreißende alte Dame, habe ich ebenso in bester Erinnerung wie Ilse Aichingers sensible Zartheit, mit der sie mich immer wieder berührte. Anders dagegen wirkte Heinrich Böll. Erst durch Richter erfuhr ich, dass seine demonstrative Bescheidenheit nur gespielt war. An einem dieser Abende, erzählte mir der Gastgeber, habe Böll ihn gefragt: »Hans, liebst du das Geld auch so wie ich?« Das passte natürlich überhaupt nicht in das Bild, das die Öffentlichkeit von Böll hatte. Er wirkte bedrückt, wie jemand, der immer noch draußen vor der Tür stehe. Diese Ausstrahlung teilte er übrigens mit Walter Jens, der so tat, als müsse er das ganze Elend der Welt auf seinen

Schultern tragen. Ich empfand dies als verlogen, als bloße Attitüde, zumal er mir unverhohlen die kalte Schulter zeigte, als ich in
politische Schwierigkeiten geriet, bei denen er mir durchaus hätte helfen können. Was mich an Jens störte, war sein Gestus vermeintlicher Demut, mit der er offenbar Sympathien auf sich ziehen wollte. Gleichzeitig vertrat er sein Linkssein sehr giftig und
bissig, fand überdies lebenslang, sein literarisches Wirken sei
nicht angemessen gewürdigt worden, obwohl sich seine Begabung in Grenzen hielt. Im Vergleich dazu wirkte Böll zwar ver-
druckst und sorgenvoll, war aber wesentlich wärmer im Umgang.

An diesen Abenden spielte sich Richter nie in den Vordergrund, und Toni war ihm in diesem Sinne eine sehr solide Mit-
streiterin. Richter veranstaltete einfach ungeheuer gerne Feste
und freute sich schon Wochen vorher darauf. Man konnte ihn
wirklich erheitern, wenn man irgendeinen originellen Vorschlag
hatte, wo man sich treffen könnte. Er hatte ja auch immer viel
Zeit darauf verwandt, selbst die Quartiere für die Gruppe 47
auszusuchen. Meist waren es idyllische Landgasthöfe – sie mussten hübsch liegen, es musste dort ordentlich gekocht werden,
und das Ganze musste überdies erschwinglich sein. Wenn ich
heute durch Großholzleute fahre, wo die ersten Kapitel der
Blechtrommel gefeiert worden sind, denke ich immer an diese
denkwürdige Tagung, obwohl ich gar nicht daran teilgenommen
habe. Lebhaft erinnere ich mich an Richters Kohlenfeste am Am-
mersee, in dem bescheidenen Bauernhaus, wo man unter Obstbäumen auf Holzbänken saß, viel redete, trank und lachte. Ich
empfand sie als eine nostalgische Fortsetzung der Gruppe 47.

Eine ähnlich enthusiastische Begeisterung, aber auch Begabung für Feste hatte Jahrzehnte später meine zweite Frau Gabriele. Nie werde ich beispielsweise vergessen, wie wir tagelang mit

Dutzenden von Freunden im Wörlitzer Gartenreich, auf den malerischen Elbdeichen picknickten, auf Nebenarmen des Flusses bei Gondelfahrten speisten und tranken, sangen, tanzten spielten, lachten. Gabrieles Phantasie veredelte nicht Kohlenplätze, sondern fand idyllische Orte in Kulturlandschaften um Berlin, wo wir beschwingt auf Schiffen von der Pfaueninsel über Petzow nach Paretz flogen. Hätte Richter noch gelebt, wäre er sicher begeistert mit von der Partie gewesen.

Im Laufe der siebziger Jahre wurde mir immer klarer, dass Richter von mir eine Biografie über sich erwartete. Er überließ mir seine Tagebücher, und ich begann, weiteres Material zu sammeln, beispielsweise Richters Geschwister zu interviewen. Als er Berlin verließ, wanderten seine Berliner Unterlagen zunächst in meinen Keller, bis er sie der Akademie der Künste verkaufte. Mittlerweile sind Richters Tagebücher der Jahre 1966 bis 1972 unter dem Titel *Mittendrin* erschienen, unter anderem herausgegeben von meinem früheren Mitarbeiter Dominik Geppert, nachdem er schon mehrere kleinere Studien über Richter veröffentlicht hatte. Damit machte er mir ein großes Geschenk, denn er nahm mir die Last von der Seele, über Richter schreiben zu müssen. Das hatte ich ihm versprochen, konnte es dann aber nicht verwirklichen, weil Walter Scheel mich kurz darauf ins Bundespräsidialamt nach Bonn einlud.

Die zentrale Institution des damaligen intellektuellen Westberlins war der Verleger Wolf Jobst Siedler. Seine großen Empfänge und intimen Abendessen waren legendär. Zu jener Zeit hieß es, eine Einladung in sein Haus sei eine Auszeichnung wie ein Orden. Er wohnte – und wohnt bis heute – in Dahlem, in unmittelbarer Nachbarschaft von Friede Springer, in einem erstaunlich noblen, Anfang des 20. Jahrhunderts erbauten Reihenhaus. Es war geschmackvoll möbliert, an den Wänden hingen viele teilweise kostbare Gemälde. Manche munkelten, Siedler habe sie auf geheimnisvolle Weise durch seinen engen Kontakt zu Axel C. Springer in seinen Besitz gebracht.

Siedler sah nicht nur glänzend aus, er war ausgesprochen geistreich, hochgebildet und konnte ausgemacht liebenswürdig sein. Der Hausherr verstand es, spannende Gästerunden zu versammeln. Niemand hätte seine Einladung ausgeschlagen, und so trafen sich bei ihm und seiner Frau alle, die man in der damaligen Halbstadt kennenlernen wollte. Es waren zwanglose Empfänge, bei denen das Personal den Gästen Kleinigkeiten und Getränke reichte. Seine engsten Freunde, Joachim Fest, Johannes Gross, Waldemar Besson und Hans Schwab-Felisch waren alle derart brillante Geister, dass es ein Genuss war, ihren Gesprächen zuzuhören.

Zu Siedlers Gästen gehörte der heimgekehrte Emigrant Ulrich Biel, ein ehemaliger Mitarbeiter des amerikanischen Stadtkommandanten 1945. Er erzählte mir, die Sowjets hätten den westlichen Verbündeten von Anfang an das Mitspracherecht über die Humboldt-Universität verweigert. Biel war später mit Marion Gräfin Yorck verheiratet, der Witwe des Widerstandskämpfers Yorck. Sehr anschaulich berichtete sie, wie sie mit ihrer Freundin, der Gräfin Moltke, nach Kriegsende auf den Bahnstrecken nach Schlesien zurückgewandert war im irrigen Glauben, eine solche Rückkehr könne von Dauer sein. Bei beiden Frauen fand ich auffällig, dass sie Bürgerliche gewesen waren, ehe sie heirateten, also nicht zu jenen gehörten, die – wie Siedler ironisch sagte – geborene »Vonchens« waren.

Ein ungemein geistreicher, schlagfertiger Zeitgenosse war Friedrich Luft, jahrzehntelang der ungekrönte Berliner Theaterkritiker. Er wohnte in einer Villa nördlich des Nollendorfplatzes und schilderte, wie russische Offiziere in den Gefechtspausen während des Endkampfs um Berlin zu gemeinsamen Mahlzeiten bei ihm zusammengekommen waren, um danach an die Front zurückzueilen. Lufts Lakonie war wunderbar. Als er Jahrzehnte später den jugendbewegten Theologen Helmut Gollwitzer traf, der an Hausbesetzungen teilgenommen hatte, sagte Luft: »Ohne Matratze habe ich Sie gar nicht erkannt.«

Des Öfteren war Albert Speer zu Gast im Hause Siedler. Lange hatte ich gezögert, mit Hitlers Chefarchitekten und Rüstungsminister zu sprechen. Wollte man mit solchen Leuten überhaupt etwas zu tun haben? Als es dann zu einem Gespräch kam, war ich überrascht, Speer als angenehmen, ruhigen Gesprächspartner kennenzulernen. Er hatte keine Allüren, war bescheiden und zurückhaltend. Fragte man ihn etwas, dachte er lange nach, bevor er antwortete. Wenn ich meine, das Dritte Reich sei in weiten Bereichen bürgerlich geblieben, so war Speer ein gutes Beispiel für diese These. Im Gespräch über Hitler äußerte er sich übrigens ähnlich positiv wie schon François-Poncet in Paris. Speer, den man einen Freund Hitlers nennen darf, so weit der Führer solcher Regungen überhaupt fähig war, betonte dessen anziehende, gewinnende Seiten. Solche Schilderungen korrigierten das, was ich mir unter Hitler vorgestellt hatte.

Ähnlich aufschlussreich war die Begegnung mit Graf Schwerin von Krosigk. Er war schon 1932 unter Papen Reichsfinanzminister geworden und es bis 1945 geblieben. Nach Hitlers Tod wurde er von Reichspräsident Dönitz als Nachfolger zum neuen Reichskanzler ernannt. Eine erstaunliche Karriere. Damals war ich sehr froh, Zeitzeugen kennenzulernen, die zu den führenden Köpfen des Dritten Reichs gehört hatten und die Sachverhalte aus ihrer eigenen Erfahrung schildern konnten. Das erweiterte wesentlich mein Verständnis des Ganzen. Sehr bildhaft erklärte Schwerin von Krosigk, woran die Weimarer Republik gescheitert sei und wo die großen Vorzüge Hitlers in dessen Anfangszeit lagen. In ihrer ersten Zusammenkunft nach der Machtergreifung gab Hitler Krosigk gegenüber zu, er verstehe nichts von Finanzen und werde deshalb immer auf ihn hören. Von Projekten, die Krosigk für nicht finanzierbar halte, werde er sofort Abstand nehmen. An diese Zusage habe sich Hitler gehalten, solange es Kabinettsitzungen gab. Wenn man Schwerin von Krosigk zuhörte, verstand man, warum es Hitler mit seinem politischen Instinkt gelungen war, unserem Volk ein zuversichtliches Lebensgefühl und optimistisches Selbstvertrauen zu vermitteln.

Siedlers engster Freund war Joachim Fest, was beide allerdings nicht daran hinderte, schlecht über den jeweils anderen zu reden. Was diese beiden Männer unter anderem verband, war ein großbürgerliches Fluidum, das sie umgab. Fest war ausgesprochen fasziniert von Speer. Er bearbeitete nicht nur dessen Manuskripte, sondern schrieb auch sehr lesenswerte Bücher über ihn. Bis zum Ende seiner Tage war Fest gefesselt von der Person Hitler und seiner Umgebung und der Zeit, die sie geprägt hatten. Er versuchte anhand von Speer in immer neuen Anläufen sich die Frage zu beantworten, wie das alles möglich geworden war, was seine Generation erlebt hatte.

Fests Behauptung, er hätte seine Tage viel lieber als Kunsthistoriker in Italien verbracht, ist, so glaube ich, nur die halbe Wahrheit. Wenn ich Fest in seinem Haus in Kronberg besuchte, fand ich die architektonischen Anmutungen des NS-Stils deutlich spürbar, und zwar im durchaus eindrucksvollen Sinne. Die Nationalsozialisten haben ja nicht schlecht gebaut, wenn man sich etwa den Flughafen Tempelhof anschaut oder die italienische und die japanische Botschaft in Berlin-Tiergarten.

Zu den intellektuellen Zirkeln jener Jahre gehörte Peter Wapnewski, den ich bei Richter kennengelernt hatte. Wapnewski war

1966/67 von der Universität Heidelberg an die FU gekommen. Wir mochten uns, und ich bedauerte es sehr, als er 1971 Berlin verließ, geradezu die Flucht ergriff. Wenn ich ihn anhand einer einzigen Szene beschreiben müsste, so würde ich ihn schildern, wie er im Hause Grass aus voller Kehle sang: »All You Need Is Love«. Nach meinem Eindruck war er ein im Kern einsamer Mensch. Umso mehr freute mich, als Wapnewski 1979 vom damaligen Wissenschaftssenator Peter Glotz an die Technische Universität Berlin berufen und später erster Rektor des Wissenschaftskollegs wurde.

Wapnewski war nicht nur ein klassischer Gelehrter, auch ein begabter Causeur. Er brachte das Wunder zustande, die akademische Creme der damaligen Zeit um sich zu versammeln. Anders als es das Klischee des sinnenfeindlichen Intellektuellen nahelegt, pflegte er im Wissenschaftskolleg eine freie Gastlichkeit. Er engagierte einen berühmten Koch, was Menschen des akademischen Milieus normalerweise nie bedenken, und die gemeinsamen Mahlzeiten trugen wahrscheinlich ebenso zum Zusammenhalt der Wissenschaftler bei wie der geistreiche Austausch der Gelehrten.

Das seltsame Biotop des von der Mauer eingeschlossenen Westberlin führte zu einer Intensität der Debatten, wie man sie seinerzeit in Westdeutschland sonst nirgendwo fand. Einer der leidenschaftlichsten Protagonisten dieser Debattenkultur war Sebastian Haffner. Der persönlich zurückhaltende, fast eigenbrötlerische Publizist wurde für mich ein Vorbild, auch eine Vaterfigur, schließlich zum engen Freund, bis an das Ende seiner Tage. Als er im Sterben lag, hielt ich seine Hände.

Was mir von Anfang an bei Haffner imponierte, war seine Neigung zu pointierten Positionen bei großer Unparteilichkeit. Sie ergaben sich aus lange erwogenen historischen Überzeugungen, die er allerdings oft abrupt änderte. Seine souveräne Erscheinung und seine Urteilssicherheit beeindruckten, ja prägten mich. Vielleicht leuchteten mir seine Argumentationen auch deshalb spontan ein, weil wir beide als Juristen begonnen hatten.

Sebastian Haffner wurde als Raimund Pretzel 1907 in Berlin geboren. Sein Vater stammte aus Groß-Tychow, Kreis Belgard, in Hinterpommern. In Berlin war er zunächst als Rektor, dann als Regierungsdirektor im Provinzschulkollegium tätig und machte sich während der Weimarer Zeit als Reformpädagoge einen Namen. 1924 zog die Familie innerhalb Berlins vom Prenzlauer Berg nach Steglitz. Noch Jahrzehnte später behauptete Haffner, dieser Ortswechsel sei für ihn ein tieferer Einschnitt gewesen als die Emigration nach England im Jahr 1938. Die Ost-West-Spaltung Berlins sei kein neues Phänomen der Nachkriegsentwicklung, denn immer schon hätten die beiden Teile der Stadt in verschiedenen Welten gelebt.

Haffner studierte Jura, wurde 1933 Assessor und promovierte 1935 bei Martin Wolff, dem berühmten jüdischen Juristen. Früh begann er journalistisch zu schreiben und veröffentlichte bereits 1926, mit 19 Jahren, einen Fortsetzungsroman in der *Vossischen Zeitung*. Obwohl er von 1933 bis 1936 im Staatsdienst tätig war, gab er rasch seinen Wunsch auf, Richter zu werden. Stattdessen konzentrierte er sich weiterhin auf journalistische Arbeiten, freilich wesentlich mit unpolitischen Themen, die damals in der *Berliner Illustrierten* und in der *Neuen Modewelt* erschienen.

1938 floh Haffner mit seiner jüdischen Freundin nach London, wo er ab 1940 als Redakteur eines deutschsprachigen Emigrantenblattes arbeitete. Im gleichen Jahr veröffentlichte er sein erstes wirklich politisches Buch: *Germany: Jekyll & Hyde*, eine frühe, hellsichtige Analyse des Hitler'schen Deutschlands am

Vorabend des Zweiten Weltkrieges. Um seine Verwandten in Deutschland nicht zu gefährden, kam dieses Buch unter dem Pseudonym Sebastian Haffner auf den Markt. Er wollte, das zeigten Name wie Vorname, auch in der Fremde ein Deutscher und als Deutscher erkennbar bleiben. Unter diesem Namen wurde Haffner in den folgenden Jahrzehnten zum vielleicht bekanntesten und bedeutendsten Publizisten der Bundesrepublik.

Zunächst brachte ihn das Buch in engen Kontakt. zum *Observer*, der führenden englischen Wochenzeitung. Ab 1945 war er ihr diplomatischer Korrespondent und blieb es auch nach seiner Rückkehr 1954 nach Berlin bis Anfang der sechziger Jahre. Es ist ein bewegendes Zeugnis britischer Liberalität sowie der Menschenkenntnis und Toleranz David Astors, dass die wichtigsten Stimmen des *Observers* während des Krieges drei ganz unterschiedliche, sehr originelle Nichtengländer waren: der Journalist und Historiker Isaak Deutscher, gebürtig aus Galizien, Jon Kimche, ein Jude aus Palästina – Trotzkist, Zionist –, von Geburt Schweizer, und der Deutsche Haffner, zu dieser Zeit offiziell ein feindlicher Ausländer in England. Vielleicht war es Haffners größte Lebensleistung, dass er schon als ganz junger Mann während des Krieges beim Gegner in einem der wichtigsten britischen Blätter Einfluss zu gewinnen vermochte.

Nach Deutschland zurückgekehrt, trat Haffner zunächst als wortgewaltiger Anwalt der Wiedervereinigung auf. Nach dem Mauerbau machte er mit unkonventionellen Vorschlägen zur Deutschlandpolitik von sich reden. Im Grunde nahm er die spätere Ostpolitik Brandts vorweg, als er zu Zugeständnissen an die DDR und zu einem »anständigem Umgang mit den Kommunisten« riet. Dieser Rat fand in der damaligen Situation große Beachtung, allerdings zunächst in Form heftigen Widerspruchs, der sich erst allmählich in Zustimmung verwandelte.

Lebenslang war Haffner überzeugt, es sei die Aufgabe des
Journalisten zu dramatisieren, Gegensätze zuzuspitzen. Daher
war es ihm – wie auch Christa Rotzoll, seiner zweiten Frau – instinktiv zuwider, wie die Mehrheit zu denken und zu reden. Was
man heute »political correctness« nennt, fand er lächerlich. Dabei war er nie exzentrisch und suchte nicht Originalität um ihrer
selbst willen. Einmal bemerkte er, jeder sei heute ein kompro-
missloser Außenseiter, das sei die neue Konvention. Damit wolle
er nichts zu tun haben. Es ist falsch, wenn man behauptet, Haffner habe zwischen allen Stühlen gesessen. Er war ein Widerspruchsgeist, das ist richtig. Zugleich aber war er ein Mann aus
der Mitte des Establishments, durch und durch ein Bürger in
Erscheinung und Auftreten: stets korrekt, fast altmodisch gekleidet, in dreiteiligen Anzügen; immer zuvorkommend, betont höflich, von großer Herzensbildung und warmer Ausstrahlung. Unvergesslich seine gütigen Augen.

Mein Vater, drei Jahre älter als Haffner, sah in ihm bewun-
dernd einen Kavalier der alten Schule. Dabei war er, jedenfalls in
seinen mittleren Jahren, ein energischer Machtmensch, was seine
Physiognomie auf Fotos aus dieser Zeit zeigt. Er wollte mit der
Feder und im Fernsehen politisch Einfluss nehmen, was ihm
auch gelang, zumal in den sechziger und den frühen siebziger
Jahren. Manchmal konnte man nur den Kopf schütteln über die
Standpunkte, für die er mit leidenschaftlicher Übertreibung
warb. So rational er argumentierte, so ruhig er sich gab, so beherrscht er immer wirkte – ganz offensichtlich war Haffner auch
ein Mann starker Gefühle.

Sein Ruhm kam spät und beruhte auf seinen Büchern. Die
Anmerkungen zu Hitler sind in ihrer Knappheit das Beste, was
über diesen Mann und die Zeit, die er prägte, geschrieben worden ist. Bewundernswert ist das Buch schon wegen der außeror-

dentlichen Kühnheit des Aufbaus. Zunächst werden großzügig »Leistungen« anerkannt und »Erfolge« zugegeben, ehe, sich von Kapitel zu Kapitel düster steigernd, »Irrtümer, Fehler, Verbrechen« und »Verrat« zur Sprache kommen.

In *Preußen ohne Legende*, 1979 erschienen, würdigte Haffner den untergegangenen Staat zu einer Zeit, in der niemand sonst dies zu tun wagte. Die große Preußen-Ausstellung im Berliner Gropius-Bau, die in der Bundesrepublik den Umschwung zu einer sachlicheren Auseinandersetzung einleitete, fand erst zwei Jahre später statt. Auch die vorsichtig anerkennende Neubewertung Friedrich des Großen in der DDR durch Ingrid Mittenzwei kam erst nach Haffner.

 Ich war so beeindruckt von seinem anhaltenden Bemühen, uns Deutschen die großen historischen Zusammenhänge nahezubringen, zumal in einer Zeit, in der kein anderer Publizist geschichtliche Themen derart einfühlsam wie versiert öffentlich zur Diskussion stellte, dass ich ihm einen Ehrendoktor der Freien Universität verschaffen wollte. In der dafür vorgesehenen Sitzung meiner Kollegen fand ich allerdings keine Mehrheit für diesen Vorschlag. Nie werde ich vergessen, wie eine der ehrwürdigsten Figuren des Fachs gegen meine Idee einer Würdigung Haffners einwandte, er habe ihn nie in seinen Veranstaltungen gesehen.

 Haffners wichtigstes Buch wurde sein letztes: *Von Bismarck zu Hitler*. Es erschien 1987 und war eine nachdenkliche Bilanz der Regime, die wir zwischen 1871 und 1945, in einem knappen Menschenalter mehr schlecht als recht hinter uns gebracht haben. Die Entstehung war insofern schwierig, als Haffner seine eigene Schrift nicht mehr leiden konnte. Er mochte sie nicht mehr sehen. Bis dahin hatte er alle Manuskripte mit der Feder zu Papier gebracht. Deshalb schlug ich ihm vor, er solle den Text diktieren, wofür ich mich zusammen mit einem begabten Studenten – damit wir noch eine andere Generation dabei hätten – bereitfand. Auf diese Weise kam es zu unserer Zusammenarbeit, die ich als Glücksfall empfand. Die Klarheit seiner Kapiteleinteilung war ebenso beeindruckend wie die präzisen Formulierungen, die er aus dem Stegreif auf Band sprach. Anschließend diskutierten Volker Zastrow und ich Haffners Texte, machten Einwände und empfahlen Ergänzungen, die er häufig übernahm. Bis heute finde ich das Buch in seiner Souveränität unerreicht. An einer Stelle liest man beispielsweise:/»In einer Geschichte des Deutschen Reiches dürfen wir die Judenverfolgung und die versuchte Judenausrottung nicht verschweigen. Sie ist geschehen, und sie ist ein ewiger Schandfleck auf dieser Geschichte. Aber wir können sie andererseits nicht zu den Elementen zählen, die, wie so vieles anderes im Führerstaat, in der Geschichte des Deutschen Reiches und in seiner inneren realen Verfassung von vornherein angelegt waren. Auch ohne Hitler hätte es nach 1933 wahrscheinlich eine Art Führerstaat gegeben. Auch ohne Hitler wahrscheinlich einen zweiten Krieg. Einen millionenfachen Judenmord nicht.«

Nicht nur wegen dieser Passage ist der gegenwärtig regierenden Generation, die so wenig von den Erfahrungen unseres Volkes in den Jahrzehnten nach der Reichsgründung weiß, die Lektüre des Buches dringend ans Herz zu legen. Anders als die heute maßgeblichen Politiker in ihrer Jugend glaubten, kam es zur Wiedervereinigung Deutschlands und damit zur Rückkehr vieler Grundprobleme, mit deren Lösung sich unsere Vorfahren vergeblich abmühten und schließlich daran scheiterten. Zeit seines Lebens als Erwachsener dachte Haffner darüber nach, was den Erfolg der Völker ausmache, wie sich Staaten durchsetzen und behaupten. Bei ihm lässt sich lernen, was zu bedenken, vor allem aber, was zu unterlassen ist, wenn wir in Europa konstruktiv wirken wollen.

Haffners Bereitschaft, Neues aufzunehmen, war vorbildlich. Ihm lag sehr daran, immer wieder anregende Menschen kennenzulernen. Während andere am liebsten Gesprächspartner treffen, die ihnen vertraut sind, kultivierte er eine wache Neugier. Oft winkte er ab, wenn seine Frau ihm Namen für denkbare Einladungen nannte: »Aber den kenne ich ja schon!«

In den letzten Lebensjahren wurde er einsam. Auch körperliche Schwächen setzten ihm zu. Am Ende war er ganz klein geworden, auf, so schien es mir, ein Viertel seiner ursprünglichen Größe geschrumpft. Schon seit Jahren verließ er die Wohnung nicht mehr. Besuch empfing er nur noch selten, weil er anderen die eigene Hinfälligkeit nicht vor Augen führen mochte. Takt, den er als Eigenschaft seiner Freunde besonders schätzte (wie er im Fragebogen der *FAZ* verriet), war sein wesentlicher Charakterzug.

An seinem neunzigsten Geburtstag im Dezember 1997 meinte er lächelnd, man sage immer, der Geist verlasse nach dem Tode den Körper. Das sei falsch, zumindest bei ihm. Vielmehr lasse sein Körper seinen Geist bei Lebzeiten mehr und mehr im Stich. »Vorrückende Senilität« hielt Haffner für das größte denkbare Unglück. Es blieb ihm erspart. Sein Verstand war klar, originell, einfallsreich bis zum letzten Atemzug. Noch am Ende faszinierte er durch verblüffende Formulierungen und atemberaubend kühne Gedankenblitze, mit denen er über Jahrzehnte hinweg seine Leser und Hörer angeregt, aufgeregt und begeistert hatte. Beispielsweise verachtete er Gorbatschow, fand es hanebüchen, wie dieser sein Riesenreich habe zerfallen lassen. Was Deutschland und Österreich betraf, hielt Haffner durchaus eine Wiedervereinigung beider Staaten für möglich, aber diesmal unter Führung Wiens.

Eine besondere Form geselliger Verbundenheit im eingemauerten Westberlin entwickelte sich mit den zahlreichen Vertretern der drei westlichen Alliierten, besonders der Amerikaner, die häufig auch Gastgeber waren. Wo sonst hätte man einen amerikanischen Präsidenten wie George Bush senior hautnah erleben können?

Willy Brandt, den ich als SPD-Mitglied oft im kleinen Kreis traf, sagte mir später, das Amt des Regierenden Bürgermeisters sei vielfältiger, auch anstrengender als das des Bundeskanzlers gewesen. In Westberlin habe man von kommunalen Querelen und Kompetenzstreitigkeiten über die Kämpfe im Abgeordnetenhaus und die Kontakte zu den Stadtkommandanten bis hin zu Besuchen in Washington, London und Paris pausenlos wie auf einer Leiter hinauf- und hinabsteigen müssen. Verglichen damit sei der Posten des Bonner Regierungschefs simpel.

Kapitel 4

POLITIK, AUS DER NÄHE GESEHEN

»Wir helfen Willy«

Wenn die Geschichte eine Reise auf Schiffen ist, so kann man rückblickend über das Ende der sechziger Jahre sagen, dass die Hoffnungen der jüngeren Generationen auf eine freiere Zukunft und eine menschlichere Gesellschaft die Segel mit den Winden heftiger Zuversicht füllten. Viele dieser Hoffnungen richteten sich auf Willy Brandt, der sie damals wie kein anderer verkörperte und formulierte. Enttäuscht von der Großen Koalition, einem vermeintlich erstarrten System, einem engen, fest gefügten Establishment suchte die junge deutsche Nachkriegsgeneration lebendige Ideale, leuchtende Visionen, vertrauenswürdige Autoritäten. Mit Postern von Marx und Mao, Che Guevara und Ho Chi Minh allein war es nicht getan. Man brauchte greifbare deutsche Vorbilder. Willy Brandt schien sich dafür zu eignen.

Schon lange hatte es unübersehbare Spannungen in der Großen Koalition gegeben, der Brandt als Außenminister angehörte. Hinzu kam, dass sich das Bild der SPD in diesen Jahren fundamental wandelte. Der weitaus größte Teil der Jugendbewegung, die sich allmählich von den Träumen eines radikalen Umsturzes verabschiedete und den »langen Marsch durch die Institutionen« antrat, ging zur SPD. Es waren Zehntausende, Hunderttausende, die Willy Brandts Partei zum Sammelbecken der kritischen Jugend machten.

Auf dem Hamburger SPD-Parteitag 1977 stellte Brandt rückblickend die rhetorische Frage, wo die Gesellschaft inzwischen stünde, wenn die SPD seinerzeit »nicht mutig genug gewesen wäre, die Generation der Unrast von 1968 in ihre Reihen, in ihre Debatte aufzunehmen«. Viele der Besten unter den jüngeren Menschen wären vermutlich in eine geistige Wüste geraten, hätte die Sozialdemokratie sie nicht als kritische, unbequeme Mahner und Anreger willkommen geheißen. Dies sei ein wichtiger Beitrag zur Stabilisierung der deutschen Demokratie gewesen.

Bevor es so weit kam, gründete Günter Grass 1968 eine Wählerinitiative aus Schriftstellern, Professoren und Publizisten, der ich mich als SPD-Mitglied und überzeugter Anhänger Brandts anschloss. Außerdem gehörten Günter Gaus, Eberhard Jäckel, Kurt Sontheimer und Heinz-Josef Varain der »Gruppe Grass« an. Grass hatte die Parole »Wir helfen Willy!« ausgegeben, und wir waren fest entschlossen, der SPD und besonders Willy Brandt zur Vormacht im Land zu verhelfen. Die Treffen fanden in Grass' Haus in der Niedstraße in Berlin-Friedenau statt, in einer kargen Bohemeatmosphäre. Die Wohnräume ähnelten mehr einer Studentenbude als dem Domizil eines weltberühmten Schriftstellers. Wir hatten viel Spaß daran, Versatzstücke für Brandt-Reden zu entwerfen, eher Sprüche als Thesen, eingängig und bildhaft. Gut gelaunt diskutierten wir, erfanden Slogans, verwarfen aber auch viele wieder, weil wir berücksichtigen mussten, was zu Brandts Diktion, seinem Naturell, seiner Persönlichkeit passte. Wenn jemand eine gute Idee hatte, geschah das mit dem Impetus: Das wird Brandt freuen, das ist genau das, was er eigentlich immer sagen wollte!

An diese Treffen denke ich gern zurück, denn es ging sehr heiter und gesellig zu. Grass, der bekanntlich sehr gut kochte, servierte uns deftige Eintöpfe und stellte nach dem Essen gern einen Schnaps auf den Tisch. Wir waren eine lustige, lebhafte Runde, mit vielen begabten Köpfen und einem ausgeprägten literarischen Stilbewusstsein.

Ich war erstaunt, als ich später in *Tagebuch einer Schnecke* las, er empfinde mich als Sprudelkopf, weil ich so undiszipliniert zwischen verschiedenen Themen hin und her spränge. Ich empfand das damals als falsch, obwohl mir meine jüngste Tochter Anna heute das Gleiche vorwirft.

Grass hatte die Neigung politische Stellungnahmen ohne Absprache mit unserer Gruppe allein zu veröffentlichen und im Nachhinein von uns zu erwarten, dass wir sie uns zu eigen machten. Oft sagten wir: »Günter, es kann nicht sein, dass du irgendetwas erklärst, dem wir dann nachträglich zustimmen müssen. Wir sind doch nicht deine Trabanten!«

In besagtem Tagebuch hat Grass eine reichlich sarkastisch klingende Bilanz dieser Runden protokolliert. Darin heißt es: »Sobald Sontheimer, Baring, Gaus, Jäckel d. Ä. und ich auf Ehmke und Eppler (die beide Minister sind) stoßen, beginnen sich schon oder bald Vierzigjährige mit Worten einzureißen, wobei jeder im anderen seinen eigenen, klapprig gewordenen Pragmatismus erkennt und verschrotten will ... Kein Glaubensartikel, den Gaus nicht in Whisky ersaufen ließe. Keine These, der Sontheimer nicht einen Vorbehalt abgewönne ... Es saßen noch andere am langen Tisch: versuchsweise nützlich. Keine Helden; nur die Versammlung der Vierziger. Sie vermessen sich mit dem Interesse und Pathos berufsmäßiger Leichenbeschauer, bald gelangweilt von so viel Vernunft.« Über Gaus hieß es unter uns: »Jeder hat einmal recht, Gaus zweimal.«

Für einen Schriftsteller war Grass politisch urteilsstark, aber für einen politischen Intellektuellen eher nicht. Ihm fehlte das nachdenklich Abwägende. Er zweifelte nicht am Sieg Brandts. Er glaubte nach dem Wahlerfolg, Kulturattaché in Warschau werden zu können – Willy Brandt werde das schon bewerkstelligen. Das schätzte Grass falsch ein.

Von Beginn an stand das Verhältnis zwischen dem 1913 geborenen Willy Brandt und dem 14 Jahre jüngeren Günter Grass im Zeichen der nationalsozialistischen Vergangenheit. Es begann am 5. September 1961, keinen Monat nach dem Bau der Mauer. Der 34-Jährige, durch den literarischen Welterfolg der *Blechtrommel* bereits berühmte Autor, traf Berlins damaligen Regierenden Bürgermeister Brandt zusammen mit einigen Schriftstellerkollegen – unter ihnen Hans Werner Richter, Martin Walser und Uwe Johnson – in der Senatskanzlei. Brandt suchte den Kontakt zu Schriftstellern, weil er ihre Deutungsmacht im öffentlichen Diskurs erkannt hatte und nutzen wollte. Besonders gern tauschte er sich mit jenen aus, die sich kritisch mit dem Dritten Reich auseinandersetzten.

Unsere Gruppe Grass war ausgesprochen produktiv. Im Februar 1968 arbeiteten wir für den SPD-Vorsitzenden Brandt einige Formulierungsvorschläge aus als Anregung für seine Parteitagsrede zum Thema Jugend. In dem Papier hieß es: »Jugend ist kein Verdienst. Alter ist kein Verdienst … Die Selbstherrlichkeit der jungen Leute ist ebenso töricht wie die Besserwisserei der Alten.« Die Kritik der Jugend bezeichneten wir als das »Salz in der Suppe« und betonten, wir wollten keine »salzlose Suppe löffeln«, uns andererseits auch nicht »die Suppe versalzen lassen«. Tatsächlich fand sich die Mehrzahl solcher

Sätze nahezu wörtlich in Brandts Nürnberger Rechenschaftsbericht im März 1968 wieder.

Unsere Gruppe verlor kein Wort über die FDP, verschwendete keinen Gedanken an diese Partei; die Bündnisfrage, die Bedeutung der Liberalen erschienen nicht auf unserer Rechnung. Die gesamte Aufmerksamkeit richtete sich auf die rebellische Jugend, die außerparlamentarische Opposition und den benachbarten linken Rand der SPD. In Berlin hatten wir kurz zuvor gerade die eindrucksvoll makabre Vietnamdemonstration erlebt und mit Beklommenheit den wandelnden Wald roter Fahnen an uns vorbeiziehen sehen. Am Tag danach beschwor Günter Grass Willy Brandt in einem Brief, er solle Klaus Schütz, den Regierenden Bürgermeister Berlins, davon abbringen, die von diesem beabsichtigte Gegendemonstration der Berliner Bevölkerung gegen die Studenten zu unterstützen. »Unverbindliche (wenn auch noch so gut und ehrlich gemeinte) Verniedlichungen des Drucks, den diese Demonstration bewegt hat, sind nicht länger zulässig.«

Grass unterlag – die Großkundgebung »Berlin steht für Freiheit und Frieden« vor dem Schöneberger Rathaus am 21. Februar 1968 fand statt, nicht als »Aufklärungsstunde in Demokratie«, sondern genauso, wie Grass befürchtet hatte: als teilweise handgreifliche Auseinandersetzung. Brandt, der sich der kritischen Situation im eigenen Lager bewusst war, bedankte sich im Mai 1968 in einem Brief an den Politikwissenschaftler Kurt Sontheimer, damals der Sekretär unseres Kreises, und fügte hinzu: »Ich hoffe sehr, dass wir die Kraft haben werden, die Krise unserer Partei ins Positive zu wenden und dadurch auch wieder das Ohr vieler zu finden, die sich uns heute verschließen.«

Unser lockeres Grüppchen aus Schriftstellern, Publizisten und Professoren war auch eine der Initiativen, aus denen Gustav Heinemann der Ruf zuwuchs, ein Kandidat der kritischen

Jugend zu sein. Das mochte auf den ersten Blick verblüffend wirken, war Heinemann doch 1968 ein Mann von 69 Jahren und auch im Wesen gar nicht jugendlich, vielmehr steif, nüchtern, knochentrocken. Heinemann, das sah man auf den ersten Blick, war kein typischer Sozialdemokrat. Immer behielt er sein bürgerliches Gehabe, korrekt, meist im dunklen Anzug. Heinemann verwandte nie den Ausdruck »Genossen«. Allerdings war er klug genug, mit den »Kanalarbeitern«, dieser personalpolitisch wichtigen Riege der SPD-Fraktion, in der Bonner Rheinlust, ihrem langjährigen Stammlokal, regelmäßig Bier zu trinken und Skat zu spielen. »Freunde der Volksmusik, zur Sache!«, pflegte er zu sagen, wenn es wieder losgehen sollte.

Was Heinemann uns von der Gruppe Grass zu einem hohen politischen Amt zu prädestinieren schien, war die Tatsache, dass der calvinistisch getönte Protestant ein Freund von Helmut Gollwitzer und Kurt Scharf war, beide väterlich-freundschaftliche Mentoren der Neuen Linken. Man hielt Heinemann daher für progressiv, trotz seiner politisch konservativen Grundstimmung. In ihm fanden die Jungen am ehesten eine Integrationsfigur. Man erwartete Verständnis auch für sehr ungewöhnliche Protestaktionen, sogar für riskante, bedrohliche Widerstandshandlungen.

Der Stuttgarter Pfarrer Helmut Ensslin, Vater von Gudrun Ensslin, schrieb Heinemann Mitte 1969: »Als ich Sie das letzte Mal sah, antworteten Sie auf meine Frage mit Wilhelm Busch: ›Ist der Ruf erst ruiniert, lebt es sich ganz ungeniert.‹ … In der Zwischenzeit ist unter anderem auch eines meiner Kinder durch den Kaufhausbrand in Frankfurt in der Leute Mund und vor Gericht gekommen. Meiner Tochter Gudrun wurden aufgrund geschriebenen Rechts wegen menschengefährdender Brandstiftung drei Jahre Zuchthaus zudiktiert, obwohl sie weder strukturell noch der Intention nach eine kriminelle Person ist. Die Frage nach ihrer Zukunft, die sie gewiss noch haben wird, und nach ihrer Wirkung auf viele junge Leute der Bundesrepublik hängt nicht unwesentlich davon ab, ob und wie und wie nicht die Rechtsprechung selbst zu einer berechtigten Radikalisierung beiträgt.«

Heinemann ließ Ensslin ohne Antwort. Bei allem Verständnis für die rebellische Jugend war er niemals auch nur in Gedanken zur Systemüberwindung bereit. Es war Mitleid und christliches Verantwortungsgefühl für den leidenden Mitmenschen, wenn er später Ulrike Meinhof schrieb, um ihr ins Gewissen zu reden. Auch auf Leute wie Rudi Dutschke versuchte er einzuwirken. Aus eigener Tasche steuerte er Geld für den Umzug Dutschkes von England nach Dänemark bei, weil er überzeugt war, man müsse diesem intelligenten, aufbrausenden jungen Menschen, dessen guten Kern Heinemann zu erkennen glaubte, helfen. Der Zuspruch für Heinemann seitens der Gruppe Grass nährte sich wesentlich aus diesen sympathischen, toleranten Zügen. Er machte den Eindruck einer abwägenden, besonnenen Vermittlerfigur, die in dem aufgeheizten politischen Klima von Demonstrationen und Protesten dringend gebraucht wurde.

Zu den großen politischen Überraschungen im Vorfeld der Bundestagwahlen von 1969 gehörte, dass Heinemanns Kandidatur für das Bundespräsidentenamt von der FDP unterstützt wurde. Damit wurde eine wichtige Weiche für die spätere sozialliberale Koalition gestellt. Am 5. März 1969 stimmte die FDP, wenn auch nicht geschlossen, für den SPD-Kandidaten Heinemann, den Justizminister der Großen Koalition, aufgrund einer Absprache zwischen Brandt und Scheel. Er ließ es sich nicht nehmen, seine Wahl als »ein Stück Machtwechsel« zu bezeichnen und dergleichen auf »breiter Front« bei den Bundestagswahlen im Herbst anzukündigen.

Die Wahlnacht am 28. September 1969 wurde zum Triumph für die SPD. Es war die große Stunde von Willy Brandt. Selten hat man ihn so aktiv gesehen, so zielstrebig und energisch wie in jener Nacht. Am nächsten Morgen forderte Heinemann ihn auf: »Willy, mach's!« Und er machte es zur Überraschung vieler tatsächlich. In der Gruppe Grass wurde gefeiert. Uns alle erfasste eine Aufbruchsstimmung: Erstmals würde die SPD in der Bundesrepublik den Kanzler stellen, erstmals volle Regierungshoheit haben, denn das numerische Verhältnis zur FDP sprach eindeutig dafür.

Indem man der FDP großzügig entgegenkam, führten die Koalitionsverhandlungen zum Erfolg. Wie hatte doch ein ursprünglich geplanter Wahlkampfslogan der FDP geheißen? »Sie können Deutschland über Nacht verändern.« Der Spruch war als missverständlich verworfen worden. Über Nacht, das klang manchem zu bedrohlich – die Nacht der langen Messer, andere witterten Anzügliches –, verbrachte man die Nacht nicht im Bett? Aber als Beschreibung des Schicksals der kleinen FDP traf der ursprüngliche Werbeslogan in aller Unschuld zu: Nach dem schlechtesten Wahlergebnis ihrer Nachkriegsgeschichte bis dahin tauchte die Partei plötzlich aus dem Dunkel des politischen Abseits wieder auf.

Willy Brandt verkörperte ein neues, verjüngtes Deutschland. Er besaß eine jugendliche, optimistische Aura, gleichzeitig strahlte er ein norddeutsches, etwas steifes Gefühl der Würde aus. Als Emigrant stand er politisch untadelig, ohne Vorbelastungen durch das Dritte Reich da. Nicht zuletzt setzten die Intellektuellen größte Hoffnungen in ihn. Kiesinger hatte sich kaum für sie interessiert. Unvergessen waren auch die Aversionen, die Ludwig Erhard gegen Schriftsteller gehegt hatte, als er etwa über Rolf Hochhuth sagte: »Da hört der Dichter auf, da fängt der Pinscher an.« In Wahlkampfreden hatte sich Erhard mehrfach gegen Schriftsteller wie Günter Grass, Peter Rühmkorf oder Siegfried Lenz gewandt, weil sie Willy Brandt favorisierten. Macht und Geist hatten nicht gerade vertraulichen Umgang miteinander gepflegt in der Bundesrepublik. Das sollte sich nun ändern.

Im Taumel der Begeisterung, mit der Willy Brandt von seinen Anhängern und Unterstützern gefeiert wurde, fiel manchem nicht auf, dass der Wahlausgang und die anschließende sozialliberale Koalition auch noch einen anderen Politiker ganz nach vorn auf die politische Bühne schob: Walter Scheel. Bei der CDU war er nicht gut angesehen. Im Vorfeld der Wahl waren maßgebliche Stimmen von CDU und CSU der Meinung gewesen, er komme allenfalls für das Amt des Entwicklungshilfeministers in Betracht, das er schon von 1961 bis 1966 innegehabt hatte. Scheels ehrwürdiger Parteifreund Reinhold Maier nannte ihn einen »Herrn Leichtfuß«. Ich hingegen hielt ihn für einen der bedeutendsten Politiker der Bundesrepublik, der zweifellos Kanzler geworden wäre, wenn er aus einer großen Partei gestammt hätte. Scheel wurde Außen-, Genscher Innenminister. Alle Politik bestehe aus diesen beiden Bereichen, wie Scheel selbstbewusst intern feststellte. Er wurde nach dem Kanzler der zweimächtigste Mann der neuen Koalition.

Für mich als Teilnehmer der Gruppe Grass war der Ausflug in die politische Sphäre eine spannende Erfahrung gewesen. Ich erlebte, wie man zumindest indirekt Einfluss nehmen konnte, wie sich das Spiel der Kräfte sanft steuern ließ, auch wenn unsere Sprüche und Formulierungen natürlich nur ein geringer Faktor der Erfolgsgeschichte Brandts waren.

Die Ära Brandt

Am Nachmittag des 21. Oktober 1969 legte Willy Brandt im Bonner Parlament seinen Amtseid auf die Verfassung ab, übrigens wie seine Vorgänger mit der Beteuerungsformel: »So wahr mir Gott helfe.«

Brandt hatte ich schon in den fünfziger Jahren kennengelernt, zunächst bei öffentlichen Vorträgen, später bei Wahlveranstaltungen, die ich als junger Sozialdemokrat besuchte. Die Art, wie er zum Publikum sprach, beeindruckte mich sehr, weil er Wärme ausstrahlte, Nachdenklichkeit, Behutsamkeit. Zugleich war etwas an ihm, was jeden unwillkürlich dazu brachte, ihm helfen zu wollen. Er hatte die Ausstrahlung eines Menschen, der um Unterstützung nachzusuchen schien und das spontane Gefühl weckte, man müsse sich für ihn einsetzen, ja, man sei ein besserer Mensch, wenn man es tue. Der Satz von Grass »Wir helfen Willy« traf genau unsere Stimmung: Wenn man ihm zuarbeite, könnten wir es schaffen.

Schon während der Wahlkampfphase hatte ich Brandt des Öfteren von Nahem erlebt, nun traf ich ihn manchmal unter vier Augen und begriff, warum ich – wie viele andere auch – immer diesen Helferimpuls verspürt hatte. So charismatisch und eloquent Brandt wirkte, wenn er vor vielen Menschen sprach, so einsilbig und verschlossen war er privat. Eine große Einsamkeit umgab ihn, auch eine gewisse Melancholie. Persönliche Gespräche mit ihm verliefen quälend. Ganz gleich welches Thema ich ansprach, stets fiel die Antwort entweder äußerst knapp aus, oder er hüllte sich ganz in Schweigen. Anfangs meinte ich, das liege an mir, und fürchtete, ihn zu langweilen. Erst als andere mir dasselbe berichteten, verstand ich, dass der Mann, der Massen mobilisierte, im Grunde gehemmt und unsicher war.

221

Einmal, nach einem längeren Gespräch, packte ich ihn an den Schultern und sagte zum Abschied: »Armer Kanzler.« Als ich draußen war, erschrak ich, was ich mir da geleistet hatte. Die kleine Szene ist bezeichnend für Brandts Widersprüchlichkeit, für die Ambivalenz eines Mannes, der jenseits der öffentlichen Auftritte Mitgefühl weckte.

Seine Verschlossenheit erschwerte häufig die politische Zusammenarbeit mit ihm. Während der Großen Koalition, in der Brandt als Vizekanzler eng mit Kanzler Kiesinger kooperieren musste, kam es zu empfindlichen Verständigungsschwierigkeiten. Wehner behauptete später mir gegenüber, er habe die Wogen zu glätten versucht, als Kiesinger sich bei ihm beklagt habe, Brandt rede nicht mit ihm, habe Wehner geantwortet: »Sie vergessen, dass das ein Lübecker ist. Lübeck ist eine Stadt, da redet man nicht.«

Privat führte Brandts Gehemmtheit erst recht zu Enttäuschungen. »Jener in sich zurückgezogene Mann, den ich Willy nenne«, wie Grass in *Tagebuch einer Schnecke* schreibt, ließ alles, auch Menschen, auf sich zukommen. Mochte Brandt auch, weil Klaus Harpprecht es ihm suggeriert hatte, *compassion*, Mitgefühl, im Munde führen, konnte er dergleichen persönlich nicht zeigen. Von allein unternahm Brandt nichts, um Menschen Wärme zu signalisieren, Sympathien lebendig zu halten, er meldete sich nie. Menschliche Nähe, gar Tuchfühlung oder das Du fielen ihm schwer, aber es freute ihn, wenn man sich um ihn bemühte.

Gern genoss er die Selbstbestätigung durch schöne Frauen. Auch die Anerkennung durch bedeutende Männer tat ihm gut. Als Rómulo Betancourt, der ehemalige Staatspräsident Venezuelas, Brandt einmal das Kompliment machte, er bewundere ihn als Staatsmann, aber mehr noch als Mann, war der Bundeskanzler sichtlich geschmeichelt.

Spannungsgeladen war die Konstellation dreier sehr unterschiedlicher Männer, die seit der Großen Koalition 1966 zusammenarbeiten mussten: Willy Brandt, Herbert Wehner und Helmut Schmidt. Mit allen habe ich besonders während meiner Jahre im Bundespräsidialamt, ab 1976, intensive Gespräche geführt. Alle drei beschwerten sich in der Abwesenheit der beiden anderen, wie schwierig es sei, mit ihnen zurande zu kommen. Sie waren ein seltsames Trio: drei ganz verschiedene Männer, die es schwer miteinander hatten, aber über Jahrzehnte bemüht waren, miteinander auszukommen und die Spannungen nach außen nicht sichtbar zu machen.

So verschieden sie waren, konnte die gegenseitige Fremdheit nicht verwundern. Der wirklich Traumatisierte war Wehner. Im sowjetischen Exil hatte er lernen müssen, mit den Wölfen zu heulen, also andere zu denunzieren. Wehner verkörperte den typischen Parteisoldaten. Gerade als ehemaliger Kommunist hatte er ein besonderes Verhältnis zur SPD. Brandt war persönlich der Sympathischste, besaß das größte Charisma, war aber, wie wir gesehen haben, schwierig im Umgang. Schmidt hingegen erzeugte kaum Sympathien. Er brannte sichtbar vor Ehrgeiz und wirkte wie der ewige Primus mit seinem Hang zur Besserwisserei. Vor allem beneidete er Brandt um eine Eigenschaft, die er das »Schwebende« nannte – Brandt schwebe in den Raum wie eine Art Engel, vom Himmel gesandt. Das ärgerte Schmidt, weil er völlig anders wirkte, wie ein ewiger, rechthaberischer Musterschüler.

Im Kern war Brandt der Charismatiker, Wehner der Arbeiter im Weinberg, Schmidt der hochintelligente Führungsoffizier. Damit bedienten sie alle relevanten Segmente der Partei: die intellektuellen Linken, das Fußvolk und die bürgerlichen Wähler. Wenn ich diese drei mit späteren Trios der SPD vergleiche – Lafontaine, Scharping, Schröder oder Gabriel, Steinbrück, Steinmeier – bewundere ich, wie lange es das erste Trio trotz allem miteinander ausgehalten hat.

Nach meinen Beobachtungen war Brandt ein Politiker, dem es wichtig war, in die Geschichtsbücher einzugehen, während Wehner dies vollkommen egal zu sein schien. Oft sagte er: »Entweder wirken wir hier, oder wir wirken gar nicht.« Diese Unterscheidung fand ich aufschlussreich, weil sie den unterschiedlichen politischen Stil der beiden Männer kennzeichnete. Wehner war an sachlichen, taktischen Erfolgen des Augenblicks gelegen, selbst dann, wenn er mit seiner oft ruppigen Art keine gute Figur machte. Für Brandt hingegen stand die Anerkennung im Vordergrund. Sicherlich trug Wehners Bescheidenheitskomplex auch neurotische Züge. Aber er durfte zu Recht im Oktober 1973 von sich sagen: »Ich wollte ja nichts für mich; ich habe nie ein Postament für mich beansprucht.« Das zielte natürlich auf Brandt, der mittlerweile ein Denkmal geworden und zugleich unerhört lässig geblieben war.

Im Kabinett war Brandt nach meinem Eindruck sehr beliebt, weil er nicht wie Adenauer das Heft fest in der Hand hielt, sich aber auch nicht wie Schmidt zum Ärger der Kabinettskollegen bei jedem Punkt zu Wort meldete. Diskussionen ließ er eher laufen. Allerdings wusste Brandt immer im richtigen Moment zu intervenieren. Das unterschied ihn von Ludwig Erhard, der wegen seiner professoralen Art völlig ungeeignet zur Führung war. Professoren haben ja im Allgemeinen nicht gelernt, im Team zusammenzuarbeiten, sondern sind Alleindarsteller, während man in der Politik mit ganz unterschiedlichen Charakteren umgehen und zwischen ihnen vermitteln können muss.

Brandt litt unter Wehner, wahrscheinlich sogar mehr als andere. Wenn der Fraktionsvorsitzende schweigend dasaß, an der

224

Pfeife zog, sich unaufhörlich Notizen machte, verunsicherte, ja tyrannisierte er damit seine Umgebung bewusst. Viele Jahre warb Brandt um Wehners Gunst. Er wollte ihm helfen, mit seinen offensichtlichen Schwierigkeiten fertig zu werden, sorgte daher beispielsweise für günstige Presseberichte über ihn. Auch persönlich versuchte er, Wehner zu stützen, ihm gegenüber Freundlichkeiten zu äußern. So betonte er, sie seien beide alt, er, Brandt, werde wohl vor Wehner sterben – was eher unwahrscheinlich war, weil der sieben Jahre ältere Wehner unter Diabetes litt –, daher wolle er ihm sagen, dass er sich ihn als seinen Nachfolger im Parteivorsitz wünsche. Daraufhin fragte Wehner irritiert bei Ehmke an, ob das ernst gemeint sei.

Ein Problem für Brandt war Wehners Unersättlichkeit. Vom Leben tief verletzt und daher gezwungen, andere zu verletzen, an anderen schuldig zu werden, suchte Wehner immer und überall Gnade und Beweise persönlicher Zuneigung. Er war sehr sensibel, zartbesaitet, wie Brandt auch, doch zeigte er es auf ganz andere Weise. Beide waren bemerkenswert empfindlich, zwei Idealisten. Wehner allerdings trat noch dazu als Moralist auf. Er beurteilte Menschen anhand absoluter Kriterien und war zu vernichtenden Urteilen angesichts ihrer Unzulänglichkeiten fähig. An Brandts Wertschätzung lag ihm nichts, da er ihn verachtete. Wehner war für strenge Grundsätze im Persönlichen. Schon aus Schweden, aus dem Exil, hielt er Brandt für einen Leichtfuß, für flatterhaft. Überhaupt machte es ihm nichts aus (was Brandt empörend fand), mit führenden Männern der CDU/CSU schlecht über ihn zu reden. Während der Großen Koalition höhnte und spottete er in seinen Gesprächen mit Kurt Georg Kiesinger fortlaufend über Brandt.

Wenn Wehner die Abneigung Brandts gegen die Union nicht teilte, hatte das auch mit seiner Religiosität zu tun. Für ihn wa-

ren Bibel, Christentum und Kirchen zentral, während er Brandt nachsagte, ihm bedeuteten die letzten Werte nichts, er sei ohne Interesse an der Frage nach Gott. Wehner hingegen, tief religiös, beurteilte Dinge und Menschen dieser Welt, auch sich selbst, am Maßstab der Ewigkeit.

Das konnte man von Brandt ganz sicher nicht behaupten. Wer war er überhaupt? Nach Wehners Dafürhalten sein Geschöpf, ihm zu Dank verpflichtet. Er sagte oft, dass er es sei, der Brandt »gemacht« habe – was dieser begreiflicherweise nicht gern hörte.

In seiner Neigung zu hemmungsloser Empörung ging Wehner so weit, auch Brandts Stärken nicht wahrhaben zu wollen: sein Geschick in der großen Politik, seine Sicherheit und Würde im internationalen Auftreten. Für Wehner war das alles Salon, Diplomatie, Wichtigtuerei, Geschwätz. Und in der Tat war Brandt nicht bereit, Wehners asketische Selbstdisziplin nachzuahmen. Er meinte, an Wehners galliger Bitterkeit könne man sehen, dass dem Menschen im Allgemeinen dergleichen nicht gut bekomme. So wenig er sich schonte: Brandt lehnte ab, wie Wehner in der Politik auf- und möglicherweise unterzugehen. Er kannte schönere Seiten des Daseins, die er genießen wollte. Dafür musste immer genug Zeit bleiben.

Nicht einmal fünf Jahre sollte es dauern, bis ein erschöpfter, auch überforderter Bundeskanzler Brandt aus eher nichtigem Anlass das Handtuch warf. Und doch besitzt gerade diese Kanzlerschaft bis heute im öffentlichen Bewusstsein einen besonderen Nimbus, weil Brandt ein transformiertes Deutschland symbolisierte. Als er 1988 in einem Fernsehinterview als »Zeuge des Jahrhunderts« befragt wurde, was er selbst als seinen größten Erfolg betrachte, antwortete er: »Mit dazu beigetragen zu haben, dass in der Welt, in der wir leben, der Name des Landes,

Deutschland also, und der Begriff des Friedens wieder in einem Atemzug genannt werden können.«

Heute wissen wir, dass diese Leistung in erster Linie auf dem Gebiet der Außenpolitik, namentlich der Ostpolitik, erbracht wurde. Das Thema war in der Großen Koalition ein Zankapfel gewesen, weil Brandt als Außenminister das Verhältnis von Ost und West aufgrund seiner Berliner Erfahrungen aus einer völlig anderen Perspektive betrachtete als die Westdeutschen. Durch den Mauerbau war in Berlin das Gefühl übermächtig geworden, man dürfe sich nicht einmauern lassen, dürfe niemals die absurde Spaltung als Normalität hinnehmen. Die Berliner drängten auf Passierscheinabkommen, während die Westdeutschen jede Verhandlung mit der DDR-Führung lange ablehnten. Zu den lokalen Gegebenheiten kam bei Brandt die Überlegung, wenn man schon die beiden Teile Deutschlands nicht zusammenhalten könne, müsse wenigstens der Zusammenhalt der Bevölkerungen unterstützt werden. Damit hatte er vollkommen recht. Hätte man die Kontakte zwischen der Bundesrepublik und der DDR wie in Nord- und Südkorea jahrzehntelang vollkommen unterbunden, wäre das Land sicherlich viel stärker auseinandergefallen.

Mit den Passierscheinabkommen, die zwischen dem Mauerbau 1961 und dem Viermächteabkommen von 1971 mehrfach zustande vereinbart wurden, konnten die Berliner wenigstens in der Weihnachtszeit in den Ostteil der Stadt gelangen. Außerdem ermunterte die Bundesregierung Westberliner, sich Zweitwohnsitze im Westen zuzulegen und damit jederzeit Tagespassierscheine für Ostberlin und die DDR beantragen zu können. So konnte man wenigstens Verwandte und Freunde in Ostberlin treffen, auch Tagesausflüge in die DDR unternehmen, obwohl von solchen Möglichkeiten wenig Gebrauch gemacht wurde. Mit den Christdemokraten war eine derart pragmatische Deutschlandpolitik nicht zu machen. Auch das brachte Brandt auf den Gedanken, es 1969 mit der FDP zu versuchen, mit der man in Berlin seit Jahren eine Koalition bildete. Das Ziel war, die Mauer durchlässig zu machen, was der argwöhnische Walter Ulbricht freilich eine »Aggression auf Filzlatschen« nannte.

Schon in seiner Regierungserklärung von 1969 hatte Brandt dargelegt, wegen ihrer Brisanz in einem Nebensatz versteckt, wie sich seine Ostpolitik gestalten werde: »Eine völkerrechtliche Anerkennung der DDR durch die Bundesregierung kann nicht in Betracht kommen. Auch wenn zwei Staaten in Deutschland existieren, sind sie doch füreinander nicht Ausland; ihre Beziehungen füreinander können nur von besonderer Art sein.« Zwei Staaten in Deutschland? Das klang in vielen Ohren unerhört. Aber Brandt nannte erstmals das Kind beim Namen und trug damit den Realitäten Rechnung. Nicht nur gab es seit 1967 eine DDR-Staatsbürgerschaft und seit 1968 eine neue, die Eigenstaatlichkeit der DDR unterstreichende Verfassung. Vielmehr waren beide Staaten auch gleichrangige Mitglieder diverser Verträge und Organisationen. Und schließlich hatten die DDR-Oberen, beginnend mit dem Bau der Mauer, ihrem Staat eine fragwürdige, aber unübersehbare eigene Identität verschafft: Ein Gürtel aus Stacheldraht, Minenfeldern und Selbstschussanlagen dokumentierte ebenso brutal wie unzweifelhaft, dass es diesen anderen Staat gab.

Meine eigene Sicht auf die Ostpolitik hatte sich nach meiner Rückkehr aus Paris in der politischen Redaktion des WDR gebildet, während der Zusammenarbeit mit Peter Bender. Er war mit Egon Bahr befreundet, gemeinsam wurden sie zu Vorkämpfern dessen, was später die Neue Ostpolitik genannt wurde. Bender überzeugte mich, es werde auf Dauer nicht möglich sein, die DDR zu ignorieren, wenn man nicht alle Kontakte über die Demarkationslinie hinweg blockieren wolle.

Der spektakuläre Kniefall von Warschau am 7. Dezember 1970 am Mahnmal des Ghettoaufstands bewegte uns alle. Viel ist über diesen Kniefall geschrieben worden. War er spontan? Oder das Kalkül Brandts?

Später hatte ich Gelegenheit, ausführlich mit ihm darüber zu sprechen. Der Bundeskanzler war damals in die polnische Hauptstadt gereist, um dort den deutsch-polnischen Vertrag zu unterzeichnen. Brandt schilderte mir seine Ankunft in Warschau am Vorabend des 7. Dezember 1970 als äußerst bedrückend. Es habe nasskaltes, graues Wetter geherrscht, an vielen Stellen der Stadt brannten Kerzen. Bei dem amtlichen Treffen mit den polnischen Gastgebern habe er die düstere, lastende Schwere sehr stark empfunden. Während der Nacht ging ihm durch den Kopf, dass er irgendetwas tun müsse, was über die protokollarisch geplante Kranzniederlegung am Ghettodenkmal hinausgehe. Auf dem Weg zum Mahnmal fiel ihm plötzlich ein, was er gleich darauf zu tun habe. Auch Scheel, der damalige Außenminister, bestätigte mir später, sie seien sehr bedrückt gewesen von der trostlosen Atmosphäre in der Stadt, auf der an diesem Tage alle Lasten der Vergangenheit zu liegen schienen. Mit versteinertem Gesicht fiel Brandt, alle überraschend, auf die Knie. Das Echo war enorm. Die Demut, die er in dieser Geste ausdrückte, rührte jeden an. Dass gerade er, ein im Dritten Reich Verfolgter, der in keiner Hinsicht ein Täter genannt werden konnte, sich für sein Volk zu einem solchen Schuldeingeständnis bereitfand, gab diesem Kniefall seine besondere Würde.

Mit der Demutsgeste gelang es Brandt unverhofft, eine versöhnte Zukunft anzudeuten.

Zu Beginn der siebziger Jahre war ich in Berlin. Regelmäßig spielten meine Töchter mit den Töchtern Meinhof in der großen Sandkiste vor der Jesus-Christus-Kirche in Berlin-Dahlem.

Ich habe damals oft gehofft, meine Vermieterin würde mir hinter dem Haus einige Quadratmeter für eine eigene Sandkiste überlassen, was nicht geschah. Meine Frau Heidi und Ulrike Meinhof mochten sich und so traf ich Ulrike Meinhof bei einem geselligen Zusammensein. Sie gefiel mir sehr, weil sie eine weibliche, sehr erotische Ausstrahlung hatte. Wir waren einander offenbar sympathisch, mochten uns, denn sie sagte: »Schade, was könnte aus Ihnen werden, wenn Sie in unserer Bewegung tätig wären.« In den Folgejahren gaben Kollegen hinter vorgehaltener Hand zu, dass sie Frau Meinhof und ihre Mitkämpfer kurzzeitig bei sich beherbergt hätten. Das galt als schick.

Anfang 1970 hatte der Aufbau der »Rote Armee Fraktion« begonnen. Ihr gehörten der gewaltsam aus der Haft befreite Frankfurter Kaufhausbrandstifter Andreas Baader und die Pfarrerstochter Gudrun Ensslin an, aber auch die mittlerweile untergetauchte Journalistin Ulrike Meinhof sowie der Rechtsanwalt Horst Mahler.

Der Wahlkampf 1972 war hochemotional. Die Regierung hatte ihre Mehrheit verloren, weil mehrere FDP-Bundestagsabgeordnete zur Union übergelaufen waren. Die Regierung war gelähmt. Daher hatte Bundespräsident Heinemann das Parlament vorzeitig aufgelöst. Im Wahlkampf ging es um das zentrale Anliegen Brandts, die Neue Ostpolitik und um ihn, als deren Vormann.

Am 19. November 1972 ging die SPD erstmals vor CDU und CSU als stärkste Partei aus dem Rennen hervor. Dieser Triumph markierte den Höhepunkt in Brandts politischer Laufbahn, gleichzeitig begann sein Niedergang, der innerhalb eines Jahres zu seinem Rücktritt führen sollte. »Von nun an ging's bergab«, sagte Egon Bahr.

Das lag nicht zuletzt am hohen Wahlsieg. Der knappe Vorsprung von 1969 hatte die Koalitionspartner zu Disziplin gezwungen. Die komfortable Mehrheit des Novembers 1972 weckte allerlei Begehrlichkeiten, die zuvor wegen der prekären Mehrheitsverhältnisse hatten unterdrückt werden müssen.

Der Abstieg Brandts wurde eingeleitet durch seine politischen Freunde Herbert Wehner und Helmut Schmidt. Alle waren erschöpft, denn der Wahlkampf hatte ihnen das Letzte abverlangt. Wehner und Schmidt nutzten die Schwäche Brandts, der im Krankenhaus lag und nicht sprechen konnte. Die Regierungsbildung lief an ihm vorbei. Auch seine politischen Mitstreiter wie Kanzleramtsminister Ehmke wurden kaltgestellt.

Trotz der komfortablen Mehrheit blieben politische Erfolge in den nachfolgenden Monaten aus. Im September 1973 flog der Fraktionsvorsitzende Herbert Wehner mit einer Bundestagsdelegation nach Moskau. Während des Flugs, so erzählte man mir später, beschwerte er sich bei seinem CDU-Kollegen Richard von Weizsäcker, Willy Brandt erfülle seine Aufgaben nicht, lasse die Dinge schleifen. Er, Wehner, habe das im Lande oft gesagt ohne Echo. Daher sage er es jetzt vom Ausland her, was zwei denkbare Folgen haben könne: Entweder Brandt ändere sich; dann sei alles gut. Oder er ändere sich nicht; dann mache seine Kritik den Schaden auch nicht größer, als er ohnehin schon sei.

Kaum war das Flugzeug, das die Bundestagsdelegation in die Sowjetunion brachte, auf dem Moskauer Flughafen Scheremetjewo gelandet, als Wehner begann, sein Vorhaben in die Tat umzusetzen. Am Fuß der Gangway wurde er von einem deutschen Fernsehkorrespondenten um ein kurzes Interview gebeten. Sofort kam Wehner zur Kernfrage, die ihn in den kommenden Tagen immer wieder beschäftigen sollte. Man habe, was Berlin angehe, »ein wenig überzogen, nachdem das erste wirkliche

Viermächteabkommen über Berlin doch viel mehr, als zu erwarten war, gebracht« habe. Das müsse man jetzt versuchen, »ins Gleichgewicht zu bringen«.

Den mitreisenden deutschen Journalisten gegenüber ließ Wehner erkennen, in wem er den Hauptverantwortlichen der aktuellen Schwierigkeiten sah, und was er von Brandt persönlich hielt. Die »Nummer eins« sei »entrückt« und »abgeschlafft«, hieß es da, der Kanzler bade »gern lau – in einem Schaumbad«. Besonders blieb in der öffentlichen Erinnerung ein Satz haften, den Wehner schon am Abend des zweiten Besuchstages, am 25. September, in Moskau fallenließ: »Was der Regierung fehlt, ist ein Kopf.« Wehner versicherte mir später, er habe dabei keineswegs an den Kanzler gedacht, was ihm jedoch niemand glaubte.

Wenige Tage später, am 2. Oktober, war Wehner wieder in Bonn. Brandt, der eigens eine Amerikareise abgebrochen hatte, wartete schon auf ihn. Das Gespräch verlief frostig. Es habe kein gutes Wort gegeben, berichtete Wehner hinterher. Bereits zuvor hatte der Kanzler deutlich gemacht, was er von Wehners Äußerungen hielt, und hatte Konsequenzen angekündigt: »Der Kerl« müsse als Fraktionsvorsitzender abgelöst werden.

Nichts passierte. Stattdessen wurde Wehner mit großer Mehrheit im Dezember als Fraktionschef bestätigt. Wehner hatte sich gegen Brandt durchgesetzt. Zum sechzigsten Geburtstag Brandts im gleichen Monat erschien Der Spiegel mit dem Titelbild des Kanzlers mit von Rissen durchfurchtem Kopf.

In den nachfolgenden Monaten schwelte der Konflikt weiter. Aber dramatisch änderte sich die Situation erst, als im unmittelbaren Umfeld Brandts ein DDR-Spion verhaftet wurde: Günter Guillaume. Jahre zuvor war er aus der DDR in den Westen gekommen und hatte sich in Hessen als rühriger Sozialdemokrat hervorgetan. Bei seiner Verhaftung am 24. April 1974 erklärte er, er sei Offizier der Nationalen Volksarmee und bitte, seine Offiziersehre zu respektieren. Er schwieg konsequent, sodass man nichts gegen ihn in der Hand hatte, außer diesem knappen Hinweis.

Aus Mangel an Beweisen verfiel man auf den Gedanken, alle Personen aus Guillaumes Umfeld zu überprüfen. Bei der Gelegenheit bezog man auch Frauen in die Ermittlungen ein, mit denen Brandt zusammengetroffen war – besonders jene, die er durch Guillaume kennengelernt hatte. Es hieß, Guillaumes Bekanntschaften seien nicht aufzufinden, an den angegebenen Orten seien sie jedenfalls nicht gemeldet. So tauchte die Frage auf, ob sie möglicherweise aus der DDR stammten.

Schon am 26. April findet sich in Brandts Aufzeichnungen die Eintragung, Ermittlungsbeamte seien »hinter Guillaumes Frauenbekanntschaften her«. Am 30. April notierte Brandt, SPD-Justizminister Gerhard Jahn zufolge solle Guillaume ihm Mädchen »zugeführt« haben, eine Bemerkung, die in den Tagen darauf auch in der Presse auftauchte.

Später, als ich Material für mein Buch *Machtwechsel* sammelte und erfahren wollte, wann Brandt klar geworden sei, dass er zurücktreten müsse, sagte er mir, das habe er vergessen oder auch verdrängt. Wir kamen überein, dass den Ausschlag wohl doch die Unterredung mit Wehner am 4. Mai in Bad Münstereifel gegeben habe, die unmittelbar dem Rücktritt vorausging. Ich habe sie mir so oft durch den Kopf gehen lassen, dass ich fast behaupten könnte, ich sei dabei gewesen. In dieser heiklen Situation hätte der sensible Brandt die unbedingte Rückendeckung des Fraktionsvorsitzenden gebraucht. Wehner beharrte darauf, diese Krise müsse der Kanzler allein lösen.

Noch aus einem anderen Grunde fand ich das Tagebuch bemerkenswert, bewegend. Beim Frühstück am 1. Mai im Hamburger Hotel Atlantic hatte ihn ein Anruf des Bundesinnenministers Hans-Dietrich Genscher erreicht, der ihm den Besuch seines persönlichen Referenten ankündigte. Kurz darauf war Klaus Kinkel erschienen und überbrachte ein vertrauliches Schreiben mit der lückenlosen Liste aller Frauen, die in letzter Zeit Zugang zu Brandt gehabt hatten.

Als Brandt die lange Aufstellung seiner vermeintlichen oder tatsächlichen amourösen Kontakte las, war er gleichermaßen erstaunt wie geschmeichelt, was man ihm, einem sechzigjährigen Mann, zutraue. Aber bereits auf dem Hubschrauberflug von Hamburg nach Helgoland, wo eine Wahlversammlung stattfand, wurde ihm bewusst, wie verhängnisvoll sich diese Liste auf sein politisches Schicksal auswirken könne. Falls die Namen durch Indiskretionen in der *Bild-Zeitung* auftauchten, würden Anfragen im Parlament gestellt werden.

Die Situation muss Brandt beklommen bewusst geworden sein, als er abends auf Helgoland von ein paar Ausflüglern mit Applaus begrüßt wurde. Sodann schickten die Gastgeber den förmlich erstarrten Bundeskanzler im fahlen Dämmerlicht zum Spaziergang über die abweisende, düstere, menschenleere Insel. Die Schiffe mit den Tagestouristen hatten längst abgelegt, die Einheimischen saßen inzwischen wegen des Fußball-Länderspiels Deutschland-Schweden vor ihren Fernsehgeräten. Es gibt Fotos, auf denen man Brandt ganz allein oben an der Kante der Steilküste des roten Felsens stehen sieht. Wenn man die Bilder betrachtet, wirkt es so, als werde er sich hinunterstürzen.

Beim Verlesen des Tagebuchs unterbrach er sich, nachdem er berichtet hatte, er habe einen Brief an die Familie geschrieben. Er meinte, offenbar hätte ich die Passage nicht verstanden. Ich lachte ihn an und sagte, er müsse mir erklären, was ich nicht verstanden hätte. Sein Schreiben sei ein Abschiedsbrief gewesen – er habe an Selbstmord gedacht. Bis heute rechne ich ihm hoch an, dass ihm die wahrheitsgemäße Schilderung wichtiger war als gut dazustehen.

Nach der Veröffentlichung meines Buches *Machtwechsel* traf sich der erboste Wehner mit Schmidt und Brandt und macht dem Parteivorsitzenden heftige Vorwürfe. Er fand Brandts Freimütigkeit peinlich, schädlich für die Partei. Was solle denn die Öffentlichkeit von den Sozialdemokraten halten, wenn ihr Spitzenmann so nervenschwach sei, sich wegen irgendwelcher Frauengeschichten umbringen zu wollen?

Wehner schlug vor, sie sollten alle drei behaupten, sie hätten mich nie gesehen oder gar gesprochen. Brandt fand das abwegig.

Um Brandt zu verstehen, muss man berücksichtigen, dass eine wichtige Kontinuität seines Lebens Wechsel und Wandel waren. Deshalb zeigte er eine Naturbegabung für das Neue, für Orte, Personen, Rollen. Stets wirkte er dann verwurzelt, war ganz und gar Lübeck, dann, ebenso echt, ein Skandinavier. In den fünfziger und sechziger Jahren war er der Berliner, danach durch und durch Bonn: von Kopf bis Fuß Staatsmann, Repräsentant, Würde. Später der erste, der führende Sozialdemokrat Europas, ein Vorkämpfer des weltweiten Ausgleichs zwischen Nord und Süd. Und doch gewinnt man im Nachhinein den Eindruck, er sei eigentlich immer nur Gast, immer nur auf der Durchreise gewesen, »tiefer wissend, dass man nirgends bleibt«, wie es Rilke einmal ausdrückte. Lebenslang blieb Brandt ein Außenseiter, überall ein Fremder. Dies erklärt seine wochenlangen Anwandlungen von Melancholie, seine regelmäßigen Abstürze in Depression und Resignation. Ich glaube, aus dem starken, bisweilen überwältigenden Bewusstsein der eigenen Verlassenheit suchte er Zuflucht bei

235

Frauen, wollte mit ihnen ein ständiges Verlangen nach wirklicher Nähe und menschlicher Bestätigung, nach Welt- und Selbstvertrauen stillen.

Beim Bundespräsidenten

Im Januar 1976 rief mich Michael Engelhard an, ein Redenschreiber des Bundespräsidenten. Ich kannte ihn aus Seoul, wo er zuvor Kulturreferent an der Botschaft gewesen war, während ich eine Vortragsreise durch Südkorea machte. Wir hatten uns angefreundet, weil wir damals beide über Josef Beuys empört waren. Während einer Ausstellung zeitgenössischer Kunst in Seoul war von einem Beuys'schen Schlitten, auf den eine Wolldecke und eine Taschenlampe geschnallt waren, ebendiese Lampe gestohlen worden. Das Museum hatte sofort eine identische Lampe in Japan besorgen können, sodass wir den Schlitten wieder vervollständigt sahen. Obwohl Beuys sich mit seiner These, jeder Mensch sei ein Künstler, bewusst gegen den herkömmlichen Kunstbegriff stellte, reagierte er wütend. Er verlangte einen hohen Schadensersatz, den das Museum niemals hätte aufbringen können. Trotz mehrerer intensiver Telefonate, mit denen man versuchte, Beuys umzustimmen, blieb er bei seinem harten Kurs.

Dieses Ereignis lag schon einige Zeit zurück, als Engelhard mich nun fragte, ob ich mir vorstellen könne, ein Buch über Walter Scheel zu schreiben, den Bundespräsidenten, FDP-Vorsitzenden und ehemaligen Vizekanzler der Regierung Brandt. Nachdem Brandt bereits einige Erinnerungsbände veröffentlicht hatte, hielt es Scheel offenbar für geboten, nun seinerseits etwas in dieser Richtung zu unternehmen. Ich versprach, mir das Angebot zu überlegen, auch wenn es mir sofort wie ein Wink des Himmels

236

erschien. Auf der Stelle war mir klar, dass dieses Buchprojekt bedeutete, für längere Zeit nach Bonn zu ziehen, um vor Ort recherchieren zu können. Schon im Jahr zuvor hatte ich den Eindruck gehabt, meine Ehe beginne sich aufzulösen, und ich hoffte, eine längere Abwesenheit mit regelmäßigen Besuchen zu Hause würde unsere Beziehung wieder ins Lot bringen.

Wenige Tage nach Engelhards Anfrage wurde ich nach Bonn eingeladen. Der Bundespräsident empfing mich in der Villa Hammerschmidt. Mein erster Eindruck: überhaupt keine Befangenheit. Schnellen Schrittes kam Scheel aus seinem Arbeitszimmer und rief mir fröhlich zu: »Herr Professor Baring, wie geht es Ihnen?« In den folgenden Jahren konnte ich immer wieder beobachten, dass er jeden Gast mit dieser rheinischen Munterkeit begrüßte. Scheel, den ich vorher nicht kannte, war schon in unserem ersten Gespräch von ausgesuchter Liebenswürdigkeit. Aufmerksam musterte ich ihn. Das Gesicht wirkte gröber als auf Fotos und Fernsehbildern, die Augen klein, die Nase groß. Schnell bemerkte ich, wie gern und gut er redete.

Zunächst setzte er mir auseinander, Zeitgeschichte sei Unsinn, nämlich unmöglich. Sodann ließ er mich wissen, er denke daran, eines Tages »Erdachte Gespräche mit Konrad Adenauer« zu schreiben, las auch gleich eine Kostprobe vor. Ich sagte ihm, ich fände seine Gedanken einleuchtend, seine Gesprächseinleitung aber seltsam. Er habe mich doch zu einem Buch der Zeitgeschichte ermuntern wollen, oder? Lachend gab er zu, dass man anders beginnen müsse. Für Memoiren sei er ganz ungeeignet, erklärte er, da er nur Episoden behalte, aber keinerlei Chronologie; ob etwas 1951 oder 1969 stattgefunden habe, könne er unmöglich sagen. »Na, an 1969 werden Sie sich doch wohl erinnern können«, warf ich ein, »es ist schwer, dieses Jahr mit 1951 zu verwechseln.« Daraufhin fügte er hinzu, ihm als Betroffenem fehle einfach die nötige Distanz und die Unbefangenheit für ein autobiografisches Buch.

Nun stellte ich die entscheidende Frage: ob er mir Unabhängigkeit zusichern könne. Mir war nicht daran gelegen, als Hofberichterstatter oder Jubelbiograf verpflichtet zu werden. Klipp und klar versicherte mir Scheel, ich solle mich vollkommen unabhängig fühlen und keinerlei Rücksicht auf seine Zukunft nehmen. Er wolle mir helfen, etwas zu schreiben, »was bleibt«. Ob dazu volle Akteneinsicht gehöre, fragte ich ihn. »Aber selbstverständlich!« Auch auf meine Frage nach der Beurlaubung von der Freien Universität war Scheel vorbereitet. Natürlich werde er an die Zuständigen schreiben, um mich für drei Jahre beurlauben zu lassen. Als ich zu bedenken gab, solch eine offizielle Freistellung sei nur möglich, wenn sie im ausschließlichen Interesse der Bundesrepublik liege, lächelte er schalkhaft. »Ist das so? Dann werde ich das genauso schreiben.«

Ich war von Scheels Angebot verblüfft, auch geschmeichelt. Das genaue Thema des damit vereinbarten Buchs wurde nie präzisiert, weder mündlich noch schriftlich. Offenbar vertraute mir Scheel. Später sagte er mir, er setze oft und gern sein Vertrauen in Menschen, weil er gemerkt habe, dass die meisten dieses Verhalten honorierten. Selten sei er enttäuscht worden. Wer hingegen Misstrauen zeige, komme nach seinen Erfahrungen weniger weit.

Da er mir offenbart hatte, er selbst sehe sich außerstande, eine Autobiografie zu verfassen, war es offensichtlich, dass er ein lebensgeschichtliches Werk von mir erwartete. Von Anfang an kam für mich jedoch ein Buch ausschließlich über Scheel nicht infrage, vielmehr hatte ich eine Studie über die von Brandt und von ihm geprägte Ära ab 1969 im Sinn. Es reizte mich, den handelnden Personen gewissermaßen über die Schulter zu schauen.

BioGRAPHIEN !

Mir war aufgefallen, dass sich Historiker in ihren Studien gern auf größere geschichtliche Zusammenhänge konzentrieren, während ich mich von Anfang an für die Menschen interessiert hatte. Die gleichsam unpsychologische, wissenschaftliche Herangehensweise vieler meiner Historikerkollegen empfand ich als Manko, weil es erfahrungsgemäß Persönlichkeiten sind, die die Geschichte bestimmen und vorantreiben – auch wenn man nicht gleich Hegel bemühen muss, der von Napoleon als »Weltgeist zu Pferde« sprach. Deshalb verwunderte es mich, dass die Historiker, die ich kannte und mit denen ich zu tun hatte, an Biografien nie sonderlich interessiert waren.

Bereits in meinen frühen Arbeiten über de Gaulle und Adenauer stand die jeweilige Person im Vordergrund, weil ich schon damals der Meinung war, dass biografische Prägungen, Temperamente und Charaktereigenschaften wesentlich das politische Handeln bestimmen. Ich versuchte vor allem, den Spannungsreichtum dieser Politiker zu zeigen, also nicht nur die Kontinuitäten, auch die Widersprüche. Genauso wollte ich an das Buch herangehen. In den folgenden Jahren sagte ich Scheel wiederholt, es werde keine Biografie über ihn entstehen, und er komme vielleicht schlechter weg, als er verdiene. Dafür gebe es einen plausiblen Grund: Als Scheels Gast sei ich unglaubwürdig, wenn ich seine Person besonders heraushöbe. Dies nahm er gelassen, ja ausgemacht nobel hin. Er sei auf das Schlimmste gefasst.

Im Spätherbst 1976 bezog ich das Palmenhaus, einen südlichen Anbau der Villa Hammerschmidt, der vor dem Zweiten Weltkrieg eine Orangerie für exotische Pflanzen gewesen war. Inzwischen lagen im Erdgeschoss des Gebäudes die persönlichen Büros des Bundespräsidenten. Anders als seine Vorgänger hatte Scheel sein Arbeitszimmer nicht in diesem Bürotrakt, sondern in der Villa eingerichtet. Im ersten Stock gab es zwei Gästewohnungen. Die linke nutzte Mildred Scheel für die Deutsche Krebshilfe, die rechte, in der fünf originale Spitzwegs hingen, wurde mir überlassen. In den folgenden Jahren kam es regelmäßig zu ausführlichen Gesprächen mit Scheel, der mir vertrauensvoll und offen Auskunft gab. Außerdem bot er mir an, ihn bei offiziellen Anlässen, bei Abendveranstaltungen und auch auf Auslandsreisen zu begleiten. Also gab es viele Gelegenheiten, ihn genau zu studieren.

Wer an Walter Scheel denkt, hat fast immer das Lied »Hoch auf dem gelben Wagen« im Kopf, das er vor Jahrzehnten kraftvoll schmetterte. Man sieht in ihm eine rheinische Frohnatur aus dem Besitzbürgertum, oberflächlich, den Freuden des Lebens zugetan. Dieser Eindruck ist in mehrfacher Hinsicht falsch. Scheel stammt aus dem Bergischen Land, aus ärmlichen Verhältnissen. Sein Vater war Stellmacher und wurde arbeitslos, als sich Autos durchzusetzen begannen, woraufhin er eine Stelle als Pförtner in Solingen annahm. Die familiären Verhältnisse waren daher alles andere als bürgerlich oder gar wohlhabend.

Auch Scheels Ruf als rheinische Frohnatur beschreibt nur eine seiner Seiten. Die andere, eher verborgene, war seine unbeirrbare Entschiedenheit, das für richtig Erkannte durchzusetzen. Freund und Feind behandelte er so schonend wie geschickt, setzte aber immer entschlossen durch, was er sich in den Kopf gesetzt hatte. »Heiterkeit und Härte« lautet die Überschrift einer meiner Studien über ihn. Er hielt es für die Pflicht aller Repräsentanten unseres Landes, immer gut gelaunt zu wirken, und verachtete freudlose Miesepeter. Seine heitere Ausstrahlung war umso bemerkenswerter, als er zu jener Zeit unter Nierensteinen litt. Nach offiziellen Abendveranstaltungen, die er stets glänzend gelaunt hinter sich brachte, musste er häufig zu seinem Spezialisten nach Heidelberg gebracht werden, sobald die letzten Gäste gegangen waren.

Für mein Buchprojekt musste ich zweierlei im Auge behalten. Wenn ich die Jahre zwischen 1969 und 1974 behandelte und nicht nur über Scheel schreiben wollte, musste unbedingt die Rolle der FDP berücksichtigt werden. Das verstand sich von selbst, da die Anregung und Unterstützung des Projekts von den Liberalen ausging. Ich muss zugeben, dass mir deren Bedeutung vor meiner Beschäftigung mit der SPD/FDP-Koalition nie richtig bewusst gewesen war. Als langjähriger Sozialdemokrat, der sich wissenschaftlich vor allem mit der Union beschäftigt hatte, sah ich – wie die meisten meiner Landsleute – die westdeutsche Politik von den beiden großen Parteien her und damit wesentlich von ihnen bestimmt. Zu Unrecht. Denn eine solche Sicht ver- *F.D.P.* kennt, welch ausschlaggebende, mehrheitsbildende Rolle die FDP in der westdeutschen Geschichte jahrzehntelang spielte. Keine andere unserer Parteien hat seit 1949 auch nur annähernd so lange Regierungsverantwortung mitgetragen. Keine ist allerdings auch zeitweilig in derart tiefe Existenzkrisen geraten – auch wenn es damals noch unvorstellbar war, dass die FDP bei der Bundestagswahl von 2013 erstmals aus dem Parlament verschwinden würde.

Die Ausgangsbedingungen im Palmenhaus waren für mein Buchprojekt ideal, da ich als Gast des Bundespräsidenten leichten Zugang zu all jenen bekam, die den Machtwechsel von 1969 erlebt und mitgestaltet hatten. Einige Mitkämpfer der sozialliberalen Anfangsrunde waren 1976 zwar nicht mehr in ihrer damaligen Position – Brandt war nicht mehr Regierungschef, sondern Schmidt, Scheel nicht mehr Außenminister, sondern Bundespräsident. Aber alle Beteiligten waren noch in Bonn präsent: Brandt als SPD-Chef, Wehner als Fraktionsvorsitzender. Wenn sich jemand auf meine Anfrage in Schweigen hüllte, brauchte ich nur den Bundespräsidenten um einen Anruf zu bitten. Niemand weigerte sich dann, mich zu empfangen.

Seite um Seite fertigte ich Notizen an, recherchierte Vergangenes und Gegenwärtiges, um die unzähligen Puzzlestücke schließlich zu einem Gesamtbild zusammenzufügen. Allerdings hatte die Sache auch ihre Tücken. Wie schon erwähnt, hatte mir Scheel volle Akteneinsicht versprochen, besaß aber kaum Akten. Nie hatte er Unterlagen bei sich, übrigens auch nie Geld. In seinem Arbeitszimmer waren die Schränke fast leer. Gern machte er sich über Schmidt lustig, den er »unseren Renaissancefürsten aus Barmbek« nannte. Dann ahmte er ihn nach und stöhnte lautstark, denn Schmidt schien seinen gesamten Aktenbestand mit sich herumzuschleppen und tat so, als sei er der Atlas der Welt.

Monatelang feilschte ich mit dem Auswärtigen Amt um Möglichkeiten und Bedingungen der Akteneinsicht. Hartnäckig bestand man darauf, ich müsse in diesem Fall vor einer Publikation nicht nur die Teile, die aus den Unterlagen des Auswärtigen Amts gefertigt waren, sondern das Gesamtmanuskript zur Prüfung vorlegen. Diese Bedingung diskutierte ich mit erfahrenen Politikern und Publizisten, die mir abrieten. Die Auflage des Amtes sei zu riskant, da die amtliche Durchsicht erhebliche Zeit kosten und mir sicherlich großen Verdruss bereiten werde. Um frei zu bleiben, verzichtete ich deshalb schweren Herzens auf die Akten. Der Preis wäre zu hoch gewesen.

Im Nachhinein stellte sich heraus, dass mir offizielle Schriftstücke aus der Ära Brandt vermutlich nicht wesentlich weitergeholfen hätten. Zu dieser Zeit gingen die Politiker wesentlich diskreter miteinander um als in den Jahren zuvor. Als erster sozialdemokratischer Kanzler agierte Brandt zwar zunächst betont locker, doch bald waren alle Entscheidungsträger verprellt, weil ihnen permanent Unterlagen abhandenkamen. Sie fürchteten, Vertrauliches könne an die Öffentlichkeit geraten und Probleme verursachen. Man war ja damit beschäftigt, eine neue Ostpolitik zu entwerfen, die von einem großen Teil der Union heftig abgelehnt wurde. Wären die kontroversen Debatten im Kabinett von Journalisten veröffentlicht worden, hätte man den Gegnern der Neuen Ostpolitik unfreiwillig Munition geliefert. Deshalb war strikte Diskretion oberstes Gebot. Die Kabinettsmitglieder diskutierten nicht mehr offen, sondern gingen dazu über, einander Zettelchen zuzuschieben, weil sie kein Vertrauen in die Geheimhaltung der Protokolle hatten. Diese spiegelten daher nur noch den Vollzug bereits beschlossener Politik wider, während sich nichts von den Überlegungen, Diskussionen und persönlichen Absprachen in den dürren Aufzeichnungen finden ließ.

Da hieß es beispielsweise, zur Frage der Energieversorgung hätten sich der Bundeskanzler und die Bundesminister geäußert. Aber kein Wort wurde aufgezeichnet von dem, was inhaltlich gesagt worden war. In der Adenauer-Ära wäre das völlig undenkbar gewesen. Adenauers Kabinettsstil wirkte noch wie aus dem 19. Jahrhundert. Ein Telex nannte er »eine eilige Depesche«, und er hatte die Angewohnheit, sogar nach persönlichen Gesprächen Protokolle anzufertigen. Das ist völlig aus der Mode  gekommen. Angela Merkel kommuniziert per SMS, und die werden genauso verschwinden wie die Zettelchen der Ära Brandt.

Ohne die persönlichen Aufzeichnungen, die sich Staatssekretär Dietrich Spangenberg, Chef des Bundespräsidialamtes der Brandt-Zeit, während der Kabinettssitzungen gemacht hatte, um anschließend Gustav Heinemann unterrichten zu können, hätte ich keinen Einblick in die Debatten innerhalb der Bundesregierung bekommen. Über Spangenberg sagte Brandt gern: »Er schweigt so schön«, weil er beim Reden zurückhaltend war. Seine Aufzeichnungen jedoch waren für mich sehr ergiebig.

Wie viel sich aus einer konzentrierten Lektüre der zeitgenössischen Presse ergibt, wenn man sie Jahre später im Zusammenhang studiert, hatte ich vorher nicht geahnt. Atmosphäre und Farbe, Anekdotisches und biografisch Aufschlussreiches jedoch stammten aus den vielen Gesprächen, die ich mit Politikern, Journalisten und anderen Zeitzeugen führte. Bereitwillig und mit großem Einfühlungsvermögen standen sie mir oft über Stunden Rede und Antwort – ohne sie wäre das Buch *Machtwechsel* nicht möglich gewesen. Es waren viele, denen ich bis heute dankbar bin, von Rudolf Augstein bis Richard von Weizsäcker, von Egon Bahr bis Rolf Zundel.

Mein Blick war nicht nur rückwärtsgewandt. Tagtäglich hielt ich mich ja im Bundespräsidialamt auf, sprach mit Mitarbeitern und Politikern, ließ mich über die neuesten Entwicklungen unterrichten. Ich fand es ausgesprochen spannend zu beobachten, wie Schmidt und Scheel, der eine 1918, der andere 1919 geboren und damit 1945 junge Kriegsheimkehrer, nun die Geschäfte führten. Sie hatten in jungen Jahren immer wieder dem Tod ins Auge geblickt, was sie natürlich geprägt hatte. Mich beeindruckte tief, als Schmidt und Scheel anlässlich der Entführung Hanns Martin Schleyers 1977 darüber sprachen, wie zu reagieren sei, wenn einer von ihnen entführt würde. Man rechnete damals damit, die Rote Armee Fraktion könnte sich einen Hubschrauber verschaffen und auf den Flachdächern der Villa Hammerschmidt oder des Kanzlerbungalows landen, um eines der beiden Häuser in ihre Gewalt zu bringen. Zu jener Zeit hatte man um die Villa Hammerschmidt Gräben ausgehoben, in denen Soldaten auf Posten waren. Wenn ich aus den Fenstern meines Palmenhauses hinunterblickte, sah ich in die bereitliegenden Gewehrläufe, sodass ich

244

ein Lebensgefühl wie in den letzten Tagen der Reichskanzlei hatte. Binnen weniger Minuten gaben sich Schmidt und Scheel gegenseitig das Wort, es werde keine Verhandlungen mit den Entführern geben. Angehörige jüngerer Generationen hätten sich vermutlich nicht so rasch mit der Möglichkeit ihres bevorstehenden Tods abgefunden.

Im Zuge meiner Arbeit traf ich Brandt wieder. Zu dieser Zeit trug er keine Regierungsverantwortung mehr, spielte aber als SPD-Vorsitzender noch immer eine Rolle.

Ein Gespann, das sich ausgezeichnet ergänzte, waren Scheel und Genscher. Scheel hatte die Mentalität eines Husarengenerals unter Friedrich dem Großen und neigte immer dazu, couragiert den Durchbruch zu versuchen. Genscher hingegen mahnte regelmäßig zur Vorsicht. Er war ein Taktiker, der jeden Schritt genau erwog, sodass sich aus der Begegnung des forschen Temperaments mit dem bedächtigen eine gute Mischung ergab.

Sehr genossen habe ich die Staatsreisen, etwa die große Kaiserreise, die von Japan bis nach Persien führte. Diese Reisen waren eindrucksvoll wegen der festlichen Inszenierungen, mit denen man uns im jeweiligen Land empfing.

Auch einige Staatsbesuche sind mir in Erinnerung geblieben, vor allem der Besuch Leonid Breschnews im Jahr 1978. Schon im Vorfeld waren die Sicherheitsmaßnahmen auf die oberste Stufe hochgefahren worden. Nach Breschnews Ankunft kam als Erstes sein Leibarzt in die Küche der Villa Hammerschmidt und verkündete, er übernehme das Kommando. Ich staunte, dass Breschnew offenbar große Angst vor einer Vergiftung hatte. Beim Staatsbankett trank er dann Wodka aus Wassergläsern und hielt eine lange Rede, deren Inhalt uns alle verblüffte. Ausgerechnet der Staatschef der Sowjetunion und Parteichef der KPdSU versuchte uns zu vermitteln, wie wichtig Patriotismus sei. Höflich stimmten wir zu, wussten aber nicht recht, worauf er hinauswollte. Damals herrschte ja noch die deutsche Teilung, und das Ende der Sowjetunion war noch nicht zu erahnen. Nun setzte Breschnew zu einer weitschweifigen Erklärung an: Wenn man von der Wichtigkeit des Patriotismus überzeugt sei, dann spiele doch eine entscheidende Rolle die Presse. Wieder stimmten wir zu. Er fuhr fort, die Sowjetunion sei sehr betroffen von kritischen Äußerungen in unseren Medien. Da lachte Scheel und sagte zu seinem Gast, er verstehe ihn vollkommen: Kritik sei immer unangenehm, aber Breschnew habe es doch sehr viel besser als die Westdeutschen. In Moskau könne man sicher freier regieren als bei uns, wo alle Politiker sehr von der Presse und den Medien abhängig seien. Breschnew fand das gar nicht lustig, sondern sagte knapp: »Eine ordentliche Regierung kontrolliert ihre Presse.« Ihm fiel nicht auf, dass er sich damit als Diktator zu erkennen gab.

Während meiner drei Jahre im Bundespräsidialamt sah ich den Landesvater, wenn auch selten, so doch regelmäßig unter vier Augen. Aber nur ein einziges Mal aß ich im Kreise der Familie mit Scheel und den Kindern zu Abend, denn anders, als man es vielleicht meinen könnte, wurden wir keine persönlichen Freunde. Dafür war Scheel nicht der Mann. Seine Sache war die liebenswürdige Distanz, nicht nur mir, sondern allen Menschen gegenüber. Erst allmählich wurde mir bewusst, dass der Abstand, den er wahrte, keineswegs meine Arbeit behinderte. Es verhielt sich genau umgekehrt: Ich wurde für Scheels Reserve immer dankbarer, weil sie meine Unbefangenheit sicherte. Man braucht sich nur vorzustellen, wir wären einander menschlich nähergekommen und hätten viele Abende gemeinsam beim Wein verbracht, wie das in anderen Parteien, bei anders geprägten Politikern der Fall war. Dann hätte ich zwar unter Umständen weit mehr von ihm erfahren, aber zugleich die Möglichkeit verloren, das Gehörte niederzuschreiben und zu veröffentlichen, ohne mich dem berechtigten Vorwurf der Illoyalität und Indiskretion auszusetzen. Journalisten sind häufig in diesem Dilemma. Von einem bestimmten Punkt persönlicher Nähe und Vertrautheit an, der es erlaubt, von Freundschaft zu sprechen, wird dem Gesprächspartner die um Objektivität bemühte Distanz unmöglich. Zumindest fällt ihm der kalte Blick schwerer, den der Beruf des Chronisten, aller persönlichen Sympathien ungeachtet, nun einmal voraussetzt. Eine symbiotische Beziehung beginnt, freundschaftliche Gefühle wecken das Bedürfnis, den Politiker zu schützen, möglicherweise auch, ihn zu beraten. Dieser Seitenwechsel ist heikel und schadet beiden, dem Politiker wie dem Journalisten.

Scheels gelassenes Vertrauen erleichterte mir die Arbeit ungemein, ermöglichte sie eigentlich erst. Nichts ist so bedrückend wie das Gefühl des Autors, ein Gastgeber erwarte von ihm Dankbarkeit und daher positive Bestätigungen des eigenen Wirkens. Als 1982 mein Buch *Machtwechsel* erschien, schrieb ich Scheel eine persönliche Widmung in sein Exemplar: »Für Walter Scheel, mit Dank für eine Initiative, deren Beispiel hoffentlich viele Politiker folgen werden.« Er schüttelte amüsiert den Kopf: »Das wird nicht passieren – nie wieder wird ein Politiker Ihnen oder einem Ihrer Kollegen derart freie Hand lassen.«

Jahre später bat mich Genscher, auch eine Studie über ihn zu verfassen. Rasch wurde mir klar, dass ich dies ablehnen musste, weil ich spürte, dass er im Unterschied zu Scheel ein rundum positives Bild erwartete. Das machte mich befangen, obwohl ich Genscher mochte und bis heute mag.

Das Buch *Machtwechsel* ist ein Stück sehr persönlicher Zeitgeschichte, auch eine kleinteilige, genaue Machtanalyse der sozialliberalen Koalition, die durch ungewöhnliche, eigenwillige Persönlichkeiten geprägt worden war. Theorien stellte das Buch nicht auf, auch in dieser Hinsicht blieb ich mir treu. Mir war mehr und mehr klar geworden, dass Walter Scheel eine der bemerkenswertesten Figuren der alten Bundesrepublik war, auch deshalb, weil er seine Partei, die FDP, energisch auf einen zukunftsfähigen Kurs gebracht hatte. Vorher war sie nur als Partner der Union denkbar gewesen, was man bis heute an der Sitzordnung im Bundestag ablesen kann. Scheel hingegen war überzeugt, seine Partei habe nur dann sichere Zukunftschancen, wenn sie sich als Mitte zwischen CDU/CSU und SPD empfinde, also auch die Sozialdemokraten für potenzielle Partner halte.

Waren die Liberalen bis 1969 als die kleinen, verlässlichen, festen Partner der Union aufgetreten, sollte fortan die FDP das Zentrum der Macht bilden, mal mit der einen, mal mit der anderen großen Partei verbunden. Es ist Scheels großes Verdienst, dass er die Mehrheit der FDP 1969 überzeugen konnte, mit den Sozialdemokraten zu koalieren. Das war damals natürlich ein großer Tabubruch. Erich Mende, sein Vorgänger, den ich gut kannte und schätzte, hatte immer gesagt, die FDP sei der Copilot einer unionsgeführten Maschine. Solch ein bescheidener Satz wäre Scheel nie in den Sinn gekommen. Vielmehr war er äußerst pragmatisch an den Koalitionswechsel herangegangen.

Scheel befreite die FDP aus der Enge, in der sie sich lange befunden hatte, und mit der sie 2013 Schiffbruch erlitt, da sie als Partner der schwarz-gelben Koalition im Bewusstsein der Wähler nicht mehr wahrgenommen wurde. Sicherlich hat Scheel über diese fatale Koalitionstreue den Kopf geschüttelt, weil er gern betonte, eine kleine Partei könne bei Meinungsschwankungen der

Wähler viel schneller unter Wasser geraten als die großen. Wenn die Union im Abschwung sei, habe sie eben statt 40 Prozent immer noch 37; wenn aber die FDP bei sieben Prozent stehe, bedeute der gleiche Verlust, unter die Fünfprozenthürde zu geraten. Diese Gefahr war ihm sehr bewusst. In den letzten Jahren habe ich mich mit Scheel wiederholt über dieses Thema unterhalten, und er seufzte stets: »Die müssten springen, die müssten springen!« Die große Frage ist freilich, wie oft man springen kann, ohne unglaubwürdig zu werden. Bei jedem Sprung, das hatte sich auch beim Übergang von Mende zu Scheel gezeigt, verliert die FDP naturgemäß Stimmen, weil manche Wähler es falsch finden, wenn man auf diese Weise die Fronten wechselt. Andererseits können feste Bündnisse, wie wir jetzt gesehen haben, das Profil einer Partei bis zur Unkenntlichkeit verwischen, bis zur Selbstabschaffung. Es bleibt abzuwarten, ob sich die FDP von dieser Krise erholen wird.

Damals, in den späten siebziger Jahren, ahnte ich noch nicht, dass meine sozialliberalen Sympathien mich bald darauf die Mitgliedschaft in der SPD kosten würden. Im Jahr 1983 schloss man mich aus der Partei aus, weil ich nach dem Sturz Schmidts und dem Ende der sozialliberalen Koalition im darauffolgenden Wahlkampf Genscher unterstützt hatte, um die Ostpolitik zu retten. Schmidt machte damals die FDP für sein Scheitern verantwortlich, wie Klaus Bölling in einem Buch belegte, während sein früherer Chef im hessischen Landtagswahlkampf dazu aufrief, die Liberalen wegzuharken. Deshalb hielt ich es für möglich, die CDU/CSU könnte nach der Wahl allein an die Regierung kommen, mit Strauß als Außenminister. Was das bedeutete, war nur zu klar: Auf der Stelle hätte Strauß die sozialliberale Ostpolitik gekippt. Deshalb sprach ich mich unter Freunden für eine Rettung der FDP aus. Genscher, der davon hörte, rief mich an und fragte, ob ich das auch öffentlich sagen würde. Da es bei mir keinen Unterschied zwischen privaten und öffentlichen Meinungsäußerungen gibt, erklärte ich mich bereit, in Zeitungsanzeigen zur Unterstützung Genschers aufzurufen.

Bis heute ist Genscher der zuverlässigste Gratulant zu meinen Geburtstagen, für meine Parteigenossen jedoch war mein Verhalten ein Sakrileg. Nach der verlorenen Wahl erklärte Brandt in der Fraktion, die Niederlage der SPD sei von einigen Professoren verursacht worden, zu denen er auch mich zähle. So war mein Ausschlussverfahren nur eine Frage der Zeit.

Seit 1952 war ich Sozialdemokrat gewesen, jedoch nie ein Parteisoldat geworden. Als man mich aus der SPD ausschloss, war ich eher erleichtert, denn meine Mitgliedschaft hatte ich bereits als problematisch empfunden, seit die SPD die Berliner Universitäten hatte verrotten lassen. In den anderthalb Jahrzehnten zuvor war deutlich zu beobachten gewesen, dass die Sozialdemokraten Berlins es darauf abgezielt hatten, die Studentenunruhen vom Kurfürstendamm in die Universität zurückzutreiben. Wir Professoren waren diejenigen, die diese Strategie ausbaden mussten. Die Demonstrationen auf dem Kurfürstendamm waren lästig für die Polizei, aber für die Universitäten eher entlastend gewesen. Als die Bewegung dann an die Universitäten zurückkehrte, begann die Misere der unverantwortlichen neuen Hochschulpolitik, von der wir uns jahrzehntelang nicht erholten. Ich kann mich an Gespräche mit Heinrich August Winkler erinnern, der mir damals sagte, die SPD ruiniere sehenden Auges unsere Arbeitsplätze, was doch skandalös sei.

Gekämpft habe ich nicht um meine SPD-Mitgliedschaft, legte auch keinen Einspruch gegen den Ausschluss ein. Stattdessen schrieb ich an die Partei, wenn sie mich loswerden wolle, ginge ich gern. Nichts sei mir unangenehmer, als mich in Kurzmeldun-

gen auf den letzten Zeitungsseiten als Gegenstand von Schieds-
verfahren wiederzufinden. Es sei wie bei allen Beziehungen:
Wenn sich ein Partner trennen wolle, müsse man das akzeptieren, also auseinandergehen.

Deutsch-deutsche Impressionen

Meine Unterstützung der Neuen Ostpolitik der Ära Brandt kam
nicht von ungefähr. Die Teilung Deutschlands ging mir nahe, solange unser Land in zwei Staaten existierte. Zur großen Verwunderung, auch Irritation meines Umfelds sagte ich oft, ich sei natürlich politisch ein Westdeutscher, im Grundgesetz, in der
Marktwirtschaft, im Parteiensystem der Bundesrepublik zu
Hause – aber kulturell, auch religiös, lägen meine Wurzeln in
dem, was man früher die Mitte nannte und heute den Osten
Deutschlands nennt: in der DDR, irgendwo zwischen Wittenberg und Weimar.

Schon als ich in den frühen sechziger Jahren beim Kölner
WDR war, trat ich in die Goethegesellschaft ein, damals die einzige gesamtdeutsche Kulturvereinigung. Als Mitglied hatte man
das Privileg, die regelmäßigen Goethe-Tagungen in Weimar zu
besuchen. So durfte ich schon vor einem halben Jahrhundert in
jene Atmosphäre eintauchen, in der unsere Klassiker lebten und
arbeiteten. Die Stadt an der Ilm hatte viel vom Charakter dieser
versunkenen Welt bewahrt. Ich lernte nicht nur Goethes Häuser
am Frauenplan und im Ilm-Park kennen, sondern auch Schillers,
Herders und Eckermanns Wohnungen. Mit nur geringer Übertreibung könnte ich sagen, dass ich mich in Weimar seit jenen
Tagen fast zu Hause fühle, in gewissem Sinne dort beheimatet
bin, sodass sich bei meinen Besuchen immer das Gefühl einer
Heimkehr einstellt.

Was mich allerdings verblüffte, war das verbreitete Desinteresse der Westdeutschen für den verschlossenen Teil des Landes. Kaum jemand fuhr dorthin. Allerdings konnte man auch nur dann einreisen, wenn man Verwandte in Greifswald oder Görlitz hatte. Für die westdeutsche Bevölkerung war die DDR weithin ein weißer Fleck auf der inneren Landkarte, auch des nationalen Bewusstseins. Es schien, als habe tatsächlich ein Eiserner Vorhang alles Östliche abgetrennt. Diese Schrumpfung des historisch-räumlichen Erinnerungsvermögens seit den Nachkriegsjahren werden spätere Generationen vermutlich mit Verwunderung zur Kenntnis nehmen. Im Nachhinein werden sie fragen: War den Westdeutschen denn gar nicht klar, welch ungeheure Verarmung sie erlitten hatten, als 1945 die Hälfte des Landes an die Polen, die Russen und die deutschen Kommunisten verloren gegangen war?

Vermutlich kann ein Volk eine Katastrophe solchen Ausmaßes zunächst nur verkraften, indem es sie verdrängt. Das Land hätte die totale Niederlage, die jenseits aller Siegerrhetorik eben doch einen ganz tiefen Fall und Zerfall Deutschlands bedeutete, nicht überlebt, wenn es sich im Westen nicht völlig von alten Vorstellungen getrennt hätte, was Teil von uns sei. Ob das tatsächlich ein Verdrängungsprozess war oder glückliches Vergessen, sei dahingestellt. Soviel ist sicher: Der Neubeginn im Westen wäre nicht möglich gewesen, wenn man sich hoffnungslos über das Unerreichbare gegrämt hätte. So endete die Vorstellungswelt der Westdeutschen an der Wartburg. Östlich davon, so schien es, begann die Wildnis. Ein Buchtitel von Marion Dönhoff, *Namen, die keiner mehr nennt*, hat diesen Erinnerungsverlust treffend in Worte gefasst.

Anders als die meisten meiner westdeutschen Landsleute war ich neugierig auf jenes Deutschland, das jenseits der Mauern und

252

Grenzzäune lag. Schon in den siebziger und achtziger Jahren begann ich, jede Gelegenheit wahrzunehmen, dorthin zu reisen, erzählte anderen gern von »meiner DDR« und hatte oft Schwierigkeiten, selbst Freunden verständlich zu machen, was ich eigentlich damit meinte. Natürlich nicht das klägliche Regime, die Mauern und Schikanen, die Staatssicherheit, die vielen kleinkarierten, auch boshaften Einschränkungen, mit denen die Bevölkerung leben musste. Meine private Entdeckerfreude galt dem, was unterhalb davon lag, verschüttet und vergessen: die alte Mitte Deutschlands, die mir weithin unbekannt geblieben war.

Jahrzehntelang hatte ich keine Ahnung vom unglaublichen kulturellen Reichtum dieser Räume gehabt – zwischen Wittenberg und Weimar, in der Lausitz, der Altmark, dem Saale- und Unstruttal. Wie herrlich die alten Städte: Bautzen, Meißen, Naumburg, Wismar. Goethes Gedichte kann man nur richtig verstehen, wenn man durch die Hügellandschaft Thüringens reist, und Caspar David Friedrichs romantisches Genie erst dann ganz begreifen, wenn man seine Bilder mit ihren bescheidenen Vorlagen in Eldena vergleicht. Entdeckungen überall: Barlachs melancholische Güstrower Schwere, Gothas 300-jähriges Hoftheater, Wörlitz natürlich, Pücklers Park in Branitz. Auch die Schlachtfelder von Frankenhausen und Roßbach, Friedrichs Sanssouci, Bachs Thomaskirche, die wunderbaren Brandenburger und Mecklenburger Alleen.

Erst auf diesen Reisen begriff ich, wo zumindest wir norddeutschen Protestanten die Fundamente unserer Identität finden. So war jede dieser Erkundungsfahrten ein Stück glücklicher Wiederentdeckung eigener Wurzeln, eine lang entbehrte Selbstvergewisserung. Sobald man die ärgerlichen Banalitäten des unsäglichen Regimes hinter sich gelassen hatte, konnte man sich sogleich heimisch fühlen, war im eigenen Deutschland an-

GILT AUCH FÜR DEUTSCH-BÖHMEN

gelangt, was meinen Verfassungspatriotismus nicht ausschloss, sondern ganz im Gegenteil vertiefte und beflügelte.

Mein Enthusiasmus war so groß, dass ich Mitte der achtziger Jahre beschloss, im Rahmen meiner Lehrveranstaltungen Tagesausflüge in die DDR anzubieten. Im Sommersemester 1985 kündigte ich den ersten unter dem Titel »Auf Luthers Spuren nach Eisleben, Mansfeld, Wittenberg« an. Jeder, der wolle, könne mitkommen. Das galt natürlich nur, wenn man Berliner war, also einen westdeutschen Personalausweis besaß, denn Westberlinern waren solche Tagesaufenthalte in der DDR nach wie vor versperrt. Viele wollten mit, erstaunlich viele. Sie rannten meinem Mitarbeiter Florian, der die Namen und Autokennzeichen sammelte, um Fahrgemeinschaften zu bilden, regelrecht die Bude ein. Auch für Berliner Studenten war es eben alles andere als selbstverständlich, einen Tag in die DDR zu fahren, und gerade deshalb reizvoll. Obwohl diese Möglichkeit seit 1972 bestand, hatten die wenigsten von ihr Gebrauch gemacht.

Am Ende waren wir vierzig, mehr konnte und wollte ich nicht mitnehmen. Mehr als drei Viertel der Teilnehmer war noch nie in der DDR gewesen, nur in Ostberlin, das offenbar mental näher lag und weniger fremd wirkte. Warum hatten diese jungen Leute nie aus eigenem Antrieb den malerischen östlichen Teil des alten Deutschlands besucht? Wo sie doch sonst überall hinreisten, um die ganze Erde, bis nach Ceylon und Nepal, in die Anden, nach Peru, quer durch Afrika bis ans Kap? Ich konnte nur vermuten, dass die DDR ihnen ferner lag, als alle exotischen Reiseziele. Möglicherweise war der sozialistische Teil Deutschlands ihnen unheimlich.

Ortskenntnisse konnte ich nicht voraussetzen. Kannten die Studenten eigentlich den Unterschied zwischen Wittenberg und Wittenberge? Das war eine entscheidende Frage, schließlich würden wir mit Privatautos unterwegs sein, und ich wusste aus Erfahrung, dass die Beschilderung in der DDR nicht sonderlich hilfreich war. Als ich einem Freund von unserem Vorhaben erzählte, meinte er lachend: Wenn man nicht jedem Teilnehmer eine detaillierte Karte mit der Fahrtroute in die Hand drücke, würde ich sicherlich mein blaues Wunder erleben und nur einen kleinen Teil der Mitfahrenden an den Treffpunkten zu sehen bekommen. Vor meinem inneren Auge sah ich die Studenten schon in die Lausitz an der böhmisch-polnischen Grenze oder ins Mecklenburgische fahren statt südwestlich über die Elbe nach Sachsen-Anhalt.

Einige Tage vor dem Ausflug trafen wir uns, um über Luther zu sprechen. Meine Mitarbeiter hatten sich eingelesen. Florian war als Jüngster für Luthers früheste Jugend zuständig, also Eisleben und Mansfeld, Geburt, Kindheit, Schulzeit. Daniel sagte etwas über Erfurt, die Jahre des Studiums, dann des Klosters. Volker war für Wittenberg präpariert, das Endziel der Fahrt, den Ort einer Jahrzehnte dauernden Wirksamkeit Luthers, mit weltgeschichtlichen Folgen. Alle drei sprachen über Luthers Tod, der ihn zufällig in Eisleben ereilt hatte, bei einem Schlichtungsversuch in den Erbstreitigkeiten der verfeindeten Mansfelder Grafen, seiner Landesherren.

Die Studenten hörten aufmerksam zu; ich hatte das Gefühl, dass die meisten von ihnen zum ersten Mal etwas über Luther erfuhren, obwohl sie doch alle Geschichte studierten. Es war ein Moment, in dem ich deutlich merkte, dass wir ein Volk ohne Geschichte, ohne Wurzeln sind. Bevor wir auseinandergingen, gab ich vorsichtshalber Karten mit der Reiseroute aus. Die Warnung meines Freundes klang mir noch in den Ohren.

Am Morgen des Reisetags war ich etwas nervös. Um es gleich zu sagen: Kein Wagen ging verloren, und die Mehrzahl der Studenten traf ich bereits im Laufe des Vormittags. Nur ein kleiner Teil fand sich erst am Nachmittag in Wittenberg ein, vor Luthers Wohnhaus, an der Schlosskirche, in den Räumen Melanchthons. Trotz unserer Karte waren sie auf ganz abenteuerlichen Wegen ans Ziel gelangt. Dabei hatten sie feststellen müssen, dass die direkte, kürzere Route über die Dörfer in der DDR viel Zeit kostete, weil die Straßen voller Schlaglöcher waren. Immer wieder hatten sie wenden, aussteigen und nach einer Bäuerin suchen müssen, die ihnen den Weg zeigte. Einer unserer Wagen war plötzlich an die Saale geraten, konnte keine Brücke finden und musste sich mit einer Fähre übersetzen lassen – wo das wohl gewesen sein mag?

Eine andere Fahrgemeinschaft hatte nahe der Straße nach Halle auf einem Hügel einen auffällig hohen Turm erblickt und war ihm neugierig entgegengefahren. Frühmorgens um acht hatten die Studenten im Dörfchen Landsberg den Pfarrer aus dem Bett geholt, der sich als historisch und kunstgeschichtlich beschlagener Kenner entpuppte. Als sie unsere Gruppe endlich einholten, berichteten sie mit leuchtenden Augen von der staufischen Königsburg mit ihrer großartigen Doppelkappelle, die sie auf diese Weise so nebenbei für sich entdeckt hatten – und damit obendrein auch eine Luther-Stätte. Der Reformator, immer noch in der Reichsacht, hatte auf seinen Reisen wieder und wieder in jenem Turm Wohnung genommen, wo der inzwischen wettinisch gewordene Burggraf saß. Luther fand sich also bei ihm auf sicherem Terrain seines kurfürstlichen Landesherrn und konnte dort sorglos übernachten.

Unsere Gruppe war mittlerweile in Mansfeld versammelt. Auf engem Raum eine Idylle. In der großen Kirche St. Georg war Luther als Knabe Ministrant gewesen. Nebenan stand auf alten Fundamenten seine Schule, zwei Steinwürfe weiter sein Eltern-

256

haus. Am Hang gegenüber stiegen wir auf überwucherten Pfaden in die Höhe, bis wir zur Mansfelder Burg gelangten. Von ihren alten Bastionen auf der steilen Kante aus hatte man einen herzbewegenden Blick auf das Städtchen mit seinen 5000 Einwohnern in der Tiefe. Die kleinen Häuser drängten sich um die mächtige Kirche, hinter dem geschlossenen Ortskern begannen wie eh und je gelbe Kornfelder und dunkle Laubwälder, in denen sich sandige Feldwege verloren.

Während wir dort oben standen, malten wir uns aus, wie Mansfeld wohl aussähe, wenn es im Westen läge. Wo sich die Wälder und Felder bis zum Horizont dehnten, hätte sich vermutlich ein Teppich aus Reihenhäusern und Bungalowsiedlungen ausgebreitet, monoton, flach, öde. Das stimmte mich betroffen. Unser Wohlstand ist bemerkenswert, unser Sozialsystem vorbildlich, ging es mir durch den Kopf. Aber wie steht es eigentlich mit unserem Geschmack? Wie ist unsere Fähigkeit zu beurteilen, Städte zu gestalten, Ortsbilder zu erhalten? Alle wurden wir nachdenklich beim Gespräch über die malerische Ansiedlung zu unseren Füßen. Versunkene Zeiten erstanden vor dem inneren Auge, Volkslieder kamen uns in den Sinn: »Am Brunnen vor dem Tore«, »In einem kühlen Grunde«. Hier konnte man diese Zeilen noch nachempfinden. Einige begannen, leise zu summen.

Bei der Fahrt nach Eisleben sah man überall in der Landschaft künstliche Kegel, die Aufschüttungen jener Kupferbergwerke, in denen Luthers Vater nach mühsamen Anfängen zu Gelde gekommen war, sodass er seinen Sohn studieren lassen konnte. Diese Geröllberge waren für uns ebenso ehrwürdige Zeugen der Reformationszeit wie die vielen noch erhaltenen Kirchen, in denen Luther gepredigt hatte.

Seine letzte Predigt hielt er in St. Andreas in Eisleben, der Stadt seiner Geburt und seines Todes. Am 14. Februar 1546 stand er dort zum letzten Mal auf der Kanzel, unter der wir uns versammelten. Erschöpft hatte er den Gottesdienst abbrechen müssen. Florian wusste seine letzten Worte zur Gemeinde auswendig:»Ich bin zu schwach«, hatte Luther gesagt,»wir wollen's hierbei bleiben lassen.« Vier Tage später war er tot, gestorben bei seinem Freund, dem Stadtschreiber, im Drachenstädtischen Haus gegenüber der Kirche. Still gingen wir durch das Haus, sahen das Sterbezimmer, betrachteten die Totenmaske, die auffallend zarten, feingliedrigen Hände, das friedvolle Totenbildnis von Lucas Furtenagel. Die Studenten schienen angerührt zu sein und sprachen nur flüsternd miteinander. Einer zeigte auf eine Tafel an der Wand, auf der Luthers Leiden seiner letzten Lebensjahre verzeichnet waren: unter anderem Angina pectoris, die Krankheit der Angst. Hatte auch Luther am Ende Angst gehabt wie wir alle?

Beim Gang durch Wittenberg am späten Nachmittag diskutierten wir miteinander, was wir Heutigen von Luther lernen könnten.»Den Mut, zu seinen Überzeugungen zu stehen«, meinte einer, und die anderen nickten. Jahrelang hatte Luther nur auf Gott bauen können, auf die Gewissheit, auf die Stimme in ihm. Ein anderer Student sagte, es komme darauf an, Wurzeln und Überzeugungen zu finden, die so tief seien, dass sie gegen allen Druck von außen standhielten – auch gegen die anflutende Seichtheit. Ganz in der Nähe des Lutherhauses kamen wir mit einem Mann mittleren Alters ins Gespräch, der auf dem Fahrrad unterwegs war. Er stellte sich als Friedrich Schorlemmer vor, was uns gar nichts sagte. Zwanglos mischte er sich in unser Gespräch.

Wir beschlossen den Tag mit einem gemeinsamen Abendessen. Meiner Sekretärin Gunda war es tatsächlich gelungen, beim Restaurant Maxim Gorki telefonisch ein Abendessen für vierzig Personen zu bestellen, einfach so. Als wir zur vereinbarten Zeit im Restaurant erschienen, wurden wir bereits erwartet, die Tische waren gedeckt. »Wir speisen heute im Maxim«, sagte lächelnd ein Mädchen, das sicherlich Paris gut kannte, aber noch nie in Wittenberg, nie in der DDR gewesen war. Nach dem Essen gingen wir ein letztes Mal durch die Schlossstraße, die Collegienstraße, über jenen Kilometer, nicht viel mehr, der Weltgeschichte bedeutete. Noch immer reichte die eigentliche Stadt, wie zu Luthers Zeiten, von der Schlosskirche im Westen, an deren Tür 1517 die berühmten Thesen klebten, bis zum alten Augustinerkloster im Osten, das Luther nach der Reformation jahrzehntelang als Wohnhaus diente. Obwohl es an diesem Sommerabend noch taghell war, gingen wir durch menschenleere, wie ausgestorbene Gassen. Wir fragten uns, ob sie wohl schliefen, im Garten saßen, lasen oder Westfernsehen schauten. Diese eigentümliche Reise ins andere Deutschland fand so großen Anklang, dass ich in den folgenden Jahren einige weitere Tagesausflüge mit den Studenten in die DDR unternahm. Oft sagte ich: »Wenn ihr nicht mehr Wörlitz und Görlitz verwechselt, kann ich meinen Laden schließen.« Da sich inzwischen die Verkrampfung des Kalten Krieges etwas gelöst hatte, kamen meine Studenten mit den Grenzern am Kontrollpunkt Dreilinden ins Gespräch. Natürlich fiel den Kontrolleuren auf, wenn gleich mehrere Wagen voller junger Leute nach Eisleben oder Wittenberg fahren wollten. Neugierig fragten die Volkspolizisten, was sie denn dort wollten. »Ach, ihr seid auf Luthers Spuren?« Sie wunderten sich. »Dann kommt ja auch bald euer Chef. Ist er blöd? Sollen wir ihn eine Weile festhalten?«

Derartig lockere Gespräche waren erst in den achtziger Jahren möglich. Kurz nach dem Bau der Mauer war die Stimmung an den Grenzen eisig gewesen, kein persönliches Wort fiel von der anderen Seite. Es war die Zeit, in der Egon Bahr, einer der

Väter der zunächst mühsamen Entspannungspolitik, öffentlich sagte, man habe bisher keine Beziehungen gehabt, jetzt habe man wenigstens schlechte. Das hatte sich allmählich geändert. Leutselig wurde man nach einem Theaterbesuch in Ostberlin an der Heinrich-Heine-Straße gefragt, ob die Aufführung denn gefallen habe, die manchmal der Grenzer selbst gesehen hatte. Man tauschte sich über die Eindrücke aus, als gäbe es nichts Trennendes.

Weitgehend unbemerkt von den Menschen in Ost und West veränderte sich auch die politische Großwetterlage. Günter Schabowski sagte mir später, nach Gorbatschows Machtantritt in Moskau sei dem SED-Politbüro mehr und mehr klar geworden, dass es für die DDR von nun an nur die Bundesrepublik gebe, auf die man zählen könne. Es war der Beginn einer Entwicklung, die mit der Aufhebung der deutschen Teilung enden sollte.

Der Glücksfall der Wiedervereinigung

Vier Jahre nach unserem ersten Studentenausflug in die DDR geschah, womit so gut wie niemand gerechnet hatte: der Fall der Mauer. Er kam so überraschend, dass man es zunächst gar nicht recht glauben mochte. Am Abend des 9. November 1989 wollte ich an einer Diskussion im Haus der Kirche in Berlin-Charlottenburg teilnehmen, die jedoch von einer Störergruppe verhindert wurde, angeführt von Christian Ströbele. Die Demonstranten blockierten die Eingänge, sodass das Publikum nicht in den Saal hineingelangen konnte. Untätig saßen wir Diskussionsteilnehmer auf dem Podium und warteten, was passieren würde. Während von draußen unablässig Rufe und Schreie in den Raum drangen, kam plötzlich ein junger Mann von hinten hereinge-

RECHTS-
STAAT?

260

schlichen und sagte: »Die Mauer ist offen!« Ungläubig sahen wir uns an. War das ein Scherz? Oder eine Finte der Demonstranten, um uns zu vertreiben? So recht einordnen konnten wir diese Nachricht nicht.

Kurz zuvor, im Oktober desselben Jahres, war ich bei einer internationalen Konferenz in Harvard gewesen. Amerikanische und französische Teilnehmer hatten uns prophezeit, es werde bald zur Wiedervereinigung kommen. Was uns verblüffte, denn gleichzeitig hatte Heinrich August Winkler in seinem Vortrag betont, die Deutschen hätten durch die Beseitigung des Rechtsstaats unter Hitler die Wiedervereinigung auf immer verspielt.

Und nun sollte buchstäblich über Nacht die Mauer offen sein? Es dauerte eine ganze Weile, bis die Demonstranten abgezogen waren und ich nach Hause fahren konnte. Die Nachrichtensendungen zeigten immer wieder einen leicht irritierten Günter Schabowski, der bei einer Pressekonferenz verkündete, die Beschränkungen für Reisen in den Westen seien aufgehoben. Das Politbüromitglied wurde von den Journalisten mit Fragen bestürmt, ab wann die neue Regelung denn gelte. Schabowski schaute mit gerunzelter Stirn, als könne er selbst nicht fassen, was er da verlesen hatte, auf seinen Zettel und antwortete stockend: »Das tritt nach meiner Kenntnis ... ist das sofort ... unverzüglich.«

Niemand ahnte, was dieser Nachsatz auslösen sollte. Offenbar hatte das Politbüro eine geregelte Übergangslösung im Sinn gehabt, um Reisen in den Westen auf Dauer ohne größere bürokratische Hürden zu erlauben. Doch die Pressekonferenz war kaum zu Ende, als die Ostberliner schon losliefen, manche in Bademantel und Schlappen. Zu Tausenden strömten in dieser Nacht die Menschen zu Fuß, im Trabant, mit dem Fahrrad, durch die offenen Grenzübergänge. Die Menschen waren glei-

chermaßen verblüfft wie fröhlich. Achtundzwanzig Jahre nach dem Mauerbau, der die DDR-Bewohner vom Westen abgeschnitten hatte, konnten sie ungehindert eine Grenze passieren, an der viele Republikflüchtlinge elend zu Tode gekommen waren. Ein Glück, ein ganz großes Glück widerfuhr den Deutschen. Noch heute steigen mir Tränen in die Augen, wenn die Ereignisse jener Nacht im Fernsehen gezeigt werden. Den meisten geht es so, und ich denke, dass solch starke Emotionen die verborgenen Wunden zeigen, die die Teilung Deutschlands ausgelöst hatte.

Glück in einem anderen Sinne hatten auch die vielen Tausend Menschen, die sich spontan an der Mauer versammelten. Es war ein Wunder, dass keiner der Grenzposten schoss, denn sie waren ohne Weisung geblieben, der Schießbefehl galt nach wie vor. Wenn irgendeine der Grenzwachen in Panik geraten wäre und geschossen hätte, wäre es vielleicht zu einem Blutbad gekommen, das militärisches Eingreifen erforderlich gemacht hätte. Am Grenzübergang Bornholmer Straße, auf der Ostseite der Mauer, stand ein westdeutsches Fernsehteam, das an diesem Tag zufällig in Ostberlin zu tun gehabt hatte. Die Journalisten hatten überlegt, wo sie die größte Menge tatenlustiger Neugieriger erwarteten. Das Auftauchen des Fernsehteams wiederum stützte die Menschenmenge, die sich an der Bornholmer Straße versammelt hatte.

In der Zeit danach habe ich Schabowski des Öfteren getroffen, und es war hochinteressant, seine Version vom Gang der Ereignisse am 9. November zu erfahren. Er hatte den ganzen Tag im Zentralkomitee verbracht, um über die Wirtschaftskalamitäten zu reden. Das Papier, das man ihm erst kurz vor der Pressekonferenz in die Hand drückte, kannte er vor der Verlesung gar nicht – was seinen etwas verwirrten Gesichtsausdruck erklärt. Als er dann gefragt wurde, ab wann die neuen Regelungen wirksam seien, war es gewissermaßen seine spontane Interpretation, als er antwortete, sie würden ab sofort, unverzüglich gelten.

Geplant war etwas anderes. Die Massenflucht über Prag und Budapest veranlasste die betroffenen Regierungen, die ostdeutsche Führung anzuhalten, zu einer geordneten Ausreiseregelung zu kommen. Eine gemischte Kommission in der DDR kam überein, im Zuge einer neuen Ausreiseregelung sei auch eine Reiseregelung nötig, damit nicht jeder, der seine Tante in Tübingen besuchen wolle, die DDR dauerhaft verlassen müsse. Die neue Reiseregelung sah jedoch eine Reihe von Sicherungen vor. Es sollte ein schriftlicher Antrag zu stellen sein, man hätte ein Führungszeugnis vorlegen müssen, es hätte Bearbeitungsfristen gegeben – und so wäre es eigentlich ein relativ langwieriges Verfahren geworden. Mit der Öffnung der Grenzen, mit dem Fall der Mauer hatten diese Pläne überhaupt nichts zu tun. Im Gegenteil, letztlich wollte man die Flüchtlingsströme bremsen.

Schabowski musste sich im Nachhinein heftige Vorwürfe anhören. Man nannte ihn einen Staatsfeind, weil er eigenmächtig Schlussfolgerungen gezogen hatte, die nicht vorgesehen waren, und bezichtigte ihn, bewusst oder unbewusst, den Untergang der DDR eingeleitet zu haben. Seine eigene spätere Abwendung vom Regime war eine Folge der Ächtung, die ihm widerfahren war.

Bis heute erstaunt der lautlose, gewaltfreie Zusammenbruch der DDR, ihr überraschendes, sanftes Ende in den Monaten nach der letztlich überstürzten Öffnung der Berliner Mauer. So friedlich stirbt nur, wer von allen und sich selbst längst aufgegeben ist.

Der Weg von der Nacht des 9. Novembers zur Vereinigung dauerte länger, als manche heute glauben. Als die innerdeutsche Grenze durchlässig wurde, war die Wiedervereinigung keinesfalls beschlossene Sache. Bis dahin sollte noch eine Zeit erregter

Debatten und zäher Verhandlungen vergehen. Ich kann mich daran erinnern, wie ich in den Wochen danach mit meinen Mitarbeitern darüber diskutierte, ob sich die DDR halten könne. Unsere These war damals, ein Land, das sich jahrzehntelang eingemauert habe, könne kaum darauf hoffen, seine Bevölkerung an der Auswanderung zu hindern.

Die Erfolgsgeschichte der deutschen Wiedervereinigung ist ganz wesentlich das Verdienst der amerikanischen Außenpolitik. Unmittelbar nach der Maueröffnung reagierten die Amerikaner besonnen, trumpften gegenüber Moskau nicht auf, provozierten nicht. Man wollte die Sowjets nicht demütigen, sondern stellte die Öffnung der Grenzen als ganz normalen Vorgang dar. Deshalb war die Wiedervereinigung auch ein erstaunliches Kunstwerk der Diplomatie mit der richtigen Balance aus bewusster Zurückhaltung und zielstrebiger Energie.

Bereits in den Tagen nach den Ereignissen des 9. November 1989 hatte Kohl mit engen Vertrauten ein entsprechendes Programm entwickelt. Seine Frau musste es abtippen, weil er das Dokument nicht einmal in die Hände seiner langjährigen Sekretärin geben wollte.

Frankreich und Großbritannien traten mit Nachdruck auf die Bremse. Während die europäischen Verbündeten die gewachsene Nachkriegsordnung gefährdet sahen, trieben die USA zielstrebig und umsichtig die Wiedervereinigung voran, in voller Übereinstimmung mit Helmut Kohl. Spätestens seit seiner Rede am 19. Dezember 1989 vor der Ruine der Dresdner Frauenkirche war er überzeugt, dass die deutsche Einigung jetzt möglich sei. Zur Verzweiflung Brandts lehnten die Sozialdemokraten Kohls Eile ab, fanden eine behutsamere Vorgehensweise, sogar einen Versuch der Stabilisierung der DDR für wünschenswert.

Aus einigem zeitlichen Abstand heraus betrachtet, haben wir

mit unserer deutschen Entspannungspolitik die Wiedervereinigung vermutlich nicht wesentlich beschleunigt, aber zu den entscheidenden Rahmenbedingungen beigetragen. Unser Dilemma bestand darin, dass wir zu schwach waren, die DDR aus dem Sattel zu heben. Aber mit unseren Umarmungsversuchen erleichterten wir den Kommunisten psychologisch, sich allmählich mit der Perspektive ihrer Entmachtung anzufreunden und schließlich auch das Ende ihrer Herrschaft zu akzeptieren.

Ritt nach Osten

Der Umbruch von 1989 leitete nicht nur den Wiedervereinigungsprozess Deutschlands ein, er warf in allen europäischen Ländern eine alte Frage neu auf: Was ist Europa? Wo liegen seine Grenzen, besonders im Osten? Promenierte man 1914 in St. Petersburg, hatte man selbstverständlich den Eindruck, mitten in Europa zu sein. Unser Kontinent ist eine Wertegemeinschaft; theoretische Diskussionen, wo die Grenzen Europas liegen, sind deshalb unnütz. Aber was auch immer unsere Kriterien sein mögen – Ostmitteleuropa ist mental in weiten Bereichen so europäisch wie wir. Nach dem Fall der Mauer und der Öffnung der Grenzen wurde der Blick nach Ostmitteleuropa wieder frei. Auf einmal tauchten Landschaften wieder auf, die jahrhundertelang von deutschen Auswanderern geprägt worden waren. Nun drangen sie wieder ins Bewusstsein, die Städte, Kirchen, Rathäuser und Bürgerbauten, natürlich auch Schlösser, der gesamte kulturelle Reichtum Osteuropas, der sich unter anderem auch aus deutschen Wurzeln herleitet.

Von meinen Reisen während meiner Zeit im WDR wusste ich, wie viel Schönes und Sehenswertes sich aus den vergangenen Jahrhunderten in den Ländern erhalten hatte, die seit 1945 hinter dem Eisernen Vorhang verschwunden waren. Anfang der sechziger Jahre, als ich Wrocław, das ehemalige Breslau, für eine WDR-Sendung besuchte, war ich mit bangem Herzen dorthin gefahren, weil ich fürchtete, der Kummer über das verlorene Schlesien könnte mich überwältigen. Doch es kam ganz anders. Als ich in den frühen Morgenstunden aus dem Bahnhofsgebäude trat, begegneten mir auf dem Weg ins Hotel Metropol lange Züge von Kindern, die in die Krippen und Schulen strömten. Sofort wurde mir klar: Für sie ist Breslau jetzt die Heimat, die Wrocław heißt.

Natürlich kann man kaum nach Osteuropa und Russland reisen, ohne an die Gräuel des Krieges zu denken, an die millionenfachen Leiden, denen Soldaten wie Bevölkerung ausgesetzt waren. Auch fast siebzig Jahre nach Ende des Zweiten Weltkrieges ist die Geschichte in den Herzen und Köpfen lebendig, alte Schuld und alte Qualen, die uns bis heute bewegen – nicht nur die Überlebenden, sondern auch deren Kinder und Enkelkinder.

Vor einigen Jahren lud man mich zusammen mit einigen Landsleuten zu einer deutsch-russischen Historikerkonferenz nach Wolgograd, in das ehemalige Stalingrad, ein. Der älteste russische Teilnehmer hatte dort als Leutnant mitgekämpft, später war er als Oberst von Nikita Chruschtschow vor dem Bau der Berliner Mauer mit der Anfertigung von Karten für den exakten Grenzverlauf beauftragt worden und hatte seine Karriere als stellvertretender Kommandeur der Truppen des Warschauer Pakts beendet. Jetzt lebte er als Rentner in ärmlichen Verhältnissen in Moskau. Die jüngsten Teilnehmer waren wissbegierige, diskussionsfreudige Studenten.

Der Besuch in Wolgograd fiel mir schwer. Was kann, was darf man als Deutscher an einem Ort sagen, wo 1942/43 eine Million Menschen umgekommen sind, junge Russen, junge Deutsche,

Frauen, Alte, Kinder? Natürlich war ich damals nicht dort, habe nicht mitgekämpft, war noch ein Kind, zehn Jahre alt. Doch ich weiß noch genau, dass der Fall Stalingrads von meinen Eltern, Nachbarn und Lehrern, auch von meinen Freunden und mir mit tiefstem Erschrecken aufgenommen wurde. Instinktiv empfand man diese furchtbare deutsche Niederlage, den Untergang einer ganzen, der sechsten Armee, als Wende des Krieges. Deshalb habe ich die seinerzeit maßgebliche Zeitung, den *Völkischen Beobachter*, aufgehoben und jahrelang immer wieder hervorgeholt. Seine Titelseite war wie bei einer Traueranzeige mit dicken schwarzen Balken umrandet. Die Überschrift lautete: »Sie starben, damit Deutschland lebe« – ein Satz, der mir freilich schon im Februar 1943 nicht einleuchten wollte.

Während der Konferenz in Wolgograd besichtigte ich auch die modern wiederaufgebaute Stadt. Fast nichts erinnerte mehr an die Tragödie, die hier stattgefunden hatte. Ein Konferenzteilnehmer erzählte mir, im Keller eines großen Warenhauses, des einstigen Kaufhauses Univermag am Roten Platz, sei der letzte Gefechtsstand von General Paulus erhalten. Das Gebäude lag im damaligen Südkessel Stalingrads. Ich ging dorthin, konnte zwischen den farbenfrohen Auslagen, den Schirmständen kein Schild, keinen Hinweis entdecken. Etwas ratlos lief ich durch das Erdgeschoss, allerorts geschäftiges Treiben, Unterhaltungsmusik und Ansagen aus den Lautsprechern. Plötzlich sah ich einen marmorgefassten Eingang und stieg ins Kellergeschoss hinab. Stille, schwarz verräucherte Räume. An den Wänden hingen Porträts sowjetischer Generäle, die man nach dem Krieg dort angebracht hatte als Zeichen des Siegs. Ein Stück weiter konnte man in die Räume hineinsehen, in denen Friedrich Paulus und sein Stabschef die letzten Tage vor der Kapitulation verbrachten. Hier hatte sich Paulus verschanzt, als schon alles verloren war,

hier hatte er den Funkspruch erhalten, mit dem ihn Hitler am 31. Januar 1943 noch vom Oberbefehlshaber der sechsten Armee zum Generalfeldmarschall beförderte. Es war eine verklausulierte Aufforderung zum Selbstmord gewesen – so sah es das soldatische Ethos vor, das die Schmach der Kriegsgefangenschaft ausschloss. Paulus hatte sich dieser Aufforderung widersetzt, aber abgelehnt, selbst die Abgesandten der Sowjets zu empfangen. Es war Generalmajor Fritz Roske, der mit ihnen verhandelte und ihnen in diesem Keller die Pistole von Paulus übergab, wie der sowjetische Unterhändler Oberstleutnant Leonid Winokur später berichtete.

Mir fiel die Aufgabe zu, die Konferenz zu eröffnen. Lange hatte mich die Frage gequält, wie man das in einer Weise tun könne, die dem Ort gerecht werde. Ich kam zu dem Schluss, man müsse sich vorstellen, die Geister der Toten, aller dieser zu früh Verstorbenen, elend Umgekommenen, seien um uns versammelt, ihre Seelen hörten zu, wollten wissen, fragten leise, was wir aus ihrem Sterben gelernt hätten. Die damalige Erbitterung beider Seiten, die ideologische Verblendung, mit der Nationalsozialisten und Bolschewiken rücksichtslos Massen von Menschen opferten, erschreckt uns heute gemeinsam.

Hitler wollte die Stadt, die den Namen des verhassten Feindes trug, um jeden Preis erobern und damit einen symbolischen Sieg erringen. Aus ebendiesem Grunde war der Kreml-Herrscher entschlossen, Stalingrad, komme, was wolle, zu halten.

Was Deutsche damals als beginnende Niederlage empfanden, war für die Sowjets der Beginn einer zunehmend erfolgreichen Wendung zum Guten, zum Sieg über Nazideutschland. Die Erinnerung unserer beiden Völker ist daher diametral verschieden und hat gegensätzliche Perspektiven, weil man die beiden verfeindeten Führungspersönlichkeiten bewerten muss, Hitler einerseits, Stalin andererseits. In der Einschätzung Hitlers sind sich Deutsche wie Russen einig. Der letzte Reichskanzler war unter jedem denkbaren Gesichtspunkt ein großes Unglück für die Deutschen – und natürlich nicht nur für sie. In der Beurteilung Stalins dagegen werden sich unsere Völker nicht in gleicher Weise einig. Auch er war rücksichtslos und hat Dutzende von Millionen Menschen auf dem Gewissen. Dennoch wird man bei ihm zu geteilten Einschätzungen kommen: In Russland bleibt von Stalin neben allen Verbrechen auch die Erinnerung an den sowjetischen Sieg im Großen Vaterländischen Krieg unter seiner Führung.

Bis heute ist der militärische Triumph über Hitler-Deutschland zentral für das russische Selbstwertgefühl als Stolz auf eine gemeinsame große Leistung. Sie ist umso wichtiger, als es im heutigen Russland eine breite interne Auseinandersetzung darüber gibt, was von der jahrzehntelangen kommunistischen Herrschaft im Rückblick zu halten sei. Nur wenige verurteilen das damalige Regime in Bausch und Bogen, während sich die Mehrheit offenbar nostalgisch an die kommunistischen Jahrzehnte erinnert. Putin – und mit ihm viele seiner Landsleute – hält den Untergang der Sowjetunion für das größte historische Unglück des vergangenen Jahrhunderts. Dabei spielen Stalin, sein triumphaler Sieg im Zweiten Weltkrieg und die durch ihn erlangte zeitweilige Weltmachtposition eine entscheidende Rolle.

Wer glaubt, mit dem Verschwinden der Generationen, die den Zweiten Weltkrieg erlebt haben, würden die Nachwirkungen seines Grauens verblassen, irrt sich gewaltig. Die traumatischen Erlebnisse vieler Millionen Menschen vererbten sich auf die nachfolgenden Generationen gerade dann, wenn jene, die sie am eigenen Leibe erlitten, nie ein Wort darüber verloren haben. Wachsen Kinder mit traumatisierten und emotional gestörten

Eltern auf, übernehmen sie die unverarbeiteten Ängste, ohne sich der Gründe bewusst zu sein. So werden auch die nachfolgenden Generationen in ihrer Entwicklung negativ geprägt. Man schätzt, dass in Deutschland etwa ein Drittel der Bevölkerung auf diese Weise durch Traumata des letzten Weltkrieges belastet ist. Nur selten werden die Ursachen dank Therapien deutlich, und damit die kriegsbedingten seelischen Erschütterungen, die anhaltende Probleme wie Ängste, Unsicherheit, Hass und Selbsthass bis hin zu emotionaler Kälte auch bei den Nachgeborenen hervorbringen.

Das Gleiche gilt für Russland. Dort wurden die Grausamkeiten des Krieges in der vier Jahrzehnte lang weiterherrschenden Diktatur nicht einmal ansatzweise aufgearbeitet.

Russland ist fast 48-mal größer als Deutschland. Wenn im Sommer am westlichsten Punkt, an der Ostsee, die Sonne hinter dem Horizont versinkt, geht sie im äußersten Osten, an der Beringstraße, wieder auf. Seit Gorbatschow bin ich wiederholt nach Russland gereist und besonders dankbar für internationale Konferenzen, die ich unter Jelzin, was immer seine sonstigen Missetaten gewesen sein mögen, erleben durfte. Auf ihnen diskutierten mit großer Unbefangenheit junge Russen – Universitätsleute, Anwälte, Beamte – zentrale Themen. So erinnere ich mich an eine Zusammenkunft in Irkutsk, am Baikalsee, die dem Thema galt »Kann Sibirien ohne Russland, kann Russland ohne Sibirien?« existieren. Eine andere fand in Chabarowsk, am Amur statt. Sie beschäftigte sich mit der Frage, ob die dortigen Russen Europäer oder Asiaten seien, was diese dahin beantworteten, sie seien Asiaten. Das verblüffte uns Deutsche deshalb, weil die russischen Teilnehmer, ihre Kleidung, die Architektur vor Ort haargenau so aussahen wie in Charkow oder Smolensk. Wir Deutschen vermuteten hinterher, sie hätten mit ihrer Antwort, die Eigenständigkeit

des östlichen Russlands gegenüber der Moskauer Bevormundung
betonen wollen.

Kaum war Putin an die Macht gekommen, wurden die Veranstalter von der Geheimpolizei interviewt, um Thema, Teilnehmer
und Finanzierung in Erfahrung zu bringen. Die Zeit der Unbefangenheit war vorüber.

Seit der Wiedervereinigung lag mir und meinen Studenten daran, die Länder Osteuropas zu entdecken. In den ersten anderthalb Jahrzehnten nach 1990 reisten wir mehrfach nach Polen,
auch ins russische Ostpreußen, ins Baltikum, nach Ungarn, in
die Slowakei, nach Siebenbürgen, in die Bukowina, nach St. Petersburg und Kiew. Die Reisen dauerten immer zehn Tage. Wenn
ich abends um 22 Uhr ins Bett ging, fanden unternehmungslusti-
ge Mitreisende auch in den entlegendsten Winkeln Osteuropas
immer noch eine Disko, aus der sie erst in den frühen Morgenstunden zurückkehrten. Einmal, in Bukarest, wunderten sie sich,
dass sie beim Tanzen so eng umschlungen wurden, bis ihnen auf-
ging, dass über dem Eingang des Clubs »Why not« gestanden
hatte. Von Tag zu Tag nahm die Zahl derer zu, die große Teile
der Fahrt im hinteren Bereich des Busses schlafend verbrachten.
Was ich ihnen sanft vorwarf, sie bekämen ja gar nichts mit von
den Landschaften, durch die wir reisten.

Nach zehn Tagen waren alle erschöpft, wir hätten aber auch
nicht länger unterwegs sein können, weil das Geld nicht reichte.
Jeder Student musste 500 Mark aufbringen, der gleiche Betrag
kam noch einmal von der Adenauer- und der Schleyer-Stiftung
hinzu. Das gab auch den Radius unserer Fahrten vor.

Ich hatte mir angewöhnt, in meinen Vorlesungen zu sagen:
»Eure Zukunft wird sich in Wolhynien und Podolien entscheiden.« Natürlich wusste ich, dass niemand etwas mit diesen Namen anfangen konnte. Während sich die Studenten irritiert Noti-

zen machten, fügte ich hinzu: »Schaut doch mal im Atlas nach.«
Dann stellten sie fest, dass Wolhynien ein Gebiet in der nordwest-
lichen Ukraine ist, während Podolien im ukrainischen Südwesten
liegt und sich bis über die Grenze nach Moldawien erstreckt.

Während der Reisen standen wir oft auf historischem Boden
und stellten uns die Schlachten vor, die sich dort ereignet hatten.
Oder wir sahen uns das podolische Kamjanez-Podilskyj an, wo
Kirchen in Moscheen und dann wieder in Kirchen umgewandelt
worden waren. Vieles reimten wir uns selbst zusammen, weil es
in keinem Reiseführer stand. Das hatte den Charme des Dilet-
tantischen und erhöhte unsere Entdeckerfreude. Um uns die
Spontaneität zu erhalten, hatten wir eine Regel: Stets fuhren wir
an irgendeiner Stelle plötzlich links oder rechts ab, um nicht einfach stereotyp von Sehenswürdigkeit zu Sehenswürdigkeit zu
hasten. Manche Teilnehmer sagten später, dies seien die interes-
santesten Reiseabschnitte gewesen. Mal gerieten wir in eine
Hochzeitsfeier, mal trafen wir auf jemanden, der uns eine interessante geschichtliche Begebenheit erzählte. Ich kann mich erinnern, dass wir einmal in Russisch-Ostpreußen querfeldein fuhren und in ein Dorf kamen, in dem die Bewohner keine Türen in
ihren Häusern hatten, sondern nur Säcke, die in den Türrahmen
hingen. Verwundert fragten wir nach dem Grund. Man ließ uns
wissen, sie wohnten zwar schon seit Jahrzehnten dort, seien aber
zwangsumgesiedelt worden und fühlten sich noch immer nicht
heimisch.

Die Reisen hatten so etwas wie Kultstatus bei den Studenten.
An Teilnehmern mangelte es nie. Tobias Rüther, heute bei der
FAZ, sagte mir damals beschwingt, er werde immer wieder mitkommen, bis wir auch die Krim besucht hätten. Tatsächlich ist
sie unser letztes Reiseziel gewesen. Hier zeigte sich, dass wir an
unsere pekuniären Grenzen stießen. Zweimal übernachteten wir

im Zug – von Kiew nach Odessa, von Odessa auf die Krim –, um
die Hotels zu sparen.

Eine Kerngruppe, die an diesen Fahrten teilnahm, kommt bis zum heutigen Tage einmal im Jahr zu Kurzexkursionen zusammen, an einem verlängerten Wochenende im Herbst. Dieses Jahr waren wir im Hirschberger Tal. Aus diesen Reisen sind sogar Ehen hervorgegangen, nicht nur innerhalb der Gruppe, sondern beispielsweise auch zwischen Sven und Katharina aus Odessa.

Kapitel 5

WAS MICH BEWEGT

Schweigen ist Silber, Reden ist Gold

Meine autobiografischen Notizen wären nicht vollständig, wenn ich die Themen unerwähnt ließe, die mich aktuell – manche schon seit Jahren, wenn nicht Jahrzehnten – beschäftigen, für die ich mich engagiere, über die ich mich zuweilen auch kräftig aufrege. Sie sind gewissermaßen die Leitmotive meines Nachdenkens über Deutschland, dem ich mich zugehörig, ja tief verbunden fühle.

Sic!

Sicherlich ist es kein Zufall, dass gerade meine Auseinandersetzung mit Deutschland immer wieder Erstaunen, oft Widerspruch hervorruft, obwohl ich mich mit meinen Meinungen in der Mitte der Gesellschaft angesiedelt fühle. Vor allem dann, wenn ich Positives an uns entdecke und beschreibe, ernte ich oft Unverständnis. Zu lange wurde uns Deutschen der aufrechte Gang verleidet, sodass uns Nationalstolz weithin fehlt. Ohne einen – wenn auch kritischen – Patriotismus kann ein Land nicht überleben, das gilt für Handwerker, Sekretärinnen und Lehrer genauso wie für Entscheidungseliten an der Spitze der Republik. Damit ist es jedoch nicht weit her.

In früheren Jahren hat das Bundesverfassungsgericht häufig

betont, die Grundlage der Demokratie sei die Meinungsfreiheit. Allerdings hat sich in den vergangenen Jahrzehnten die politische Korrektheit zu einer wahren Geißel entwickelt, und daran sind Politiker nicht unschuldig. Immer weniger sind sie bereit, Probleme konkret beim Namen zu nennen, kontrovers zu diskutieren. Dadurch ist unser Land generell schläfriger geworden, und das betrifft alle Bereiche, die persönlichen wie die politischen. Angela Merkel sagte kürzlich, es sei ihr Hauptbestreben, das Land ruhig zu halten.

Vor einigen Jahren wollte ich eines meiner Bücher *Es lebe die Republik, es lebe Deutschland!* nennen, ein Titelvorschlag, den mein damaliger Verleger vehement ablehnte. »Es lebe die Republik« sei in Ordnung, aber »es lebe Deutschland« sei zu viel des Guten, meinte er, da es nationalistisch klinge. Letztlich hatte ich nur eine Parole paraphrasiert, die in unserem westlichen Nachbarland völlig selbstverständlich ist: »Vive la République, vive la France!«

Am Ende konnte ich mich durchsetzen, um die Erkenntnis klüger, dass die Nation bei uns nach wie vor ein Reizthema ist. Golo Mann hat einmal gesagt, seit Hitler könne man über unser Land nicht mehr ohne fragenden Unterton sprechen. Diese Skepsis ist seither zur Routine der politischen Korrektheit geworden und hat zu einer übertriebenen Vorsicht, einer ängstlichen Verleugnung, ja zu offener Ablehnung jeder Art nationaler Identität geführt. Infolge unserer Selbstzerknirschung fehlt uns das Augenmaß für das Selbstverständliche, für eine angemessene Repräsentation unseres Staates.

Im Herbst 2012, am Rande einer Konferenz in Moskau, fragten uns prominente Russen, was denn unsere nationalen Interessen seien. Alle Deutschen außer mir antworteten wie aus der Pistole geschossen: Gibt es nicht, es gibt nur europäische Interessen. Die Russen hörten das mit Erstaunen. Sie fragten nach, ob wir wirklich glaubten, dass wir identische Interessen mit allen 27 Mitgliedern der Europäischen Union hätten. Man merkte ihnen an, dass sie überlegten, ob wir vielleicht intelligenter seien als sie, ob wir Pläne hätten, auf die man bei ihnen noch nicht gekommen sei – oder ob wir einfach naiv, weltfremd, dämlich seien. Nach der Rückkehr aus Russland erwies es sich für mich als unmöglich herauszufinden, ob irgendeine Instanz oder Gruppe, die Frage nach deutschen Interessen bearbeite und beantworten könne.

Beobachtern fällt auf, dass in den deutschen Medien viele Talkshows veranstaltet werden, aber selten Debatten stattfinden. Talkshows sind Elemente der Unterhaltungskultur, bei denen man am Ende in der Regel genauso schlau ist wie zuvor. Debatten hingegen zwingen die Teilnehmer zunächst den eigenen Standpunkt zu klären, zu präzisieren, scharf und kontrovers zu argumentieren, um der eigenen Position zum Sieg im Meinungsstreit zu verhelfen.

Auch im Parlament finden wir bei allem Fleiß der Abgeordneten selten Sternstunden politischer Streitkultur. Vor einiger Zeit beklagte sich Norbert Lammert, es sei doch ein schlechtes Zeichen, dass die Parlamentsberichterstattung in den Medien kaum beachtet werde, weil das Publikum offenbar Seifenopern wie »Rote Rosen« interessanter finde. Ich dachte bei mir, »Rote Rosen« seien in der Tat sehr viel spannender als die immer gleichen Floskeln im Parlament. Ich selbst habe jahrelang jeden Morgen diese Serie angeschaut, während ich auf dem Hometrainer Fahrrad fuhr. Die Serie spielte in Lüneburg, wo mein Vater Richter gewesen ist, und die normalen Probleme bürgerlichen Lebens in einer mittleren Kleinstadt interessierten mich weit mehr als die trockenen, abgelesenen Reden im Parlament. Sie sind nicht nur glanzlos und vorhersehbar, sondern auch langweilig, weil offenbar niemand das Risiko freier Rede eingehen will.

Die sture Verbissenheit beispielsweise, die die Regierung bei immer neuen Euro-Rettungsschirmen zeigt, und ihre zur Schau gestellte Selbstsicherheit finde ich beängstigend. Man spürt den schwankenden Boden, bemerkt erschrocken, mit welcher fast schon totalitären Attitüde Abweichler unter Druck gesetzt werden. Es ist unfassbar, wie arrogant die Regierung Merkel, aber auch alle anderen Parteien, freie Aussprachen des Parlaments in dieser Schicksalsfrage der Nation unterbinden.

Der Ältestenrat des Bundestages war nicht gut beraten, als er dem Parlamentspräsidenten rechtswidriges Verhalten vorwarf, weil Norbert Lammert zwei Abgeordneten der schwarz-gelben Koalition für jeweils fünf Minuten gestattet hatte, ihre Ablehnung einer Euro-Rettung dem Plenum vorzutragen

Wenn diese Aussperrung überhaupt in Erwägung gezogen wurde, verrät das viel und nichts Gutes über die Art des politischen Stils im Umgang mit Kontroversen. Umso wichtiger ist es für die Bürger dieses Staates, weder die soziale Isolation noch die moralische Empörung zu scheuen, wenn Missstände angeprangert werden müssen. Wer nicht rückhaltlos für offene, kontroverse Debatten eintritt, legt die Axt an die Wurzeln unserer Demokratie.

Die Formlosigkeit der Berliner Republik

Jeder Staat braucht Symbole und Rituale, die den Bürgern Identifikationsmöglichkeiten bieten. Doch die Bundesrepublik verzettelt sich in Halbherzigkeiten und falscher Bescheidenheit ungeachtet der Tatsache, dass jede Macht der Sichtbarkeit bedarf. Ohne gemeinsam bejahte politische Symbole und Rituale gibt es

kein Zusammengehörigkeitsgefühl. Sie verschaffen den sonst iso-
lierten Einzelnen das Erlebnis einer Gemeinschaft, vergegenwärtigen Traditionen und vermitteln damit ein Gefühl der Geborgenheit, in der sich jeder Einzelne aufgehoben fühlen kann. Politische
Symbole und Rituale der Macht stiften Erwartungssicherheit. Sie
überschreiten den Augenblick, stiften Traditionszusammenhänge
und damit Legitimität. Gerade die Demokratie braucht solche Rituale – sie braucht sie sogar mehr, als viele denken.

Die Berliner Republik hat noch lange nicht ihre Form gefunden. Zu vieles macht immer noch einen provisorischen Eindruck.
Obwohl die Regierung nach Berlin umgezogen ist, hat sich noch
nicht herumgesprochen, dass neue Formen der Repräsentation
nötig sind. Im kleinen Bonn konnte man mit einem Minimum an
Selbstdarstellung auskommen, das in Berlin nicht reicht. Viele
Beispiele belegen das.

Ein naheliegendes Thema ist der Nationalfeiertag. Jedes Jahr
Ende September rufen mich verzweifelte Lehrer an, die nicht
wissen, was sie ihren Schülern über den 3. Oktober erzählen sollen. Manche wollen von mir wissen, warum wir nicht den 2.
oder 4. Oktober feiern. Selbst historisch gebildete Zeitgenossen
können diese Frage auffallend selten beantworten, und wer den
Anlass kennt, ist nicht sonderlich besser dran. Man gedenkt am
Nationalfeiertag einer bloßen Formalität. Seit Mai 1990 hatten
Mitglieder der ersten und letzten frei gewählten Volkskammer
der DDR den Beitritt zur Bundesrepublik nach dem Grundge-
setzartikel 23 gefordert, zunächst ohne Erfolg. Unverdrossen
wurde der Antrag wiederholt eingebracht. Allmählich wuchs die
Zahl der Befürworter. Ende August fand sich endlich eine Mehrheit, die den Beitritt, bei dem alliierte Rechte berücksichtigt werden mussten, zum 3. Oktober 1990 beschloss. Salopp gesagt, ist
das Aktenrascheln, keine Geschichte.

Es war ein ausgemachter Fehlgriff des damaligen Bundeskanzlers, diesen Tag als Nationalfeiertag durchzusetzen. Ein bloßes Datum ist kalt und leer, niemandes Gefühl wird angesprochen. Vielmehr sollte der Nationalfeiertag mit einem symbolträchtigen geschichtlichen Ereignis verknüpft sein. Und er muss nach Möglichkeit in der warmen Jahreszeit begangen werden, wenn alles grünt und blüht und die Tage lang sind.

Nicht von ungefähr feiern die drei großen Demokratien, mit denen wir uns gern vergleichen und an denen wir uns orientieren, ihre Nationalfeiertage im Sommer: Großbritannien, Frankreich und die USA. Nur der 17. Juni 1953 mit mehr als einer Million tapferer Landsleute, die erste Massenerhebung im Sowjetblock, hat die Wucht, zum Mythos zu werden.

Er war eine spontane Volksbewegung für Einheit, Freiheit und Demokratie, einer der erhebendsten Augenblicke unserer Geschichte, der im öffentlichen Bewusstsein ungleich stärker mit der Wiedervereinigung verknüpft ist als der 3. Oktober. Gegen den 17. Juni war der Sturm auf die Bastille eine Bagatelle. Es käme bei einem Nationalfeiertag wie dem Tag der Deutschen Einheit doch darauf an, unseren von der SED gedemütigten ostdeutschen Landsleuten das Gefühl zu geben, dass sie unter Einsatz ihres Lebens einen großartigen Beitrag zur Tradition deutscher Freiheitsbewegungen geleistet haben.

Insofern war der 17. Juni ein idealer nationaler Gedenktag, den wir bis 1989 zu Recht in der alten Bundesrepublik gefeiert haben – damals allerdings immer mit schlechtem Gewissen, weil wir etwas rühmten, woran die Westdeutschen keinen Anteil gehabt hatten. Aus diesem Grunde lag es nahe, ja war es meiner Meinung nach zwingend, nach der Wiedervereinigung am 17. Juni festzuhalten und damit den ehemaligen DDR-Bürgern und ihrer gelungenen Revolution die Anerkennung und

Bewunderung aller Deutschen zuteilwerden zu lassen. Das lag schon deshalb nahe, weil die DDR-Bewohner mit eher geknicktem Selbstbewusstsein im gemeinsamen Staat angelangt waren. Manche wenden noch immer ein, man könne den 17. Juni 1953 nicht feiern, weil er fehlgeschlagen sei. Dem kann man entgegenhalten, dass es eine Reihe von Ländern gibt, die katastrophale Fehlschläge ihrer Geschichte zu Feiertagen erhoben haben, weil sie Vorboten späterer Triumphe waren. Das gilt auch für den 17. Juni. Was 1953 fehlschlug, weil sowjetische Panzer eingriffen, gelang 1989, weil sie in den Kasernen blieben.

Wenn schon die Entscheidung für den 3. Oktober höchst problematisch war, so ist unsere Übung, den Nationalfeiertag jedes Jahr wie einen Wanderzirkus in einer anderen Landeshauptstadt zu begehen, geradezu absurd. Am Nationalfeiertag rühmen wir gerade nicht die föderale Vielgestaltigkeit unseres Landes, sondern das, was die Nation gemeinsam angeht.

Ein anderes Beispiel ist die Architektur unserer neuen Hauptstadt. Nie zuvor haben wir in unserer Geschichte die Chance gehabt, eine Hauptstadt neu zu gestalten. 1990 gab es aufgrund der jahrzehntelangen Teilung der Stadt große Brachflächen im Zentrum Berlins. Die Ansiedlung der Bundesorgane wäre eine Gelegenheit gewesen, sich in einer breiten öffentlichen Debatte darüber zu verständigen, wie wir uns und der Welt unser Deutschland im 21. Jahrhundert architektonisch vor Augen stellen wollen. Man hatte zwar wolkige Ideen wie das »Band des Bundes«, das über den Spreebogen aus dem alten Westberlin in das alte Ostberlin führt.

Wenn die Bundesregierung über ein halbes Jahrhundert in Bonn residierte, entsprach der verständlichen Verwirrung und Zerknirschung der damaligen Deutschen. Das kleine Bonn untertrieb die Bedeutung der alten Bundesrepublik. Groß-Berlin übertreibt das Gewicht der neuen. Als die Bundesorgane zehn Jahre nach der Wiedervereinigung umgezogen waren, zuckte man zunächst immer zusammen, wenn es hieß, »Berlin« habe dieses oder jenes entschieden oder verlangt. Es klang lange seltsam, weil man bei der Erwähnung Berlins immer noch die geteilte Stadt im Kopf hatte und nicht die Hauptstadt des wiedervereinten Landes. Unwillkürlich fragte man sich, wie denn der Berliner Senat dazu komme, sich über Themen zu äußern, die doch weit außerhalb seiner politischen und rechtlichen Reichweite lagen. Inzwischen ist unverständlich, dass die Berliner Republik knapp zweieinhalb Jahrzehnte nach der Wiedervereinigung immer noch provisorisch wirkt. Ängstlich und unsicher in Stilfragen und Ritualen, macht sie eine dürftige Figur.

Sicherlich gibt es mildernde Umstände. Mit dem Übergang nach Berlin war die Bundesrepublik, dieser nun vereinte Staat Deutschland, an einem historisch belasteten Ort angelangt, der zunächst mehr negative als positive Assoziationen auslöste. Es wäre allerdings die Aufgabe der Politiker gewesen, vom Gebot der Gestaltungsmacht und Gestaltungsnotwendigkeit Gebrauch zu machen, eine Vision zu entwerfen und sie mit den besten Architekten und Stadtplanern umzusetzen. Nichts dergleichen ist geschehen.

Da den Verantwortlichen zündendes Neues nicht einfiel, wurde unser alter Reichstag, den eben noch Christo und Jeanne-Claude wie ein altmodisches Möbelstück verhüllt und eingemottet hatten, zum Zentralbau der neuen Berliner Republik. Er stammt aus dem Jahr 1894, aus einer Zeit würdevoller Selbstsicherheit, und ist ein bewundernswert solides Bauwerk. Nicht von ungefähr fiel es zu Anfang der Diktatur den Flammen zum Opfer, wurde 1945 als Symbol des untergegangenen Großdeutschen Reichs von Sowjetsoldaten erstürmt und, drapiert mit roten Fahnen, filmisch festgehalten. Jahrzehnte später wurde diese Ruine nach den Plänen der Architekten Paul Baumgarten und später Norman Foster im Inneren wieder nutzbar gemacht. Noch immer strahlt dieses Gebäude die Würde seiner Entstehungszeit aus, das Ansehen und die Bedeutung unseres Parlamentarismus im ausgehenden 19. Jahrhundert. Alle Neubauten wirken demgegenüber wie Kartenhäuser.

Der Reichstag müsste deutlich wahrnehmbar das Zentrum unserer Selbstvergewisserung sein. Dass das nicht jedem unserer Zeitgenossen klar werden kann, liegt an einem Manko im Inneren des Gebäudes. In einer Unterhaltung mit dem damaligen Bundeskanzler Gerhard Schröder sagte ich: »Es ist schade, dass nirgendwo in diesem Gebäude deutlich wird, dass wir uns mittlerweile im dritten Jahrhundert deutscher demokratischer Bemühungen befinden.« Das erstaunte ihn offenbar, denn er fragte mich, ob er sich verhört habe, als ich vom dritten Jahrhundert redete. »Ja«, antwortete ich, »19., 20. und jetzt 21. Jahrhundert.«

Die heutigen Schmuckelemente im Parlamentsgebäude bestehen zum einen aus abstrakter Kunst, und zwar so, wie die Deutschen eben sind – pessimistisch, melancholisch, das Grauschwarze bevorzugend und mitnichten geeignet, sich mit Deutschland freudig zu identifizieren. Zum anderen finden sich trübe kyrillische Graffito aus der Zeit des Endkampfes um die Reichshauptstadt, Relikte der sowjetischen Invasion von 1945, an denen manch einer immer etwas geduckt vorbeigeht, weil er die Worte nicht lesen kann und besorgt für möglich hält, dass da irgendwelche obszönen oder beleidigenden Texte stehen. Ich bin durchaus der Meinung, man solle in unserem Parlament einige der Schmierereien erhalten. Sie mahnen uns, alles dafür zu tun, dass nicht eines Tages wieder Rotarmisten unser Parlament besetzen.

Aber wenn der Bundestag als souveräne Vertretung unseres Volkes dem Verbot des Architekten Foster nachgegeben hat, an dieser Stelle historisch relevante Bilder aufzuhängen, staunt man doch. Das ist ein bestürzendes und beängstigendes Zeichen der Schwäche, des fehlenden Selbstbewusstseins. Warum gehorchen wir den Anweisungen eines prominenten britischen Architekten? Das sollte man bei einem deutschen Parlament heute nicht mehr für möglich halten.

Im Reichstag müssten, wenn es mit rechten Dingen zuginge, ein Bild der Paulskirche hängen und Porträts unserer großen Parlamentarier, von Windhorst bis Bebel, natürlich auch Bismarck, Ebert, Stresemann, die Helden des Widerstands und der jungen Bundesrepublik – von Adenauer, Schumacher, Erhard und Heuss bis in unsere Tage. Solche Bilder könnten unsere Parlamentarier daran erinnern, welch bedeutende Vorgänger sie haben. Sie könnten Besuchern beiläufig nahebringen, auf welche Tradition unsere heutige Demokratie zurückgeht. Heute halten junge Leute, wie ich festgestellt habe, den Reichstag immer mal wieder für ein früheres Fabrikgebäude. Welch vorbildliche Geschichte er hat und welche Symbolkraft er besitzt, kann sich beim heutigen Stand der Dinge offenbar nicht vermitteln.

Auch das Kanzleramt ist kleinmütig geraten, so imponierend es auf den ersten Blick aussieht. Als ein vereinsamter Solitär steht es auf der unerschlossenen Brache vor dem neuen Hauptbahnhof und der wie freigebombt wirkenden Schweizer Botschaft. Das Herz der Republik wirkt wie ein Torso. In diesem riesigen Bauklotz gibt es keinen weitläufigen Saal, in dem man größere Besuchergruppen oder Delegationen empfangen könnte. Auch hier übernahm der Architekt die Regie über die Repräsentationsmöglichkeiten unseres Landes. Bei einem Abendessen im Hause des Verlegers Wolf Jobst Siedler gestand er voller Stolz, dass er bewusst ein rötlich schimmerndes Holz ausgewählt habe, das die Architektur störende Hängung von Gemälden quasi unmöglich mache.

Wenn ich die Reichskanzlei Hitlers, die ich als Jugendlicher nach 1945 durchwandert habe – immer etwas furchtsam, ob man von sowjetischen Soldaten eingefangen und als Faschist verdächtigt würde –, mit dem heutigen Bundeskanzleramt vergleiche, fallen die Unterschiede der beiden Regime drastisch ins Auge. Die Reichskanzlei bestand im Wesentlichen aus großen Sälen, die die Besucher vermutlich ängstigten, während das Bundeskanzleramt fast durchweg aus kleinen Arbeitszimmern besteht, die wie Bienenwaben wirken.

Bemerkenswerterweise hatten weder Helmut Kohl noch Gerhard Schröder Einfluss auf die Baugestaltung. Ähnliches hat mir übrigens Eberhard Diepgen über die Umbauten am Roten Rathaus erzählt. Als sich Schröders Familie entschloss, in Hannover wohnen zu bleiben und die Residenz in der Pücklerstraße aufzugeben, wurde für Schröder ein Apartment oberhalb seines Arbeitszimmers im Bundeskanzleramt eingerichtet. Es hatte ihn ohnehin geärgert, dass ihm für die Fahrt zum und vom Arbeitsplatz monatlich 800 Mark in Rechnung gestellt worden waren. Kurioserweise sah derselbe Architekt vor, die Toilette solle hinter einer Glasfront liegen, die dem Abgeordnetenhaus zugewandt ist. Schröder erbat sich daraufhin wenigstens eine Milchglasscheibe, was abgelehnt wurde, weil sie angeblich den Gesamteindruck der Fassade des Kanzleramtes störe. Es bedurfte der geballten amtlichen Autorität des Kanzlers, um zu erreichen, dass die Toilette stattdessen in einen Raum gebaut wurde, der für seine Kleiderkammer vorgesehen war, diese zog an die Stelle des früheren Klos.

Das jüngste Beispiel für den Umgang mit Ritualen und Symbolen ist der Wiederaufbau des Berliner Schlosses. Dass man lange überhaupt nicht darüber nachgedacht hat, was denn nun eigentlich aus dem Schlossplatz werden solle, war erstaunlich genug. Das nun geplante Humboldtforum ist eine anständige, ehrenwerte Sache.

Was in Berlin nach wie vor fehlt, sind angemessene Räume für die Selbstdarstellung unseres Landes. Wir haben in unserer Hauptstadt keinen größeren Saal, in dem sich Staatsgäste, aber auch Bürger zu feierlichen Anlässen versammeln können. Wenn ein hochrangiger Gast vom Bundespräsidenten geehrt werden soll und mehr als die 180 Gäste eingeladen werden, die in den Festsaal von Bellevue passen, muss ein Zelt im Garten aufgebaut werden. Das kann keine Dauerlösung sein. Kommt es nicht einer Kapitulation der staatlichen Selbstdarstellung gleich, dass die Regierung größere Konferenzen nicht selbst ausrichten kann und stattdessen in Hotels ausweichen muss?

Berlin fehlen festliche Orte in einem Maße, das immer wieder in Erstaunen versetzt. Die kleine bundesrepublikanische Bonner Bühne ist in Berlin noch nicht zu einer großen, gesamtdeutschen geworden. Der Ostberliner Jens Reich, der 1994 für das Amt des Bundespräsidenten kandidierte, sagte mir, er habe sich die Empfänge im Bellevue nicht derart kleinkariert vorgestellt. Allein schon die Tischdekoration sei doch dürftig, da sei es ja selbst bei DDR-Empfängen festlicher zugegangen.

Zu allen Zeiten gab es ein starkes Bedürfnis der Menschen, in Symbolen eine Gemeinsamkeit, eine das Ich übersteigende Wirklichkeit wahrzunehmen. Warum wird der Bundespräsident geachtet? Weil wir in ihm verkörpert sehen wollen, was uns verbindet. Der ungarische Schriftsteller György Konrád sagte einmal, erhebende nationale Erinnerungen seien notwendig, um einem Volk seine Gemeinsamkeit emotional nahezubringen und das

Alltägliche vorübergehend hinter sich zu lassen. Es gebe ein Bedürfnis, gelegentlich gemeinsam ergriffen zu sein. Zu dieser kollektiven Selbstvergewisserung gehören öffentliche Feste, Sportereignisse, Musik, große Ausstellungen – alles, was Enthusiasmus erzeugt und eine nationale Zusammengehörigkeit erlebbar macht. Hat nicht Goethe gesagt, das Beste, was wir von der Geschichte hätten, sei der Enthusiasmus, den sie errege?

Mit öffentlicher Begeisterung und glanzvollen Inszenierungen tun wir uns schwer, weil wir unbedingt den Eindruck vermeiden wollen, wir seien immer noch gebannt vom Nationalsozialismus.

Mit Stolz und Selbstachtung können wir auf die vielen Jahrhunderte blicken, in denen wir uns in Europa bewährt haben. Auch die Jahrzehnte nach 1945 können sich sehen lassen. Die Entwicklung einer angemessenen Formensprache, die unserer historischen Bedeutung und der deutschen Demokratie gerecht wird, ist heute dringlicher denn je. Daran gemeinsam zu arbeiten ist eine Aufgabe für uns alle.

Plätze haben es in Deutschland schwer. Schon Scharouns Kulturforum an der Potsdamer Straße war eine Sammlung von Einzelbauten, die kein gemeinsames Band bilden. Wenn ich die Neue Staatsbibliothek sehe, muss ich unwillkürlich an das Wort Wolf Jobst Siedlers denken, sie habe den Charme eines Atlantikwall-Bunkers. Doch auch in der jüngeren Vergangenheit wurden schwerwiegende Fehler gemacht. Ich kann mich an Diskussionen in einer Kommission erinnern, der ich angehörte, die sich mit der Neugestaltung des Pariser Platzes beschäftigte. Wenn ich mich richtig erinnere, hatten Amerikaner, Briten und Franzosen erkennen lassen, sie würden die Auflage akzeptieren, ihre Botschaften mit den historischen Fassaden zu versehen. Auch Berliner Teilnehmer, zu denen unter anderen Joachim Fest und Christoph Stölzl gehörten, fanden eine historische Rekonstruktion des Platzes erwägenswert. Der damalige Senatsbaudirektor Hans Stimmann jedoch protestierte. Ihm ging es vorrangig um Formalien wie die Traufhöhe der Gebäude, darüber hinaus prägte er das Schlagwort einer »kritischen Rekonstruktion«. Die Diskussion verlief im Sande. Sie stand in keinem Verhältnis zu der Aufgabe, einen damals völlig leeren Platz zur guten Stube der Republik zu machen, zum zentralen Entree der Hauptstadt, direkt hinter dem Brandenburger Tor.

Die Idee, die alten Fassaden zu rekonstruieren, wurde nur halbherzig aufgegriffen, etwa bei den Häusern Liebermann und Sommer sowie beim Hotel Adlon. Die Neubauten standen jedoch unter dem Unstern einiger ehrgeiziger Architekten, die wenig Sinn für die historische Würde des Ortes besaßen. Sie zeigten lediglich den Ehrgeiz, ihre eigene Handschrift zu hinterlassen. Leider ist es die Handschrift von Narzissten. Die Architektur spiegelt das deutsche Trauma wider.

Ein Fehlgriff war die Verpflichtung des Architekten Günter Behnisch für die Akademie der Künste am Pariser Platz. Er verkündete, sein Entwurf eines Glashauses beabsichtige eine Relativierung des Brandenburger Tores. Meiner Meinung nach steht niemandem, auch ihm, nicht zu, ein Nationaldenkmal abzuwerten. Von einer Entnazifizierung der Akademie war die Rede. Vergeblich protestierte die Gesellschaft Historisches Berlin gegen diese Pläne und musste sich den Vorwurf gefallen lassen, auf naiv nostalgische Weise in alte Fotos verliebt zu sein. Dem *Spiegel* sagte Behnisch 2005, er sei gar nicht erst auf den Gedanken einer Steinfassade gekommen, da er keinerlei Assoziationen an die »Großkotzigkeit« der wilhelminischen und Hitler'schen Architektur wecken wolle: »Wir haben gegen Rücksichtslosigkeit angebaut.«

Berlin als Hauptstadt des Bundes wird im Grundgesetz nicht

wahrgenommen. Berlin als Kommune hat nicht die Ressourcen und Kompetenzen, eine Hauptstadt zu formen. Die Kommune ist für das lokale Leben verantwortlich, nicht für die Repräsentation des Gesamtstaates. Das reicht nicht für eine Hauptstadt. Sie entsteht aus den Impulsen eines ganzen Landes, nicht den Einfällen einer kommunalen Stadtverwaltung. Der Berliner Senat hatte nach 1990 alle Hände voll zu tun, den ehemaligen Ostsektor halbwegs in das ökonomische, soziale und politische Gefüge der neuen, gemeinsamen Großstadt einzubauen. Für nationale Aufgaben und Projekte war und ist er nicht geschaffen.

Sämtliche Berliner Institutionen von nationaler Bedeutung, wie Universitäten, Orchester, Museen und Opernhäuser, sollten allein vom Bund verwaltet und finanziert werden, um angemessen arbeiten zu können. Eine überregionale Einrichtung wie die Stiftung Preußischer Kulturbesitz ist ein sinnvolles Modell, denn sie untersteht dem Bund und den Ländern. Berlin als Stadt braucht ganz gewiss keine drei Opernhäuser oder drei Universitäten, eine Hauptstadt sehr wohl. Für alle kulturellen Aktivitäten von gesamtstaatlicher Bedeutung sind überregionale Koordination und Planung unerlässlich.

Im Grunde müsste der Bund Berlin übernehmen – so wie Amerikas Hauptstadt Washington, D.C., ein Bundesdistrikt ist.

Das beschädigte Nationalgefühl

»Wir wissen nicht, wer wir sind. Das ist die deutsche Frage.« Dieser Satz Dolf Sternbergers, obwohl vor mehr als sechzig Jahren formuliert, gilt heute mehr denn je. Wer sind wir, wer wollen wir sein? Kein anderes Land unserer Bedeutung hat mit vergleichbaren Orientierungsschwierigkeiten zu kämpfen. Über die Nation wird kaum gesprochen, ganz so, als sei allein schon der

Begriff durch unsere Geschichte beschmutzt. Aber was ist überhaupt die Nation? Ist sie ein Anachronismus, ein rechter Kampfbegriff, eine bloße Reminiszenz?

Fast in Vergessenheit geriet, dass sich im Nationalgefühl einst ein Wir artikulierte, die Überzeugung der Zusammengehörigkeit. »Wir wollen sein ein einzig Volk von Brüdern, / in keiner Not uns trennen und Gefahr«, heißt es in Schillers *Tell*. Natürlich gehören für uns die Frauen selbstverständlich dazu. Die Bereitschaft, sich als Not- und Verantwortungsgemeinschaft zu empfinden, ist inzwischen weitgehend verblasst. Jahrzehntelang haben wir zu allseitigem Vergnügen in der Vorstellung gelebt, der Einzelne dürfe vor allem etwas von der Gemeinschaft erwarten. Ich glaube, die Stunde ist gekommen, in der wir uns dazu verpflichten müssen, etwas für Deutschland, für die Gemeinschaft der hier Lebenden zu tun. Keine Gesellschaft, in der das Fortkommen des Einzelnen dem Wohl der Allgemeinheit übergeordnet ist, kann ernsthafte Krisen überstehen. Das Verhältnis des Einzelnen zur Gemeinschaft muss immer wieder angesprochen und in eine Balance gebracht werden.

Ich glaube, die Deutschen sind gerade deshalb das interessanteste europäische Volk, weil sie erst spät den nationalen Einheitsmantel überstreiften und auf dem Weg dahin viele kulturelle Einflüsse und Vorbilder integriert haben.

Wir sind immer ein Volk der Übersetzer gewesen, das von Homer bis Shakespeare, von Dante bis Tolstoi offen war für das Dichten und Denken anderer europäischer Länder. Ein jüngeres Beispiel dafür ist die Rolle, die Deutschland nach dem Zweiten Weltkrieg spielte, als wir die polnische Literatur in die Weltliteratur einführten. Das Gleiche gilt für die Begeisterung, mit der wir die italienische Kultur schätzen, ein Nachklang der alten Gemeinsamkeit im Heiligen Römischen Reich Deutscher Nation.

Ähnliches lässt sich sagen über unser Faible für die skandinavische Literatur. Insofern waren wir aufgrund unserer geografischen Mittellage militärisch zwar in einer fatalen Situation, aber kulturell nahezu prädestiniert, eine Mittlerrolle einzunehmen. Für andere europäische Länder kann man dies nicht in gleichem Maße behaupten. Es ist sicherlich richtig, dass außerdem die Vielgestaltigkeit der föderalen Bundesrepublik ihren kulturellen Reichtum ausmacht. Dennoch sind wir nicht in erster Linie und ausschließlich Preußen, Badener oder Bayern, sondern Deutsche.

Es ist sehr auffällig, wie rasch sich bereits kurz nach der Reichseinigung von 1871 ein neues Nationalbewusstsein ausbreitete und eine Verreichlichung des Bewusstseins stattfand. Das hatte man schon während der napoleonischen Kriege beobachten können. Den Deutschen wurde klar, dass sie sich gemeinsam gegen jene Zumutungen zur Wehr setzen mussten, die von Frankreich ausgingen. Die sehr spezifische Ausgangssituation der geografischen Mittellage und der kulturellen Durchlässigkeit hat im Gegenzug ein Nationalgefühl entstehen lassen, das patriotisch, nicht aber im negativen, anmaßenden Sinne nationalistisch war.

Der Patriotismus unterscheidet sich vom Nationalismus durch die Überzeugung, nicht höherwertig als andere Länder zu sein, sondern im Rahmen der eigenen Stärken seine Sache so gut wie möglich zu machen und damit zugleich dem Ganzen, auch den Nachbarn zu dienen. Der französische Schriftsteller Romain Gary verknappte diese Unterscheidung in dem Satz: »Patriotismus ist Liebe zu den Seinen, Nationalismus ist Hass auf die anderen.«

Viel zu lange haben wir diese Unterscheidung übersehen und damit jede Identifikation mit der deutschen Nation als ewig gestrig verworfen. Doch wir haben allen Grund, an die patriotische Tradition Deutschlands anzuknüpfen, an die positiven Vorbilder früherer Jahrhunderte. Ein aufgeklärter Patriotismus wäre ein wichtiges Korrektiv für die mangelnde Identifikation der Deutschen mit ihrem Land, auch ein Korrektiv des Egoismus, der den Einzelnen zum skrupellosen Konsumenten staatlicher Leistungen macht. In dieser Hinsicht können wir vom amerikanischen Patriotismus lernen, der in Kennedys Satz zum Ausdruck kommt: »Frage nicht, was dein Land für dich tun kann, sondern, was du für dein Land tun kannst.« Dieser Imperativ wird leicht vergessen.

Wenn der Europagedanke vom Gedanken der Nation abzulenken vermag und Europa in der politischen Öffentlichkeit die Nation ersetzt, ist das Zeichen einer großen Schwäche. Spätestens seit der Wiedervereinigung sollten die Deutschen bemerkt haben, dass die Nationalstaaten eben nicht verschwunden sind. Trotz aller Schwierigkeiten war es eine großartige Leistung, den Westen und Osten Deutschlands zu einem Staat, einer Nation zu verschmelzen, die eine gemeinsame Geschichte, eine gemeinsame Mentalität und ein reiches gemeinsames Kulturerbe besitzt. Wir sind nach wie vor ein Europa der Nationalstaaten und werden es auch bleiben, selbst wenn wir Deutschen es nicht wahrhaben wollen.

Die Stärke des europäischen Kontinents liegt gerade darin, dass wir nicht uniform, wie aus einem Guss sind. Das hat Nachteile, aber auch große Vorteile. Wenn man vom Kriegerischen einmal absieht, ist die Konkurrenz der Länder immer ein gewaltiger Leistungsantrieb innerhalb Europas gewesen. Wer wollte sich denn schon sein Denken und Fühlen, seinen Arbeits- und Lebensstil von Brüssel diktieren lassen? Dennoch haben wir das Wort Nation auch nach der Wiedervereinigung planvoll vermieden. Als stehe fest, dass wir unbescheiden wären und auftrumpfen würden, wenn wir erneut versuchten, uns zur Nation zu bilden.

Wollen die Deutschen überhaupt eine Nation sein? Stellen wir den Anspruch, Deutschland als Nation zu verstehen? Viele winken ab und schütteln den Kopf – nein, das lieber nicht. Diese schreckhafte Reaktion fürchtet immer und überall die Wiederkehr des Vergangenen, zu Recht Untergegangenen. Schon der Begriff »nationale Interessen« weckt bei uns ungute Erinnerungen an Großmannssucht und hegemoniale Bestrebungen. Inzwischen ist jedoch klar, dass wir, ob wir wollen oder nicht, unseren Nationalstaat zurückbekommen haben und ihn als Bundesrepublik Deutschland auch gestalten müssen.

Leicht wird übersehen, dass sich ohne eine positive Vorstellung von der Nation kein Patriotismus ausbilden kann. Von einem wiedererstarkenden Patriotismus in Deutschland hängt nicht zuletzt ab, ob wir die große Krisen meistern können, die für die Mehrheit zwar noch kaum spürbar, aber unübersehbar kommen – von der Krise des Euro bis zur Überdehnung des Sozialstaats. Wir befinden uns heute auf der Durchgangsstation zwischen einer langen, großen Vergangenheit und einer hoffentlich guten Zukunft. Dafür müssen wir bereit sein, unsere Werte und Orientierungen ernst zu nehmen, für unsere kulturellen, religiösen Wurzeln und politischen Überzeugungen einzutreten. So wie wir gezwungenermaßen, zähneknirschend auch bereit sein müssen, die schon begonnene schleichende Enteignung der Deutschen für die gemeinsamen europäischen Ziele partiell in Kauf zu nehmen.

In mein Plädoyer für einen neuen Patriotismus schließe ich die Zuwanderer ausdrücklich mit ein. Wir müssen ihnen nahebringen, warum es sich lohnt, für unsere freiheitlichen Grundwerte einzutreten und das Überleben unserer Nation zu sichern. In diesem Sinne existiert keine vernünftige Alternative zu der Forderung, Zugewanderte Deutsche werden zu lassen. Mir ist vollkommen unverständlich, wenn argumentiert wird, man müsse das Entstehen kultureller Enklaven in unserem Land tolerieren. Die Gefahren, die von Parallelgesellschaften ausgehen, werden bei uns systematisch verharmlost und mit dem Hinweis auf Menschenwürde und Toleranz nicht entkräftet.

In ihrem eigenen Interesse sollte man den Zugewanderten die Chance geben, in unserer Kultur heimisch zu werden. Belässt man sie ohne ausreichende Sprachkenntnisse, ohne eine qualifizierende Ausbildung in ihren gesellschaftlichen Nischen, sind sie auf Gedeih und Verderb mit ihren Kindern und Enkeln dazu verurteilt, nie mehr zu erreichen, als einen Gemüseladen an der Ecke zu führen. So respektabel dieser Beruf ist, so ignorant ist es doch, Einwanderern durch mangelnde Förderung ihre Aufstiegschancen vorzuenthalten.

Das betrifft besonders die zweite Generation. Befangen in falschen Vorstellungen von Egalität, unterlässt man es, systematische Sprachprüfungen durchzuführen und kleinere Klassen für Zuwandererkinder zu bilden, in denen sie ihre mangelnde Sprachkompetenz aufholen könnten. Es gibt starke gesellschaftliche Kräfte, die solche systemischen Änderungen als Stigmatisierung und Separation kritisieren, statt die Vorteile zu sehen, die darin liegen. Wenn Kinder sehr unterschiedliche Bildungsvoraussetzungen mitbringen, muss adäquat mit getrennten Förderklassen darauf reagiert werden, bis sich das Niveau angeglichen hat. Hierin ein unzulässiges oder gar menschenverachtendes Verfahren zu erblicken, ist eine Ideologisierung der Debatte. Die Trennung in unterschiedliche Förderstufen ist als Überwindung der Spaltung gemeint, nicht als deren Zementierung.

Mich stört seit Langem, wie vergleichsweise wenig für ausländische Kinder getan wird. Diese Aufgabe müsste viel ernster genommen werden. Da man davon ausgehen muss, dass die Begabungen ungeachtet der Herkunftsländer gleich verteilt sind, ist es fahrlässig, sie brachliegen zu lassen. Wenn ein türkisches Kind mit einer Mutter aufwächst, die kein Wort Deutsch spricht, und wenn es bis zu seinem sechsten Lebensjahr nie etwas anderes als Türkisch gehört hat, muss es beim Eintritt in die Schule selbstverständlich völlig anders unterstützt werden als ein Kind, das das Deutsche als Muttersprache beherrscht.

Mit seinem Buch *Deutschland schafft sich ab* hat Thilo Sarrazin einen Nerv getroffen, was schon der große Erfolg des Buches zeigt. Es war keine Kampfschrift gegen Ausländer, sondern eine objektive Analyse der ungleichen Chancen und der daraus entstehenden Bildung von Parallelgesellschaften. Sarrazin war lange Senator in Berlin, er kennt die Probleme der multikulturellen Milieus und prangerte zu Recht die fehlende Sensibilität, die Ängstlichkeit und die mangelnde Risikobereitschaft eines Großteils der Politik an.

Die Fähigkeit, Zuwanderer in Deutschland zu integrieren und ihnen ein positives Verhältnis zu unserem Staat nahezubringen, ist eine nationale Aufgabe. Man wird nicht umhinkommen, sie mit einer sehr viel selbstbewussteren Einwanderungspolitik zu verknüpfen. Wir müssten eine Auswahl unter Zuwanderungswilligen treffen, die von der Idee geleitet ist, eine Integration innerhalb von höchstens zwei Generationen anzustreben. Ein solcher Vorschlag wird bei vielen auf Unverständnis treffen, wenn nicht sogar auf aggressive Abwehr. Mancher meint, in der gesteuerten Zuwanderung eine unstatthafte Selektion zu sehen. Die vielleicht menschenfreundliche, vielleicht auch nur gedankenlose Sentimentalisierung unserer Politik kann man wohl an keinem anderen Thema so deutlich festmachen wie an der Zuwanderung nach Deutschland. Jede vernünftige Diskussion unserer Notwendigkeiten ist durch die diffamierende Dauerbehauptung, wir Deutsche seien als solche ausländerfeindlich, im Keim erstickt worden.

Eine sachliche Erörterung dieses Themas lässt auf sich warten. Dabei gehören schon heute die Probleme der bei uns lebenden Migranten zu den größten Tabus jeder Situationsanalyse. Wir wagen uns an die Lösung der Probleme nicht heran, weil wir den gern gebrauchten Vorwurf des Rassismus für ein nationales Erbe halten, das sich einmal mehr beim Thema einer regulierten Zuwanderung zeige.

Ein Blick nach Kanada, wo man schon seit Längerem eine sehr erfolgreiche Zuwanderungspolitik betreibt, könnte uns eines Besseren belehren. Dort schreibt man klare Immigrationskriterien vor, die sowohl für die Zuwanderer als auch das Einwanderungsland vorteilhaft sind. Jeder Zuwanderungswillige absolviert Eignungstests, in denen unter anderem die Beherrschung der englischen Sprache eine Rolle spielt. Hinzu kommt ein ganzes Paket von aufeinander abgestimmten Integrationsprogrammen. Sie setzen bereits vor der Zuwanderung mit vorbereitenden Kursen in den jeweiligen Heimatländern an. Leben die Zuwanderer dann in Kanada, folgen weitere Maßnahmen, sogenannte Brückenkurse. Das Ergebnis: Die Zuwanderer sind weit besser in den Arbeitsmarkt integriert als in Deutschland, und mit dem beruflichen Erfolg geht auch eine langfristige Sozialisierung der gesamten Familien einher – im Gegensatz zu Deutschland, wo die Kinder von Einwanderern weit seltener als der deutsche Durchschnitt hohe und mittlere Abschlüsse erreichen.

Ganz allein die Vernunft gebietet, das kanadische Modell auf Deutschland zu übertragen. Aber offenbar fehlt es uns am

Selbstbewusstsein zu sagen: Wir sind ein wirtschaftlich und kulturell hoch entwickeltes Land, wir sind eine Nation, die viel zu bieten hat, und nur, wer schon bei der Einwanderung erkennen lässt, dass er sich integrieren will und kann, bekommt die Chance, sich hier niederzulassen. Gleichzeitig könnten wir feststellen: Wir zählen auf alle Zuwanderer, die bereit sind, Deutsche zu werden und darauf stolz zu sein. Stattdessen versteckt sich das Land hinter einem katastrophalen Selbsthass, überzeugt, für immer durch das Dritte Reich diskreditiert zu sein und daher unterschiedslos jeden aufnehmen zu müssen, auch jene, die es erkennbar darauf abgesehen haben, lediglich von unseren Sozialleistungen zu profitieren. Diese Haltung führt uns in eine Sackgasse, zumal wir wegen der demografischen Bedrohung auf die Zuwanderung qualifizierter, integrationswilliger Menschen angewiesen sind.

Das Bewusstsein, eine Nation zu bilden und dennoch gewissermaßen multikulturell zu sein, ist nicht so neu, wie es mancher empfindet oder sogar befürchtet. Wenn man sich die Jahrhunderte vor dem 20. vergegenwärtigt, unser großes 19. Jahrhundert oder auch nur den Reichtum bedeutender Gestalten an der Wende vom 18. zum 19. Jahrhundert, wird man vieles entdecken, was das Klischee eines ängstlich auf Abgrenzung bedachten Nationalgefühls korrigiert. Man wird zum Beispiel auf Johann Gottfried Herder stoßen, den »Vater der Völker«, der uns gelehrt hat, dass die Liebe zum Eigenen und die Achtung des Anderen, des Fremden, keine Gegensätze sind, sondern sich gegenseitig bedingen. Herder ist in Mohrungen, im heute polnischen Ostpreußen geboren, hat in Riga gelehrt und später in Weimar gewirkt. Nach heutigen Begriffen war er ein Ostmitteleuropäer und damit der Entdecker und Vermittler eines Kulturraums, den wir uns heute neu in Erinnerung rufen sollten.

Zur Wiederentdeckung unseres nationalen Erbes gehört auch, an die bei uns vergessenen Kulturen Mitteleuropas anzuknüpfen. Sie prägten einen geistigen Raum, der sich vom westeuropäisch-atlantischen, den wir heute aufgrund unserer politischen Erfahrungen höher schätzen, zwar unterschied, in dem aber einzigartige Leistungen hervorgebracht wurden.

Man denke nur an die Schriftsteller, die von dort stammen, an Namen wir Kafka und Celan, Musil und Canetti. Sie alle sind ohne die Prägungen dieses Raums in ihrer Originalität nicht vorstellbar, sind Zeugen des Reichtums unserer Sprache, die weit in die östlichen Gebiete hineinwirkte und von dort Impulse empfing. Unter maßgeblicher Mitwirkung der Deutschen und der kulturell uns zuneigenden Juden existierte eine große Kultur, zu der wir ebenso gehören wie zu der Westeuropas.

Aus diesem Grund erstaunte mich das Buch *Der lange Weg nach Westen* meines Kollegen Heinrich August Winkler, das die Entwicklung des deutschen Nationalstaats bis zur heutigen Demokratie schildert. Seine schon im Titel deutliche These ist einseitig und verkennt die Mittellage Deutschlands innerhalb Europas. Das Buch erschien in der Ära Schröder, also während des Wiedervereinigungsprozesses. Wenn Deutschland in der Nachkriegszeit ausschließlich auf dem Weg nach Westen war, lag das am Konflikt der Blöcke. In der Wiedervereinigungsphase war es genau umgekehrt, denn damals begannen wir, auch den Osten Europas wieder wahrzunehmen, mental in ihn hineinzuwachsen.

Dies war der Grund, warum ich seit den späten achtziger Jahren mit meinen Studenten viele Reisen nach Osteuropa unternahm – nicht etwa weil ich Osteuropa über Westeuropa stelle, sondern weil ich ahnte, dass die Bedeutung unserer östlichen Nachbarn seit der Maueröffnung stetig wachsen würde. Ich hielt es für wichtig, den Studenten eine sinnliche Erfahrung zu ermöglichen, wie es in diesen Ländern überhaupt aussah. Die meisten der jeweils etwa dreißig Studenten hatten nie in ihrem Leben auch nur die Oder überschritten. Die Länder, die jenseits davon lagen, waren ihnen völlig unbekannt. Sie waren dann überwältigt, wie schön Städte wie Krakau oder Vilnius sind, und wie viel Gemeinsames sich jenseits der Grenzen entdecken lässt, vor allem in der Architektur.

Seit der Eurokrise wird Osteuropa kaum noch wahrgenommen. Wenn wir in einem gemeinsamen Kulturraum leben, der auch Deutschland als Nation mit erfasst, liegt das jenseits der allgemeinen Vorstellungskraft, auch jenseits des historischen Wissens.

Wie aber werden wir künftig mit unserem nationalen Erbe umgehen? Wird es bei den Verkürzungen und Ideologisierungen bleiben, die das Nationale tabuisieren? Der öffentliche Sprachgebrauch jedenfalls vermeidet den Begriff der Nation. Bezeichnenderweise haben andere Länder in dieser Hinsicht weniger Berührungsängste, nicht zuletzt die Grande Nation Frankreich. Auch sie hat nicht nur ruhmreiche Taten in der Vergangenheit aufzuweisen, ist jedoch in der Lage, auf die positiven, glorreichen Aspekte ihrer Geschichte zurückzublicken und daraus ein nationales Selbstbewusstsein zu entwickeln.

Vermutlich bedarf es der Außenwahrnehmung, um uns daran zu erinnern, dass wir kein Land wie jedes andere sind, sondern eine eigenständige Nation mit charakteristischen Eigenschaften und einer unverwechselbaren, entwicklungsfähigen Identität. Wenn andere Nationen auf uns schauen, fällt das Urteil weit positiver aus, als wir es für möglich halten. Das große Renommee, das wir in der Welt genießen – auch weil wir uns mit unserer Vergangenheit intensiv auseinandergesetzt haben –, spricht sehr für uns.

Zur Überraschung der meisten hierzulande ist laut einer Umfrage der britischen BBC von 2013 Deutschland international das beliebteste Land. 59 Prozent der Befragten in aller Welt meinten, der Einfluss Deutschlands sei noch vor Kanada und Großbritannien positiv. Wie kann ein solches Urteil zustande kommen ohne die Annahme, wir seien als Nation nach wie vor etwas Besonderes und nicht etwa in der europäischen Einheit aufgegangen?

Vor Kurzem hielt ich in Tadschikistan einen Vortrag über die Rolle der Außenwahrnehmung bei der Nationenbildung. Dabei holte ich weit aus. Als Tacitus sein Buch über das Land nördlich der Alpen verfasste, war den Germanen gar nicht klar, dass sie für diesen Römer eine Entität darstellten. Tacitus beschrieb unter anderem die gemeinsamen Eigenschaften, die ihm bei den verschiedenen Stämmen auffielen. Falls die Germanen Latein hätten lesen können, hätten sie sich sehr gewundert, dass sie sozusagen in einen gemeinsamen Topf geworfen wurden, was sich für die außenstehenden Römer damals von selbst verstand. Insofern ist das Gefühl einer übergreifenden nationalen Einheit oft durch die Heterogenität im Inneren verdeckt. Heute, in einer extrem ausdifferenzierten, in Subsysteme zerfallenden Gesellschaft, wird deshalb das Spezifische der deutschen Nation oft nicht von den Bürgern selbst, sondern eher von außen wahrgenommen.

Wenn wir Deutsche überhaupt Nationaleigenschaften nennen, fallen sie meist negativ aus – stur, obrigkeitshörig, ehrpusselig, ein wenig spießig. Niemand scheint sich daran zu erinnern, wie erheiternd Wilhelm Busch oder Christian Morgenstern über uns Deutsche geschrieben haben. So bierernst, wie wir uns fühlen, sind wir gar nicht. Wichtige Seiten unseres Nationalcharakters werden jedoch in vorwegnehmender Selbstherabsetzung ausgeblendet. Im Lichte der öffentlichen Debatten erscheinen wir immer sehr viel preußischer, sehr viel militaristischer und autoritärer, als wir eigentlich sind. Ich glaube hingegen, dass die Deutschen immer schon sehr individualistisch gewesen sind und im Einzelnen eher liebenswürdig. Die seltsamen Überzeichnungen bedienen Vorurteile, die wenig mit der Realität zu tun haben. Allerdings führen sie auch dazu, dass unser nationales Selbstbewusstsein gegen null tendiert.

Im 19. Jahrhundert waren wir eine Leitkultur für die ganze Welt. Heute haben wir die größte Mühe, für uns selber, in unseren engen Grenzen, eine nationale Leitkultur zu formulieren. Gerade aber in dem Maße, in dem wir, was unvermeidlich ist, in den nächsten Jahrzehnten ein Einwanderungsland werden, wird die Geltung einer gemeinsamen Leitkultur von elementarer Bedeutung sein. Zu lange haben wir uns negativ definiert, über das, was wir nicht mehr sein wollen. Wir hatten uns vorgenommen, das exakte Gegenteil dessen zu sein, was wir vor 1945 gewesen waren, als permanente Widerlegung einstiger Maßlosigkeit. Um jeden Verdacht zu vermeiden, wir könnten noch einmal in die waffenklirrend sprungbereite, gewalttätige Konfliktbereitschaft des Wilhelminismus oder gar des Nationalsozialismus zurückfallen, treten wir derart moderat und moralisch bemüht auf, dass wir in Verlegenheit geraten, wenn wir nach unserer nationalen Kultur gefragt werden.

Ein deutscher Staat, der sich nur noch aus sozialer Gerechtigkeit heraus definiert, bleibt weit hinter seinen Möglichkeiten zurück. Es ist an der Zeit, unser beschädigtes Nationalgefühl zu überwinden und uns darauf zu besinnen, was uns in den besten Phasen unserer Geschichte ausgezeichnet hat: ein hohes, humanistisch geprägtes Bildungsbewusstsein, Innovationskraft, Unternehmungsgeist und die Wertschätzung freiheitlich-demokratischer Grundrechte. All das kann zu einem aufgeklärten Patriotismus ohne Größenwahn und Großmannssucht beitragen.

Dazu gehört elementar die kollektive Verständigung über Werte und Sozialverhalten, auch über einen Bildungskanon, der beispielsweise das Lernen von Gedichten obligatorisch macht. Um heil durchs Leben zu kommen, braucht man einen inneren Schatz von Gedichten und Liedern. Dass die Deutschen auf weite Strecken nicht mehr singen, dass sie weder Volkslieder, Kunstlieder noch die wunderbaren Choräle eines Paul Gerhardt kennen, bedeutet eine dramatische kulturelle Verarmung. Besonders in persönlichen Krisen sind wir alle auf einen Fundus angewiesen, aus dem wir leben und mit dem wir überleben können.

Sicherlich haben meine zahlreichen Auslandsaufenthalte, vor allem in Frankreich und den USA, dazu beigetragen, dass ich die Frage nach der nationalen Identität unbefangener, auch unbelasteter beantworte als andere. Meine Freunde wunderten sich oft, wie ich denn zugleich Patriot und Weltbürger sein könne, wie das zusammenpasse. Meine Antwort ist einfach: Das eine ergibt sich aus dem anderen. Ich habe in Ländern wie Amerika erlebt, in welchem Ausmaß starke patriotische Impulse für Erneuerungsprozesse und die Überwindung von Krisen sorgen können. Der Appell an das Nationalgefühl und auch an den Nationalstolz hat in diesen Ländern immer wieder zu bemerkenswerten Innovationsschüben geführt.

Während meiner Aufenthalte in Amerika war ich immer glücklich, wenn ich dorthin fuhr, wo George Washington oder Abraham Lincoln gewirkt haben. Es war wichtig für mich, Orte zu besuchen, an denen vorbildlich gelebt wurde. Das gibt dem Einzelnen auch in seiner Individualität Halt und Orientierung. Bei uns wäre das undenkbar. Hier gelten solche Gefühle als nationalistischer Mummenschanz. Schon das Wort national ist völlig verpönt, obwohl im Namen der Nation auch viel Gutes und Lobenswertes geschehen ist. Ich kann mir nicht vorstellen, dass ein Land mit dieser Erinnerungsschwäche eine Zukunft hat. Manchmal habe ich den Eindruck, als lebten die Deutschen wie einst die Walachen in den Ruinen einer großen Vergangenheit, ohne eine geistige und damit reale Verbindung zu dieser Vergangenheit.

Um die positiven Aspekte der nationalen Vergangenheit für die Gegenwart fruchtbar werden zu lassen, bedarf es allerdings eines verstärkten Realitätssinns. Lange Zeit hing in meinem Büro in der Universität eine Karikatur, auf der jemand im Fernmeldeamt anruft und sagt: »Bitte verbinden sie mich mit der Realität.« Wir Deutschen haben uns zu lange in einer Haltung eingerichtet, die ich das Denken im Optativ nenne. In den politischen Debatten Deutschlands wird gern in der Wünschbarkeitsform argumentiert, während die Angelsachsen Probleme lösungsorientiert angehen. Wir haben keine Zeit mehr, weiterhin zu überlegen, was man tun könnte. Jetzt ist die Tat gefragt auf der Basis einer Selbstvergewisserung, in welchem Staat wir leben, was unsere Nation ausmacht und welche Chancen wir haben. Ich bin heute gern Deutscher und wünschte mir ein selbstbewussteres, zuversichtlicheres, handlungsbereites und auch starkes Deutschland.

Neulich sagte mir Joachim Gauck, das Ziel seiner Amtszeit sei es, den Deutschen zu einem ruhigeren, sicheren Selbstwertgefühl zu verhelfen. Dies ist die große Hoffnung, die ich auf ihn setze. Immer wieder aufs Neue eine negative Identität zu beschwören, reicht nicht aus, um überlebensfähig zu sein. Man muss eine positive Auffassung vom eigenen Land, seiner Geschichte, seiner Kultur haben. Nur dann, wenn wir an uns selbst glauben, wenn wir der Überzeugung sind, wir seien ein bedeutendes Land, werden wir uns auf Dauer behaupten können. Nur wenn wir fähig sind, die Stärken unserer nationalen Identität zu entdecken und zu bewahren und daraus ein tragfähiges Gemeinschaftsgefühl zu entwickeln, werden wir die jetzigen und die kommenden Krisen meistern können.

Anmerkungen zur politischen Kultur

[handschriftliche Notiz: EIN VER-NICHTENDES URTEIL !!]

Wenn man sich fragt, was von der politischen Kultur unseres Landes zu halten sei, kommt man nicht umhin, die politische Klasse selbst in den Blick zu nehmen. Wie steht es um deren Debattenkultur? Wie hat sich das Bild des Politikers in den vergangenen Jahrzehnten gewandelt? Welcher Typus herrscht heute vor? Können wir uns darauf verlassen, dass relevante Themen angemessen diskutiert werden, bevor es zu wichtigen, zukunftsfähigen Beschlüssen kommt?

Politikerschelte ist heute zu einem derart routinierten Gewerbe geworden, dass man ungern in den Tenor einfällt, unsere Politiker seien allesamt unfähig, unbeweglich, allein auf ihren Machterhalt bedacht. Solcherlei Generalisierungen helfen uns nicht weiter. Es lohnt, das politische Personal einer differenzierteren Betrachtung zu unterziehen.

Es ist lange her, seit Adenauer sagte, man müsse sich erst einmal unbeliebt machen, um ernst genommen zu werden. Seinen Mut, Unpopuläres auszusprechen und durchzusetzen, sucht man heute vergebens. Seit den Gründungsjahren der Republik hat sich das Selbstverständnis des Politikers stark gewandelt. Er gehört nicht mehr einer meinungsstarken Avantgarde an, sondern sucht den Abgleich mit der Konsenskultur. Statt steiler Thesen und klarer Worte hören wir immer häufiger das, was Meinungsforschungsinstitute der Stimme des Volkes abgelauscht zu haben glauben: Die Politiker versuchen zu erraten, was der Wähler hören möchte, was ihn in Sicherheit wiegt und ihm Vertrauen einflößt. Unsere Volksvertreter suggerieren uns einen Wohlfühlstaat. Probleme werden bagatellisiert, Krisen weggelächelt, und wer in einer Politikerrede Substanzielles erwartet, wird schnell enttäuscht – was man serviert bekommt, sind Kostproben des Mainstreams.

Vor einigen Jahren war ich zum achtzigsten Geburtstag Hans-Dietrich Genschers eingeladen. Besonders in Erinnerung geblieben ist mir der Auftritt von Angela Merkel. In einer launigen Rede auf den Jubilar erzählte sie von einer frühen Erfahrung, die sie maßgebend geprägt habe. Als sie, damals noch in Diensten der demokratisch gewordenen DDR, in Moskau war, hörte sie, Genscher werde eine Pressekonferenz abhalten. Da sie ihn nicht kannte, war sie neugierig auf ihn und ging hin. Nach ihrer Erinnerung redete er zwar viel, sagte aber inhaltlich nichts. Zu Merkels großer Überraschung waren die anwesenden Journalisten dennoch begeistert. Das habe sie von da ab beherzigt. Ihr Resümee: »Herr Genscher, damals habe ich eine Menge von Ihnen gelernt.«

Damit hatte sie die Lacher auf ihrer Seite. Die meisten Gäste bemerkten offenbar nicht, dass sie in Form der Bewunderung eine Kritik untergebracht hatte. Doch ich glaube, Angela Merkel hat mit dieser Anekdote mindestens so viel von sich preisgegeben wie von Genscher – nämlich die Lehre, die sie daraus gezogen und seither kopiert hat: Nichtssagendes in einem Tonfall zu äußern, der Sympathie, Zuspruch, sogar Begeisterung erzeugt, über die eigentlichen Probleme jedoch hartnäckig zu schweigen.

Viel zu reden und wenig zu sagen, wurde ihr Erfolgsrezept. Nicht von ungefähr kann man sich Merkel mittlerweile an der

Spitze fast jeder deutschen Partei vorstellen. Ihr sympathischer, uneitler Führungsstil, mit dem sie ihren Machtwillen kaschiert, erklärt ihren politischen Erfolg. Sie sagt nie, worauf sie langfristig hinauswill. Stattdessen wartet sie ab, wohin die Entwicklung geht, und handelt situationsbezogen. Nicht Visionen und Überzeugungen charakterisieren sie, sondern die Fähigkeit lautlosen Taktierens, mit der sie sich still und leise durchzusetzen weiß.

Da sie von Haus aus Physikerin ist, erinnert sie mich oft an meinen Lehrer im Gymnasium, der unverdrossen neue Versuchsanordnungen aufbaute – die dann nicht klappten, wie er und wir achselzuckend feststellten. Damals gab es einen Spruch, der uns einleuchtete: »Chemie ist das, was raucht und stinkt, Physik ist das, was nie gelingt.«

Merkel ist taktisch geschickt, aber solche Berufserfahrungen müssen ihr konzeptionelles Denken verleidet haben. Bei der ungeheuren Komplexität der Faktoren, die beispielsweise in der heutigen internationalen Bankenwelt aufeinander einwirken, aber auch beim Euro eine Rolle spielen, bleibt den meisten Politikern gar nichts anderes übrig, als wach und fleißig die Entwicklung zu verfolgen und jeweils so spät wie möglich nach bestem Wissen und Gewissen Entscheidungen zu treffen – die dann aber auch nicht langfristig Probleme lösen, sondern nur bis zur nächsten Wendung der Dinge etwas regeln. Das gilt nicht nur für den Umgang mit der internationalen Finanzwelt, sondern auch für unsere Energiewende und die Frage, welche Verteidigung ein moderner Staat braucht. Übrigens sind das nicht nur Strategien Merkels. Man kann dasselbe bei Steinbrück in seinem lesenswerten Buch *Unterm Strich* finden, wo er sich über Journalisten lustig macht, die immer große, endgültige Lösungen erwarteten und forderten – die gebe es nicht.

Solche Strategien leisten natürlich gleichzeitig einer inhaltlichen Entleerung politischen Handelns Vorschub. Helmut Schmidt hielt das schon vor Jahrzehnten für unvermeidlich. Seinerzeit antwortete er auf die Frage, welche Visionen er denn habe, wer dergleichen brauche, solle zum Arzt gehen. Angela Merkel würde auf dieselbe Frage antworten, es sei ihr wichtigstes Ziel, unser Land ruhig zu halten. Lange wurde übersehen, in welchem Maße die Pfarrerstochter aus der Uckermark durch ihre Herkunft geprägt ist. Weil die DDR-Verhältnisse eine von ihr nicht zu beeinflussende Größe waren, musste sie immer darauf achten, Schritt für Schritt weiterzukommen, ohne politisch anzuecken. Diese inhaltsarme, aber höchst effiziente Form, sich den Weg durch das Dickicht der Schwierigkeiten zu bahnen, ist ihre Stärke – und ihre Schwäche zugleich. Etwas boshafter, aber überaus treffend formulierte es Peter Struck, als er über Angela Merkel schrieb, sie sei eine gute Pilotin, der man sich bedenkenlos anvertrauen könne – solange einem gleichgültig sei, wohin die Reise geht.

Sie ist eine außerordentlich intelligente, kenntnisreiche und obendrein fleißige Politikerin, immer gut unterrichtet und absolut uneitel. Ihre kommunikative Unverbindlichkeit ist allerdings auch eine programmatische. Ihre Entscheidungen folgen keiner Parteiräson, keiner berechenbaren Orientierung mehr, sondern dem Pseudoplebiszit der Meinungsforscher. Mit ihrer übertriebenen Vorsicht orientiert sie sich viel zu sehr an den tatsächlichen oder vermeintlichen Stimmungen im Lande.

Schon Ende der fünfziger Jahre hat der Politikwissenschaftler Wilhelm Hennis vor den damals aufkommenden Meinungsumfragen gewarnt. Es bestehe die Gefahr einer Unterminierung der repräsentativen Demokratie. Schließlich müsse man bei politischen Entscheidungsträgern einen viel fundierteren Kenntnisstand und tieferen Erfahrungshintergrund voraussetzen können als bei zufällig befragten Passanten. Dazu kommt, dass die Entscheidung, wie die Fragen jeweils formuliert werden, das Ergebnis der Befragung hochgradig beeinflusst. Der Manipulation sind Tür und Tor geöffnet.

In der Tat kann man vom normalen Bürger keine Entscheidungskompetenz erwarten. Er mag in der Lage sein, sich eine Meinung über Kruzifixe in Klassenzimmern zu bilden. Aber wenn es um komplexe Themen wie Steuergesetze oder Sozialreformen geht, wird es ihm schwerfallen, eine halbwegs sachlich begründete Meinung zu entwickeln. Bei diesen Belangen geht es meistens nicht um ein schlichtes Ja oder Nein, sondern um wesentlich differenziertere Entscheidungen.

Die repräsentative Demokratie hat den Sinn, komplexe Sachverhalte zu filtern und dann in alternativen Modellen zu einer gewissen Anschaulichkeit zu verhelfen, sodass der Bürger zwischen verschiedenen Modellen wählen kann. Diese wichtige Aufgabe wird praktisch kaum noch von den Politikern erfüllt. Bei großen Fragen breitet sich allgemeine Ratlosigkeit aus, auch die Neigung, sich wie ängstliche Schafe aneinanderzudrängen. Echten Meinungspluralismus trifft man kaum noch an. Die Repräsentanten des Volkes tun nicht mehr das, was sie eigentlich tun müssten – den Bürgern durch eine verantwortungsbewusste Vereinfachung der Fragestellung eine vernünftige Willensbildung zu ermöglichen. Stattdessen verfahren die Politiker genau umgekehrt: Sie halten es für ausgeschlossen, den Wählern eine sachdienliche Entscheidung zuzutrauen.

Auch die Medien sind sehr viel mächtiger geworden. Schon während der Brandt-Ära fiel mir auf, wie oft Politiker nach Querelen mit Journalisten die Ersten waren, die neu anknüpften, nicht etwa die Medienleute. Bereits damals hatte ich das Gefühl, die Presse sei mächtiger als die Politik, jedenfalls in deren Wahrnehmung. Eine der wenigen Ausnahmen war der unkonventionelle Herbert Wehner, der Journalisten warten ließ und absolut nichts tat, um sie sich wohlgesonnen zu machen. Brandt dagegen hatte ein eher symbiotisches Verhältnis zur Presse, die ihn lange hochschrieb und zu seinem Erfolg wesentlich beitrug.

Heute wagt kein Politiker mehr, es sich mit den allmächtigen Medien zu verderben. Sie diskutieren nur in dem Rahmen, den sie für öffentlich vermittelbar halten, horchen auf Stimmungen, auf Meinungsumfragen, auf Artikel, die irgendwo erscheinen, und lehnen sich in ihren Entscheidungen daran an.

Merkels hastig herbeigeredete Energiewende unter dem Eindruck der Fukushima-Katastrophe ist ein Beispiel solch wetterwendischen Verhaltens. Der abrupte Ausstieg aus der Atomenergie war kein Ausdruck verantwortlichen Handelns, sondern ein Zugeständnis an die diffusen Ängste, die in Deutschland nach der Havarie des japanischen Atommeilers aufkamen.

Ein anderes Beispiel für eine unbedachte Kursänderung der CDU war die Abschaffung der Wehrpflicht zugunsten einer Freiwilligenarmee, ohne eine ernsthafte öffentliche Debatte über absehbare außenpolitische Bedrohungen, über Alternativen und deren Kosten. Das Bekenntnis zum »Bürger in Uniform« war seit Jahrzehnten ein Markenzeichen der Union gewesen, ebenso wie die grundlegende Wichtigkeit der Familie. Schon heute kann niemand mehr sagen, welche Positionen der Union unverzichtbar bleiben. So mag es psychologisch verständlich sein, wenn kinderlose Politiker, die es mehr und mehr bei uns gibt, kein Gefühl für die Wichtigkeit traditioneller Familien, die Unverzichtbarkeit familiärer Erziehung haben. Verantwortungsvoll ist die aktuelle Familienpolitik jedoch nicht.

Die Neigung zum Taktieren hat jede freie Diskussion zum

Erliegen gebracht. Es ist heute nahezu selbstverständlich geworden, dass Politiker öffentlich andere Standpunkte vertreten als privat. Die Angleichung der Meinungsbildung hat inzwischen derart zugenommen, dass alle Politiker mehr oder weniger das Gleiche sagen. Niemand wagt mehr, sich mit starken Thesen zu profilieren, weil die Furcht groß ist, das eigene Image könne Schaden leiden. Zaudern und Zögern lähmen in beängstigender Weise den öffentlichen Diskurs.

Ich erinnere mich an Gespräche mit einem Freund, der an wichtiger Stelle Planungschef war. Ich wunderte mich, wie man gerade auf ihn gekommen war. Von Anfang an schien er mir ungeeignet für diesen Posten, da er ein nachdenklicher, behutsamer, zögerlicher Mann ist, also weniger ein Mann der Tat als ein achtbarer Bedenkenträger. Eher konservativ gesonnen, fragte er gern, ob man sicher sein könne, dass es wirklich besser werde, wenn man etwas ändere. Doch diese abwartende, vorsichtige Haltung vermutet man eher bei kritischen Beobachtern als bei jenen, die zu Entscheidungen kommen müssen. In aller Regel weiß man erst später, oft lange Jahre danach, ob man richtig lag oder nicht. Wer plant und erst recht, wer entscheiden muss, braucht Beherztheit, Aufgeschlossenheit für neue Ideen, Risikobereitschaft. Insofern war die Berufung dieses Freundes in das Amt eines Planungschefs für mich ein Symptom der verbreiteten politischen Lethargie.

Je sichtbarer die Defizite der politischen Entscheider werden, desto deutlicher gerät ein strukturelles Problem unserer politischen Kultur in den Blick: der Mangel an glaubwürdigem und qualifiziertem politischem Personal. Betrachtet man unsere Volksvertreter, vom Abgeordneten bis hin zum Minister und zum Regierungschef, so muss man immer wieder feststellen, wie wenig Substanz zu finden ist. Ein neuer Politikertypus breitet sich aus, rund geschliffen und weitgehend Fraktionszwängen unterworfen, ohne individuelles Profil und ohne Mut, persönlich Farbe zu bekennen. Ohne Risikobereitschaft kann aber niemand zur Führungspersönlichkeit werden. Sehr zu Recht hat der Journalist Johannes Gross einmal bemerkt, das Schlimme an Opportunisten sei ihr fehlender Sinn für Opportunität.

Als Reaktion auf die Selbstherrlichkeit und Machtmissbräuche unserer totalitären Systeme hat unser Land lange eine demokratische Elitenbildung für entbehrlich gehalten. Nach dem letzten Weltkrieg hatten wir in allen Parteien Führungsfiguren erlebt, die das Personal der Weimarer Republik übertrafen. Wir hielten es gewissermaßen für den Lohn unserer neuen Demokratie, prinzipiell jeden Menschen unterschiedslos zur Führung fähig und bereit anzusehen.

Im Unterschied zu Ländern wie Frankreich, England oder Amerika hat man sich bei uns bis heute keine Gedanken darüber gemacht, wie man Führungsschichten heranbilden könnte. Zugleich ist bei uns von Jahrzehnt zu Jahrzehnt deutlicher geworden, dass sich Eliten nicht von selbst bilden.

In den ersten Jahrzehnten nach 1945 waren die Parteien noch lange mit einer Vielzahl erstaunlich fähiger Köpfe ausgestattet, obwohl man nach Emigration, Massenmorden und Millionen Kriegstoter das Gegenteil hätte vermuten müssen. Sechzig Jahre später, unter ungleich besseren Voraussetzungen, lässt die Qualität des Führungspersonals mehr und mehr nach.

Anders verhält es sich zum Teil mit Politikern ostdeutscher Herkunft. Es ist kein Zufall, wenn wir in den beiden Spitzenpositionen unseres Landes Menschen erleben, die aus der DDR stammen, und zwar aus dem dortigen protestantischen Umfeld, das nie vollständig oder gar nicht dem herrschenden Sozialismus anhing.

Es ist erstaunlich, dass der Bundespräsident, die Bundeskanzlerin und auch der begabteste Parlamentarier unseres Landes, nämlich Gregor Gysi, alle aus der früheren DDR stammen. Ein solcher Befund macht nachdenklich. Sowohl Joachim Gauck als auch Angela Merkel haben mehr vom Leben und seinen Schwierigkeiten begriffen als die meisten westdeutschen Politiker. Durch Krisen lernt man die eigenen Kräfte kennen und ihnen zu vertrauen. Natürlich wäre es zynisch, sich solche Krisenzeiten zu wünschen. Vielmehr gilt es, den Mechanismus zu durchschauen und zu überlegen, welche Alternativen es für die Ausbildung und Persönlichkeitsformung angehender Politiker geben könnte. Anders gefragt: Was können wir für das Heranwachsen verantwortungsbewusster politischer Eliten tun?

Allein die Frage wirkt heute wie eine Provokation. Seit der 68er-Bewegung gilt schon die bloße Idee einer Elite als Rückfall in einen streng hierarchisch organisierten Führerstaat. So unterblieb es, politische Nachwuchsförderung als Begabtenförderung zu betreiben, mit negativen Folgen.

Man muss davon ausgehen, dass in der Politik heute weitgehend jungen Karrieristen Erfolg beschieden ist, die nur ihren Aufstieg im Sinn haben, aber keine Verantwortung für unser Land spüren. Sie erdienen sich Positionen, hoffen auf ein gewisses Renommee und wohl auch auf ein wenig Rampenlicht. Aber das Ethos des Politikers, wie es Max Weber beschrieb, treffen wir sehr viel seltener als früher an. Die Vorstellung, der Beruf sei eine Berufung, die Pflichtbewusstsein und Opferbereitschaft erfordere, hat sich bei vielen verflüchtigt. Die schwache Führungsfähigkeit, an denen der Nachwuchs aller Parteien krankt, lässt mich mit banger Sorge an die Zukunft denken.

Wird diese junge Garde künftigen Krisen gewachsen sein? Wie steht es um ihre Kompetenz? Schon allein die sprachlichen

Ausdrucksmöglichkeiten der meisten Politiker beschränken sich auf das Nötigste. Geschliffene Reden und pointierte Formulierungen sucht man vergeblich. Eine Meinung zu bilden, sie prägnant darzulegen und selbst im Kreuzfeuer einer kontroversen Diskussion souverän zu verteidigen, bedarf einer exzellenten Ausbildung und des intensiven Trainings. Auch in diesem Punkt könnten wir von anderen Ländern lernen.

Im angelsächsischen Bildungssystem ist es zwingend, rhetorische Fähigkeiten in sogenannten Debating Clubs zu schulen. Man hat dort sehr viel mehr Sinn für die Notwendigkeit, junge Menschen diskursfähig zu machen, als bei uns. Das hängt speziell in Amerika und auch in England mit der frühzeitigen Demokratisierung zusammen. Die Fähigkeit, einen Gedanken zu entwickeln und zur Debatte zu stellen, ist dort traditionell sehr viel wichtiger gewesen als im Europa der Monarchien. Generell geht man in Ländern wie Großbritannien, den USA und Frankreich, die wir als Vorbilder betrachten, ganz anders vor. In den Vereinigten Staaten sind es die großen Privatuniversitäten wie Harvard oder Princeton, in denen eine Führungselite heranwächst, oft im Kontakt mit Politikern, die dort lehren. Nicht zufällig gelangen in den USA häufig bestens ausgebildete Wirtschaftsführer in die Politik. In Frankreich greifen alle Lager auf die Absolventen von Eliteschulen wie der Grandes Écoles zurück. Und wenn man in Oxford oder Cambridge studiert und jeden Tag an den Wänden der Hall die Porträts der Premierminister sieht, die aus dem jeweiligen College hervorgegangen sind, fühlt man sich ermutigt, es eines Tages selbst mit einer politischen Karriere zu versuchen.

Die Anreize, sich in Deutschland politisch zu engagieren oder gar ein hohes Amt zu übernehmen, schwinden ohnehin. Der Wahlkampf des Jahres 2013 wird vermutlich als negative Zäsur in Erinnerung bleiben, weil er im Zeichen einer beispiellosen Kampagne begann: den SPD-Herausforderer Peer Steinbrück zu demontieren. Die Debatte über seine Nebeneinkünfte nahm anfangs fast den gesamten Raum der Auseinandersetzung mit dem Kandidaten ein, ein Phänomen, das in anderen Ländern undenkbar wäre. Die fatale Neigung eines großen Teils der Öffentlichkeit, Menschen bis auf die Knochen zu durchleuchten und in jedem Vortragshonorar einen potenziellen Bestechungsakt zu sehen, offenbart eine unsägliche Kleinkariertheit und schlichtergreifend Neid.

Es wäre wünschenswert, wenn beruflich erfolgreiche Menschen in unserem Land öffentliche Verantwortung übernähmen. Stattdessen wird in einer kleinlichen Debatte auf Nebeneinkünfte geschielt. Auf dem Höhepunkt dieser Debatte erschien in einer Tageszeitung eine Karikatur, in der ein Mann während eines Steinbrück-Vortrags höhnisch in die Runde ruft: »Nebeneinkünfte für alle!« Dieser Hang zur Gleichmacherei ist eine absolut verhängnisvolle Entwicklung.

Wenn ein Politiker bei uns offenlegen muss, wo er im Einzelnen aufgetreten ist und wie viel ihm dafür gezahlt wurde, zeigt das neben distanzloser Neugier auch eine verblüffende Naivität. Es kann doch niemanden verwundern, wenn Steinbrück als ehemaliger Finanzminister bevorzugt von Banken und anderen Finanzinstituten eingeladen wurde und nicht vom Bauernverband milchgebender Kühe. Der Offenlegungszwang ist ein Eigentor für die politische Kultur unseres Landes, ein demütigender Akt, dem sich immer weniger Menschen unterziehen werden, was gut verständlich ist. Wir können es uns nicht leisten, tüchtige Menschen, die entsprechendes Geld verdienen, von vornherein unter den Generalverdacht zu stellen, sie seien Knechte derer, vor denen sie geredet haben.

Natürlich besteht eine gewisse Rechtfertigungspflicht für Politiker. Wir fordern von ihnen zu Recht persönliche Integrität und ethische Korrektheit ein. Doch mittlerweile hat sich der früher möglicherweise übertriebene Respekt vor Politikern in einen überkritischen Kontrollwahn gesteigert. Der gläserne Politiker ist gefragt, ein untadeliges Kunstprodukt ohne Ecken und Kanten. Jedes Wort wird auf die Goldwaage gelegt, und wer sich die Blöße gibt, unangenehme Wahrheiten auszusprechen, muss mit empfindlichen Sanktionen rechnen.

Schon die Demontage des ehemaligen Bundespräsidenten Köhler fand ich tief bedauerlich. Sein Rücktritt lag meines Erachtens vor allem an seiner Dünnhäutigkeit. Daneben zeigte sich aber auch eine völlig überzogene Tendenz, im Namen politischer Korrektheit kein offenes Wort mehr zu dulden. Köhlers Bemerkung im Hinblick auf Afghanistan, es bedürfe zur Not militärischer Unterstützung, um unsere Exportkorridore freizuhalten, war im Grunde eine Binsenwahrheit und rechtfertigte in keiner Weise die Empörung, die darauf folgte. Jürgen Trittin sollte sich schämen, wenn er Horst Köhler bewusst missverstand und deshalb sagte, Deutschland könne sich keine Kanonenbootpolitik leisten. Aber nicht nur Trittin, auch ein Großteil der Presse fiel über den Bundespräsidenten her, der nichts anderes getan hatte, als eine wirtschaftspolitische Selbstverständlichkeit auszusprechen, die in jedem anderen Land dieser Welt genauso gilt.

Noch stärker offenbarte sich die notorische Empörungsbereitschaft bei Köhlers Nachfolger Christian Wulff. Details, die ihm zum Verhängnis wurden, erscheinen im Nachhinein marginal, finanzielle Vorteile, die er durch vermögende Freunde genoss, vergleichsweise lächerlich. Wenn wir bei unserem Staatsoberhaupt eine normale Essenseinladung oder einen Hotelaufenthalt als Vorteilsnahme oder Bestechlichkeit vor Gericht bringen, blamie-

ren wir uns vor der ganzen Welt, wie mir ausländische Diploma-
ten sagten. Wenn solche völlig überzogenen, lebensfremden Maßstäbe an Politiker angelegt werden, wird es auf Dauer keine für
solche Ämter geeigneten Bewerber mehr geben. Die Strenge, mit
der Politiker inzwischen durchleuchtet werden, wird nur noch
mickrige Typen hervorbringen. Wenn Neid und Missgunst immer
mehr überhand nehmen, werden wir uns wundern, wer dann
noch übrig bleibt. Es gibt nun mal Menschen, die mehr, und andere, die weniger tüchtig sind, es gibt erfolgreiche und weniger
erfolgreiche Menschen. Oft will man nicht wahrhaben, dass Erfolg in der Regel mit besonderen Fähigkeiten zu tun hat.

Eigentlich wäre es dringend geboten, dass der Bundespräsident eine Rede über Maßstäbe hält, denn das fehlende Unter-
scheidungs- und Urteilsvermögen der Medien unterminiert den
gesunden Menschenverstand und damit die Politik. Eine solche
Rede kann nicht die Bundeskanzlerin oder ein Regierungsmit-
glied halten, und auch ein Oppositionspolitiker kommt dafür
nicht infrage, weil sie alle der Parteilichkeit verdächtig wären.
Nur der Bundespräsident kann unbefangen die Frage stellen,
welches Verhalten wirklich kritikwürdig ist und wo man achselzuckend über Bagatellen hinweggehen sollte.

Über Jahrzehnte haben die Freien Demokraten, eine kleine
Partei, eine große Rolle in der Bundespolitik gespielt. Sie waren
bis zum Ende des letzten Jahrhunderts in jeder Bundesregierung
vertreten, sodass man ohne Übertreibung sagen kann, die FDP sei
die Partei an der Macht gewesen, mal nach rechts mit der Union,
mal nach links mit der SPD verbunden. Diese zentrale Rolle
konnte sie nur spielen, weil sie immer wieder eigenständige, prägende Persönlichkeiten hervorbrachte, sodass ihre Wirkung weit
größer war als die Zahl ihrer Abgeordneten. An diesem Vorbild
sollten sich alle Parteien künftig wieder orientieren, denn sie lei-

! ! den allesamt unter eklatanten personellen Schwächen. Der Mangel an überzeugenden Führungsfiguren wird sich möglicherweise schon bald als Verhängnis unserer Demokratie erweisen.

BRAVO !   Ich meine zu beobachten, dass viele politische Karrieren aus der Langeweile des öffentlichen Dienstes entstehen, mit lähmenden Folgen für die Politik. Wegen der üblich gewordenen Treibjagd auf Politiker kommt kaum noch ein erfolgreicher Bürger, der es aus eigener Kraft geschafft hat, auf die Idee, sich von der Politik anheuern zu lassen. Die negative Auslese, die schon jetzt erkennbar ist und sich verstärken wird, führt die Vorstellung eines Parlaments der Volksvertreter ad absurdum.

!! Es fehlen die Charismatiker, die Querdenker, die Widerborstigen, die kreativen Gestalter. Stattdessen gewinnt man den Eindruck, dass zu viele blutleere Funktionäre die Ämter erobern, die wenig ausstrahlen und auch keine bindende Kraft für die Bevölkerung besitzen. Das Gros der politischen Garde wirkt glanzlos. Wäre beispielsweise die FDP bereit gewesen, den Euro fallen zu lassen, so hätte sie sich als echte Alternative positionieren können und sicherlich auf Anhieb zehn Prozent der Wählerstimmen erhalten – das ergibt sich schon rein rechnerisch aus dem Erfolg der Alternative für Deutschland, die nur knapp die Fünfprozenthürde verfehlte. Aber jene FDP-Politiker, die für eine solche Wende der Europolitik infrage gekommen wären, scheuten das Risiko, zunächst in der Diffamierung durch die veröffentlichte Meinung unterzugehen. Sie hatten Angst, sich – mit Adenauers Worten – unbeliebt zu machen.

    Aber nicht nur viele Politiker haben heute keine Fasson mehr, sondern auch die Parteien. Sie zerfasern sich, lösen sich zunehmend auf. Das Parteiensystem verliert an Bodenhaftung. Das begünstigt die Entstehung von Protestparteien wie der Piratenpartei, die aber letztlich nur eine kurzfristige Ventilfunk-

tion hatte und kein Zukunftspotenzial besitzt. Die Traditions-
parteien hingegen lassen hinter ihrer populistischen Selbstdarstellung keine Substanz, keinen inhaltlichen Kern mehr
erkennen. Zünftlerische Enge und der fehlende Sinn für Begabungen trocknen sie aus. Heute bedienen sich die Parteien oft
aus Bequemlichkeit in den mittleren, eher mittelmäßigen Ebenen der eigenen Reihen. Nicht die unabhängigen Köpfe setzen
sich durch, sondern die Apparatschiks. Schon vor vielen Jahren
sagte Helmut Kohl, wenn er sich ausschließlich unter den Mitgliedern seiner Fraktion umsehe, würde er bei der Regierungsbildung nicht weit kommen.

Paradigmatisch für den Niedergang der Parteienkultur steht
die CDU. Deren personelle und programmatische Auszehrung
ist enorm. Sollte Angela Merkel aus gesundheitlichen oder persönlichen Gründen eines Tages abtreten, wird sie eine nicht zu
füllende Lücke hinterlassen. Die Union wird in eine schwere
Identitätskrise geraten, weil sie gar nicht mehr weiß, wofür sie
eigentlich steht. Angela Merkel hat eine Partei geschaffen, die
unter dem Druck der Meinungskonformität ihr Profil verloren
hat. Unter CDU-Leuten weiß man, dass jede Meinung, die nicht
jener der Kanzlerin entspricht, negative Konsequenzen hat – Abweichler werden das nächste Mal nicht mehr aufgestellt. Die
Parteitage sind streng hierarchisch von oben nach unten durch-
organisiert, kaum einem Kritiker gelingt es, als Delegierter zu
einem Parteitag entsandt zu werden. CDU-Parteitage sind mittlerweile Veranstaltungen, wie wir sie aus ehemals kommunistischen Ländern kennen. Das Machtbewusstsein der Kanzlerin
zeigt sich darin, dass sie nur zweitklassige Politiker um sich
schart, die ihr nicht zu widersprechen wagen. Das führt zu
Ängstlichkeit und Duckmäuserei, untergräbt die wichtigen Prozesse innerparteilicher Debatten.

Schon jetzt kann man niemandem erklären, warum man die CDU wählen sollte. Weder ihr Personal noch ihre Inhalte haben Konturenschärfe. Angela Merkel geht es nur noch um die Anpassung an den Zeitgeist. Mal nähert sie sich den Grünen, dann wieder der SPD. Diese bewusste Vagheit ist verhängnisvoll für ihre eigene Partei. Jetzt rächt sich die jahrelange Diskursverhinderung, die so bezeichnend für den Merkel-Stil ist. Oft hat sie ihre Partei vor vollendete Tatsachen gestellt, etwa bei der Energiewende, die weder vorher noch nachher ernsthaft diskutiert wurde. Wenn Merkel die politische Arena verlässt, wird sie von ratlosem und orientierungslosem Nachwuchs beerbt werden. Kein Kronprinz, keine Kronprinzessin ist in Sicht, der/die das Format einer richtunggebenden Führungspersönlichkeit hätten.

Wenn man fragt, was das Zentralelement christdemokratischer, sozialdemokratischer oder freidemokratischer Programmatik ist, wird man keine eindeutige Antwort bekommen. Welche Partei fühlt sich für die Familie zuständig? Welche steht für eine zeitgemäße Energiepolitik? Wo findet man ein Gespür für das Machbare jenseits von Phrasen? Wenn das nicht mehr zweifelsfrei beantwortet werden kann, ist die Demokratie am Ende. Bürgerliche Parteien gibt es gar nicht mehr. Die innere Proletarisierung des Landes hat auch die Parteien erfasst, die auf den Linkstrend aufspringen. Man muss nur den Diskussionen über Erbschaftssteuer und Vermögenssteuer zuhören, um das Klima des Neides zu erkennen. Allein die Vermögenssteuer ist doch im Grunde eine Unverschämtheit, da sie bereits versteuerte Einkommen ein zweites Mal belastet. Heute zahlen zehn Prozent der Bevölkerung mehr als 50 Prozent der Steuern, eine unglaubliche Schieflage. Dennoch wird so getan, als müsse die Umverteilung von oben nach unten weiter verstärkt werden.

Mir ist in den vergangenen Jahren kaum ein Politiker aufgefallen, der sich gegen solche Trends gestellt und eine unabhängige, eigene Position vertreten hätte. Eine Ausnahme ist Gregor Gysi, das größte politische Talent der vergangenen Jahre. Wir kennen und schätzen einander über alle unterschiedlichen Standpunkte hinweg. Ich sagte ihm einmal: »Sie sind der einzige Mensch, den ich kenne, der mit einem einzigen faulen Apfel ein florierendes Obstgeschäft eröffnen könnte.«

Eine Monarchie kann einen schwachen König ertragen, weil er in einer festen Struktur verankert ist. Die Demokratie dagegen ist auf starke Persönlichkeiten und starke Parteien angewiesen, die klare Aussagen machen. In den kommenden Krisenjahren brauchen wir mutige Politiker, die auch unpopuläre Maßnahmen ergreifen. Aber so weit wird es vermutlich gar nicht kommen, weil die internen Debatten in den großen Parteien von Redeverboten unterbunden sind. Und weit schlimmer noch: Offenbar existiert ein Konsens aller Parteien untereinander, den Meinungskorridor möglichst eng zu halten. Offene Konfrontationen erlebt man allenfalls in Wahlkampfzeiten. Der parlamentarische Alltag jedoch wirkt, als gäbe es geheime Stillhalteabkommen. Entsprechend verhalten ist das Interesse der Bürger. Ich kann mich an keine wichtige Parlamentsdebatte der letzten Jahre erinnern, an der die Öffentlichkeit Anteil genommen hätte. Das hat katastrophale Auswirkungen auf das Politikverständnis der Wähler. Immer häufiger verweigern sie aufgrund der Verwechselbarkeit der Parteien den Gang zur Wahlurne. Wozu wählen, wenn es keine unterscheidbaren Optionen gibt? Warum einen Stimmzettel ausfüllen, wenn die Meinungsbildung einer lauwarmen Konsensseligkeit gewichen ist?

Eine der Säulen der Demokratie ist die freie Meinungsbildung. Sie ist nicht nur in der politischen Sphäre, sondern auch gesamtgesellschaftlich unterentwickelt. Selbst die vielen politischen Talkshows kann man zumeist nicht ernst nehmen. Im Grunde genommen sind sie ein Wanderzirkus der immer gleichen Teilnehmer, in dem alle möglichen Meinungen unverbunden nebeneinanderstehen. Von einer konstruktiven oder gar erkenntnisfördernden Streitkultur kann keine Rede sein. Auch ich selbst werde von Zeit zu Zeit eingeladen, vermutlich, weil die Redaktionen in mir einen unterhaltsamen Sonderling sehen. Wenn ich dann in solch einer Runde sitze, fällt mir immer wieder auf, wie diffus die Organisation der öffentlichen Debatten geworden ist. Die Diskussionen sind in der Regel kreisförmig und nicht kontrovers angelegt. Dabei kann nichts Vernünftiges herauskommen, und offenbar ist das auch gar nicht der Sinn dieser Veranstaltungen. Man würfelt eine bunte Mischung zusammen, setzt einen Kabarettisten neben einen Hartz-IV-Empfänger, fügt einen Politiker hinzu und lässt sie aneinander vorbei reden. Zu einem Gespräch, zum Austausch von Argumenten kommt es dabei höchst selten.

Es spricht einiges dafür, dass wir in ein Zeitalter der kommunikativen Verwahrlosung driften. Der Strukturwandel der Öffentlichkeit, von dem Habermas in den siebziger Jahren sprach, ist in eine neue Phase gelangt. Emotionale Reflexe ersetzen die Reflexion, Ressentiments das abgewogene Urteil. Größere Sinnzusammenhänge werden genauso wenig vermittelt wie sachlich begründete Meinungen. Die eher hilflosen Versuche von Politikern, sich mit Kurznachrichten und Privatfotos in diese Arena zu begeben, banalisieren das Politische und zerstören jede Ernsthaftigkeit der Auseinandersetzung.

Das Bemühen der Politiker, mit solch neuen Kommunikationsformen Schritt zu halten, kann nicht darüber hinwegtäuschen, dass die politische Klasse eine zunehmende Realitätsferne aufweist. Sie wirkt abgeschirmt und abgehoben, ohne eine wirk-

320

liche Verbindung mit dem Denken und Fühlen der Bevölkerung. Ein Versteinerungsprozess hat eingesetzt, den keine Talkshow und keine Twitternachricht kaschieren kann. Die Angleichung der Parteien tut ein Übriges, um eine isolierte Satellitenexistenz der Politiker zu befördern. Sie wissen nicht, wer ihre Wähler sind und aus welchen Gründen. Noch dazu bemerken sie ihre Abgehobenheit nicht einmal, da sie selbst das Angstkartell geschaffen haben, das jede lebendige Diskussion auf breiter Front verhindert.

Die Uniformität, auch die Denkfaulheit und Ängstlichkeit, die unsere politische Kultur untergräbt, ist gefährlich. Nur durch offene Kontroversen erfahren wir etwas über unsere Wirklichkeit und ihre Widersprüche. Die unkritische Begeisterung etwa, mit der jede Art des Protests und des Bürgerkrieges in arabischen Ländern begrüßt wird, zeugt von großer Naivität. Es gilt als richtiges politisches Bewusstsein, sich automatisch auf die Seite der Rebellen zu stellen. Nachfragen, wofür sie denn stehen, welches Staatsverständnis sie haben, wie sie es mit Freiheit und Menschenwürde halten, sind nicht opportun. So werden zuweilen fanatische Muslime bejubelt, die, kämen sie hierzulande an die Macht, uns um unser Leben fürchten ließen. Sehr deutlich steht mir noch eine Fernsehdiskussion bei Anne Will vor Augen, in der Jürgen Todenhöfer tönte, welch eine großartige Freiheitsbewegung in Syrien stattfinde. Als ich schüchtern nachfragte, ob es den Rebellen wirklich um Freiheit gehe, warf man mir mangelnden Idealismus vor. Realitätsscheu ist aber nicht idealistisch, sie ist einfach nur feige. Wer sich in seinen Wunschwelten verschanzt, handelt fahrlässig und bequem.

Wir bräuchten dringend eine Führungsakademie, um jene auszubilden, die künftig über das Schicksal unseres Landes entscheiden. Das Fehlen kompetenter, weitblickender Politiker ist nicht nur eine Frage des politischen Stils oder der politischen Kultur. Es betrifft uns unmittelbar. Zurzeit stolpern die Regierungsverantwortlichen in Risiken hinein, die sie weder geplant noch vorausgesehen haben. Die Atemlosigkeit des Tagesgeschäfts und der permanente Blick auf die Fieberkurven der Popularität, die mittlerweile im Wochenrhythmus veröffentlicht werden, haben das Ethos der Verantwortlichkeit überlagert. Nahezu bedenkenlos wirft die Regierung mit Billionen um sich, als sei das Kleingeld. Späteren Generationen wird sie einen Scherbenhaufen hinterlassen: einen überschuldeten Staat, ein zusammenbrechendes Wohlfahrtssystem, eine entpolitisierte Gesellschaft.

Krisenhafter Sozialstaat

Deutschland steht vor einer tiefen Krise, die nach drastischen Reformen und einem veränderten Selbstverständnis von Bürgern wie Politikern verlangt: die Krise des Sozialstaats. Im Grunde ist es eine Anpassungskrise. Denn die umfangreichen Leistungspakete, die seit den Jahren des Wirtschaftswunders stetig wuchsen, haben inzwischen einen Anteil an den staatlichen Ausgaben erreicht, der andere wichtige Aufgaben des Staates behindert, ja unmöglich macht.

Vom Sozialstaat ist im Grundgesetz nur ganz marginal die Rede, nämlich in Artikel 20, in dem die Bundesrepublik als »demokratischer und sozialer Bundesstaat« bezeichnet wird. Aus diesem kleinen Adjektiv ist eine riesige Verpflichtung der öffentlichen Hand zur Wohlfahrtspflege erwachsen. Anfangs gab es für Bedürftige keinen Rechtsanspruch auf öffentliche Leistungen, sondern es hing vom Ermessen der Behörden ab, ob sie Bedürftige stützten oder nicht. Es gab kein Recht auf Alimentierung.

Erst zu Beginn der fünfziger Jahre änderte sich dies. Gerichte entschieden, die Würde des Menschen, der die neue Verfassung höchsten Rang einräume, erfordere es, dass Menschen in Not einen Rechtsanspruch auf öffentliche Unterstützung haben. Aus diesem Ansatz heraus entwickelte sich ein riesiges System staatlicher Leistungen. Bezahlbar ist es nicht mehr, doch die Politik schreckt ängstlich vor notwendigen Korrekturen zurück. Sie scheut Einschnitte, obwohl dies schon wegen der demografischen Wende unumgänglich ist.

Unser gesamtes Sozialversicherungssystem steht auf tönernen Füßen, weil es umlagefinanziert ist. Es kann nicht mehr funktionieren, wenn immer weniger Arbeitende immer mehr Menschen finanzieren müssen. Aus Furcht vor Popularitätsverlusten ist der notwendige Umbau des Sozialstaates jedoch tabuisiert, denn wenn es einen gemeinsamen Nenner in Deutschland gibt, mit dem sich jeder identifiziert, ist es die soziale Gerechtigkeit.

Nach allgemeiner Überzeugung soll jeder einen hinreichenden Lebensstandard genießen ungeachtet dessen, was er dafür zu zahlen und zu leisten, auch zu geben in der Lage ist. So wenig die Deutschen mit dem Patriotismus anzufangen wissen, in einem Punkt ist sich die überwältigende Mehrheit einig: »Patria«, das Vaterland, muss für seine Bürger sorgen. Dies ist die Umkehrung, im Grunde die Perversion dessen, was eigentlich mit Patriotismus gemeint ist: die gemeinsame Verantwortung aller Bürger für das eigene Volk. Zunehmend ist es der Staat als pater familias, dem die Verantwortung aufgebürdet wird. Viele denken: Wer, wenn nicht Vater Staat, kann seine Bürger vor den Risiken eines entfesselten Marktes schützen? Wer sonst könnte die Folgen ökonomischer Krisen für den Einzelnen auffangen?

Alle individuellen und gesellschaftlichen Risiken scheinen in staatlicher Hand besser aufgehoben zu sein als beim Einzelnen.

Eine Folge dieser Haltung ist eine unglaubliche Trägheit und Antriebsarmut. Der öffentlichen Hand stehen Millionen geöffneter Hände gegenüber, die nehmen, ohne etwas zu geben. Die soziale Gerechtigkeit ist ihrer Natur nach ein Fass ohne Boden, weil es immer irgendwelche Ungleichheiten gibt, die nicht ausgeglichen werden können. Beim Versuch, es dennoch zu tun, haben wir die öffentlichen Kassen vollkommen überanstrengt.

In südeuropäischen Ländern verlief die Entwicklung noch weit drastischer. Dort hat man sich die Zustimmung zur Demokratie vielerorts mit überbordenden staatlichen Leistungen erkauft um den Preis abenteuerlicher Staatsschulden. Es gehört zu den Spielregeln der Demokratie, dass es außerordentlich schwierig ist, solche staatlichen Geschenke zurückzufordern. Wer sich erst einmal an eine großzügige Alimentierung gewöhnt hat, wird schwerlich eine Partei wählen, die Einschränkungen verlangt. Auch bei uns wäre das kaum durchzusetzen.

Anfang der neunziger Jahre fragte mich ein links gerichteter Politiker aus Ostdeutschland, warum ich denn immer wieder von der Notwendigkeit der Entwicklung neuer Technologien spräche, um Deutschland als Industriestaat zukunftsfähig zu machen. Es reiche doch völlig aus, meinte er, wenn wir weitermachten wie bisher. Diese Blindheit halte ich für ein typisches Merkmal linker Kreise. Sie sind immer an vorderster Front, wenn es darum geht, noch mehr staatliche Wohltaten unter den Bürgern zu verteilen. Wie das aber zu finanzieren sei, darüber machen sie sich keine Gedanken. Linke haben von jeher über eine gerechtere Verteilung, über die Notwendigkeit einer Umverteilung gesprochen, nicht aber über Leistung und Produktivität.

Bei unseren ostdeutschen Landsleuten mag diese Indifferenz an der Erfahrung der roten Diktatur liegen. In der DDR kam man von der Wiege bis zur Bahre ohne jegliche Eigeninitiative über die Runden. Diese Unterforderung macht es Menschen, die in der DDR aufgewachsen sind, offenbar schwer, über die wirtschaftlichen Voraussetzungen und auch den eigenen gesellschaftlichen Beitrag nachzudenken, der Sozialleistungen erst ermöglicht. Doch auch im Westen unseres Landes herrscht eine Nehmermentalität. Sie bestimmt das Lebensgefühl von Generationen, die in Jahrzehnten unerhörten Wohlstands aufgewachsen sind. Man kennt gar nichts anderes, kann sich Not bei uns, in Deutschland, eigentlich gar nicht recht vorstellen. So verbreitete sich der Eindruck, der allgegenwärtige Wohlstand sei keiner eigenen Anstrengung bedürftig.

Wir haben allen Grund, die Sozialutopien eines alimentierenden Staates mit Skepsis zu betrachten. Der ausufernde Sozialstaat stiftete weder Solidarität noch Identität. Von Gemeinsinn oder gar Patriotismus fehlt jede Spur. Stattdessen ist es ein Volkssport geworden, den Staat zu betrügen, ihm immer mehr Leistungen abzuschwindeln, ohne jedes Bewusstsein, damit der Allgemeinheit zu schaden. Leider lädt unser Sozialstaat zum Missbrauch geradezu ein. Längst ist er nicht mehr nur auf Randgruppen und Bedürftige ausgerichtet.

Wenig wird darüber nachgedacht, was unser Land aufgrund seiner Wirtschaftskraft zu leisten imstande ist. Zwar gehört die Idee, den sozialen Frieden durch eine gerechte Umverteilung zu gewährleisten und Risiken für den Einzelnen aufzufangen, nach wie vor zum Selbstverständnis des deutschen Staates und ist im Grundgesetz verankert. Doch es darf kein Tabu sein, das jetzige Modell des Sozialstaats infrage zu stellen, wenn es an die Grenzen seiner Belastbarkeit stößt. Sonst wird der Staat bald noch weniger in der Lage sein, andere notwendige Bereiche zu finanzieren, die die Zukunft sichern, Investitionen in Bildung, Infrastruktur und Forschung zu tätigen. Das negative

Zukunftsszenario ist leicht zu beschreiben: Während breite Schichten von staatlichen Geldern leben, bluten alle Bereiche aus, die die Basis für solche großzügigen Zuwendungen erbringen sollen. Dann ist es nur eine Frage der Zeit, bis das System kollabiert.

Oft werde ich nach den Grundprinzipien des Konservatismus gefragt. Für mich zählt die Hochschätzung der Arbeit elementar dazu; Arbeit ist einer der wichtigsten Beiträge der Bürger zur Gesellschaft. Für mich muss sich die Freude an der Arbeit und die an der Freizeit die Waage halten. Grundsätzlich sollte jeder für seinen Lebensunterhalt und den seiner Familie aufkommen. Nur wer alt oder krank ist oder kleine Kinder hat, darf ohne Gegenleistung auf öffentliche Fürsorge zählen. Alle anderen aber, die unterstützt werden wollen, müssen für die Gemeinschaft eine angemessene Gegenleistung erbringen, müssen öffentliche Aufgaben übernehmen, die sonst unerledigt blieben.

Schon jetzt hat man in vielen Bereichen den Eindruck einer bedenklichen Überlastung der öffentlichen Kassen. Der Staat hat sich übernommen. Er muss dringend einen Teil der Verbindlichkeiten, auf die er sich eingelassen hat, wieder an die Bürger zurückgeben. Schon Ludwig Erhard warnte, der Staatsbürger dürfe nicht zum Sozialbürger werden. Genau dies ist geschehen entgegen jeder politischen Raison.

Nichts fürchten Politiker so sehr wie den Vorwurf, sie wollten den Geldbeutel der Schwachen leeren. Lieber hält man sich an die Masse derer, die brav ihrer Arbeit nachgehen und entsprechend Steuern entrichten. Sie sind es, die zu den Zahlmeistern der Nation gemacht werden. Die CDU äußert diese Pläne nur hinter vorgehaltener Hand, in der SPD und bei den Grünen spricht man es offen aus: Sie favorisieren Steuererhöhungen, mit denen die Leistungsbereiten weiter belastet werden sollen. Das ist Wegelagerei. Statt von Umverteilung sollte man von Enteignung sprechen.

Vierzig Prozent der Bürger zahlen überhaupt keine Steuern, eine beklemmende Zahl. Die Forderungen werden stetig größer, immer neue Bedürfnisse werden entdeckt, für die Steuergelder mobilisiert werden sollen. Die völlige Verkennung, dass es Existenzbedingungen einer Gesellschaft gibt, die nicht mit sozialer Gerechtigkeit und sozialem Ausgleich beantwortet sind, ist erschreckend. Wer sich vom Staat finanzieren lässt, denkt offensichtlich nicht darüber nach, ob es auf Dauer überhaupt noch etwas geben wird, was sich verteilen lässt. Gleichzeitig wird der Antrieb, eigene Leistungen zu erbringen, geschwächt.

In den USA ziehen im Laufe eines Jahres etwa 15 Prozent der Bevölkerung um, und zwar immer dahin, wo es Arbeitsplätze gibt – weil dort kein vergleichbares soziales Netz existiert, das die Folgen der Arbeitslosigkeit auffängt. Bei uns befestigt der Sozialstaat eine Misere, die zu beheben er sich vorgenommen hatte. Geld zu besitzen und auszugeben wird mit Sozialneid bedacht, dass aber eine respektable Leistung dahinterstehen könnte, scheint wenig beachtet zu werden.

Über diese Dinge unbefangen zu diskutieren ist kaum noch möglich. Dabei sind die negativen Entwicklungen leicht vorhersehbar. Schon heute stellen die Sozialausgaben den bei Weitem größten Posten im Bundeshaushalt dar. Wenn wir an dieser Stelle kürzen müssen, weil Deutschland bankrott ist, werden nicht die Bürger auf die Barrikaden gehen, sondern die vielen Millionen, die von staatlichen Leistungen leben. Natürlich will niemand jenen Hilfe versagen, die unverschuldet in Not geraten sind. Es ist aber allgemein bekannt, dass der Missbrauch sprunghaft angewachsen ist und dass die immer neuen Empfänger öffentlicher Gelder eine aufgeblähte Sozialverwaltung und ganze Heere halbstaatlicher Hilfsorganisationen nach sich ziehen. Auch diese müssen finanziert werden.

 Noch nie wurde ernsthaft versucht, die Effizienz des deutschen Sozialsystems wissenschaftlich zu überprüfen. Der Sozialetat des Bundes wurde 2010 um 12 Prozent angehoben, während der viel niedrigere Verteidigungsetat schrumpfen musste. Die gewaltigen Gelder, die wir für den Sozialstaat bereitstellen, fehlen uns schon lange in den Bereichen Bildung, Forschung und Integration. Wo ist der unerschrockene Sozialpolitiker, der diese Dinge offen benennt?

Wer heute behauptet, die Rente mit 67 sei inakzeptabel, dem gebe ich völlig recht. Meiner Meinung nach sollte jeder so lange arbeiten, wie er Kraft und Lust hat. Nichts spricht dagegen, dass Menschen, die gesundheitlich und mental dazu in der Lage sind, auch über das 65. Lebensjahr hinaus berufstätig sind. Ich halte es nicht für erstrebenswert, auf jeden Fall Mitte sechzig die Hände in den Schoß zu legen. Offenbar wird kaum noch registriert, dass Arbeit etwas Schönes, Befriedigendes sein kann. Die Aufwertung der Freizeit als eigentliche Lebensqualität gehört zu den Fragwürdigkeiten unserer Zeit.

Dass Arbeit als Zumutung betrachtet werden kann, hat fatale Folgen für die vielen Empfänger von Transferleistungen. Warum fordert man ihnen nicht eine Gegenleistung ab? Darum sollte man sie nicht bitten, dazu sollte man sie auffordern als Bedingung dafür, dass sie öffentliche Gelder erhalten. Im Grunde ist das eine Selbstverständlichkeit. In allen Bereichen unserer Gesellschaft mangelt es an helfenden Händen, in den Betreuungseinrichtungen für Kinder, in der Pflege, bei den Integrationsmaßnahmen. Darüber hinaus gibt es viele staatliche und kommunale Aufgaben, die nicht erledigt werden, weil reguläre Arbeitskräfte zu teuer sind. Von der Schularbeitenbetreuung für

328

unterprivilegierte Kinder bis zur Laubbeseitigung im Herbst gäbe es eine Fülle sinnvoller Tätigkeiten. Sozialleistung und sozialer Dienst sollten ein Synonym sein. Das würde diese Menschen enorm aufwerten, sie vom Stigma des Bittstellers befreien. Sie könnten gesellschaftliches Ansehen genießen, weil sie das Ihre für die Gemeinschaft tun. Warum verurteilt man sie dazu, untätig auf der Couch zu sitzen? Und was leben sie damit ihren Kindern vor? Heute weiß man, dass überproportional viele Kinder aus Familien, die Sozialleistungen beziehen, später wiederum Transferempfänger werden. Sie haben nie erlebt, dass ihre Eltern allmorgendlich aufstanden und zur Arbeit gingen. Das Geld floss trotzdem. Wie sollen diese Kinder eine Motivation entwickeln, sich ins Berufsleben einzugliedern?

Ich glaube, dass wir ganz neu über die gesellschaftliche Funktion des Ehrenamts nachdenken sollten. In den USA versteht es sich von selbst, dass man in kirchlichen Einrichtungen Suppe austeilt oder in der Cafeteria der Schule aushilft. Auch die Nachbarschaftshilfe gehört in diesen Kontext. Gemeinsinn ist ein höchst integrativer Faktor gerade in einer pluralistischen, multikulturellen Gesellschaft. Wenn alle Hand anlegen, auch jene, die keiner geregelten Arbeit nachgehen und Transferleistungen beziehen, schafft das einen stabilen Zusammenhalt. Mir fällt beispielsweise auf, dass ich auf dem Bahnsteig lange nach jemandem suchen muss, der mir die Ankunftszeit eines verspäteten Zuges sagt. Es gibt unendlich viele kleine Handreichungen des Alltags, die aufgrund hoher Personalkosten entfallen sind. Wer arbeitslos ist und solche Aufgaben verrichtet, fühlt sich gebraucht. Ich glaube nicht, dass der Mensch sich grundlegend dahin geändert hat, dass er völlig auf Arbeit und Anerkennung verzichten kann. Deshalb beneide ich niemanden, der den ganzen Tag auf der Couch verbringt. Jeder möchte sein Leben als sinnvoll empfinden, etwas tun, was ihm tiefe Befriedigung gibt. Diese Konstante der menschlichen Psyche wird völlig außer Acht gelassen, wenn man Leistungsempfänger sich selbst überlässt.

Letztlich ist der Vorschlag, Gegenleistungen zu verlangen, auch ein Beitrag zur Befriedung der Gesellschaft. Es kann nicht sein, dass die Werte der Mehrheitsgesellschaft nicht mehr für alle gelten. Die meisten Menschen arbeiten für ihr eigenes Einkommen und sorgen unter anderem dafür, dass jene, die nicht arbeiten, finanziert werden. So ist es schon eine Frage der sozialen Gerechtigkeit im eigentlichen Sinne, dass die Interessen und die berechtigten Anliegen der Mehrheit entsprechend gewürdigt werden.

Ich finde es völlig unverständlich, dass unsere Regierung sich vor allem um Minderheiten kümmert und jene allein lässt, die die Mitte der Gesellschaft repräsentieren, ihr Rückgrat und ihre Leistungsträger sind. Die Minderheiten haben ihre Rechte, aber sie können nicht auftreten und wahrgenommen werden, als hätten sie das Recht, bevorzugt zu werden. Ihr Gestaltungsanspruch muss sich nach ihrer Zahl und ihrer Bereitschaft richten, sich für das Allgemeinwohl zu engagieren.

Das bedingungslose Grundeinkommen, das neuerdings gefordert wird, halte ich für eine Perversion des sozialstaatlichen Gedankens. Es würde den ohnehin schon gewachsenen Begehrlichkeiten noch stärker Tür und Tor öffnen. Wir geraten an dieser Stelle an die idealistische Überforderung des Staates, der seinen Bürgern fälschlicherweise einen anstrengungslosen Wohlstand suggeriert. Dies widerspricht im Kern der Idee der Partizipation, die neben der politischen Willensbildung auch die Arbeit als Beitrag zum Gemeinwohl umfasst. Des Öfteren habe ich darüber mit Dieter Althaus gestritten, der ein vehementer Verfechter des Grundeinkommens ist in der Hoffnung, man werde auf diese Weise die Sozialbürokratie verschlanken. Das halte ich für einen frommen Wunsch. Ganz gleich, welche Regelung man für den Normalfall des Grundeinkommens beschließt, es gibt doch immer Ausnahmen und Sonderregelungen, die berücksichtigt und bearbeitet werden müssen. Bezahlbar wäre das Ganze ohnehin nicht.

Wir können es uns weder ökonomisch noch mental leisten, Arbeit zur bloßen Option zu machen. Unser Land würde in eine lähmende Lethargie verfallen ohne Innovationen, ohne Impulse, ohne Gestaltungsspielräume der Bürger. Wer das als Sozialutopie propagiert, gefährdet unsere Demokratie.

Die Misere des Euro

Im Jahr 1992 lernte ich einen führenden Düsseldorfer Bankier kennen, der inzwischen ein enger Freund geworden ist. Sieghardt Rometsch hatte in den späten sechziger Jahren über Währungsunionen von Ländern promoviert, die keinen gemeinsamen Staat bilden. Kurz und knapp erklärte er mir: »Es geht immer schief.« Warum?

Weil sich die beteiligten Länder, die ja keinen gemeinsamen Staat bilden, unterschiedlich entwickeln. Ein Staat, leistungsfähiger als die anderen, vielleicht auch motivierter, eilt voraus. Ein anderer, weniger tüchtig, vielleicht auch weniger zu Anstrengungen aufgelegt, hinkt hinterher. Diese Auseinanderentwicklung kann nur verhindert werden – ich vereinfache jetzt, lege die europäischen Verhältnisse zugrunde –, wenn die Stärkeren den Schwächeren durch Transferzahlungen unter die Arme greifen. Über kurz oder lang werden die Stärkeren dessen überdrüssig, die Schwächeren schlecht gelaunt – und dann fällt alles auseinander.

Mir leuchtete dieser Gedankengang ein, und einige Zeit später schrieb ich ein Buch mit dem Titel *Scheitert Deutschland?*, dessen drittes Kapitel sich auf siebzig, achtzig Seiten mit dem Euro beschäftigte. Das Buch erschien 1997, also zu einer Zeit, in der der Euro schon geplant und beschlossen, aber noch nicht eingeführt worden war. Seither lese ich meinen Text immer wieder mit großer Trauer, inzwischen mit wachsender Empörung. Es kann doch nicht wahr sein, dass nirgendwo in Europa diese simplen Zusammenhänge erkannt werden, obwohl inzwischen zahllose Bücher vor allem von finanz- und wirtschaftswissenschaftlicher Seite erschienen sind, die den Euro für fatal halten.

Seit dem Mittelalter ist die Mitwirkung der Stände, später der Parteien, bei öffentlichen Abgaben selbstverständlich gewesen. Die Französische Revolution wäre nicht ausgebrochen, wenn der König nicht die Zustimmung der Stände für Steuereinnahmen gebraucht hätte. Das Budgetrecht ist jedoch das Zentralstück demokratischer Mitbestimmung. »No taxation without representation!« war die zündende Parole der amerikanischen Revolution gegen Großbritannien, die zum Bürgerkrieg und dann zur Unabhängigkeit der USA führte. Heute werden Billionenbeträge bereitgestellt, ohne dass die Parlamente darüber umfassend informiert werden, ohne die Chance, über diese enormen Summen detailliert zu beraten. Immer wieder haben Dolmetscher über Nacht eine deutsche Fassung erstellen müssen, weil die Vorlage erst am Abend in einer fremden Sprache in Berlin ankam und bereits am nächsten Morgen entschieden werden musste.

Aber bisher, sagt man, ist doch alles gut gegangen! Man braucht jedoch nur ein wenig gesunden Menschenverstand, um das unvermeidliche Scheitern des Euro vorauszusagen. Und zwar deshalb, weil einige Länder der Währungsunion immer wieder zurückbleiben, die Transferleistungen also nie aufhören werden.

In meinem Buch von 1997, also inzwischen 16 Jahre her, steht lapidar, am Ende werde das Ganze auf eine »gigantische Erpressung« hinauslaufen. Wer wird erpresst werden? Natürlich in erster Linie Deutschland, weil wir die größten Zahlungsverpflichtungen übernommen haben. Falls schwächere Euro-Partner nicht zahlen können, werden wir sogar deren Anteile übernehmen müssen. Selbst wenn wir den Euro verlassen, wird das an den bisher eingegangenen Verpflichtungen nichts ändern. Allerdings würden uns dann künftige Verpflichtungen nicht mehr treffen.

Der politische Schaden wäre natürlich unabsehbar. Unsere gesamte Anstrengung seit 1945, bescheiden und kooperativ im Kreis der anderen Europäer eine rundum akzeptable Rolle als friedlicher, freundlicher, harmloser Nachbar zu übernehmen, ginge krachend zu Bruch.

Wenn Angela Merkel hofft, mit einem Fiskalpakt ließen sich die Schwächeren zum Mentalitätswandel bewegen, diszipliniert zu wirtschaften, also unserem Modell zu folgen, so ist das reines Wunschdenken, ohne Basis in der Realität. Unser Fehler in der Europapolitik war von Anfang an unsere Annahme, die anderen Partner tickten wie wir. Das war natürlich ebenso falsch wie die andere Annahme, alle Europäer hätten genauso wie wir verinnerlicht, dass die Zeit der Nationalstaaten vorüber sei und wir fortan in übernationalen Gebilden leben würden, im »Vereinten Europa«. Zu diesem Irrtum trug einerseits unsere Beschämung über die Verbrechen des Nationalsozialismus bei, die uns künftig einen Nationalstaat verbiete, andererseits der Zwang zur engen Kooperation der westlichen Länder, um dem sowjetischen Druck standzuhalten.

Außerhalb Deutschlands hat keine europäische Nation je die Annahme geteilt, die EU werde an die Stelle der Nationalstaaten treten. Überall in Europa war man sich immer der Tatsache bewusst, in zwei einander ergänzenden Wirklichkeiten zu leben: einmal im eigenen Staat, an dem man auf jeden Fall festhalten wollte, weil man ihn als selbstverständlichen Lebensraum der eigenen Identität betrachtete, und andererseits in der größeren Wirklichkeit der europäischen Völkerfamilie, also neben Verwandten und Bekannten.

Seitdem die Blockkonfrontation der Vergangenheit angehört, leben wir wieder in dem, was Jürgen von Alten schon Anfang der neunziger Jahre »die ganz normale Anarchie« genannt hat – in jenem konkurrierenden Dauergewoge der Nationalstaaten, wie es vor dem Ersten Weltkrieg herrschte. Alle internationalen Zusammenschlüsse schwächeln. Das gilt für die UNO ebenso wie für die NATO und die EU. Die krisenhafte Entwicklung des Euro ist nicht von Brüssel, sondern von den Regierungen der beteiligten Nationalstaaten, zumal den größeren, vorangetrieben worden.

Alle Sicherungen, die klugerweise in den Maastricht-Verträgen festgeschrieben wurden, haben in der Praxis versagt, ja sind achtlos beiseitegeschoben worden. Die Beachtung der No-Bailout-Klausel im Artikel 125, die besagt, kein Euro-Mitglied dürfe für Verbindlichkeiten eines anderen haften, hätte uns all die Schwierigkeiten vom Leibe gehalten, die uns heute zu schaffen machen. Wenn man seinerzeit gemeinsam den Mut gehabt hätte, den Griechen zu sagen, man wünsche ihnen alles denkbar Gute, könne ihnen aber wegen dieses Artikels nicht helfen, wären wir nie in die Klemme geraten, in der wir jetzt stecken. Eine europäische Gesamthaftung ins Auge zu fassen, war ein schwerer Fehler und wird sich bitter rächen, dass war von Anfang an klar, als wir die Maastrichter Regeln ignorierten.

Schon bei der Einführung des Euro ging es wenig demokratisch zu. Helmut Kohl unterließ es bewusst, die Bevölkerung offen über die Risiken bei einem Experiment dieser Art aufzuklären. Damals gab es in allen drei Parteien Politiker, die hinter vorgehaltener Hand sagten, bei einer Volksabstimmung hätten sie den Euro niemals durchsetzen können. Es fragt sich, was diese Leute für ein Demokratieverständnis hatten. Niemand klärte die Bevölkerung auf, dass sie beim Scheitern des Experiments in die Haftung einbezogen werden würden. Auch jetzt weiß niemand, welchen Schachzug die Regierung als Nächstes plant. Zug um Zug geben wir die Finanzverantwortung der Volksvertreter preis. Immer häufiger werden zentrale Entscheidungen der Euro-Politik, vor allem über die Bewilligung der Rettungsschirme, in engen Zirkeln, hinter verschlossenen Türen getroffen. Im Bundestag wird darüber nicht mehr debattiert, nur abgestimmt. Dadurch wird das Parlament fortschreitend marginalisiert. Was nachts in kleinen Teams beschlossen wird, ist nicht gleichzusetzen mit einer aus abwägenden Diskussionen hervorgegangenen Entscheidung. Wir sind auf dem Wege in eine quasi monarchistische, absolutistische Demokratur. Diese innenpolitische Machtkonzentration in den Händen weniger nehmen die Deutschen bisher widerspruchslos hin, übrigens auch die Abgeordneten.

Die zeitweilig diskutierte Hoffnung, man könne notleidenden Ländern dadurch beikommen, dass man ihre Finanzen von außen kontrolliere, verkannte völlig die Realitäten der europäischen Nationalstaaten. Ob man nun die Griechen mag oder nicht: Kein Land, das sich selbst achtet, wird das Budgetrecht ausländischer Kontrolle unterwerfen, da die Haushaltshoheit seit jeher zum Kern nationaler Selbstbestimmung gehört.

Wir Deutschen sind Opfer unserer Weltfremdheit geworden. Wenn bei uns von Europa die Rede ist, geht man von einem Gebilde aus, das gar nicht existiert. Wir tun so, als ob alle EU-

Länder in der gleichen Richtung unterwegs seien. Doch die Mentalitäten auf unserem Kontinent sind extrem verschieden, von einem gemeinsamen Denken und Handeln kann man überhaupt nicht reden. Auf Dauer wird der Euro in seiner heutigen Form scheitern, denn die Leistungsunterschiede werden sich nicht verringern. Das war vorhersehbar, doch alle Warnungen sind in den Wind geschlagen worden. Nun werden wir täglich Zeuge einer Misere, die wir selbst herbeigeführt haben.

Vor Kurzem sagte ein italienischer Politiker, die Deutschen machten ihnen Vorhaltungen, die berechtigt seien, daher senkten seine Landsleute schuldbewusst die Köpfe. Aber das sei nur vermeintliche Demut. Denn man denke sich dabei, wenn es hart auf hart komme, würden die Deutschen ja doch zahlen. Leider stimmt seine Einschätzung. Wir zahlen – und ziehen damit paradoxerweise den Hass derer auf uns, die wir mit unserem Geld zu stützen versuchen.

Fast siebzig Jahre nach Kriegsende regen sich massive Proteste gegen Deutschland in Südeuropa. Von Anfang an war unübersehbar, dass der Euro, der allseits als Friedensbotschaft aufgenommen werden sollte, erhebliche Risiken barg, sogar zur Zerstörung der Europäischen Union führen könnte. Der Euro hat uns Deutsche zunehmend isoliert. Das ist, wenn man so will, die wirkliche Tragödie dieser gemeinsamen Währung, die sich Kohl als Krönung und Brücke in ein vereintes Europa vorgestellt hatte: Sie führt zur Spaltung des Kontinents und macht Deutschland zur Zielscheibe verbreiteter Kritik.

Den Mechanismus, der hier wirkt, kann man in jeder Familie beobachten. Wenn der reiche Bruder den armen oder weniger leistungsfähigen Bruder unterstützt, ist oft nicht Dankbarkeit, sondern Abneigung, ja sogar Hass die Folge. Der Schwächere wird gezwungen, sich vor sich selbst zu rechtfertigen. Eigentlich müsste er sich eingestehen, versagt zu haben. Das ist keine angenehme Einsicht. Lieber wird man versuchen, dem Helfer Vorwürfe zu machen. In Südeuropa, vor allem in Griechenland, kompensiert man die Demütigung, das eigene Versagen durch die Annahme von Transferzahlungen öffentlich eingestehen zu müssen, mit antideutschen Gefühlen. Und schon werden alte Ressentiments bemüht, alte Rechnungen aufgemacht, wofür sich die Symbole der Nazizeit bestens eignen.

Es war allerdings empörend, als Helmut Schmidt öffentlich sagte, wir sollten uns beim innereuropäischen Finanzausgleich immer daran erinnern, sechs Millionen Juden auf dem Gewissen zu haben. Wie kann ein ehemaliger deutscher Kanzler wagen, unseren Partnern verantwortungslos eine solche Vorlage zu liefern? Mit solchen Äußerungen laden wir zur moralischen Erpressung geradezu ein.

Es wäre falsch zu sagen, das gesamte europäische Projekt sei ein Fehlschlag. Natürlich ist die Wirtschaftskooperation wichtig, der gemeinsame Markt unerlässlich. Doch wenn manche Leute glauben, gerade in der Krise müsse man ein vereintes Europa schaffen, ist das angesichts der gewaltigen Leistungsunterschiede und Mentalitätsdifferenzen weltfremd, ja gefährlich – und widerspricht massiv unseren Interessen. Schon jetzt sind wir mit der Rolle als Euro-Retter ohnehin völlig überfordert. Lange haben wir unsere Einbettung in Europa für einen gewaltigen Sicherheitszuwachs gehalten. Jetzt erweist sich die Europäische Union als eine zentrale Bedrohung Deutschlands. Wir müssen achtgeben, dass durch die zunehmende Krisenanfälligkeit des Euro nicht unser gesamtes demokratisches System ins Wanken kommt.

Natürlich wird die Europäische Union, in der alle Mitglieder vor dem verfrühten politischen, nicht ökonomischen Projekt des Euro harmonisch zusammenarbeiteten, auch nach seinem unvermeidlichen Scheitern einvernehmlich weiterleben, wenn auch in veränderter Gestalt. Deshalb halte ich die Aussage Angela Merkels für töricht, ja verantwortungslos, das Scheitern des Euro bedeute das Scheitern Europas.

Was uns Helmut Kohl mit seiner optimistischen Leichtfertigkeit, seinem mangelnden Realitätssinn und seinem fehlenden Standvermögen Frankreich gegenüber eingebrockt hat, wird ihn als Totengräber der D-Mark in die Geschichtsbücher eingehen lassen. Das wird uns freilich nicht trösten können. Ebenso wenig wird uns freuen, dass seine Nachfolgerin ihrerseits späteren Generationen als Totengräberin des Euro in Erinnerung bleiben wird. Wir müssen damit leben, dass wir – über normale wirtschaftliche Beziehungen hinaus – andere Länder nicht vor dem Ruin bewahren können. Das gilt innerhalb wie außerhalb der EU. Unsere gut gemeinte, aber sachlich verfehlte Rettungsattitüde ist letztlich anmaßend.

Peter Sloterdijk sprach einmal im Hinblick auf Deutschland vom »Zwang zur Größe«. Das sind hochtrabende Vokabeln. Er weiß nicht, wovon er spricht. Wir haben mit Führung keine guten Erfahrungen gemacht und schrecken mit Recht vor dieser Rolle zurück. Das doppelte Scheitern des letzten Jahrhunderts steckt uns noch in den Knochen. Jetzt sollten wir uns darauf besinnen, was wirklich unsere Stärken sind: Fleiß, Ordnung, Erfindungsgeist, Innovationskraft. Dafür schätzt man uns, nicht für die missliche Rolle als Geldgeber, der den betreffenden Ländern im Gegenzug vorschreiben will, wie sie ihre Staatsfinanzen konsolidieren sollen.

Natürlich haben viele gehofft, dass uns Europa Schwierigkeiten ersparen würde. Mittlerweile dürfte niemandem entgangen sein, dass es sich umgekehrt verhält. Deutschland erfreut sich eines wenn auch geringen Wirtschaftswachstums, die Arbeitslosenzahlen sinken, die Auftragsbücher der großen Unternehmen sind gut gefüllt. Es wird sogar der Versuch unternommen, die Neuverschuldung einzudämmen. Doch all diese erfreulichen Entwicklungen werden konterkariert von den immensen Verpflichtungen, die wir mit den Rettungsschirmen eingegangen sind.

Als 2012 Winfried Scharnagls Buch *Bayern kann es auch allein. Ein Plädoyer für den eigenen Staat* erschien, sagte ich ihm, seine Anregung, Bayern solle sich von Deutschland unabhängig machen, was seine Bedeutung beispielsweise in Brüssel sehr steigern würde, sei für mich der beste Beitrag zur Euro-Krise. Wenn man sehe, wie Bayern und Hessen vor dem Bundesverfassungsgericht gegen den Länderfinanzausgleich kämpften, weil es ja wirklich absurd sei, dass drei Länder die 13 anderen finanziell stützten, zeige das doch, wie aussichtslos der Gedanke sei, alle Staaten der Euro-Zone gleich behandeln zu wollen, also Transferzahlungen Deutschlands zur Dauerregelung zu machen. Bayern sei seit dem deutsch-französischen Krieg 1871 ein verlässlicher Teil Deutschlands, rebelliere aber heute gegen die finanziellen Belastungen, die daraus erwüchsen. Es liege auf der Hand, wie fatal ein geeintes Europa sei, das auf Dauer unerträgliche finanzielle Lasten für uns bedeuten würde.

Vor einigen Jahren stellte mir ein Journalist die Frage, ob der nationalstaatliche Rahmen im Zeitalter der Globalisierung nicht zu klein geworden sei. Natürlich können wir weniger denn je Abschottungspolitik betreiben. Aber man darf nicht vergessen, dass wir nur eine Regionalmacht sind, keine Weltmacht. In erster Linie sind unsere Politiker für die eigene Bevölkerung verantwortlich. Ein Achtzig-Millionen-Volk mit einer leistungsfähigen Industrie, aber einem überdehnten Sozialsystem kann sich nur begrenzt zusätzliche Lasten aufladen. Insofern sticht das Argument nicht, uns sei schließlich auch die kostspielige Sanierung der ehemaligen DDR gelungen, jetzt müssten wir das Gleiche für Europa tun. Da kann ich nur sagen, Kinder, guckt mal in den Atlas. Die Dimensionen unterscheiden sich dramatisch. Es ist unmöglich, dass achtzig Millionen Menschen die Probleme von über 500 Millionen EU-Bewohnern lösen, auch wenn unsere Politiker immer noch altruistischen Edelmut an den Tag legen.

Die Sentimentalisierung des Euro-Problems ist unerträglich. Das in meinen Augen geradezu hirnlose Wohlwollen, das die Griechen bei uns genießen, hängt sicherlich mit unserer humanistischen Tradition zusammen als Nachklang von Goethes Appell: »Jeder sei ein Grieche auf seine Weise, aber er sei's!« Insofern ist unsere heutige Neigung, die Griechen milde zu betrachten, im Grunde eine Spätfolge unserer humanistischen Bildung im 19. Jahrhundert. Es war eine hübsche, aber auch ausgesprochen sentimentale Idee, wir müssten das Land der Griechen mit der Seele suchen. Die Hellenen, zu denen Sokrates und Homer gehören, waren schon damals längst ausgestorben. Außerdem geht es heute nicht mehr um kulturelle Bereicherungen, sondern um Finanztransfers.

Joachim Fest hat in seiner Hitler-Biografie behauptet, der Nationalsozialismus sei im tiefsten Grunde Wirklichkeitsverweigerung gewesen. Es fragt sich, ob das nur für den Nationalsozialismus galt oder ob wir nicht in einer viel längeren Tradition deutscher Wirklichkeitsverweigerung stehen. Wir waren immer – und sind es heute erst recht – viel zu schwach, um eine halbwegs plausible Führungsmacht zu sein. Im vergangenen Jahrhundert haben wir zwei Mal mit militärischen Mitteln versucht, uns dem Kontinent aufzuprägen, und sind damit gescheitert. Es ist unser Unglück, dass wir unterschätzt werden, wenn wir auf dem Boden liegen, und überschätzt, wenn es uns gut oder wenigstens passabel geht.

Um immer weitergehende Forderungen abzuwehren, muss Deutschland daher so bald wie möglich mit dem Austritt aus der Währungsunion zumindest drohen. Schon das würde die Debatte sofort verändern. Die deutsche Politik ist allerdings für einen solchen Schritt viel zu ängstlich. Wir denken ja nicht nur politisch, sondern auch publizistisch und wissenschaftlich nie öffentlich über unsere gegenwärtige Lage und künftige Rolle nach. Bald werden wir allerdings nicht mehr umhinkommen, dies zu tun.

Unser Europakonzept der Zukunft wird bescheidener ausfallen müssen als das Brüsseler. Vermutlich hatte Charles de Gaulle recht, als er vor Jahrzehnten vorausschauend behauptete, die gemeinsamen Institutionen in der belgischen Hauptstadt seien zwar nützliche Agenturen für normale Zeiten, würden aber großen innen- und außenpolitischen Konflikten nicht standhalten. Er sprach stattdessen gern von einem Europa der Vaterländer.

Die Einbeziehung der südeuropäischen Länder, deren Wirtschaftskraft äußerst gering ist, war ein verhängnisvoller Fehler. Zurzeit verhebt sich Europa an der Öffnung für die südosteuropäischen Staaten. Länder wie Bulgarien und Rumänien sind viel zu früh aufgenommen worden. Im letzten Moment konnte Innenminister Friedrich verhindern, dass diese beiden Länder noch dazu den Schengen-Status erhalten, der den Bewohnern Freizügigkeit innerhalb Europas garantiert. Die Folge wäre eine massenhafte Armutseinwanderung, die unsere ohnehin überforderten Sozialsysteme nicht verkraften würden.

Norbert Lammert ist hierzulande fast der einzige Politiker, der für einen Beitrittsstopp plädiert. Alle anderen befinden sich in der irrigen Annahme, die Europäische Union wäre umso stärker, je schneller sie wachse. Der Zeitpunkt, als man einen kleinen, homogenen Block bildete, das Europa der sechs, ist längst verstrichen. Auf Dauer wird man sich möglicherweise damit behelfen müssen, die EU in eine nördliche und eine südliche Zone einzuteilen. Der Süden würde sich dann eine eigene Währung geben, den »Seuro«, während die wirtschaftlich stärkeren Nordländer den »Neuro« einführen. Das würde den Unterschieden von Mentalität und Leistungsfähigkeit Rechnung tragen. Wir wären gut beraten, uns die Engländer zum Vorbild zu nehmen, die als alte, erfahrene und realistische Demokratie ihr Europaengagement von vornherein eingeschränkt haben. In England spricht man von »open europe«. Damit meinen die Briten einen lockeren Staatenbund, der eher einer Freihandelszone gleicht. Klugerweise haben sie ihre nationale Währung behalten und sich geweigert, auf das Transferkarussell aufzuspringen, das uns Deutsche wirtschaftlich immer stärker ins Trudeln geraten lässt.

Es geht nach meiner Meinung um eine sehr viel bescheidenere Vorstellung von dem, was ein vereintes Europa sein kann. Ein Kontinent, der schon heute nur noch sieben Prozent der Erdbevölkerung stellt, muss kleinere Brötchen backen. Damit können wir gut leben, uns mehr vorzunehmen, wäre vermessen. George F. Kennan schrieb über seine Zeit als amerikanischer Botschafter in Moskau, damals habe es für ihn zwei Aufgaben gegeben, wenn Besucher zu ihm kamen. Die erste sei gewesen, dem Gast die Realitäten klarzumachen, und die zweite, ihm über den Schock hinwegzuhelfen. Vor diesen Aufgaben stehen wir heute im Hinblick auf den Euro.

Der Euro wird uns nicht nur sehr teuer zu stehen kommen, er wird zugleich alles ruinieren, was wir in den letzten Jahrzehnten aufgebaut haben. Europa war lange unser Schutzschild, unsere Wagenburg. Jetzt müssen wir damit rechnen, in eine ähnlich isolierte Situation zu geraten wie das Deutsche Reich 1914 – umgeben von lauter wenig wohlwollenden Ländern, die es diesmal auf unser Geld abgesehen haben. Im französischen *Figaro* war vor zwanzig Jahren zu lesen, der Maastricht-Vertrag sei wie »Versailles ohne Krieg«. Wenn wir uns nicht wehren, werden wir wahrscheinlich so hemmungslos ausgebeutet, bis wir auf das wirtschaftliche Niveau der anderen herabsinken. Dann hätten wir Europa erst recht gemeinsam ruiniert.

Das Scheitern des Euro wird die wenigsten überraschen, denn die Mehrzahl unserer Landsleute ahnt längst, dass die neue Gemeinschaftswährung keine Zukunft hat.

Wie Umfragen zeigen, ist mehr als die Hälfte der Deutschen davon überzeugt. Dabei verkörpert Angela Merkel das kleinere Übel. SPD und Grüne wollen noch viel mehr Geld ausgeben und sogar marschallplanähnliche Entwicklungshilfen für Südeuropa entwickeln, völlig an der Realität vorbei, völlig an der Mentalität dieser Länder vorbei. Aufs Ganze gesehen sind unsere Politiker ängstlich zusammengerückt in der kollektiven Überzeugung, es existiere keine Alternative zum gegenwärtigen Kurs. In Politik und Medien gibt es so gut wie keinen Widerspruch. Wir sind auf dem Weg, ein autoritäres System zu werden – ohne Autoritäten.

Wir brauchen eine gewisse Unerschrockenheit, um der Realität ins Auge zu sehen. Vielleicht geht die Krise aber auch viel besser aus, als man heute denkt. Wenn der Euro scheitert, wird dies in allen Mitgliedstaaten, auch bei uns, dramatische Erschütterungen auslösen, weit mehr, als ein Regierungswechsel oder eine Wirtschaftskrise es vermag. Wir haben allerdings Anhaltspunkte aus unserer Geschichte, dass wir uns aus solch einer Situation wie Phönix aus der Asche erheben können. Möglicherweise erleben wir dann eine Wiedergeburt unseres Landes. Die erlahmte und versteinerte Republik würde in Bewegung geraten, mental, gesellschaftlich, politisch. Meines Erachtens werden die jetzigen Parteien die fundamentale Widerlegung ihres Glaubens an die

Zukunftsfähigkeit des Euros nicht ohne schwere Blessuren überstehen. Wir werden ein völlig anderes Deutschland erleben, mit
gänzlich erneuerten Parteien, neuen Institutionen, auch mit einer
neuen Debattenkultur. Kommende Generationen werden sich
hoffentlich die verfehlte Euro-Politik in Erinnerung rufen, ehe sie
sich zu vergleichbaren Experimenten hinreißen lassen.

Deutschland und die Deutschen werden nicht so bleiben, wie
sie sind. Das ist eine Überzeugung, die aus meiner Kindheit her-
rührt. In den frühen dreißiger wie den frühen fünfziger Jahren
waren die Deutschen, anders als heute, optimistisch, zuversicht-
lich, leistungsstark, solidarisch. Heute sind diese Eigenschaften
Kleinmut und Ängsten gewichen. Unsere Landsleute werden
sich wiederum ändern müssen, wenn die Verhältnisse sie dazu
zwingen. Vielleicht wird sich das Scheitern des Euro in diesem
Sinne als ein unerwarteter Segen für unser Land erweisen.

Kapitel 6

GLAUBE, LIEBE, HOFFNUNG

Protestant im Zweifel

Wir leben in säkularen Zeiten, die Entkirchlichung unserer Gesellschaft ist offenkundig. Demgegenüber hat es für mein Selbstverständnis immer eine große Rolle gespielt, dass meine Familie von der Reformation an protestantisch gewesen ist. Der erste mir bekannte Vorfahr hat sich zwar noch im Kölner Dom zum Priester weihen lassen, ist dann aber nach Wittenberg geeilt und tief von der Lehre Luthers beeindruckt worden. Sein Sohn hat das Herzogtum Lauenburg gegen viele Anfeindungen für die neue Überzeugung gewonnen, und seither sind aus meiner Familie Jahrhunderte lang Pastoren und Juristen hervorgegangen bis hin zu meinem Vater, der wie sein Vater Jurist war, während sein Bruder Pfarrer wurde.

Lebenslang habe ich die Gewissheit gehabt, Gott, wer immer das ist, also eine höhere Macht, halte ihre Hand über mich bei allen Wirren und Verirrungen im eigenen Leben. Die Sehnsucht, das Ich zu überwinden, steckt wohl tief in vielen Menschen. Für sie und auch für mich ist es mit der diesseitigen Welt nicht getan. Ich fühle, dass es hinter oder über der irdischen Sphäre eine hö-

345

here Wirklichkeit, auch eine Gerechtigkeit gibt, die oft schon im Diesseits, nicht erst im Jenseits wirkt.

Als Kind wuchs ich ganz selbstverständlich in den christlichen Glauben hinein. Sonntags ging ich zum Kindergottesdienst, in der Schule wurden, wie erwähnt, selbst während des Dritten Reichs allmorgendlich Gebete gesprochen. In meinen Wachträumen abends im Bett vor dem Einschlafen sah ich mich als Anführer, der andere durch unwegsames Gelände leitete, Richtungen vorgab, Schutz versprach. Die Bilder in meinem Kopf versetzten mich immer wieder an die Spitze einer Planwagenkolonne, die durch unwegsame Weiten zog, wüstenhafte Landschaften durchquerte. Ich fühlte mich verantwortlich für die mir anvertrauten Menschen, die ich, von ihrem Vertrauen getragen, abends eine Wagenburg formen ließ, um vor den Bedrohungen der Nacht sicher zu sein.

Solche kindlichen Phantasien belächele ich heute, deute sie aber als frühes Bedürfnis, Verantwortung für andere zu übernehmen. Gleichzeitig habe ich damals immer wieder mit der Vorstellung gespielt, als Mönch einsam im Kloster zu leben, nur im Gespräch mit Gott.

Vor vielen Jahren wurde mir der berühmte Fragebogen der *FAZ* vorgelegt. Eine der Fragen bezog sich auf meine religiösen Überzeugungen, und ich beantwortete sie in aller Aufrichtigkeit mit dem Satz, man müsse Gott mehr gehorchen als den Menschen. Ohne Zweifel schimmerte in dieser Antwort mein protestantischer Hintergrund durch. Auf den ersten Blick erscheint es paradox, wenn Luther einerseits sagte, ein Christenmensch sei ein freier Herr über alle Dinge und niemandem untertan, und andererseits, ein Christ sei ein dienstbarer Knecht aller Dinge und jedermann untertan. Oft hat man das als Aufforderung zum Obrigkeitsgehorsam missverstanden. Doch Luthers Nach-

VON DER CHRISTL. FREIHEIT UND
VERANTWORTUNG

satz von der Knechtschaft widerspricht keineswegs seiner *Freiheit des Christenmenschen*. Vielmehr beziehen sich die Knechtschaft allen Dingen gegenüber und auch die Forderung, jedermann untertan zu sein, auf die Schöpfung und damit auf Gott. So erhält Luthers Definition christlicher Freiheit für mich ihren eigentlichen Sinn, eine aus der Freiheit und dem Gehorsam Gott gegenüber entspringende Verantwortung in der Welt. Dem entspricht es, wenn ich meine, es dem Leben schuldig zu sein, das auszusprechen, was ich für wahr und richtig halte – eben nicht befangen in untertänigem Gehorsam den Menschen gegenüber.

Durch meine Familiengeschichte fühle ich mich nach wie vor dem Protestantismus verbunden. Obwohl ich in manchen Lebensphasen damit liebäugelte, zum Katholizismus überzutreten, hatte ich doch immer Hemmungen, diesen Schritt wirklich zu vollziehen. Was mich daran hinderte, war ein Loyalitätskonflikt – ich hätte mich wie ein Überläufer gefühlt. Nach meiner Überzeugung kann man die Konfession so wenig wechseln wie eine Partei. Man kann die eine wie die andere verlassen, sich neue Überzeugungen zu eigen machen, aber man sollte nicht glauben, man werde in einer neuen Bindung wirklich akzeptiert.

Wahrscheinlich befinde ich mich auf der Mitte zwischen Protestantismus und Katholizismus – dem einen entwachsen, im anderen aber nicht wirklich angekommen. Der Protestantismus scheint mir ausgelaugt, lau. Das liegt auch daran, dass die Rituale eine viel zu geringe Rolle spielen, die durch die Wiederholung einprägsamer, ergreifender Formulierungen einen Halt geben könnten. Bei den Katholiken nimmt das Ritual, die Wiederholung vertrauter Texte, weitgehend die Stelle ein, die bei den Protestanten durch die individuelle, oft banale Predigt ersetzt wird. Im Katholizismus wird also die Rolle des Individuellen reduziert – das entlastet. Die Geborgenheit im Ritual hat eine gleichermaßen heilende wie sinnstiftende Kraft.

Aber selbst die katholische Messe in ihrer heutigen Gestalt wird zuweilen als Verfallserscheinung gesehen, die den Gottesdienst trivialisiert. Zu den wichtigsten Kritikern aus den eigenen Reihen gehört Martin Mosebach. Sein Buch über die *Häresie der Formlosigkeit* hat mich sehr nachdenklich gemacht. In ihm greift er die heutige liturgische Praxis der katholischen Kirche an und fordert eine Rückkehr zur vorkonziliaren Messe. Mosebach mahnt die Einheit von Sinn und Form an, wendet sich gegen die Verflachung des Ritus, erinnert an den heiligen Ernst frühmittelalterlicher Messbücher, die uns Zeugnis gäben von einer Blütezeit christlicher Kultur. Heute sei in Vergessenheit geraten, dass Liturgie zu feiern heiße, den Alltag hinter sich zu lassen und in die »Helle des ganz Anderen« einzutreten.

Das »ganz Andere« sucht man zumindest in evangelischen Kirchen meist vergebens. Dort hat man sich auf einen Irrweg begeben, indem man annimmt, ein zeitgemäßer Protestantismus müsse auch politisch Stellung beziehen. Enttäuschend fand ich vor allem, wie viele kirchliche Repräsentanten von der 68er-Bewegung angetan waren und sich in ihre rhetorischen Nebelschwaden einhüllen ließen. Seither versteht es sich für die meisten evangelischen Pfarrer von selbst, ihre politischen Ansichten von der Kanzel zu verkünden. Mit meditativen Praktiken hingegen tut man sich schwer. Für stille Kontemplation und für die Suche nach Transzendenz bleibt kein Raum, weil die Rituale nur noch rudimentär und halbherzig vollzogen werden.

Je brüchiger aber die einst stabilisierenden Formen werden, desto fragiler wird der Mensch. Die meisten ahnen nicht, dass Freiheit im Grunde etwas Furchtbares ist. Sie gibt keinen Halt, sondern suggeriert nur Möglichkeiten und macht jedermann dadurch die eigene Verlorenheit bewusst. Seit Jahrzehnten begleitet mich ein Satz Goethes, den ich schon als junger Mann richtig fand und immer noch für gut halte. Er meinte, Freiheit sei nur möglich innerhalb klarer Grenzen: »Vergebens werden ungebundene Geister nach der Vollendung reiner Höhe streben. Wer Großes will, muss sich zusammenraffen. In der Beschränkung zeigt sich erst der Meister«, worauf der entscheidende Punkt kommt: »Und das Gesetz nur kann uns Freiheit geben.« Diese Einsicht ist in der Gegenwart verloren gegangen, falls sie denn jemals in der Vergangenheit Allgemeingut gewesen ist.

Am Katholizismus ist mir seine Lebensklugheit, auch sein Pragmatismus besonders sympathisch. Protestanten neigen in der Regel dazu, es mit ihren Prinzipien sehr genau zu nehmen, was sie nicht gerade zu lebensfrohen Menschen macht. Für viele war ein typischer Vertreter des Protestantismus auf der politischen Bühne Gustav Heinemann. Obwohl ich ihn kannte und schätzte, auch wegen seines trockenen Humors, ließ sich an ihm die asketische, auf Fleiß und Pflichterfüllung gerichtete Haltung beobachten, wie sie Max Weber in seiner Untersuchung über die protestantische Ethik und den Geist des Kapitalismus beschrieben hat. Heinemann war auf eine unmittelbare, fast naive Weise Christ, neigte aber auch zur sauertöpfischen Ernsthaftigkeit vieler Protestanten.

Luthers puristische Haltung, sein Eintreten für sichtbare Demut und Schlichtheit, gab dem Protestantismus sein optisches Erscheinungsbild. Die von dem Reformator veranlasste Kargheit der evangelischen Kirchen habe ich immer bedauert. Auch wenn Luther selbst kein Bilderstürmer war, religiöse Darstellungen im Namen der Volksbildung sogar ausdrücklich befürwortete, äußerte er doch ein tiefes Misstrauen gegenüber dem Prunk und der Pracht der römischen Kirche. Der bewusste Verzicht auf schwelgerische Gemälde, Schmuck und Zierrat widerspricht jedoch dem ästhetischen wie religiösen Bedürfnis, die Schönheit der Schöpfung im Gottesdienst vor Augen zu haben. Demgegenüber sind die Versammlungsräume der Herrnhuter von ebenso rührender wie armseliger Leere.

Das wahre Dilemma des Protestantismus gründet sich jedoch auf Luthers Hochschätzung des Wortes. Um den theologischen Paradigmenwechsel der Reformation zu verstehen, muss man nach Torgau reisen. Die dortige Schlosskirche ist nach Luthers Vorgaben und zu seinen Lebzeiten gebaut worden. Direkt dem Eingang gegenüber findet sich die Kanzel in der Mitte des Langschiffs, der Altar rückt dadurch an den Rand, scheint untergeordnet. Unübersehbar steht die Predigt im Zentrum des Gottesdienstes, die Auslegung biblischer Texte, die theologische Rhetorik. Kontemplative Elemente wie Gebet und liturgische Gesang treten demgegenüber in den Hintergrund.

Diese Bedeutungsverschiebung halte ich für einen Geburtsfehler des Protestantismus. Religion, in welcher Form auch immer, hat die Aufgabe, Transzendenz sichtbar zu machen, während das Wort, vor allem das soziale Wort, fade sein kann. Die spirituelle Entleerung des Protestantismus, die sich in unseren Tagen verstärkt hat, halte ich daher für fatal. Sie ist der Grund, warum viele ihre religiösen Bedürfnisse nicht mehr von der Kirche eingelöst finden und ihr Heil anderswo suchen, in östlicher Spiritualität, im Yoga, in Meditationssitzungen. Die hohe Wortkultur Luthers, selbst sprachmächtiger Redner und Bibelübersetzer, hat sich in der evangelischen Kirche zur unentwegten Geschwätzigkeit verselbstständigt, zum zerredeten, geheimnislosen Glauben, von dem sich immer weniger Menschen angesprochen fühlen. Sie sehnen sich nach Stille, nach Einkehr, nach Erleuchtung – nach einem Gegenpol zur hektischen Betriebsamkeit, die sie umgibt.

Luthers Befreiung des Menschen durch das Wort hat sich längst in ihr Gegenteil, in eine Überwältigung durch permanentes Geschwätz verwandelt. In unserem Zeitalter medial vermittelten Stimmengewirrs ist die Bedeutung des erlösenden Wortes längst widerlegt. Es wäre besser, die Menschen schwiegen mehr, das würde sehr zur inneren Ruhe beitragen. Im täglichen Leben sind wir dem Hang zur plappernden Schwatzhaftigkeit ohnehin pausenlos ausgesetzt – was ich auch mir selbstkritisch zu Herzen nehmen sollte. Nirgendwo ist man vor der Suada der Medien und der Mitmenschen sicher. Die permanente Beschallung macht uns zu Opfern massiver Gewalt, die ich auch sehr stark als solche empfinde. Kein Bus, keine S-Bahn, kaum ein Fahrstuhl, keine Wartezone am Flughafen und mittlerweile auch Wartezimmer von Ärzten, wo man nicht Ohrenzeuge pausenlos kommunizierter Banalitäten wird. Geradezu zwanghaft wird überall telefoniert, ein unendlicher Redefluss abgesondert. Diese Distanzlosigkeit verbunden mit einem grenzenlosen Mitteilungsbedürfnis ist eine moderne Seuche geworden, sodass man sich nach dem Schweigen sehnt.

Schweigend glauben

Immer wieder habe ich die erstaunliche Erfahrung gemacht, wie nachhaltig Schweigen einen Menschen wie mich zu sich selbst finden lässt und damit Gott nahebringt. Nach meinen Erfahrungen gilt das besonders, wenn man die Stille eines Klosters erleben darf.

Erstmals hörte ich von christlichen Schweigemeditationen in meiner Ehekrise. Der großartige Graf Dürckheim, der jahrzehntelang in Japan gelebt hatte, legte mir damals nahe, mich an den Benediktiner Pater Beda im Kloster Neresheim zu wenden, übrigens dem letzten Bau Balthasar Neumanns. Dort biete man regelmäßig christliche Meditationen an. Bis dahin war mir als norddeutschem Protestanten gar nicht klar gewesen, dass es solche Möglichkeiten überhaupt gab – und zwar bei Katholiken. Im folgenden Wintersemester klapperte ich mit einem Studenten eine Reihe süddeutscher Klöster ab – eine ganz seltsame Erfahrung, weil wir uns wie mittelalterliche Pilger fühlten, während wir durch die verschneiten Landschaften fuhren. In Neresheim blieben wir hängen, wo uns Pater Beda sehr freundlich empfing.

Seine Ideen leuchteten uns ein. In den Folgejahren nahm ich mehrfach an Meditationen im Kloster teil. Es ist seltsam, was das stille Sitzen im Kreis auslöst. Schweigend stille sitzen, das hört sich ganz einfach an, kinderleicht. Ist es aber nicht. Auf mich, dessen Beruf das Sprechen ist und der sich außerordentlich gern unterhält, wirkte es besonders seltsam, ja unnatürlich. Anfangs war ich daher irritiert und abgelenkt. Es krampft im Bein, es juckt im Rücken, man spürt die Unruhe, die den Nachbarn überkommt. Impulsiv möchte man aufspringen, weil man die halbe Stunde der ersten Sitzung, die sich unendlich dehnt, nicht länger aushalten kann. Der ganze Tag zerfällt in viele solcher Sitzungen.

Doch dann fängt man sich. Man merkt erleichtert, wie die Panik, die Angst zwischen Kopf und Herz in den Unterleib sinkt, man zur Ruhe kommt. Etre dans son assiette, also etwa: in seiner Schüssel sein, nennen es die Franzosen. Meditation bedeutet, frei zu werden von Alltagssorgen, persönlichen Problemen, allem Unerledigten. In diesem Zustand selbst erlebter Ruhe und Gelassenheit kann man dann wortlos dem unruhigen Nachbarn etwas abgeben, zu ihm hinüberströmen lassen, und bemerkt froh, dass es wirkt, ihn ruhig werden lässt.

Mehr und mehr begriff ich, warum Buddha meist sitzend dargestellt wird, oft mit einer Hand den Boden berührend: Er sucht die Verbindung mit der Erde, mit dem Leben, mit der Existenz an sich, während sein Geist die Grenzen des Bewusstseins überschreitet. Wenige wissen, dass diese Form der Meditation, im Zen-Buddhismus Zazen genannt, auch in der christlichen Mystik verwurzelt ist. »Ich will sitzen, schweigen und hören, was Gott in mir spricht«, schreibt Meister Eckhart, der spätmittelalterliche Theologe, Philosoph und Dominikanermönch. Er nennt es die Gottesgeburt im Herzen des Menschen. Für ihn bedingen und ergänzen sich Selbsterfahrung und Gotteserfahrung. Das Ziel sei es, die göttliche Wirklichkeit in sich zu fühlen – und die sei so umfassend, so elementar, dass sie keine Eigenschaften aufweise. Diese Erkenntnis offenbare sich durch meditative Übungen: »Wenn der Mensch sitzt, so sinkt das grobe Blut, und die lichten Geisteskräfte dringen hinauf zum Hirn: So wird das Bewusstsein erleuchtet.« Ob ich erleuchtet wurde, sei dahingestellt. Jedenfalls machte ich die Erfahrung, dass sich eine große Freude, Entlastung, Ruhe und Sicherheit einstellt, wenn sich das Selbstgefühl im Beckenbereich sammelt, statt in den flatternden oberen Teilen unseres Bewusstseins zu bleiben.

Als Hochschullehrer fiel mir immer wieder auf, dass sich Studenten – wie Menschen bei uns überhaupt – mit Worten zu verständigen suchen und nichts von anderen Möglichkeiten ahnen, einander wahrzunehmen. Das gilt besonders für Männer, die sehr viel weniger sinnliches Wahrnehmungsvermögen besitzen als Frauen. Daher kam mir der Gedanke, eine Lehrveranstaltung über »Die Mönchsorden des Mittelalters – eine alternative Lebensform heute?« anzukündigen. Die Teilnahme an einer gemeinsamen, einwöchigen katholischen Schweigemeditation wurde erwartet. Diese Ankündigung führte dazu, dass eine Reihe von Studenten, die mich und mein Anliegen kannten, mit anderen zusammen trafen, die aus Neugier mitfahren wollten. Die erste Gruppe wurde von den anderen höhnisch »die Frommen« genannt, weil sie wirklich weisungsgemäß beharrlich schwiegen, während die zweite Gruppe die Wirkung der Meditation so überraschend fand, dass sie sich darüber untereinander austauschen wollte.

Bei der Ankunft in Neresheim hatte der Abt eine strenge Einführungsansprache gehalten. Wenn die Studenten schon sein Kloster kennenlernen wollten, erwarte er, dass sie sich an allen liturgischen Abläufen beteiligten, sich also Tag für Tag morgens um fünf Uhr im Kapitelsaal zum Vigil, der ersten Gebetsstunde, einfänden. Erstaunlicherweise waren sie am nächsten Morgen in aller Herrgottsfrühe versammelt – weil sie gar nicht ins Bett gegangen waren.

Eine Überraschung war für mich, in welchem Maße das Schweigen die Wahrnehmung für andere schärft. Man achtete bei den Mahlzeiten mehr aufeinander, registrierte, wenn jemandem etwas fehlte und reichte es ihm unaufgefordert. Man nahm auch viel lebendiger wahr, wie es den Nachbarn ging. Allein die Beobachtung von Körpersprache und Mienenspiel legte das Wesentliche, das Charakteristische offen. Man entdeckte die Trauer in einem Gesicht, die im Gespräch hätte überspielt werden können, man spürte die Gedanken und Empfindungen des Gegenübers, sah, wer trotz des Schweigens präsent war, und wer sich völlig in sich zurückzog.

Am Ende der Woche, als alle Teilnehmer wieder miteinander sprechen durften, stellten auch die, die sich vorher nicht gekannt hatten, erstaunt fest, dass sie eigentlich schon alles Wesentliche voneinander wussten. Zugleich hatten alle entdeckt, dass es eine Verbundenheit jenseits von Sympathie und Antipathie gibt. Die Gruppe, die da schweigend gesessen hatte, empfand sich als brüderlich, als geschwisterlich. Folglich haben wir uns noch nach der Rückkehr monatelang zu Meditationssitzungen in meinem Hause getroffen.

Nachdem ich mehrmals an den Seminaren im Meditationsraum des Hospizes teilgenommen hatte, durfte ich ins eigentliche Kloster überwechseln. Das ist jetzt Jahrzehnte her. Seitdem bin ich in unregelmäßigen Abständen in den letzten Jahren dort immer wieder eingekehrt.

Wenn ich im Kloster bin, blicke ich gewissermaßen von außen auf mein Leben, fühle mich immer wieder dem Himmel nahe. Sobald man die Pforte hinter sich lässt, in die Klausur eintritt, gerät man in eine andere Welt, die der Stille, denn man ist von nun an für die Dauer seines Aufenthalts allein. An den Gottesdiensten, die mehrfach den Tageslauf unterbrechen, kann man, an den Mahlzeiten mittags und abends muss man teilnehmen. Weder mit den Mönchen noch mit anderen Gästen darf gesprochen werden. Ein Vorleser aus den Reihen der Mönche zitiert mittags aus der Bibel, abends aus der Benedikt-Regel, beide Male gefolgt von Literatur, die der Abt auswählt. Da niemand sonst spricht, sind die Mahlzeiten in einer guten Viertelstunde vorbei.

Bei den Benediktinern wird die Gastfreundschaft großgeschrieben mit der Begründung, man könne nie sicher sein, ob der Gast nicht Jesus ist. »Was ihr getan habt einem von diesen meinen geringsten Brüdern, das habt ihr mir getan«, heißt es im Matthäusevangelium. Mich berührt die Menschenfreundlichkeit, die daraus spricht, jeden denkbaren Gast als die mögliche Wiederkehr des Messias zu betrachten. Ein Ausdruck dieser Zugewandtheit ist der Usus, das Frühstück gemeinsam mit dem Abt einzunehmen. Es ist die einzige Mahlzeit, bei der gesprochen wird. Ohne Unterschiede zu machen, widmet sich der Abt jedem

Einzelnen an der Tafel. Ich bewundere ihn für sein großes Geschick, bei jedem Frühstück höchst diplomatisch darauf zu achten, jeden einzubeziehen und niemanden vor den Kopf zu stoßen. Wenn ich der einzige Gast bin, was im Winterhalbjahr häufig vorkommt, sind diese Unterhaltungen ein besonderes Geschenk.

Im Kloster kann man sich immer zu vertraulichen Gesprächen verabreden, und ich habe festgestellt, dass Mönche über menschliche Beziehungen erstaunlich gut im Bilde sind. Einmal sagte mir der Abt lachend, wer wie er im Laufe seines Lebens Tausende von Beichten abgenommen habe, die zu achtzig Prozent von Beziehungsproblemen handelten, kenne sich im Leben aus wie kaum jemand sonst.

Benedikt von Nursia war ein Mann, von dem man auch heute noch viel lernen kann. Er hatte unter dem Eindruck des spätantiken Eremiten- und Mönchstums entdeckt, dass »vita contemplativa« und »vita activa« zusammengehören. Das kontemplative Leben mit Messen, Gebeten und Bibellesungen verschränke sich mit dem tätigen Leben. Später fasste man diese beiden Säulen des Benediktinerordens in den Imperativ »ora et labora«.

Im Kloster ließ sich beobachten, wie wichtig diese Tageseinteilung ist. Bis heute ist mir völlig schleierhaft, wie es alle Mönche fertigbringen, immer exakt zur Stelle zu sein. Kommt man eine Minute zu früh in die Kapelle oder zum Refektorium, ist niemand da, eine Minute später füllt sich der Raum im Handumdrehen. So präzise bekam ich das nie hin, war entweder zu früh oder ein bisschen zu spät, während die Mönche haargenau im richtigen Augenblick erschienen. Man konnte die Uhr nach ihnen stellen, so genau waren ihnen die festgelegten Zeiten in Fleisch und Blut übergegangen. Das mag auch daran liegen, dass die unaufhörlich wiederholte Benedikt-Regel eine Prägekraft entfaltet, die dem ganzen Leben Struktur gibt.

Auch Protestanten wussten das früher. Jahrhundertelang war es üblich, täglich die sogenannten Losungen in der Familie zu lesen. Auf diese Weise konnte man sich das Entscheidende immer wieder vergegenwärtigen, bis es sicher verankert war. Die Folgen solcher Glaubensgewissheit, die starke Verinnerlichung des christlichen Ethos', das solchen Verankerungen entspringt, erlebte ich, als ich kurz nach Kriegsende auf Hamsterfahrten geschickt wurde. Oft waren es die Pfarrfrauen, die sich des bettelnden Jungen erbarmten, obwohl ich nichts zu geben, nichts zu tauschen hatte. Kurt Scharf, damals Propst und Leiter der Abteilung Brandenburg im Berliner Evangelischen Konsistorium, später Bischof der Evangelischen Kirche Berlin-Brandenburg, war mit meinem Vater befreundet, seit sie zusammen als Soldaten an der Front gewesen waren. Er empfahl mich einigen Pfarrhausfamilien in der Mark Brandenburg, wofür ich ihm ungeheuer dankbar war.

Ich erinnere mich noch an eine Pfarrfrau in Fehrbellin, die mich so liebevoll aufnahm, als sei ich ihr eigener Sohn. Vermutlich handelte sie nicht nur so, weil sie den Jungen bemitleidete, der da recht verloren durch die Gegend irrte, sondern sie praktizierte das christliche Gebot der Gastfreundschaft, auch wenn ihre Familie kaum etwas hatte. Bei Frau Harder konnte ich immer übernachten, und nie ließ sie mich gehen, ohne mir irgendetwas zuzustecken, einen Sack Kartoffeln, etwas Gemüse, eine Tasse Zucker.

Ehe ich Neresheim für mich entdeckte, glaubte ich, nur ein romanisches oder allenfalls gotisches Kloster könne meinen Erwartungen gerecht werden. Die heiter beschwingte, festliche Anmutung der barocken Klosterkirche ließ mich eher an Schlösser, Paläste, Festsäle denken. Daraufhin sprach ich Pater

Beda an und sagte, ich fände Neumanns Bau weniger zum Beten geeignet als zum Tanzen. »Tun wir doch auch«, erwiderte er. »Wir tanzen bis zu Gott!« Wenige Tage später fanden tatsächlich im weiten, leeren Zentralraum der Kirche meditative Tänze statt. Es war unglaublich. Die Ausstrahlung des Ortes war unvergleichlich. Raum, Musik und Tanz gehörten zusammen, verschmolzen miteinander. Und wieder hatte ich das deutliche Gefühl, dem Himmel vorübergehend näher zu sein.

Im Kloster lassen sich Sinn und die Wirkung von Ritualen wunderbar begreifen. Der Rhythmus der Mönche im Wechsel von Beten und Arbeiten verleiht ihnen die unerschütterliche Ruhe und Gelassenheit eines tief empfundenen, gelebten Glaubens. Auch Hirnforscher betonen heute die positive Wirkung von Ritualen, besonders in Krisensituationen. Offenbar kommt es dabei zur Synchronisierung von Nervenzellen im neuronalen Netzwerk des Gehirns. Diese Erklärung reicht jedoch nicht aus, um den Charakter des Rituals zu ergründen. Begriffe wie Ich, Bewusstsein und Transzendenz entziehen sich der naturwissenschaftlichen Analyse. Die ritualisierte Stille besitzt suggestive Kraft, ist Fülle im scheinbaren Nichts. Der Unterschied zum Müßiggang liegt in der Erfahrung des Aufgehobenseins im doppelten Sinne: zum einen als Loslassen des Gewohnten, zum anderen als sicheres Gefühl, einer höheren Macht anzugehören.

Diese Gelassenheit macht den Katholizismus lebendiger als den Protestantismus, der die vermittelnde Priesterschicht beiseitegeschoben hat und den Einzelnen direkt an Gott verweist, ihn mit seiner Gewissensprüfung letztlich allein lässt. Die protestantische Form der Beichte überfordert, anders als die katholische, den Gläubigen, weil Luther ihm eine permanente Selbstverantwortung Gott gegenüber zumutet. Zwar enthält die evangelische Abendmahlsliturgie in der Beichtpassage den Satz: »Ich spreche

358

dich frei, ledig und los«, doch den Segen der generellen Absolution – wie in der katholischen Kirche – gewährt sie nicht. Die Vergebung bleibt immer vorläufig. Dies hat bis heute Auswirkungen auf den Umgang in etlichen protestantischen Familien. Bis ans Lebensende hält man einander da Vergehen mit auftrumpfender, unversöhnlicher Pedanterie vor.

Meine Zeiten im Kloster haben mich das Religiöse neu entdecken lassen. Ohne Zweifel braucht man im Leben klare Vorstellungen der eigenen Möglichkeiten und Grenzen dessen, was man kann und darf – und was nicht. Es ist problematisch zu glauben, Festlegungen fesselten und engten ein. Verzichtet man darauf, ist man sehr allein, in der Vorstellung befangen, man müsse seinen ganz eigenen Weg finden. Auf diese Weise kommt es zu übertriebenen Erwartungen, was das Leben leisten müsse. Was ist das denn überhaupt, das Leben? Ich habe beobachtet, wie selbstzerstörerisch die Vorstellung ist, alle anderen müssten sich dem eigenen Lebensentwurf unterordnen und anpassen. Menschen, die von dieser Idee erfüllt sind, setzen absolut, was doch nur subjektiv richtig sein kann. Ihnen gelingt nicht die Balance zwischen den eigenen Impulsen, dem eigenen Handeln und der Berücksichtigung aller anderen, der Familie, der Freunde, der Kollegen, der Umgebung.

Meine Anhänglichkeit an die Meditation hat ein Aufenthalt in Birma im Jahr 2012 sehr vertieft. Am letzten Tag sagte ich meiner Begleitung, einer jungen, sehr gebildeten Birmanin, ich wolle keine Pagode und keine Statue mehr sehen, sondern mir von ihr die wichtigsten Regeln des Buddhismus erklären lassen. Zu meiner Überraschung betonte sie als wichtigste Einsicht, der Buddhismus sei keine Religion, sondern eine Lebenshaltung, obwohl die vielen Buddha-Statuen eher an religiöse Verehrung denken ließen. Der zweite Grundsatz war ebenso überraschend für mich: Ein Buddhist akzeptiere sein Leben ohne Groll. Er halte es grundsätzlich für angemessen, für gerecht.

Diese Einstellung fand ich ungemein hilfreich, verblüffend, großartig. Wenn man Unglück und Fehlschläge als gerecht akzeptieren kann, führt das nicht nur zu Gelassenheit, sondern ermöglicht Vergeben, ja Vergessen. Man trägt niemandem etwas nach. Diese Haltung bestimmte auch spürbar das mentale Klima des Landes. Nie erlebte ich einen lauten oder streitenden Birmanen. Alles ging ruhevoll und gelassen vor sich, weil offenbar niemand einen Sinn darin sah, sich über etwas aufzuregen. Die Menschen auf dem Lande lebten in einfachsten Verhältnissen. Sie schliefen auf Matten, die zwischen Bambusstangen gespannt waren, und waren dennoch fröhlich und ausgeglichen. Jenseits simpler Klischees von edlen Wilden oder glücklichen Naturvölkern strahlten sie völlig authentisch eine große Heiterkeit aus. Mich beeindruckte dieser gelebte Buddhismus sehr.

Wer sich auf die besondere Art der Schweigemeditation einlässt, erfährt die spirituelle Kraft des Glaubens, begreift, warum der Mensch des Mittelalters sich vollkommen aufgehoben im göttlichen Universum fühlte, versteht auch, warum so viele Menschen heute diese Gewissheiten vergeblich bei den Kirchen suchen. Das Transzendente ist keine Frage der Bibelauslegung, der spitzfindigen theologischen Debatten, des sozialen Engagements. Natürlich verdienen die Kirchen Respekt, weil sie sich um die konkreten Belange der Menschen kümmern. Für die Leuchtkraft des Überirdischen jedoch wird zu wenig getan, besonders im Protestantismus. Die Vorstellung, es sei die Aufgabe aller Religionen, das Göttliche sinnlich erfahrbar zu machen, ist mit der christlichen Mystik aus unseren Kirchen verschwunden. Sie sind keine Räume erlösender Stille, sondern Marktplätze aufgeregter Meinungen geworden – sachlich, nüchtern, rational.

Meine Aufenthalte im Kloster haben mich das Religiöse neu durchdenken und entdecken lassen. Ohne Zweifel braucht man Halteseile im Leben, klare Orientierungen. Es ist eine problematische Idee zu glauben, dass solche Halteseile vorrangig fesselten und einengten. Verzichtet man darauf, steht man sehr allein da, in der Vorstellung befangen, man müsse durch Selbstverwirklichung seinen eigenen, gangbaren Weg finden. Das kann zu übertriebenen Erwartungen, was das Leben leisten müsse, führen. Ich habe oft beobachtet, wie selbstzerstörerisch der Hang zur Selbstverwirklichung ist. Menschen, die von dieser Idee erfüllt sind, setzen absolut, was doch nur subjektiv richtig sein kann. Ihnen gelingt nicht die Balance aus dem eigenständigen Handeln und der Achtung und Verbundenheit mit anderen, mit der Familie, den Freunden, der Nachbarschaft, der Gesellschaft. Aber nicht nur in der gesellschaftlichen, auch in der politischen Sphäre macht sich die unversöhnliche Haltung bemerkbar. Die Übersäuerung in unserem Lande, die dürre, verbiesterte, dogmatische Bösartigkeit im Kampf besonders linker Gruppen führe ich wesentlich auf den Protestantismus zurück. Die Neigung zu sturer Rechthaberei rührt wesentlich vom missverstandenen protestantischen Antrieb her, anderen die individuell entwickelte Heilslehre aufzudrängen. So lässt sich die oft hasserfüllte Diktion erklären, die an religiöses Eiferertum erinnert.

Viele waren deshalb verwundert, als ich anlässlich meines Ausscheidens aus der Universität auch einige meiner prominenten Gegner zu einer Abschiedsfeier einlud. Man meinte offenbar, unterschiedliche Meinungen müssten zu erbitterten Feindschaften führen. Dieser Ansicht habe ich mich nie anschließen können, halte sie für engstirnig und kleinlich. Ich fand einfach, zu meinem Leben an der Universität gehörten eben auch meine erklärten Kontrahenten. Die wiederum waren ebenfalls etwas verdutzt, wussten nicht, was sie von meiner Einladung halten sollten. Ich sagte: »Ihr braucht gar nichts davon zu halten, ich fand euch wichtig, auch wenn wir in der Sache manchen Streit ausgefochten haben.« Für mich kommt es nicht darauf an, ob die Leute dieses oder jenes glauben. Worauf ich Wert lege, ist die Frage, ob jemand Herzensgüte ausstrahlt, ob etwas an ihm ist, was ihn als Menschen interessant oder liebenswert macht. Hierin unterscheiden sich nach meiner Beobachtung die Linken von den Nichtlinken. Viele links gerichtete Gruppen halten ihre politischen Überzeugungen für wichtiger als das, was uns Menschen einander näherbringen könnte. Sie opfern mögliche Bindungen auf dem Altar der politischen Kontroverse. Doch das sind Oberflächengefechte, vergängliche Dinge, für die es sich nicht lohnt, persönliche Feindschaften einzugehen.

Viele Menschen sind auf sich selbst zurückgeworfen, zweifelnd, hadernd, alternativen Heilserwartungen hinterherlaufend – in Therapien, modisch spirituellen Angeboten, politischen Utopien, die ähnliche Entlastungsrituale bereitzuhalten scheinen. Substanzielle Orientierungen vermögen sie nicht zu geben. Das Erbe des Protestantismus ist eine weitverbreitete Überforderung des Individuums durch überzogene Ansprüche an sich selbst. Ich halte den Menschen – und insofern bin ich sehr christlich – für ein sehr gebrechliches Wesen, manipulierbar und leicht zu missbrauchen.

Was aber ist die Quintessenz meiner Selbsterforschung, was glaube ich? Bei allem Respekt und bei aller Faszination, die das kirchliche Ritual auf mich ausübt – das ich jedoch allzu selten angemessen zelebriert finde –, steht für mich die persönliche Beziehung zu Gott im Vordergrund. Meinen Glauben lebe ich unmittelbar. Deshalb halte ich mich für einen religiösen, aber im Kern nicht christlichen Menschen, für den der Kirchgang obligatorisch wäre. Die Zwiesprache mit Gott ist mir wichtig, das Gebet, der imaginäre Dialog, der sich daraus ergibt. In diesem Sinne bin ich wahrscheinlich doch ein Protestant. Wenn ich mit mir im Großen und Ganzen im Reinen bin, führe ich das auf das Gefühl zurück: Da ist etwas, was mich aufrecht- und bei guter Laune erhält – eben das, was Meister Eckhart die »Gottesgeburt im Herzen des Menschen« genannt hat.

Nicht zuletzt gibt mir die Erfahrung der Meditation, sei es das buddhistische Zazen oder die Meditation der christlichen Mystiker, die Gelassenheit hinzunehmen, dass manche mich ablehnen, nichts mit mir zu tun haben wollen. Ich trage es ihnen nicht nach. Man kann nur hoffen, dass man Sympathien bei anderen auslöst, dass sie zu einem stehen werden, auch wenn es dann aufs Ende zugeht. Mit einiger Beklemmung sehe ich, dass viele Menschen furchtbar allein sterben, ohne Beistand, ohne Trost. Insofern habe ich die Katholiken immer um die Letzte Ölung beneidet, ein tröstliches Todesritual, das den Sterbenden gesegnet aus dieser Welt entlässt.

Angst vor dem Tod habe ich nicht. Ich würde mir wünschen, dass ich mit der Gewissheit sterbe, meine Aufgabe erfüllt zu haben, die schwer zu meistern, aber letztlich ganz einfach ist – das eigene Leben und das Leben überhaupt zu akzeptieren, so, wie es ist, mit allen Widersprüchen, mit all jenen Verrücktheiten, die zu den wechselnden Moden jedes Zeitalters gehören, und auch mit der Trauer über die Dinge, die misslungen sind.

Ehe und Freundschaft

Es mag aufgefallen sein, dass ich mich in diesem Buch eher wortkarg über meine Familie geäußert habe. Diese Reserve ist leicht zu erklären. Alles, was es zu berichten gäbe, betrifft nicht nur mich, sondern auch die Menschen, die mir am nächsten stehen. Ihnen kann ich in diesem Buch keine Stimme geben, nur meine Version erzählen, eigene Schlussfolgerungen ziehen. Jede persönliche Erinnerung ist unvermeidlich subjektiv, eine Interpretation, eine Verkürzung. Meine Geschichten würden von Familienmitgliedern, Freunden und Bekannten vermutlich ganz anders erinnert. Daraus folgt, dass alles, was ich über meine Ehen und meine vier Kinder schriebe, sie ungewollt verletzen könnte. Alle in meiner Familie haben ein Recht darauf, von der Öffentlichkeit verschont zu bleiben. Jeder von uns lebt in seiner eigenen Wirklichkeit, bemüht sich auf seine Weise um ein gelungenes Leben.

Im Rückblick halte ich meine Frau Gabriele, die mich seit mehr als einem Vierteljahrhundert fasziniert, meine vier Kinder und sechs Enkelkinder für das Schönste, Wichtigste, was mir im Leben zuteil geworden ist. Titel, Orden und Preise haben hingegen im Alter weit weniger Gewicht, als man seinerzeit glaubte.

Dabei habe ich das deutliche Gefühl, die Frauen nie verstanden zu haben. Kinderfotos zeigen meinen erstaunten, etwas zweifelnden Blick auf meine Mutter, die in der Tat sehr stimmungsabhängig war und aus der ich nie schlau geworden bin. Sie scheint mir der Schlüssel für mein Verhältnis zu Frauen zu sein, die mir bis zum heutigen Tage unheimlich bleiben, obwohl ich immer wieder ihre Nähe suche. Brachte ich eine Freundin mit nach Hause, sagte meine Mutter: »Du, ich finde die nett. Intelligent, liebenswürdig, warmherzig. Aber hat sie nicht eine lange Nase?« Von da an wuchs die Nase meiner Freundin wie bei Pinocchio, wurde in meinen Augen meterlang.

Ganz sicher habe ich der Liebe in meinem Leben zu wenig Raum geben können. In Partnerschaften und Familien spielen viele Elemente eine Rolle, die zu unterschiedlichen Zeiten Vorrang beanspruchen. Nach dem Ende meiner ersten Ehe lebte ich zehn Jahre lang allein und hatte kaum Kontakt mit Frauen. Damals war ich sehr besorgt, meine Töchter Susanne und Juliane, die zu Beginn dieser Phase zwölf und neun Jahre alt waren, könnten, wenn sie mich aus ihrem Blickfeld verlören, bei künftigen Partnern Vaterfiguren suchen. Beide Töchter wohnten bei meiner ersten Frau. Aber so weit es mein Beruf zuließ, habe ich mich um sie gekümmert. Das hatte allerdings die unerwünschte Nebenwirkung, dass zumindest eine der Töchter in die Rolle einer Juniorpartnerin zu geraten drohte. Diese Gefahr verschwand erst, als ich 1985 meine jetzige Frau Gabriele kennenlernte. Das empfanden meine Töchter offenbar als Verlust, es öffnete ihnen jedoch den Weg ins eigene Leben. Beide haben geheiratet, beide Ehemänner, einer ist Italiener, der andere Deutsch-Amerikaner, haben sich als prächtige Menschen erwiesen, beide Töchter haben Kinder. Meine meinungsfreudige Susanne hat zwei Kinder, Juliane, ein zarter und besonders feiner Mensch, hat vier. Es erfüllt mich mit tiefer Freude, Großvater von schon sechs Enkeln zu sein, von Sophie, Leoluca, Rosa, Valentina, Lilli und Mira. Denen, die noch kommen mögen, sehe ich erwartungsvoll entgegen.

Die schicksalhafte Begegnung mit Gabriele vor bald dreißig Jahren hat sich für mich als großes, ja überwältigendes Glück erwiesen. Die Redakteurin der Kulturzeitschrift *Merian* rief mich an, um mich als Autor für einen Beitrag über »Trekking im Himalaja« zu gewinnen. Die Suche hatte sich als schwierig erwiesen, weil Trekker nicht schreiben und Autoren nicht trekken. Durch einen glücklichen Zufall hörte sie in Hamburg meinen Namen, und so begannen wir, miteinander zu telefonieren. Meine Töchter behaupteten später, wir hätten zusammenziehen müssen, weil wir die Telefonrechnungen nicht mehr bezahlen konnten.

Das Gespräch, das im Mai 1985 begann, ist seither nie abgerissen. Gleichwohl war es immer wieder schwierig – uns trennen 22 Jahre –, die unterschiedlichen Prägungen eines Kriegskindes und eines Nachkriegskindes unter einen Hut zu bringen. Gabriele sagt, sie habe unendlich gewonnen zu einem sehr hohen Preis. Sie behauptet, ich sei vom Patriarchat geprägt, was mir nicht einleuchtet. Für mich sind Dinge normal, die ihr fremd sind. Über alles können wir uns in die Haare geraten, außer über Geld. Die Unterschiede in Einstellungen, Wahrnehmungen und Verhalten wurden dadurch noch komplizierter, dass mit Anna und Moritz bald eine dritte Generation hinzukam. Eine Generation, die heute als Kriegsenkel bezeichnet wird. Unser aller unterschiedliche Interessen und Bedürfnisse ausbalanciert zu haben, ist Gabrieles Verdienst. Wenn ich weg war, war sie da. Zuverlässig und beschützend, vorausschauend. Ich danke ihr für zwei Kinder mit leuchtenden Augen, die mich intensiv an ihrem Leben teilnehmen lassen. Ein großes Geschenk. Unter uns vieren ist das Miteinander, das Ringen umeinander nie abgebrochen.

Gabrieles Fähigkeit, genau hinzuschauen, hat mir in den Jahrzehnten unseres temperamentvollen Zusammenlebens und Zusammenarbeitens entscheidend geholfen. Vieles hat sie frühzeitig deutlich klarer gesehen als ich. Dass unsere Küche öffentlich einmal als Think Tank bezeichnet wurde, hat nicht nur mit mir zu tun. Wie sehr ich von der Volkswirtin an meiner Seite profitierte, ist mir erst im Laufe der Jahre aufgegangen. Ohne ihren psychologischen Scharfsinn wäre ich blind und taub geblieben. Viele Dinge kann sie in Worte fassen, bei denen ich ohne sie stumm bliebe. Anders gesagt, sie macht mich sprechend. Das gilt auch für vieles, was ich im ersten Kapitel dieses Buches schildere. Sie hat es mir entrungen und dabei meine Schmerzen ausgehalten. Gabriele hat meinen Horizont in großem Umfang erweitert und geprägt. Viele gute Einfälle oder Gedanken, die ich mir zu eigen gemacht habe, waren in ihrem Kopf entstanden. Die beiden Prozesse gegen die Rufmörder, die meine publizistische Existenz und damit unsere Existenzgrundlage vernichten wollten, hat sie bis in die zweite Instanz geführt und gewonnen. Die 15000 Euro Schmerzensgeld von der *taz* haben unseren Kindern ermöglicht, New York kennenzulernen. Von uns beiden ist Gabriele der kreativere Geist. Sie hat mich beschützt, aufgefangen und dafür gesorgt, dass es gut weiter ging. Immer wieder. Bis heute.

Verblüfft war ich über ihren Mut, als sie vor acht Jahren nach zehnjähriger Ausbildung eine familientherapeutische Praxis eröffnete, deren Schwerpunkt generationsübergreifende Themen und Traumata des letzten Jahrhunderts sind. Sie nannte es ihre Kriegsenkelpraxis, auf der sie beharrte, obwohl noch kaum jemand wusste, wie viele es betraf. »Irgendwann müssen sie es ja merken, und dann werde ich da sein«, sagte Gabriele. Als eine der ersten hatte sie erkannt, in welch ungeahntem Ausmaß die Deutschen – und besonders die Nachgeborenen – immer weiter unter den seelischen Altlasten des vergangenen Jahrhunderts leiden, auf die diverse Störungen zurückzuführen sind. Sie spricht vom Trauerstau der Deutschen, was ich für eine scharfsinnige Formulierung oder auch Theorie halte. Sie hat ein kluges und wichtiges Buch darüber geschrieben. Über ihren Erfolg bin ich heute sehr stolz, auch wenn ich dadurch deutlich weniger von ihr habe. Oft jammere ich laut, dass für mich von ihr zu wenig übrig geblieben sei. Aber im Grunde meines Herzens weiß ich, dass das unfair ist.

Ein Leben ohne Gabriele kann ich mir nicht vorstellen. Sie bleibt die wichtigste Erfahrung meines Lebens. Mit meiner Lektorin Franziska bin ich beschämt der Meinung, dass Gabriele eigentlich ein ganzes Kapitel in diesem Buch gewidmet sein müsste, um ihrem Anteil an meinem Leben gerecht zu werden.

Mit ihrer Stilsicherheit, ihrem Geschmack, ihrer Eleganz hat sie Licht in mein Leben und Glanz in unsere Hütte gebracht. Es verwundert mich nachträglich, wie ich bei der Anlage des Buches die Schwerpunkte gesetzt, die Akzente verteilt habe und wie sich meine Wahrnehmung durch die Arbeit an diesem Manuskript verändert hat. Heute möchte ich manches ganz anders gewichten.

Ich war und bin sehr gern Vater. Die Geburt meiner Kinder waren Höhepunkte meines Lebens. Lebhaft erinnere ich mich daran, wie mir meine Tochter Anna unmittelbar nach der Geburt in den Arm gelegt wurde. Was sollte ich mit dem winzigen Wesen anfangen, das mich unverwandt anblickte? Ich wiegte es sacht und sang: »Ein Männlein steht im Walde, ganz still und stumm.« Immer wieder von vorne. Das schien Anna zu gefallen, denn sie hörte auf zu weinen. Aus dem Kreissaal fuhr ich in der Frühe direkt ins Martin-Luther-Krankenhaus zu einer Gewebeentnahme, da in meiner Brust ein bösartiger, tödlicher Krebs vermutet wurde, und von dort dann sofort weiter in die nächste Buchhandlung, wo ich die schönsten Märchenbücher für Anna kaufte, die ich finden konnte. Nach bangem Warten erwiesen sich die Befürchtungen der Ärzte zum Glück als unbegründet. Anna und ich durften einander noch lange kennenlernen. Heute fühle ich mich geschmeichelt, wenn sie mich fragt, wann ich sie denn in Bologna besuche, wo sie gerade studiert. Anna ist es gelungen, sich als Medizinerin einen ganz eigenen Weg zu bahnen. Sie musste – wie Moritz auch – meinetwegen einiges aushalten, selbst Kommentare von Lehrern über mich während der Unterrichtsstunden ertragen. Einmal verließ sie nach einer Bemerkung wütend den Klassenraum. Zwar gekränkt, aber mit Haltung. In vielerlei Hinsicht ist sie mir am ähnlichsten. Wesenszüge und Begabungen, die bei mir früh verschüttet oder auch einfach nicht gefördert wurden, entfalten sich bei ihr. Wir telefonieren oft stundenlang miteinander, deuten gemeinsam die Ereignisse des Tages, suchen nach den tieferen Zusammenhängen und historischen Bezügen. Sie stellt viele Fragen und hat ein sicheres Urteil, sodass ich oft vergesse, wie jung sie ist. Zum Glück ist sie intelligent und nicht intellektuell, ihr Kopf und ihr Herz stehen in gutem Einklang miteinander. Meine Frau nennt sie eine alte Seele, schon als Kind gab es bei ihr Anflüge tiefer Weisheit, die ich alle sofort in meinen Tagebüchern festhielt. Annas erster Berufswunsch war »Mutter«. Nach dem Abitur hätte sie am liebsten Altgriechisch studiert, ließ es dann aber bleiben, weil sie nicht Lehrerin werden wollte. Ihre Bildung, die geistreiche Spitzfindigkeit und ihr Scharfsinn machen mir viel Vergnügen. Oft sagt sie, »Papa ich vermisse Dich.« Dann schmilzt mir das Herz.

War ich ein guter Vater? Vermutlich nicht, obwohl ich es gerne gewesen wäre. Bruno Bettelheim tröstete uns mit seinem Buch »A good enough parent«, es reiche aus, als Eltern »gut genug« zu sein. Ich hoffe, bei allem, was ich meinen Kindern schuldig geblieben bin, dass ich am Ende als Vater gut genug war. Aus beruflichen Gründen war ich häufig abwesend. In meiner Vorstellung aber war die Familie immer das Zentrum meines Lebens.

Nach drei Töchtern Vater eines Sohnes zu sein, war eine ganz neue Erfahrung. Meine alten Kinderfotos zeigen die große Ähnlichkeit zwischen Moritz und mir. Allerdings sieht er sehr viel besser aus als ich. Solange Moritz klein war, fiel mir der Kontakt nicht so leicht. Inzwischen ist das anders. In gewisser Weise komme ich von allen Kindern mit ihm am besten zurecht. Als einziger Sohn hat er eine besondere Position. Auf die Welt kam er ausgerechnet am 17. Juni. Das sorgte für viel Heiterkeit, hießen doch sowohl meine Masterarbeit wie auch mein erstes Buch Der 17. Juni. Er trägt mir nicht nach, dass ich ihm als älterer Vater soviel vorenthalten habe, nie Fußball mit ihm gespielt habe und in gewisser Weise doch in einer anderen Welt gelebt habe. Es bedrückt mich, dass ich Moritz aufgrund dieses großen Altersunterschieds nie das starke väterliche Vorbild sein konnte, wie ich mir das gewünscht hätte. Und dass ich ihm nicht selbstbewusst genug gegenübertreten kann, tut mir weh. Auch mein Vater war in der Familie keine starke Figur und mein sächsischer Bescheidenheitstick, den meine Mutter »vermeintliche Demut« nannte, nervt meine Familie. An richtungsweisenden Haltungen und der Zeit, die das kostet, hat Moritz von mir wahrscheinlich nicht genug bekommen. Dazu war es womöglich nicht leicht für ihn, Bemerkungen der Freunde auszuhalten wie »dein Opa holt dich ab«. In der Grundschule wurde er wegen mir so gemobbt, das wir ihn die Schule wechseln ließen. 2006, dem Jahr der großen Rufmordkampagnen gegen mich, suchten wir für Moritz ein Internat in Irland, wo er von hiesigen Bedrückungen ungestört bis zum Abitur blieb.

Umso glücklicher war ich, als er wieder zu uns zurückkehrte und damit ein neues Miteinander entstehen konnte. Ich schätze sein ruhiges angenehmes Wesen, die sanfte, faire Art, in der er sich sehr von mir unterscheidet. Ich bin sehr erleichtert und es freut mich, dass es ihm gelingt, trotz der Allgegenwart des Vaters und dessen Themen selbstbewusst einen ganz anderen, eigenen Weg zu gehen. Er studiert Agrarwissenschaften.

Bei Moritz spüre ich die Kraft, den Namen und die Tradition der Familie, von der durch die Kriege soviel verschüttet wurde, als Sohn des ältesten Sohnes weiter zu repräsentieren. Ich bin sehr froh, bei ihm ein in den Hintergrund gerücktes Familien-

und Geschichtsbewusstsein wieder zu entdecken. Bei dieser Aufgabe wünsche ich ihm gutes Gelingen. Mein Großvater hat die Unterschriften aller männlichen Barings über die Jahrhunderte hinweg gesammelt. Es hat mir große Freude gemacht, als ich kürzlich entdeckte, dass die Unterschrift meines Sohnes den Gesammelten ähnelt.

Ich war unerhört geschmeichelt, als Moritz mich diesen Sommer fragte, ob ich mir vorstellen könne, eines Tages in einem Gutshaus wie Manhagen – wo er gerade ein Praktikum machte – zu leben, wenn er sich dort niederließe. Meine Geschwister und ich hatten sich nie vorstellen können, dass ein Elternteil bei einem von uns lebe. Ich war glücklich.

Ein Leben ohne Familie kann ich mir nicht vorstellen. Als mich vor einiger Zeit ein Journalist fragte, was für mich der Sinn des Lebens sei, antwortete ich ohne nachzudenken, der Sinn des Lebens sei, es weiterzugeben. Offenbar verblüffte ihn diese Antwort, woraufhin ich ihn fragte, was er denn geantwortet hätte. Er druckste herum und sagte dann: »Selbstverwirklichung.« Ich lachte ihn aus. Ohne Kinder haben wir keine Zukunft. Natürlich bin ich traurig und besorgt über das Auseinanderfallen der Familien.

In den bürgerlichen Kreisen, in denen ich aufwuchs, galt es als selbstverständlich, dass man verheiratet war – und es auch blieb. Wie bei der Berufswahl ging man davon aus, man müsse sich einen Partner und damit eine Ehe aussuchen, die am ehesten dem eigenen Anliegen und den tatsächlichen oder vermeintlichen Fähigkeiten entspreche. Zuweilen munkelte man, dieser oder jener habe eine Affäre gehabt, aber das führte nicht zwangsläufig zum Bruch

Vermutlich waren die Menschen früher in ihren langlebigen Ehen nicht sonderlich glücklich. Aber sie hielten sich für verpflichtet, sich darin auf Dauer zurechtzufinden. Diese Zeiten sind dahin.

Heute ist eine große Unruhe in den Menschen spürbar. Sie meinen, jeder Partner sei potenziell austauschbar, weil es möglicherweise einen besseren geben könnte, der mehr Glück, mehr Zufriedenheit, mehr Abwechslung und Anregung verspreche. Dabei haben langjährige Paarbeziehungen einen unvergleichlichen, unersetzbaren Wert an sich. So verlockend der Wechsel sein mag, so sehr man sich aus dem öden Alltagstrott befreien möchte, so wenig lässt sich das gegenseitige Vertrauen in einer neuen Beziehung voraussetzen. Hat man viele Jahre miteinander verbracht, schöne und schwierige Situationen gemeinsam gemeistert, ist dies eine Erfahrung, die verbindet, wenn Lebenskrisen das Selbst erschüttern. Die Kunst besteht darin, trotz aller Unterschiede die Gemeinsamkeit zu lieben, zu achten und zu pflegen.

Offenbar wird der Verlust der Eigenständigkeit heute als das größte Risiko einer Beziehung gesehen. Die bürgerliche Ehe war von der pragmatischen Einsicht getragen, jede dauerhafte Partnerschaft mache erhebliche Kompromisse unvermeidlich.

Familien bleiben das Zentrum der Gesellschaft, die Hülle für heranwachsende Kinder. Erleben sie zerstrittene, unversöhnliche Eltern, verlieren sie ein großes Stück ihres Urvertrauens. Das gilt erst recht, wenn sich die Eltern scheiden lassen. Wie soll ein junger Mensch auf die Dauerhaftigkeit einer Partnerschaft setzen können, wenn ihm deren Zerbrechlichkeit in der Kindheit vor Augen geführt wurde?

Schleichend zunächst und immer offensichtlicher hat ein Erosionsprozess eingesetzt. Die Familie als Beziehungsgeflecht wird zunehmend zerstört. Da hilft es auch nichts, dass die Achtung und der Schutz der Familie in unserer Verfassung verankert sind.

Der Familienbegriff ist unendlich dehnbar und damit bedeutungslos geworden. Vor diesem Hintergrund sollte man neue Lebensformen nur zögernd gutheißen.

Die Ehe ist nicht nur eine Privatangelegenheit. Der Einzelne mag sich im Recht fühlen, wenn er sich in immer neuen Beziehungen zu verwirklichen sucht. Die spontane Wechselbereitschaft ist allerdings meist mit Kinderlosigkeit verbunden. Was man als demografischen Wandel verharmlost, wird uns noch schwer zu schaffen machen. Alle billigen Redensarten, die einem neuen Subjektivismus applaudieren, das Individuum feiern, die Familiengründung zur bloßen Option herabstufen, verspielen die Zukunft. Kinder sind Ausdruck von Hoffnung – auch der, das gemeinsame Ganze voranzubringen, ihm Zukunft zu sichern.

 Die Geringschätzung der Ehe zeigt zugleich ein mangelndes Interesse an Kindern. Heute ist weder eine solidarische noch eine patriotische Verantwortung spürbar, die als Verpflichtung verstanden wird, eine Familie zu gründen. Kaum jemandem ist bewusst, was er anrichtet, wenn er seinen materiellen Wohlstand, seinen Hedonismus, seine Selbstverwirklichungsambitionen über den Kinderwunsch stellt. Rein rechnerisch müsste jeder Bürger einen Nachkommen in die Welt setzen, der später seine Rente zahlt. Als Bismarck das erste Modell einer Rentenversicherung entwarf, ging er davon aus, dass die meisten Menschen mehrere Kinder hatten.

Unter den Folgen unserer vergreisenden Gesellschaft werden die nächsten Generationen leiden. Sie werden sich fragen, wie es zur eklatanten Gleichgültigkeit gegenüber Kindern kam, zuweilen auch zur offenen Ablehnung, sich fortzupflanzen. Sie werden außerdem fragen, warum individuelle Bedürfnisse gegenüber den Gemeinschaftsinteressen Vorrang erhielten. Kinder zu bekommen, ist keine Selbstverständlichkeit mehr. Früher gehörte es einfach dazu. Man heiratete und bekam Kinder, sofern man sich nicht bewusst dagegen entschied, was selten war, oder ungewollte Kinderlosigkeit vorlag. Heute haben sich die Verhältnisse umgekehrt. Nun empfinden viele Kinderlosigkeit als Normalität, manche entscheiden sich eventuell dann spät noch für Nachwuchs.

Die Geburtenrate hat sich seit fünfzig Jahren ungefähr halbiert. Während früher hundert Deutsche unter zwanzig Jahren auf zehn über 65 kamen, haben wir inzwischen einen Gleichstand von zehn zu zehn. Durch das Anwachsen der älteren Bevölkerungsgruppe wird sich dieses Verhältnis ungünstig weiter verschieben. Heute ist die Geburtenrate zu klein, um die Bevölkerungsgröße auch nur konstant zu halten. Im internationalen Vergleich weist Deutschland den höchsten Anteil dauerhaft kinderloser Frauen auf. Kinder werden nicht mehr als Reichtum empfunden, sondern als Wohlstandsbedrohung.

Schon jetzt zeigen sich die Folgen auf dem Arbeitsmarkt, mit Rückwirkungen auf die Sozialsysteme. Es wird nicht lange dauern, bis die Beitragszahler die Hälfte ihrer Bruttoeinkommen für die sozialen Sicherungssysteme opfern müssen. Hinzu kommen Steuern, sodass dem durchschnittlichen Arbeitnehmer nur noch ein Drittel seines Bruttolohns verbleiben wird. Ob die Innovationsfähigkeit und die Produktivität der schrumpfenden Gesellschaft in Zukunft überhaupt mit der heutigen vergleichbar sein werden, muss man bezweifeln. Diese seit Jahrzehnten absehbare Entwicklung macht sich die Mehrheit unserer Zeitgenossen noch immer nicht klar.

Weil in Deutschland Kinderlose die Früchte des Aufziehens von Kindern anderer Leute ernten, ohne sich an den Kosten einer neuen Generation zu beteiligen, werden Forderungen nach einem Erziehungsgehalt für Eltern laut. Während ich das Ehegatten-

splitting seit Langem bei Kinderlosen missbillige, weil ich nicht
einsehe, warum man doppelverdienende Ehepaare fördern muss,
befürworte ich nachdrücklich ein Familiensplitting. Wer aus eigener Erfahrung weiß, was Kinder im Laufe der ersten zweieinhalb
Jahrzehnte kosten, kann ein Betreuungsgeld von hundert Euro
monatlich nur als Verhöhnung betrachten. Wir wundern uns immer darüber, dass unsere französischen Nachbarn mehr Kinder
zur Welt bringen als wir. In Frankreich zahlt man ab dem dritten
Kind keine Steuern mehr.

Wenn bei uns zeitgemäße Lebensentwürfe diskutiert werden, geht es in erster Linie um Erfolg im Beruf. Werden Kinder
erwähnt, dann oft nur mit der Frage, wie man sie am besten
wegorganisiere. Ganz selten wird jemand eingeladen, der Kindern eine Stimme gibt. Fast nie kommt zur Sprache, welche
Freude sie schenken. Nichts im Leben hat mich anhaltend
glücklicher gemacht, als Kinder aufwachsen zu sehen. Kinder
ermöglichen uns, erwachsen zu werden. Der Hang, Entwick-
lungsmöglichkeiten ausschließlich im Beruf sehen zu wollen,
führt in eine Gesellschaft bindungsloser Singles. Jeder kreist um
sich selbst, um seine egoistischen Bedürfnisse bis hin zur Selbst-
verletzung. Das laxe Verhältnis zur Abtreibung führt dies deutlich vor Augen. Kaum eine Frau, die an den Slogan »Mein
Bauch gehört mir« glaubte, konnte ermessen, welch dramatische seelische Folgen eine Abtreibung hat. Psychologen ordnen
die Symptome der negativen Auswirkungen heute dem post-
traumatischen Belastungssyndrom zu. Dass eine Gesellschaft so
tut, als sei eine Abtreibung so unproblematisch wie ein Zahn-
arzttermin, ist erschreckend. Kein Mann, keine Frau kann alles
zugleich: eine volle Berufstätigkeit, eine erfüllte Partnerschaft,
liebevolles Zusammenleben mit Kindern, gepflegte Geselligkeit
unter Freunden. Heute wird Frauen suggeriert, sie sollten den

Beruf an die erste Stelle setzen und die Erziehung der Kinder geschultem Personal überlassen. Das wird dem Nachwuchs nicht gut bekommen, doch die Folgen werden sich in ihrer ganzen Tragweite vermutlich erst in der nächsten Generation bemerkbar machen.

Da ich drei Töchter habe, rede ich nicht vom hohen Podest, denn ich weiß, wie schwierig, wie mühsam die Kompromisse zwischen den verschiedenen Aufgaben sind. Aber fehlt es nicht von vornherein am Respekt vor den Bindungen, die ein Paar und seine Kinder eingehen? Nicht von ungefähr gehören Heirat und Taufe zu den kirchlichen Sakramenten. In ihnen zeigt sich Ehrfurcht vor dem Leben, vor Ehe und Familie, vor Zyklen des Werdens und Vergehens. Deshalb ändern sich im Laufe einer langen Ehe die Gewichte. Der enge Zusammenhalt, solange Kinder klein sind und Heranwachsende den Rückhalt der Eltern brauchen, schwächt sich immer weiter ab, gibt Raum für neue Aktivitäten, für Freundschaften, die sich intensivieren können. Für mich waren Freundschaften lebenslang unentbehrliche Begleiter, wurden mehr und mehr das Glück, der Halt, der Reichtum meiner späteren Jahre.

Es entspricht meiner Lebenserfahrung, mich an die Beschreibung von Liebe und Freundschaft zu halten, die uns Michel de Montaigne schon vor fünf Jahrhunderten hinterlassen hat. Er schrieb, das Liebesfeuer brenne lichterloh, peinige aber zugleich, denn es sei mutwillig und unbeständig, flatterhaft und wandelbar, eine Art Fieberglut, die auf- und abschwelle, eine Flamme, die Teile von uns versenge. In der Freundschaft dagegen herrsche eine angenehme Wärme, die den ganzen Menschen erfülle, immer gleich wohlig bleibe, ein Gefühl dauerhafter, stiller Geborgenheit, die nicht verbrenne, nie verletze. Montaigne hielt Freundschaften sogar für wertvoller als Ehen, weil sie immer auf

Freiwilligkeit beruhen. Zwänge seien ihnen, anders als Ehen, vollkommen fremd.

Wie in der Liebe ist auch bei der Freundschaft letztlich unerklärlich, was miteinander verbindet. Montaigne hat die Frage, was ihn und de La Boétie zusammengehalten habe, so schlicht wie einleuchtend mit den Worten beschrieben: »Weil er er war und ich ich.« Dies ist letzten Endes das Geheimnis jeder Freundschaft: die Einheit in der Verschiedenheit, eine tiefe Verbundenheit jenseits der Dämonien des Körperlichen.

Zu meinen engen Freundinnen gehört Heide, ohne deren Herzlichkeit und Hilfsbereitschaft ich manche Zeiten nicht überstanden hätte, was ebenso für Simi und Mechthild gilt. Mit Helmut bin ich 1942 aufs Zehlendorfer Gymnasium gekommen, mit Detty war ich in Villigst und Paris, mit beiden bin ich seither verbunden. Georg hat mich, besonders in meinen mittleren Jahren, bei politisch-journalistischen Eskapaden immer wieder beherzt aus dem Wasser gezogen, aus Zwangslagen befreit, in die ich unbedacht geraten war. Das gleiche gilt auch für Gabriele. Mit Matthias kann ich seit vielen Jahrzehnten auch über privateste Nöte sprechen. Udo ist einer der wenigen Menschen, mit dem ich in zeitkritischen Analysen übereinstimme, selbst wenn wir uns monatelang nicht gesprochen haben – auch wenn er klarsichtiger ist als ich. Mit niemandem kann ich so intensiv über das Leben philosophieren wie mit Andreas. Ohne Falk, Lars und Thomas wären mir Russland und Mittelasien Bücher mit sieben Siegeln geblieben. Mit Michael und Gabriele verbinde ich spannende Entdeckungsreisen ins Berliner Umland. Meinem Herzen nahe stehen viele meiner früheren Studenten, die inzwischen zu engen persönlichen Freunden geworden sind: Dominik, Florian, Jacques, Julia, Lilli, und Peter, Sascha und Sven sowie Matthias und Ricarda – um nur einige von ihnen zu nennen.

Die Untiefen der Liebe

Macht, Geld und Liebe sind die drei Bereiche, an denen die Menschen am meisten interessiert sind. Geld ist mir nie wichtig gewesen, Macht schon gar nicht, aber ich hätte gern die Liebe mehr gelebt. Mein emotionaler Ordnungssinn sagt mir, dass meine Liebesbeziehungen Anlass zur Dankbarkeit geben, dass sie sich aber auch problematisch gestalteten. Obwohl ich frei von Ressentiments und Vorwürfen bin, widerstehe ich – wie viele meiner Altersgenossen – nicht völlig der Versuchung, neben der positiven Bilanz auch das Versäumte in den Blick zu nehmen. Zwar würde ich, eine zweite Chance vorausgesetzt, mein Leben nicht anders leben und bin letzten Endes im Reinen mit mir. Dennoch gibt es einen Punkt, der mich schmerzt, der Eindruck nämlich, dass ich ein Mensch bin, der weniger für Liebesbeziehungen als für Freundschaften geschaffen ist. So habe ich in den zehn Jahren zwischen meinen beiden Ehen fast wie ein Mönch gelebt. Heute kann ich viel freier als früher meinen Gefühlen folgen und habe keinerlei Schwierigkeiten, jemanden, den ich sympathisch finde, zu umarmen oder ihm die Freundschaft anzutragen.

Die Frage, wie man im hohen Alter mit seinem Liebesbedürfnis umgeht, hat mich schon als relativ junger Mann stark beschäftigt, als ich mich über Adenauer habilitierte. Am Ende seines Lebens – seine zweite Ehefrau war gestorben und die Kinder längst aus dem Haus – lebte Adenauer patriarchisch einsam in Rhöndorf. Man munkelte, seine attraktive Sekretärin Anneliese Poppinga sei seine Geliebte. Da mich das Thema Liebe im Alter interessierte, fragte ich Anneliese, eine junge, hübsche Frau, wie sich Adenauer ihr gegenüber verhalte. Mein Eindruck sei, es handele sich um eine Vater-Tochter-Beziehung. Sie stimmte mir zu: In der Tat sei das ein angemessenes Bild. Ganz so töchterlich kann das Verhältnis allerdings nicht gewesen sein. Ein Vertrauter Adenauers erzählte mir, er sei in der Villa la Collina, der Sommerresidenz Adenauers am Comer See, einmal ins Zimmer geplatzt, als der Altkanzler den nackten Busen seiner Sekretärin tätschelte. Ob Klatsch, Kolportage oder nackte Wahrheit – mich verblüffte damals, dass die Gefühle und Begierden offenbar nicht erkalten, auch wenn Jüngere meinen, alte Menschen befänden sich in dieser Hinsicht in völliger Erstarrung.

In sexuellen Dingen war ich scheu, auch seltsam naiv. Schon in meiner Zeit als Journalist beim WDR sagten mir Freunde oft: Mensch, Baring, entweder bist du blind, oder es ist das Unglück deines Lebens, dass du deine Chancen bei Frauen nicht wahrnimmst. Ich war derart erstaunt, dass ich sie bat, mir doch den einen oder anderen Tipp zu geben. Sie lehnten mit der mehr als einleuchtenden Begründung ab, dafür seien sie nicht da, das müsse ich schon selbst herausfinden. Als verheirateter Mann bekam ich eine ganze Reihe von Avancen, die ich ablehnte. Oft nannte ich mich den treuesten Troubadour Europas. Für eine Karriere als Casanova fehlte mir ohne Frage der Leichtsinn, auch die Leichtigkeit. Schnelle Eroberungen blieben die Ausnahme und hinterließen einen schalen Nachgeschmack. Von Jugend an hielt ich Sexualität einerseits für eine wunderbare Sache, ahnte andererseits aber auch ihre schicksalhafte und zuweilen zerstörerische Kraft. Ich empfinde, was ich die Ehrfurcht vor dem Akt nennen würde. Hier liegt der Ursprung der Welt, der Ursprung des Weiterlebens und des Gebärens. Sexualität ist kein Konsumartikel, so wie auch eine Abtreibung keine Bagatelle ist. Daher hatte ich immer sehr viel Respekt vor der körperlichen Liebe, die ich 1945 als Dreizehnjähriger auf so brutale Weise kennenlernen musste.

In meinem Umfeld wurde diese Haltung oft mit Verwunderung aufgenommen. Promiskuität war bei vielen, die ich kannte, gewissermaßen eine Frage des aufgeklärten Lebensstils. Gerade Grass tat sich in dieser Hinsicht mit zahllosen Affären hervor, wobei er auch vor den Frauen seiner Freunde und Bekannten nicht haltmachte. Als ich ihn einmal während einer Bahnfahrt darauf ansprach, tat er so, als wisse er nicht, wovon ich spreche. Treue stand nicht hoch im Kurs, schien ein Relikt spießiger Bürgerlichkeit zu sein. Wie sehr die Verrohung fortgeschritten war, zeigte auch ein Vorfall, der letztlich zum Weggang Peter Wapnewskis aus Berlin führte. Er hatte sich auf eine Liebesaffäre mit einer Studentin eingelassen, doch sehr schnell stellte sich heraus, dass diese junge Frau es lediglich darauf abgesehen hatte, ihn zu entlarven. Sie eröffnete ihm im Bett, von Anfang an habe sie ihn als scheinheilig entlarven wollen. Das verletzte diesen sehr sensiblen Mann so sehr, dass er 1969 fluchtartig nach Karlsruhe wechselte, was ihn leider nicht hinderte, öffentlich seinen »reaktionären Kollegen« die Schuld an seinem Weggang zu geben.

Solche Erlebnisse sind mir wegen meiner Zurückhaltung erspart geblieben. So treuherzig es klingen mag: Ich suchte die volle, erfüllte Liebesbeziehung, keine Abenteuer. Möglicherweise ist es ebenfalls eine sehr komplizierte Seite von mir, in der Liebe die ganzheitliche Verschmelzung zu erwarten, die Einheit von Körper und Seele, Gefühl und Sinnlichkeit. Gleichzeitig sagt mir meine Erfahrung, dass die Liebesglut eine flüchtige Sache ist. Es ist eine Illusion, Partner könnten von allem Unerlösten dauerhaft befreien. So, wie manche Frauen auf ihren Traumprinzen hoffen, der im Handumdrehen das Leben in Ordnung bringt, hoffte auch ich, eine Liebesbeziehung könne gewissermaßen alle Konflikte und alle Selbstzweifel hinwegfegen. Liebe erschien mir gleichbedeutend mit Erlösung. Heute ist mir bewusst, dass man dem Partner damit zu viel zumutet und sich gegenseitig überfordert. Es ist völlig unmöglich, durch den Menschen, den man liebt, in der eigenen Identität bestärkt zu werden und gleichzeitig im anderen aufzugehen. Dieser Gegensatz führt zu einer permanenten Irritation, zu einem permanenten Ringen.

In den dunklen Momenten meiner Selbstprüfung beunruhigten mich das Ende meiner ersten Ehe und die Schwierigkeiten in meiner zweiten, nun schon fast dreißig Jahre andauernden Ehe, weit mehr als die Gewissheit meiner eigenen Endlichkeit. Der Tod ist eine schmerzhafte, aber endgültige Trennung. Dagegen hinterlässt das Ende einer Beziehung eine wesentlich kompliziertere Seelenlage. War ich ein guter Ehemann? Diese Frage bewegt mich intensiv und ist ein zentrales Thema meiner Lebensbilanz. Meine zweite Frau prägte das Bonmot, alle Frauen wollten einen Rennfahrer, aber zu den Arbeitsbedingungen eines Busfahrers. Mit anderen Worten: Frauen wollten einen aufregenden Mann, der dennoch häuslich und verlässlich sei. Ein unauflösbarer Widerspruch. Zum Busfahrer taugte ich nie, zeit meines Lebens drängte es mich hinaus in die Welt. Ich wollte reisen, mir den Wind um die Nase wehen lassen, neue Erfahrungen machen. Gut möglich, dass meine beiden Ehen an dieser Sehnsucht Schaden genommen haben. Beide Ehefrauen haben mir vorgehalten, ich hätte nicht genug Zeit und Aufmerksamkeit für sie, nähme sie nicht wirklich wahr. Ich war nie der Typ Mann, der unausgesetzt zu Hause präsent sein wollte und den Kindern abends etwas vorlas. Genauso wenig wollte ich mich für die unangenehmen Seiten der Erziehung missbrauchen lassen, als Patriarch, der mit väterlicher Autorität auftritt. Einmal sagte ich meiner ersten Frau, ich sei nicht ihr pädagogisches Sibirien. Aber auch darüber hinaus eignete ich mich wenig für die begrenzte Häuslichkeit. Ich war zu neugierig auf die Welt da draußen. Natürlich bedeutet diese Einstellung für die Frauen viel Verzicht, ein zu viel an Aufgaben und Verantwortung und Einsamkeit. Das haben sie mich natürlich spüren lassen.

Als junger Mann lernte ich ein Gedicht auswendig, das ich nur ungenau aus der Erinnerung zitieren kann: »Ach, hätten wir die Erde nur durchmessen, / wir waren jung und sahen vor der Tür die Welt zu Füßen, / doch was taten wir, wir hatten uns der Ruhe hingegeben, / und aßen Brötchen oder tranken Bier.« Das Gedicht endet mit den Zeilen: »Ein Leben, ein so wunderbares Leben / schließt nun am letzten Abend seine Tür.« Diesen letzten Satz, in dem eine gewisse Trauer mitschwingt, habe ich immer als eine Aufforderung verstanden: Du musst hinaus in die Welt und die Reise wagen, solange du nur krauchen kannst. Hinzu kam das Bewusstsein, etwas im Leben leisten zu müssen. Eine Einladung nach Princeton oder Oxford, auch das Angebot des Goethe-Instituts, mit meinen Vorträgen umherzureisen, konnte ich schlechterdings nicht ablehnen. Wenn man nicht geerbt hat, muss man sich beruflich anstrengen, auch auf Kosten der Partnerschaft. Das bedaure ich, so wie die Tatsache, dass es gegen Ende einer Ehe oft an sozialer Grazie mangelt, an der Bereitschaft oder Fähigkeit, versöhnlich auseinanderzugehen.

Das Ich altert nicht

Charles de Gaulle sprach vom Alter als einem Schiffbruch, doch glücklicherweise verliert es seinen Schrecken, sobald man es erreicht. Als Jugendlicher hielt ich schon Menschen jenseits der vierzig für uralt und versteinert. Ihr Leben stellte ich mir hoffnungslos eintönig vor: Die Berufswahl ist getroffen, man hat eine Familie, alles läuft in den gewohnten Bahnen, so wie die Fernzüge östlich von Berlin durch die ewigen Kiefernwälder immer geradeaus fahren, und ganz gleich, ob man rechts oder links zum

Fenster hinausschaut, erwartet einen nichts als Langeweile. Damals behauptete ich: »Wenn ich dann noch lebe, bringe ich mich sofort um.« Es lag für mich jenseits der Vorstellungskraft, das Leben könnte lebenswert bleiben, mit vierzig, mit fünfzig, sogar noch mit achtzig.

Gleichzeitig musste ich im Laufe der Zeit erfahren, dass man vom Umfeld meist ganz anders eingeschätzt wird, als es der Selbstwahrnehmung entspricht. Ich war etwa Anfang fünfzig, als Juliane, meine zweite Tochter, mich fragte, wie alt ich mich fühlte. Ich antwortete ihr, es gebe drei Stadien des Alterns: im ersten merke man es selbst, im zweiten merkten es auch die anderen, und im dritten merkten es nur noch die anderen. Daraufhin erkundigte sie sich, in welchem Stadium ich mich denn sähe. Voller Überzeugung erwiderte ich: »Im ersten.« Sie sah mich mit ihren großen Augen an: »Das glaubst auch nur du.« Ihr lakonischer Kommentar war ein Vorgeschmack darauf, dass die eigene Einschätzung in den seltensten Fällen mit der Außenwahrnehmung übereinstimmt.

Dafür spricht auch ein Kommentar meines Sohns Moritz. Vor einiger Zeit gab es im Berliner Kabarett »Die Distel« ein satirisches Programm, in dem es unter anderem um Talkshows ging. Aus diesem Anlass hatte ich die zweifelhafte Ehre, erwähnt zu werden: als »die Mumie Arnulf Baring.« Daraufhin fragte ich meinen Sohn, was er davon halte. Natürlich erwartete ich empörten Widerspruch, doch er sagte nur zurückhaltend: »Papa, das halte ich für übertrieben.«

Offenbar fällt es den Jüngeren generell schwer, einen älteren Gesprächspartner adäquat zu verorten. Als mein erster Schwiegervater vierzig wurde, schenkten ihm seine Kinder ein Gedicht, das mit den Worten begann »Heil dir, würdiger Greis«. Im gleichen Zusammenhang fällt mir ein, dass mich einmal nach der

Vorlesung ein Student fragte, ob ich ihm meine Erlebnisse während der Novemberrevolution 1918 erzählen könnte. Ich war platt, da ich 1932, also 14 Jahre später geboren war. Amüsiert antwortete ich ihm, das hätte ich leider vergessen. Aber ich sei gerne bereit, ihm Einzelheiten aus dem Siebenjährigen Krieg zu berichten. Er sah mich verblüfft an, dachte offensichtlich: So alt kann er dann doch nicht sein. Umgekehrt gilt aber auch: Je älter man wird, desto schwieriger ist es, einen 19-Jährigen von einem 25-Jährigen zu unterscheiden und seine Leistungen gerecht zu beurteilen. In meiner Zeit an der Universität kamen mir alle Studenten gleich jung vor. Ich erkannte zwar, ob eine Arbeit gut oder schlecht war, aber ob sie mit Zwei minus oder Drei plus bewertet werden musste, war mir nicht immer klar. Da mussten junge Mitarbeiter helfen.

Wenn Hannah Arendt meinte, dass Ich altere nicht, war das eine originelle und überzeugende Beobachtung. Wir mögen uns zwar äußerlich im Laufe des Lebens bis fast zur Unkenntlichkeit verändern, aber in der Art, in der wir uns in der Welt bewegen, Herausforderungen meistern, Niederlagen überleben, bleiben wir uns über Jahrzehnte hinweg erstaunlich gleich. Von mir selbst muss ich gestehen, dass ich mich immer wieder wie der kleine, furchtsame Junge gefühlt habe, der ich in meinen ersten Lebensjahren war. Da ich dennoch fast durchgängig Klassensprecher war, mutet das vielleicht seltsam an.

Meine Neigung zu eigenen Standpunkten, die Bereitschaft, an dem für richtig Erkannten festzuhalten, auch wenn niemand meine Auffassung teilt, ist sicherlich eine Kompensation dieser frühen Furchtsamkeit. So sehr wir auf der einen Seite immer derselbe oder dieselbe bleiben, verändern wir uns auf der anderen natürlich permanent. Man muss ja nur eigene Fotos aus den verschiedenen Lebensabschnitten betrachten, um die äußeren

Veränderungen wahrzunehmen, denen innere Wandlungen entsprechen. Wer hat gesagt, jedes Alter sei das beste? Das galt für mich nicht zwischen zwanzig und dreißig. Aber seither kann ich sagen, dass mein Leben immer besser geworden ist. Zugleich kommt einem die Welt mit zunehmenden Jahren unfassbarer, brüchiger vor. Jean Améry beschrieb einmal sein Erstaunen, als er im Café die jungen Menschen an anderen Tischen beobachtete. Er fand absurd, wie sie angezogen waren. Danach eilte er nach Hause, um sich diesen Eindruck anhand früherer Fotos zu bestätigen, und war völlig platt, als ihm seine alten Zeitgenossen ebenso seltsam gekleidet vorkamen wie die jetzigen. In diesem Augenblick fiel er aus der Welt heraus. Es wird im Laufe des Lebens offenbar immer schwerer, die eigene Position in der Generationenfolge richtig wahrzunehmen.

Die Selbstgewissheit dagegen nimmt wohl eher zu. Nach wie vor höre ich ungern, wenn man mich unbequem nennt, weil ich die Meinungen, die ich vertrete, für selbstverständlich halte. Politische Gegner waren und sind immer wieder überrascht, wenn sie mich persönlich kennenlernen, weil sie eine ganz andere Vorstellung von mir hatten, verbiestert, verbittert, verbissen. Im Gespräch fanden sie mich offenbar angenehm, entgegenkommend, umgänglich. Solche Äußerungen haben mich zu einer Behauptung verleitet, die Gabriele für den Gipfel der Selbstüberschätzung hält: »Alle, die mich kennen, mögen mich.« Natürlich ist das überzogen. Selbstverständlich wird es Menschen geben, die mich kennen – und nach wie vor nicht mögen.

Vermutlich habe ich meinen schlechten Ruf dem Fernsehen zu verdanken. Mein wiederholtes Bemühen, Strittiges auf den Punkt zu bringen und über Phrasen ungehalten hinwegzugehen, lässt mich offenbar schroffer erscheinen, als ich bin. Hinzu kommt, dass ich nach meinem Selbstverständnis keine Ansichten vertrete, die ich für Allgemeinplätze halte. Jedes Mal, wenn ich in eine Talkshow gehe, befürchte ich mich zu langweilen. Doch dann vertritt jemand eine Position, die mir absurd erscheint. Anders als Herbert Wehner, der schon am Abend vorher plante, wann er am nächsten Tag in der Parlamentsdebatte die Fassung verlieren würde, entspringen meine Zornesausbrüche keinem Kalkül, sondern meinem Temperament.

Während der Studentenrebellion, als die Arbeit an der Universität sehr unerfreulich wurde, habe ich mich immer wieder gefragt, ob ich nicht besser daran getan hätte, beim Journalismus zu bleiben. Die dortige Aufgeschlossenheit für Menschen und Themen kam meinem Naturell sehr viel näher als akademische, theoretische Reflexionen.

Günter Grass hat mich – wie bereits erwähnt – in seinem *Tagebuch einer Schnecke* als Sprudelkopf bezeichnet. Als Kompliment habe ich das nie empfunden. Nach meiner Einschätzung wird eine Unterhaltung allerdings erst dann reizvoll, wenn sie zwischen verschiedenen Themen springt. Meine Familie macht das allerdings wahnsinnig. Die wissenschaftliche Diskussion ist ja oft deshalb so langweilig, weil sie eben nicht springt, sondern bis ins Detail Phänomene untersucht. Lieber halte ich es mit den Sprüngen, den freien Assoziationen, der Lebendigkeit. Das machte mich im akademischen Umfeld immer zu einem Exoten, eine Rolle, mit der ich mich jedoch abfinden konnte.

Glücklicherweise verliert das Alter seinen Schrecken, sobald man es erreicht. Wenn ich mir bewusst werde, dass mein eigenes Leben enden wird, und zwar nicht erst in unabsehbarer Ferne, entlastet mich das. Die Erkenntnis der Endlichkeit ruft keine Panik hervor, sondern Dankbarkeit für alles Gelungene, Gelassenheit angesichts des Misslungenen. Meine Unzulänglichkeiten machen mir kein schlechtes Gewissen, dazu sind sie meines Erachtens nicht groß genug. Aber sie machen mich umso dankbarer für alle Sympathien, die ich erfahren durfte. Ich sehe den großen Reichtum des Lebens darin, sich an Menschen zu erfreuen, auch über sie zu staunen, ihre verblüffende, widersprüchliche Vielfalt gelten zu lassen. Im Alter nimmt die Last der Verantwortung ab. Mehr und mehr ist mir bewusst geworden, unter welchem inneren Druck ich jahrzehntelang gestanden habe, unter dem Zwang, etwas aus sich zu machen, dem eigenen Beruf gerecht zu werden. Als Universitätslehrer muss man sich in drei Bereichen bewähren: Forschung, Lehre, Selbstverwaltung. Bestenfalls ist man in einem Bereich gut, im zweiten mäßig, im dritten eine Null. Im weniger liegt ein großer Reichtum. Dieser Druck weicht nun von mir – wie im Märchen vom *Froschkönig*, in dem es, nachdem etwas mit lautem Krachen abgesprungen ist, heißt: »Es ist ein Band von meinem Herzen / das da lag in großen Schmerzen«. Man wird freier, verliert auch an Einfluss, wünscht aber von Herzen, es möge den Menschen, die man mag, die man liebt, gut gehen.

Die Erleichterung im Alter hat vermutlich bei mir auch damit zu tun, dass ich nie sozialen Ehrgeiz hatte. Das Gefühl, dass wir als Baring-Familie auf eine selbstverständliche, nicht aber herausgehobene Weise dazugehören, hatte ich gleichsam mit der Muttermilch aufgenommen. Es gibt eine wunderbare Passage im *Felix Krull*, die ich bis heute im Gedächtnis behalten habe: »Bildung ist ein Geschenk der Freiheit und des äußeren Müßiggangs. Man erringt sie nicht, man atmet sie ein. Ein geheimer Fleiß der Sinne und des Geistes ist täglich um sie bemüht, und so kann man sagen, dass sie den Erwählten im Schlaf anfliegt, denn man muss freilich aus bildsamem Stoffe bestehen, um gebildet werden zu können. Und was dir fremd ist, kannst du nicht begehren.« Damit habe ich mich immer identifizieren können, obwohl Thomas Mann diese Sätze einem Hochstapler in den Mund gelegt hat. Heute muss ich nichts mehr beweisen.

Resignation ist eine gute Vokabel, weil sie vom Wortsinn her bedeutet, die Zeichen zurückzusetzen. Dieses Moment des Rückzugs ist eine sehr gesunde und auch passende Begleiterscheinung des Alters. Der Gedanke, allmählich aus dem öffentlichen Diskurs auszuscheiden, ist meinem Alter angemessen.

Es hat lange gedauert, bevor ich das Leben als ein Geschenk betrachten konnte. In früheren Jahren hatte ich oft das Gefühl, alles wachse mir über den Kopf, die familiären Pflichten, die Lehre und die Forschung. Es war eine permanente Zerreißprobe. Dann kam der Abschied vom Berufsleben. Mit Erleichterung räumte ich mein Büro an der Universität und machte jemand Jüngerem Platz.

Ernst Bloch hat gesagt: »Ich wäre traurig zu sterben, ehe ich mit dem Leben fertig bin.« In diesem »fertig sein« ist eine tiefe Weisheit enthalten. Es bedeutet, dass man das eigene Leben als erfüllt betrachtet, als etwas, auf das man gern zurückblickt, auch auf die Schwierigkeiten. Jeder wäre gern reich geboren. Aber möglicherweise ist gerade das nicht das eigentliche Glück, sondern die Anstrengung, die Erprobung der eigenen Kräfte, das Gelungene und das Misslungene – bis man sich auf einen Zustand zubewegt, der es einem leicht macht loszulassen. Die innere Ruhe, die sich daraufhin einstellt, enthält ein weiteres Geschenk, eine gewisse humorvolle Distanz. Möglicherweise ist es eine Spielart des Galgenhumors. De Gaulle sagte einst in einem Gespräch mit Malraux: »Wir erleben den Untergang Europas, na, so was erlebt man nicht alle Tage.«

Gut möglich, dass ich irgendwann einfach umfalle und weg bin, zu meinem eigenen Erstaunen. Wann das sein wird? Im Jahre 1978 reiste ich mit einer Delegation des Bundespräsidenten

Scheel nach Persien. Der Schah Mohammed Reza Pahlavi hatte ein aufwendiges Begleitprogramm erstellen lassen, zu dem auch ein festliches Abendessen gehörte, das in einem unterirdischen Gewölbe stattfand. Während des Essens erschien ein Wahrsager, der uns aus der Hand lesen sollte. Alle Herren am Tisch hielten ängstlich ihre Hände auf den Rücken. Nur ich sagte: »Kinder, das geht nicht. Wenn der Schah in seiner Güte einen sicherlich erfahrenen Wahrsager für uns bestellt hat, können wir nicht einfach ablehnen.« Also hielt ich dem Mann meine Hand hin. Nachdem er lange meine Handfläche betrachtet hatte, kam er zu dem Schluss, ich würde 96 Jahre alt werden. Mal sehen, ob er recht behält.

Dank

Meiner Mutter danke ich für das Leben. Meiner Großmutter Anna danke ich dafür, dass sie mir im Februar 1945 in Dresden das Leben gerettet hat. Meinem Vater für sein Vorbild. Meiner ersten Frau Heidi und meiner zweiten Frau Gabriele danke ich, dass sie zu mir ja gesagt und ihr Leben mit dem meinen verbunden haben. Heidi danke ich für Susanne und Juliane. Gabriele, meiner jetzigen Ehefrau, danke ich für Anna und Moritz. Es erfüllt mich mit tiefer Freude, Großvater von schon sechs Enkeln zu sein von Sophie, Leoluca, Rosa, Valentina, Lilli und Mira. Denen, die noch kommen mögen, sehe ich erwartungsvoll entgegen. Allen gemeinsam möchte ich von ganzem Herzen danken für all das Gute und Schöne, das ich mit ihnen erleben durfte.

Namensregister

A

Acheson, Dean G. 123
Adenauer, Konrad 140, 143, 157, 167, 168, 169, 170, 171, 185, 197, 224, 237, 239, 243, 271, 283, 303, 316, 378, 379
Adorno, Theodor W. 117, 143
Aichinger, Ilse 198
Alten, Jürgen von 334
Althaus, Dieter 330
Aly, Götz 184
Améry, Jean 385
Andersch, Alfred 195
Arendt, Erich 162
Arendt, Hannah 117, 384
Armstrong, Louis 145
Astor, David 206
Augstein, Rudolf 244

B

Baader, Andreas 230
Bach, Johann Sebastian 253
Bahr, Egon 8, 230, 244, 259
Baring, Adolf 27, 38
Baring, Anna 46, 52, 76, 150, 214, 366, 368, 369, 390
Baring, Eike 47
Baring, Elke → Oetting, Elke
Baring, Evelyn 40
Baring, Francis 40
Baring, Gabriele 46, 156, 199, 200, 364, 365, 366, 367, 377, 385, 390

Baring, Heidi 158, 160, 166, 183, 192, 230, 390
Baring, Johann 39
Baring, Juliane
   → Benson, Juliane
Baring, Martin 35, 37
Baring, Moritz 46, 189, 366, 368, 369, 370, 371, 383, 390
Baring, Nina 41
Baring, Thomas George 40
Baring, Ursula 41, 76
Baring-Villa, Susanne 160, 180, 365, 390
Barlach, Ernst 353
Barlog, Boleslaw 117
Baumgarten, Paul 282
Bebel, August 283
Beckers, Lilli 377
Beckmann, Max 33
Beda, Pater 351, 352, 358
Behnisch, Günter 287
Bellow, Saul 117
Bender, Peter 160, 161, 163, 228
Benn, Gottfried 115
Benson, Ben 365
Benson, Juliane 170, 180, 365, 383, 390
Benson, Lilli 365, 390
Benson, Mira 365, 390
Benson, Rosa 365, 390
Benson, Sophie 365, 390
Besson, Waldemar 201

»Gepperts im Ton ganz unsarkastische Übersicht erspart dem Leser jede Rechthaberei, dabei hatte der Verfasser zusammen mit Arnulf Baring schon 1997 vor einem Szenario gewarnt, in dem die Deutschen zu verhassten Zuchtmeistern werden, indem sie sich selbst über faule Griechen aufregen.«

Süddeutsche Zeitung

Der Euro sollte den europäischen Einigungsprozess vorantreiben, den Weg zum Wohlstand ebnen und Deutschland stärker in die europäische Gemeinschaft einbinden. Im Zuge der aktuellen Schuldenkrise entwickelt der Euro jedoch eine Sprengkraft, die den Nationalismus erstarken lassen und die soziale Marktwirtschaft gefährden könnte. Hat das Projekt Europa überhaupt noch eine Zukunft?

Der Historiker Dominik Geppert kritisiert die Ausschließlichkeit der Rettungspolitik und warnt davor, sich weiter in der Illusion eines einigen Europas zu wiegen, dem von Beginn an das historische Fundament fehlte. Vielmehr plädiert er für ein Europa der Vielfalt, in dem wirtschaftliche und kulturelle Unterschiede gewürdigt und die nationalen Parlamente nicht länger entmachtet werden.

Ein längst überfälliger Beitrag zum Reizthema Europa, der die tieferen Ursachen der Krise beleuchtet und sich nicht hinter politischer Korrektheit versteckt.

Dominik Geppert

Ein Europa, das es nicht gibt

Die fatale Sprengkraft des Euro

Mit einem Vorwort
von Udo Di Fabio

EUROPAVERLAGBERLIN

192 Seiten, gebunden
ISBN 978-3-944305-18-9